宇宙
變化의 原理

-陰陽五行 原理-

韓東錫 著

한동석 선생

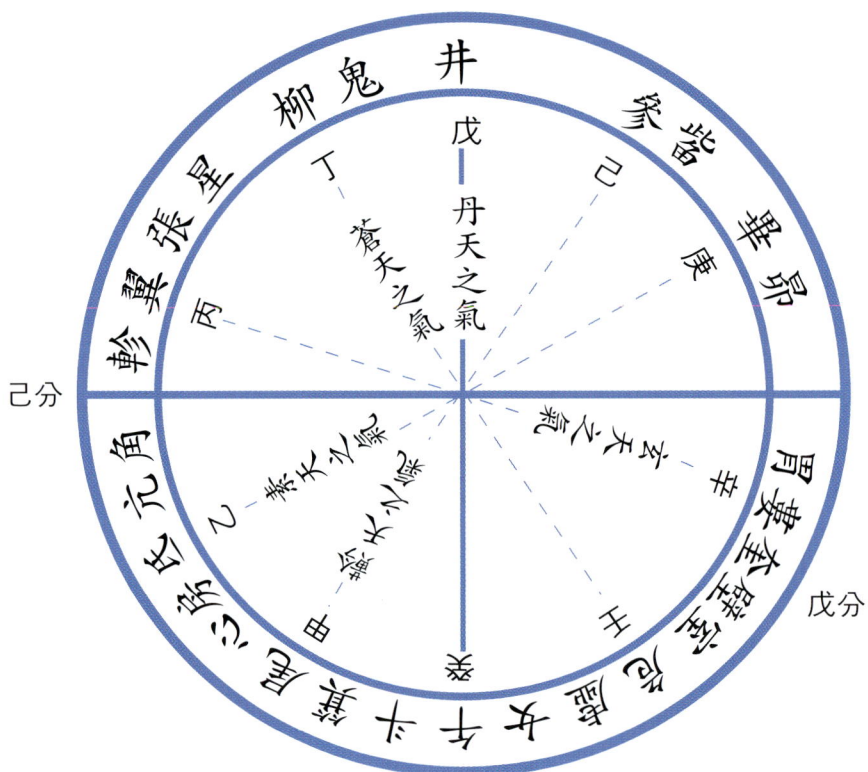

오운계시도

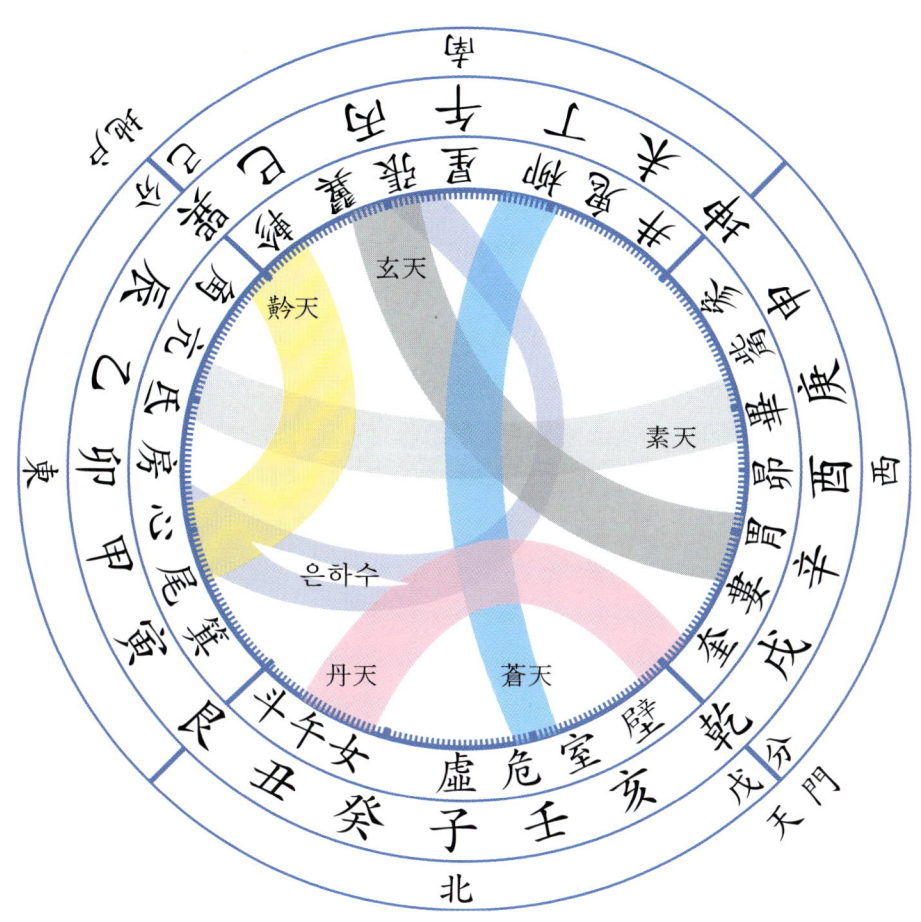

오운계시도 2

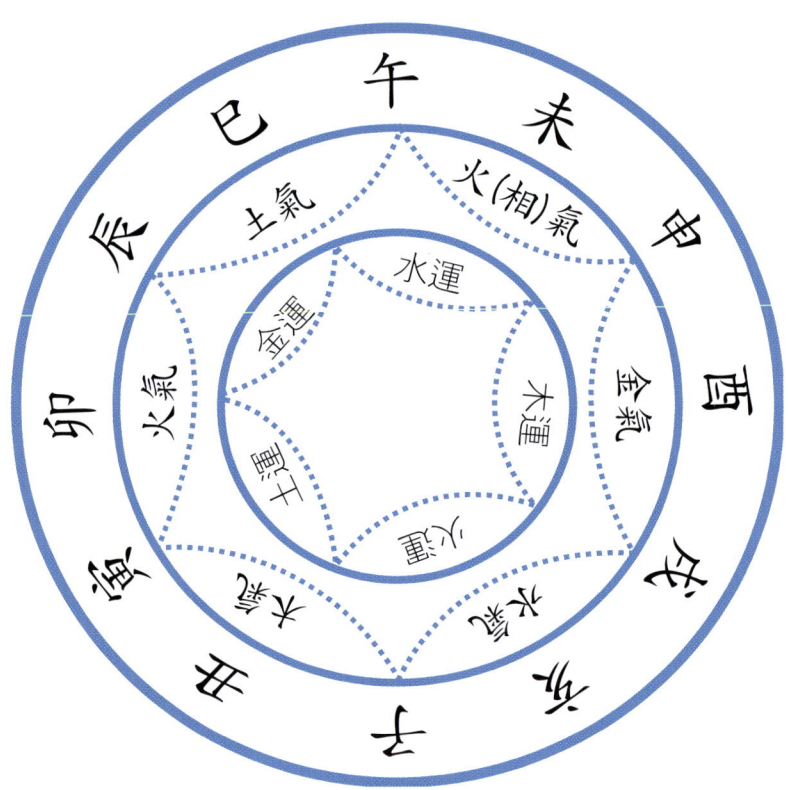

오운육기도

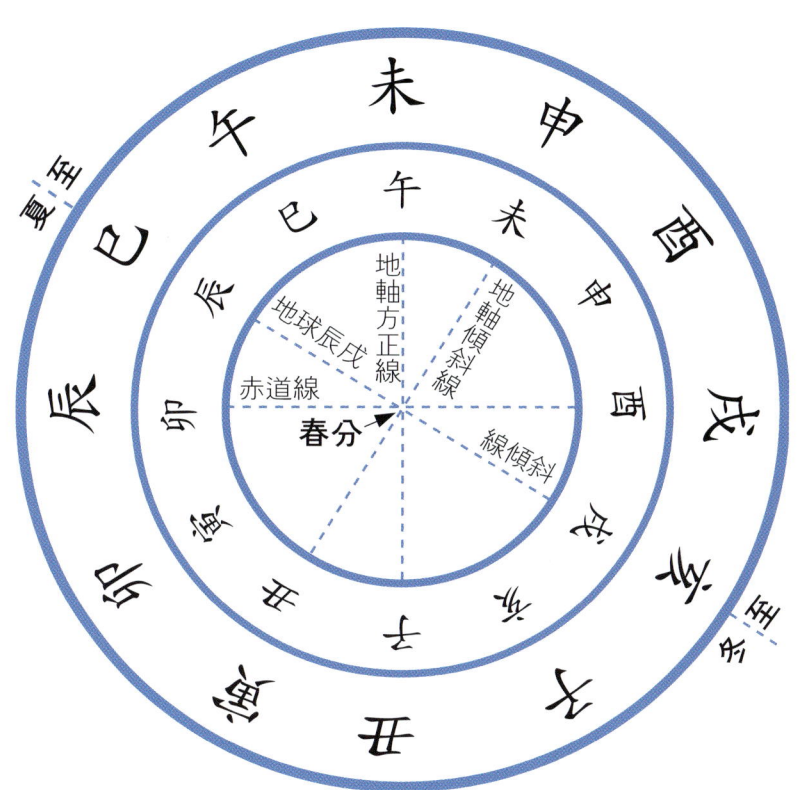

인신상화 성립도

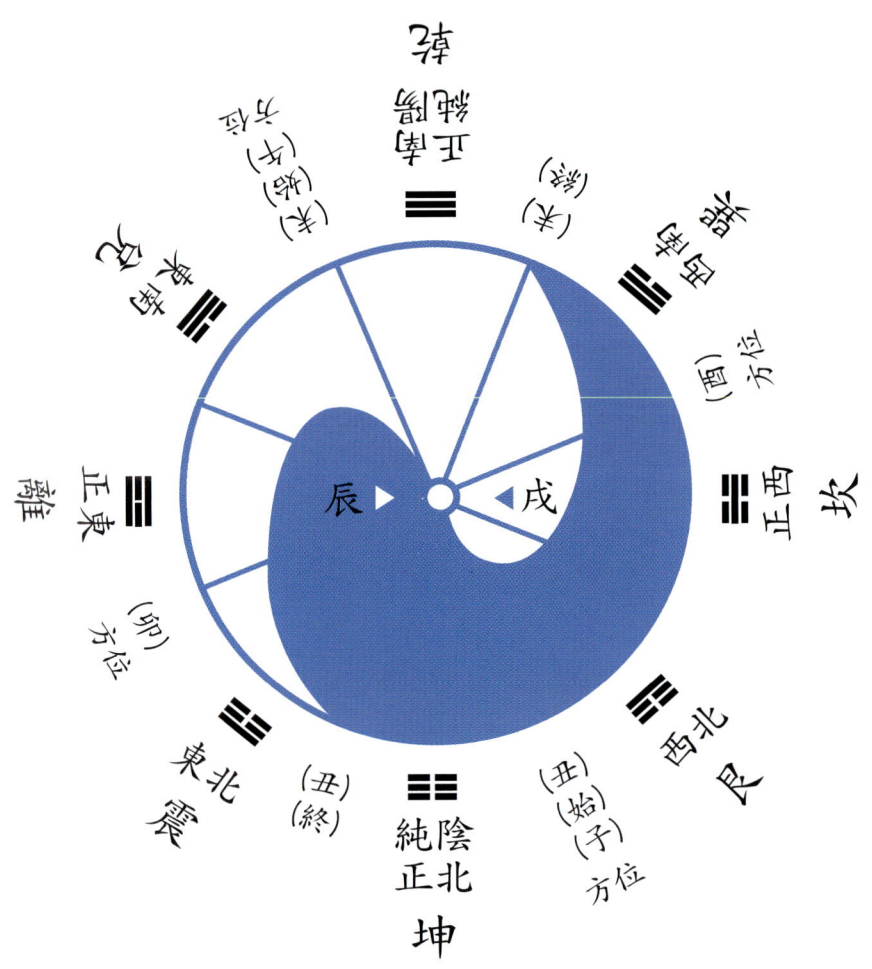

(고) 태극도

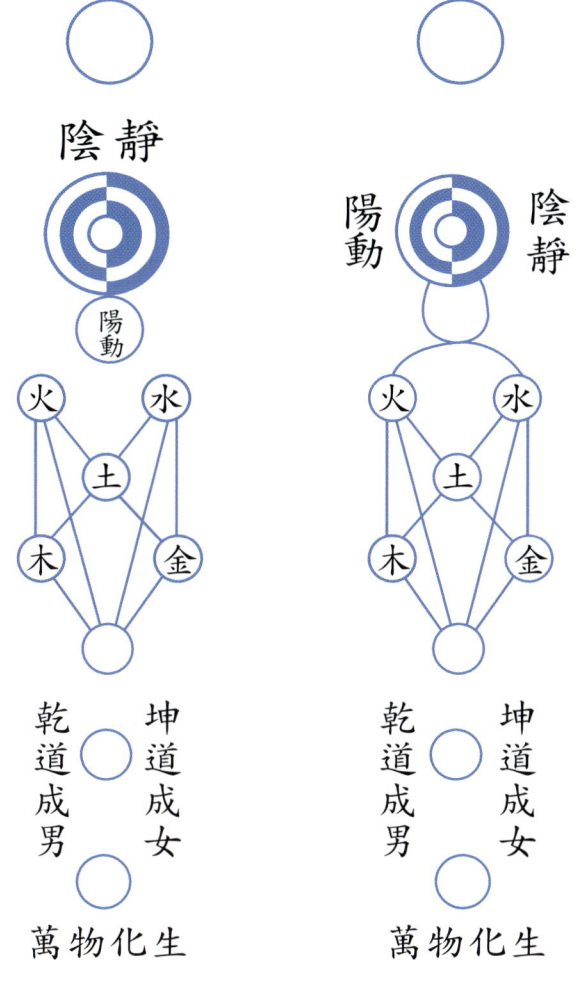

복희팔괘도

문왕팔괘도

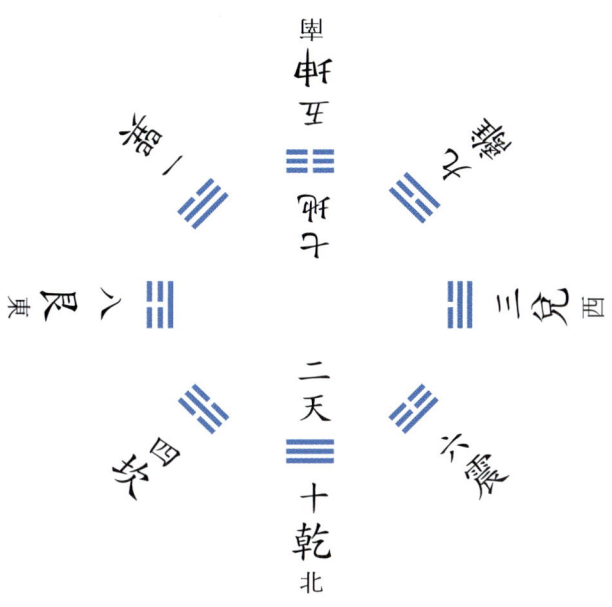

정역팔괘도

선후천지축변화도

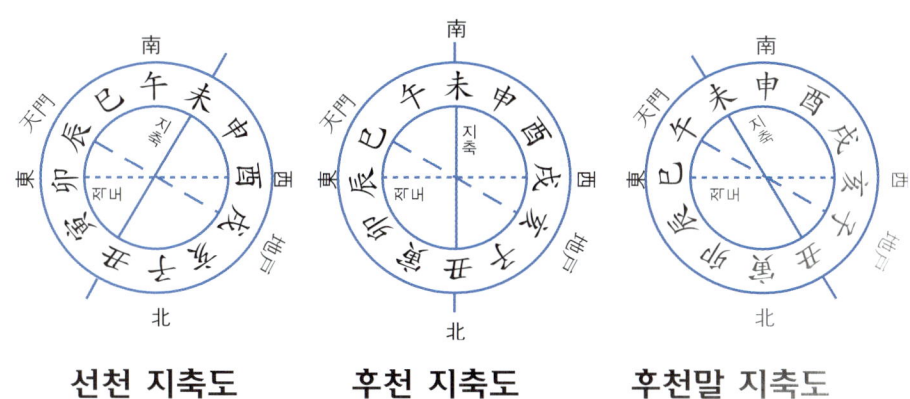

선천 지축도　　　**후천 지축도**　　　**후천말 지축도**

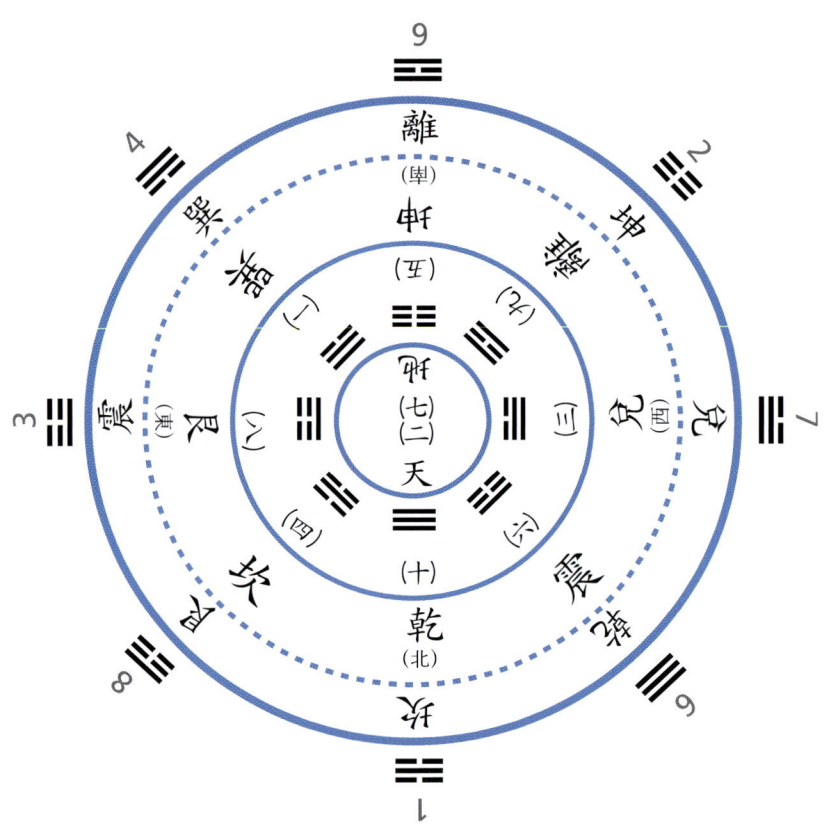

금화교역도

宇宙
變化의 原理

―陰陽五行 原理―

韓 東 錫 著

대원출판

우주변화의 원리

저자 / 한동석

초판 1쇄 발행 단기4299(1966)년 5월5일
개정판 1쇄 발행/ 단기 4334(2001)년 5월 15일
개정판 2쇄 발행/ 단기 4334(2001)년 5월 25일
개정판 3쇄 발행/ 단기 4346(2013)년 11월 1일
발행처/ 대원출판
발행인/ 안병섭
등록번호/ 제 27 호
135-617 서울 강남우체국 사서함 1775호
전화 518-2532/ 팩스 549-1607
http://www.daewonpub.co.kr
ⓒ 2013 대원출판
ISBN 978-89-7261-055--7

파본은 서점에서 바꿔드립니다.

값은 표지에 있습니다.

宇宙
變化의 原理

目 次

머리말 ··· 10
緖 論 ··· 12

전편 법칙편(前編 法則篇)

제1장 총 론(總論)

제1절 서양 철학의 세계관 비판 ······································· 23
1. 본체론 비판(本體論 批判) ··· 24
2. 우주론 비판(宇宙論 批判) ··· 34

제2절 동양철학의 우주관(宇宙觀) ··································· 40
제3절 사물(事物)과 개념(槪念) ····································· 48

제2장 오행(五行)과 운(運)

제1절 오행론(五行論) ·· 54
1. 음양오행론(陰陽五行論)의 발생과 본질 ························ 54
2. 오행(五行)의 개념(槪念) ·· 58
   1) 오행의 기본개념(基本槪念)
   2) 오행의 삼오분기(三五分紀)와 그의 개념
3. 오행 개념의 질량 변화(東武의 五行觀) ······················· 93
4. 오행의 상생(相生)과 상극(相克) ································· 105
   1) 오행의 상생(相生)

  2) 오행의 상극(相克)
  3) 오행의 상모(相侮)
 5. 오행의 변극(變極) ————————————————————— 115

제2절 오운론(五運論) ———————————————————— 117
 1. 오운(五澐)의 개념(概念)과 방위(方位) —————————— 117
  1) 오운의 개념(槪念)
  2) 오운의 방위(方位)
 2. 오운(五澐)과 물(物) ———————————————————— 122
 3. 운(運)의 대화작용(對化作用) ——————————————— 125
 4. 오운(五澐)의 계시 ———————————————————— 135
 5. 수화일체론(水火一體論)과 탈레스의 사상(思想) ————— 139

제3장 육기론(六氣論)

제1절 육기(六氣)의 개념(概念) ———————————————— 146
 1. 육기(六氣)의 일반적 개념 ————————————————— 146
 2. 육기(六氣)의 생극(生克) ————————————————— 150
 3. 개념(槪念)의 변화(變化) ————————————————— 150

제2절 육기(六氣)의 변화(變化) ———————————————— 158
 1. 육기(六氣)의 운동원리(運動原理) ————————————— 158
 2. 육기(六氣)의 대화작용과 구궁팔풍운동(九宮八風運動) —— 162
 3. 육기(六氣)의 자화작용(自化作用) ————————————— 165

제4장 상(象)과 수(數)

제1절 상(象) ————————————————————————— 173

1. 상(象)의 개념과 성립 … 173
2. 수상(數象) … 175
3. 괘상(卦象) … 182
4. 물상(物象) … 187

제2절 자연수(自然數) … 191

1. 수(數)의 개념 … 191
2. 수(數)의 성립(成立) … 194
3. 수(數)의 변화(變化)와 중(中) … 200

후편 변화론(後編 變化論)

제5장 우주의 변화와 그의 요인

제1절 토화작용(土化作用) … 214

1. 토화작용(土化作用)의 삼원운동(三元運動) … 214
2. 토화작용(土化作用)의 오원운동(五元運動) … 222
3. 토화작용(土化作用)에 대한 현대적 고찰 … 229
   1) 단자론적 고찰(單子論的 考察)
   2) 원자론적 고찰(原子論的 考察)

제2절 인신상화론(寅申相火論) … 235

1. 인신상화(寅申相火)의 성립 … 235
2. 인신상화(寅申相火)의 실현 … 240
   1) 인신상화(寅申相火)란 렌즈작용이다
   2) 묵자(墨子)의 우주관(宇宙觀)

제3절 금화교역론(金火交易論)   249

1. 금화교역(金火交易)의 선후천적(先後天的) 고찰   249
2. 금화교역(金火交易)의 운기론적(運氣論的) 고찰   252
3. 일부(一夫)의 교역관(交易觀)   256

제4절 우주운동(宇宙運動)과 원자운동(原子運動)   263

제6장 우주의 운동과 변화

제1절 인사(人事)와 변화   269

1. 인간의 본질과 모순   269
2. 인간의 생활(生活)과 변화(變化)   272
   1) 개체적 변화와 토화작용(土化作用)
   2) 사회적 변화와 성(性)의 선악

제2절 물질(物質)의 변화(變化)   290

1. 물질(物質)의 화생(化生)   290
2. 물질의 변화   295
   1) 근취저신(近取諸身)
   2) 원취저물(遠取諸物)

제3절 변화(變化)와 종(種)   306

제7장 정신론(精神論)

제1절 우주정신(宇宙精神)   311

1. 우주정신(宇宙精神)의 생성(生成)   311

2. 우주정신(宇宙精神)의 본체(本體) … 316

   1) 우주정신(宇宙精神)과 율려(律呂)
   2) 정신(精神)과 에너지
   3) 헤겔의 정신론 비판

제2절 인간정신(人間精神) … 330

1. 인간정신(人間精神)의 형성 … 330

   1) 인간은 물 속에서
   2) 인간정신(人間精神)과 자유(自由)
   3) 인간정신(人間精神)의 성립

2. 정신(精神)의 운동과 기혈(氣血)의 동정(動靜) … 340

3. 인간정신(人間精神)의 유전(遺傳)과 수요(壽夭) … 345

   1) 태아(胎兒)의 천품(天稟)과 정신(精神)의 우열(優劣)
   2) 인간정신의 특징과 수요(壽夭)

제3절 인간정신(人間精神)의 통일(統一) … 353

1. 인간과 총명(聰明) … 353
2. 종교정신(宗敎精神)과 도(道) … 357
3. 정신(精神)의 생사(生死) … 361

제8장 우주의 본체(本體)

제1절 우주의 본체(本體)와 상(象) … 371

1. 태극도설(太極圖說) … 371

   1) 고태극도 해설(古太極圖 解說)
   2) 주렴계(周濂溪)의 태극도설(太極圖說)

2. 삼극설(三極說) … 383

제2절 우주본체(宇宙本體)의 양면성(兩面性)   386

1. 창조본체(創造本體)와 운동본체(運動本體)   386
2. 본체(本體)와 그의 작용변화   390
   1) 천지(天地)의 개벽(開闢)
   2) 천체의 이동(移動)과 지축의 경사

제9장 신비(神秘)의 행로(行路)

제1절 방황(彷徨)의 길   402

1. 꿈[夢]을 타고 20년   402
2. 신비성(神秘性)의 매혹(魅惑)   406

제2절 우주고발(宇宙告發)의 꿈   415

1. 지성(至誠)의 여로(旅路)   416
2. 천국(天國)의 법정(法廷)   419
3. 신비(神秘)의 문호개방(門戶開放)   424
   1) 묘팔랑(卯八郞)의 회상(回想)
   2) 황석공(黃石公)의 계시(啓示)

저자 한동석 선생에 대하여   442
책을 발간하며   445
색인   450

도표 목차

오행개념의 질량변화(100) / 오행상생도(106) / 오행상극도(109) / 오행변극도(116) / 오운도(119) / 오운의 대화도(126) / 오운계시도(136) / 육기방위도(147) / 육기변화도(149) / 구궁팔풍도(164) / 낙서와 하도(176) / 팔십도생성도와 삼백육십도생성도(202) / 토화작용의 삼원오원도(223) / 인신상화성립도(236) / 육기운행도(241) / 천체렌즈의 작용도(247) / 십간도(250) / 오육교역도(253) / 금화교역도(257) / 운기화생도(292) / 오운육기도(328) / (고)태극도(373) / 한상역도와 염계태극도설(377) / 선천지축도 후천지축도 선천말후천초지축도(395)

머 리 말

　오늘날 세계의 관심은 우주는 어떻게 움직이며, 인간과 만물은 어떻게 그 속에서 변화(變化)하면서 생멸(生滅)하는가 하는 문제에 집중하기 시작하고 있다. 이것은 물론 인간이 자기의 권위를 유지하는 데 있어서 피할 수 없는 임무이며 또는 책임일지 모른다. 그러나 그것보다도 오히려 인간이 자기의 탐구욕 불만을 충족시키려는 신비(神秘)에 대한 선전포고인 것이다.
　생각컨대 오늘의 철학은 우주의 본체와 변화를 탐색하는 바탕인 본질적인 능력을 거의 상실하고 다만 피상적(皮相的)인 개념에만 집착한 나머지 철학 본연의 자세인 신비개발(神秘開發)의 임무를 단념할 수밖에 없이 되고 말았다. 그러나 인간의 의욕은 정신이나 생명의 생멸(生滅)과 같은 막중한 명제를 신비의 창고 속에 넣어두고 좌시(坐視)만 할 수는 없었던 것이다. 이러한 환경에서 일어난 인간의 반발이 드디어 신비에 대한 도전의욕으로 나타난 것이다.

그러나 그 의욕이 바로 신비개발의 완수는 아니다. 그러므로 이와 같은 탐구욕은 드디어 신비개발의 수단이며 방법인 우주운행의 법칙을 발견하게 되었으니, 이것이 바로 음양오행(陰陽五行)의 법칙이다.

음양오행의 운동법칙이란 우주의 변화법칙(變化法則)이며, 만물의 생사법칙(生死法則)이며, 정신의 생성법칙(生成法則)이므로 우주의 모든 변화가 이 법칙 밖에서 일어날 수는 없다. 그러므로 필자는 이 법칙의 원리를 '우주변화(宇宙變化)의 원리'라고 명명한 것이다.

그러나 이것은 어느 개인의 창작이 아니고 역대(歷代) 성철(聖哲, 東洋)들의 합심협작(合心協作)의 결정인 것이다. 따라서 여기에 진리가 있으니 이것은 상대적(相對的) 진리가 아니고 절대적(絕對的) 진리이다. 그러므로 본고(本稿)는 이와 같은 진리인 우주변화의 원리를 소개함으로써 동양사상의 진면목을 과시하려는 것이다. 그런즉 다만 소론(所論) 중에 졸렬(拙劣)한 점이 있다면 이것은 필자의 미급(未及)인 것뿐이고, 사상 본연의 결함(缺陷)이 아니라는 것을 이해해 주기를 바라는 바이다.

著者 識

緒 論

사람은 변화무상(變化無常)한 지구 위에서 살고 있다. 지구는 인간과 만물을 가득히 안고서 陰陽이 교차하는 日月과 서로 맞물려 돌아가고 있다. 그러나 그들은 궤도(軌道)를 어기지 않고 불문율(不文律)인 자연법칙에 의해서 돌고 있다. 그런데 만일 일월과 지구가 그 운행의 질서를 잃고 제멋대로 돌고 있다고 하면 우리는 안심하고 지구 위에서 살 수가 없을 것이다.

그러나 지구와 일월은 아무런 사심(私心)도 없이 다만 돌기 위하여 돌아가고 있는 것이다. 그럼에도 불구하고 인간은 사리사욕(私利私慾)의 함정(陷穽)에서 헤매고 있다. 오히려 무정한 금석초목(金石草木)마저 자연과 같이 호흡하고 있지 않은가? 인간은 만물의 영장이라면서 정(情) 없는 자연보다도 오히려 인색(吝嗇)한 것이다. 이것이 인간에 주어진 유일한 시련이므로 철학은 이 문제를 해결하기 위하여 수천 년의 세월을 소모했건만 아직까지도 자연 그대로의 신비로서 남아 있는 것이다.

그러나 인간의 관심은 크다. 인간이 만일 이 위대한 숙명적(宿命的)인 문제에 무관심하였더라면 역사는 신비의 장막(帳幕) 속에서 아직까지 깨어나지 못하였을 것이다. 그러나 인간의 관심은 자연과 투쟁하는 데 있었다. 그러므로 이 세상에 태어날 때부터 자연과 싸웠고 또 싸우는 동안에 경험과 지각이 생겼다. 이것이 이념과 결합됨으로써 지식이 발전하게 되었다. 그리하여 인간의 욕구심(慾求心)과 의혹(疑惑)은 자기의 生成과 變化에 대한 문제에까지 미치게 되었다.

이와 같이 철학과 인간은 수레[車]의 양륜(兩輪)과도 같아서 서로 떨어질 수 없는 것으로 되었다. 그리하여 인간은 태란초목(胎卵草木)이 生成變化 하는 현상과 그 본질을 밝혀내는 일에서 유리(遊離)될 수 없었다. 이와 같은 인간의 노력은 필경은 우주로 하여금 그 신비의 열쇠를 내던지게 할지도 모른다. 그렇지만 인간에게 과연 그와 같은 능력이 있을까 하는 것은 일대문제이다. 진실로 인간이 이러한 능력의 소유자인 것은 사실이다. 그럼에도 불구하고 인간의 능력이란 것은 다만 수동적이며 묘사적(描寫的)이다. 다시 말하면 인간은 우주가 자기의 운행법칙을 상(象)으로써 드리워(垂象) 줄 때에 한하여 자기의 능력을 발휘할 수 있는 것이다.

그런데 상(象)은 형이 아니므로 정욕적(情慾的)인 인간의 혼탁한 이성작용(理性作用)으로써 상을 알아내기는 결코 용이한 일이 아니다.

그러므로 세속적인 인간이 자기의 지능으로써 현상계의 모든 존재를 인식(認識)한다는 것은 바로 경험적인 오성작용(悟性作用)의 구사(驅使)에 불과하므로 이것으로는 물질계의 현상은 영사(映寫)할 수는 있을는지 모르지만 진정한 실상을 파악하기는 어려운 것이다. 왜냐하면 물질계라는 객관적 대상은 주관적인 변화의 실상이 아니기 때문이다. 그러므로 인간의 일반적인 이성으로써 형이상(形而上)에 속하는 변화의 실상을 연구하기 위해서, 즉 천수상(天垂象)한 상을 알아내기 위해서는 선배들이 복사(複寫)해 놓은 우주의 象을 먼저 연구함으로써 우주의 불문율인 실상을 연구해 낼 수 있는 기반을 닦아야 하는 것이다. 그렇게 함으로써 정직한 자연이 드리워 주는 우주의 계시를 받아들일 수 있는 것이다. 그럼에도 불구하고 인간은 이것을 볼 줄 몰랐다. 때로는 복희(伏羲)와 문왕(文王) 같은 성철을 기다려서 상을 바로 포착(捕捉)해서 유형의 그림을 남기게 했으니 이것이 바로 하도낙서와 복희괘도와 문왕괘도로 옮겨져서 비로소 문자화하게 된 상수원리(象數原理)의 창조인 것이다.

　19세기의 말에 이것을 다시 금화교역(金火交易)의 실상인 정역괘도로 옮겨놓은 것이 김일부(金一夫)[1]의 특출한 계발(啓發)인 것이다. 오호라! 문왕 이후 3천년의 공업(功業)이 간방(艮方) 일우(一隅)에서 이루어질 줄을 누가 알았으리요. 복희도(伏羲圖) 3천년에 문왕도(文王圖)가 나왔고 문왕도 3천년에 정역도(正易圖)가 나옴으로 인하여 천수상(天垂象) 물수형(物受形)하는 우주의 원리는 변화의 모습을 노출하지 않을 수 없게 되었으므로 黃帝 이후 5천재(載)의 '수수께끼' 였던 「내경(內經)」[2]은 드디어 비밀의 장막을 거두게 되고 五運과 六氣의 법칙은 드디어 象과 數를 開發하는 역군(役軍) 으로 등장하게 되었던 것이다. 그러나 宇宙變化의 상수가 비록 도서(圖書)로써 나타났다고 할지라도 이것만으로써 우주개발의 수단이 완성된 것은 아니다. 다시 말하면 이와 같은 기본법칙의 구비(具備)는 우주의 상을 찾기 위한 설계에 불과한 것이다. 실제로 우주의 상을 찾으려면 그 설계에 의하여서 가장 찾기 쉬운 대상을 먼저 선택하여야 한다. 즉, 우주에서 직접 찾는 것보다는 오히려 인체에서 찾는 것이 빠르고 또한 용이한 것이다. 왜냐하면

---

1) 金一夫(1826～1898)
본명은 恒. 조선시대 易학자. 후천의 도래와 지축 정립을 예시하는 정역팔괘를 象으로 받아내려 전해줌.

2) 「內經」
「黃帝內經」의 약칭. 전국시대에서 漢代에 걸쳐 만들어 졌다고 하는 한의학의 고전으로서 黃帝가 岐伯 등과 우주의 생성변화 및 인체의 生理·病理에 대해 나눈 얘기를 문답체 형식으로 서술하고 있으며 '素問'과 '靈樞'로 나누어져 있다.

우주의 법칙과 상(三卦圖의 象)을 인체에 비겨서 볼 때 어느 하나 할 것 없이 그 범주의 밖에 있는 것은 없기 때문이다. 그뿐만 아니라 육체적인 동정(動靜)은 형(形)으로 나타나지만 정신적(精神的)인 동정은 상(象)에서 나타나기 때문이다. 다시 말하면 인간의 육체 속에 숨겨놓은 칠정육욕(七情六慾)은 상으로만 표현되는 것이므로 우리는 이 상(象)을 통하여 사람의 정신을 알 수 있는 것인즉 부득이 인간의 象을 포착하는 방법을 먼저 배우는 것이 가장 용이하고 또 빠른 방법인 것이다. 그러므로 공부자(孔夫子)가 근취저신 원취저물(近取諸身 遠取諸物)하라고 한 것은 바로 이것을 가르친 만고 불멸의 법칙인 것이다.

그러나 인간은 칠정육욕에 사로잡혀서 자연법칙에 순종(順從)하는 데 인색(吝嗇)하다. 인색은 욕심에서 생겨나고 욕심에는 목적이 따른다. 그러므로 목적을 대상으로 하는 것으로써 욕심이 없는 것이 없고 욕심이 있는 것으로서 인색하지 않는 것이 없다. 그렇다면 무정한 초목은 오히려 인색하지 않는데 유정한 인간이 오히려 인색한 것은 웬일일까 하는 문제를 풀어내고 또 그 오점을 시정하는 것이 바로 신비의 문을 여는 방법인 것이다. 다시 말하면 아무리 자연법칙에 정통하고 또 근취저신하는 방법을 안다고 할지라도 이 문제를 해결하지 못한다고 하면 그것으로써 도문(道門)을 열어 낼 수는 없는 것이다.

그러므로 오인(吾人)은 제일 먼저 인간에 대한 본질부터 연구하고, 따라서 천지자연의 법칙대로 행하는 것만이 도통(道統)의 기반을 이루는 '열쇠'가 된다고 생각하는 바이다.

그런즉 이 문제를 탐구하는 방법은 우선 인물의 생성변화를 알아야 하고 인물의 생성변화를 알려면 우주변화의 법칙을 알아야 하고 그 다음으로는 그 법칙과 변화에 의해서 인체의 비밀을 따져 나가면 인체와 정신의 활동을 알게 되는 것이므로 자연히 선악과 정욕(情慾)의 소자출(所自出)을 알게 될 것이다. 이러한 원리를 알게 된 인간은 불교가 말하는 바의 법신(法身)으로 화(化)하게 되어서 그의 이성은 순수 본연의 경지에 이르게 되므로 모순대립은 지양(止揚)되고 다만 유정유일(惟精惟一)한 평화의 경계에 서게 되므로 칠정육욕(七情六慾)의 포위망(包圍網)을 벗어나게 되어서 정신은 '明'으로 통일되는 것인즉 그 때 만상의 변화는 바로 장중(掌中)에 있게 된다.

그렇다면 明으로 들어가는 門, 즉 순수이성(純粹理性)의 경지가 과연 어디인가 하는 것을 연구할 필요가 있는 것이다.

지구 위에서 만물이 움직이게 되고 인간이 역사를 창조하기 시작한 이후 희세(稀世)의 성인들이나 역대의 철인들은 모두 이 문을 두드렸던 것이다. 그러나 문고리를 잡은 이는 진실로 드물었다. 바로 이것이 석존(釋尊)의 극락(極樂)의 문이요, 공자의 시중(時中)의 문이요, 예수의 십자가의 길인 것이다. 뿐만 아니라 일부(一夫)의 十十一一之空도 바로 그 문인 것이다. 그러나 이 문은 우리의 형체를 담는 가실(家室)의 門이 아니고 만물의 상을 실은 우주의 문인 것이다. 만물의 지각이나 감각이 출입하는 형이하의 문이 아니고 이성과 통각(統覺)이 출입하는 형이상의 문인 것이다.

공자가 「역계사(易繫辭)」에 '형이상(形而上)을 위지도(謂之道)요, 형이하(形而下)를 위지기(謂之器)' 라고 한 것은 실로 위에서 말한 바와 같은 物과 象의 문을 구분하여 놓은 것이다.

그렇지만 이 경지를 찾는 데는 문호(門戶)가 많다. 비록 그렇다고 하더라도 이것들은 모두 이명동질(異名同質)의 문에 불과하다. 극락[空]에서 찾아도 좋고 시중(時中)에서 찾아도 좋고 십자가에서 찾아도 좋다.

그러나 인간은 극락이나 시중(時中)의 문이 어디 있는지 모르며 십자가의 길도 알지 못한다. 그야말로 '지재차산중(只在此山中)에 운심부지처(雲深不知處)'일 뿐이다.

그러므로 우리는 말할 수 있다. "저 흰구름을 헤치라. 그 속에 극락도 時中도 십자가도 있으리라"고.

왜 그런가 하면 거기에(흰구름) 바로 청명(晴明)의 부고(府庫)가 있고 정토진경(淨土眞境)의 숲이 있고 예수가 못 박힌 십자가도 바로 여기에 있으리라. 그것이 변화의 문이요 모순대립이 지양되고 신명(神明)이 통일되는 己土의 문인 것이다.

그러므로 이것은 주자(周子)가 제창한 十無極의 문이며 예수가 못 박힌 십자가의 상이기도 한 것이다. 우리들이 찾고 있는 신명의 문은 바로 이것인즉 이것이 곧 도통의 길잡이인 것이다. 그러므로 철학도는 반드시 우주의 법칙을 알고 이 문에 들어가야만 하는 것이다.

그런데 여기서 십자가의 형상을 한번 연구해 볼 필요가 있다. 가령 사람의 형을 한마디로 말한다면 이것은 바로 십자의 형상인 것이다. 십자는 본시 음양이 교회(交會)하는 상을 취한 것이다.

그런즉 'ㅡ'과 'ㅣ'이 상교(相交)하는 점에 만물의 정신이 있다는 것을 뜻(象)한 것이니 이것이 바로 정신이 교역하는 금화교역(金火交易)의 문이다. 무극(無極)의 中이며 己土의 心이며 十十ㅡㅡ의 숲을 창조하는 곳인 것이다.

대저 철학의 대본(大本)은 하나이므로 아라비아 數를 창조함에 있어서도 十字를 '10'으로 표시한 것을 보면 東西가 모두 우주의 大本을 동일점에 두었다는 것을 알 수 있는 것이다.

좀더 풀어 말하면 '10'은 '1+0=10'인즉 이것은 1이 9까지 가서는 數가 다하므로 第十位에 이르면 다시 1로 환원하고 그 불어나게 되는 바의 행위(行位)에 空(0)이 맞게 되므로 十을 '10'으로 표시한 것이다.

그런데 동양에서 '十'으로 표시한 것은 十자가 내포한 무극(無極)의 정신인 태극(太極)에 주안(主眼)을 두었지만 서양에서는 수(數)가 발전하는 모습인 바의 현상면(現象面)에 주안을 두었다는 것을 알 수 있는 것이다.

이 點(無極)이 진실로 악(惡)과 선(善)이 모순을 지양하여 통일로 돌아가는 곳이며 私利와 私慾이 公利와 公慾으로 변화하는 우주의 기본이며 또한 인도(人道)의 바탕인 것이다. 그런즉 우주의 변화와 인도(人道)의 소장(消長)이란 것은 동일체 속에 있는 두 개의 현상에 불과한 것이다. 그러나 인도는 소우주이므로 대우주의 일측면(一側面)으로서 우주 자연의 전체적인 법칙에 종속하는 것이다.

그런데 우리가 象을 연구하는 데 있어서 인도(人道)를 중시하는 것은 이것이 모든 존재 중에서 우주를 가장 잘 본뜬 신기지물(神機之物)이므로 연구를 용이하게 할뿐만 아니라 반면(反面)으로는 형체가 동정하는 사이에서 나타나는 象을 엿보기에 가장 알맞는 우주이기 때문이다.

여기서 변화원리를 논하려는 것은 위에서 논한 바의 상수의 법칙으로 인물의 象을 파악하는 것을 목적의 제1단계로 하는 것이나, 만일 지고(至高)한 명의 단계에까지 이르려면 신명(神明)을 정화(淨化)하여 무극(無極)과 공의 진경(眞境)에까지 이르러야 하는 것이다. 그러고서야 우주의 모든 신비를 인간의 명 앞에 굴복시키게 될 것이다. 그러나 이 점은 역대의 성인들도 다만 골자만을 세워서 후학의 나갈 길만을 열어놓은 것뿐이고 신묘의 경지는 유의이불개(留意而不開)한 곳이었고, 반면에 범부(凡夫)들은 욕발이미개

(慾發而未開)한 곳인데, 필자가 감히 此를 논하려는 것은 당돌하기 한량(限量) 없는 줄을 모르는 바 아니다. 그러나 다만 이 글이 동양정신의 신기운(新機運)을 열 수 있는 계기(契機)만이라도 되었으면 하는 생각으로 붓을 든 것이다.

참고서적

1. 周易
2. 正易
3. 內經(運氣篇)
4. 墨子의 經篇 上下·經說 上下·大取小取
5. 老子
6. 列子
7. 莊子의 天下篇(全篇을 讀破하면 더욱 可함)
8. 公孫龍子
9. 荀子의 不苟篇·解蔽篇·正名篇
10. 性理大典(或 近思錄만이라도 可함)
11. 皇極經世
12. 正易註義(河心夫著)

註 이 외에도 우리 나라 근대에 와서 기발한 저서가 있지 않을까 생각되나 필자가 천학(淺學)한 탓으로 아직 알지 못하고 있는 것이 유감이다.
그밖에 하나 더 말하여 둘 것은 우주가 변화하는 법칙을 먼저 연구해 놓고서 이상의 서적을 음미하여야만 그 속에 무엇이 있는지를 해득(解得)할 수 있다는 사실에 유의하여야 할 것이다.

전편 법칙편 (前編 法則篇)

제1장 총론(總論)

제1절 서양 철학의 세계관 비판

　변화원리란 변화하는 본체가 무엇이며 또는 그 본체가 어떻게 움직여서 현상계를 형성하는가 하는 우주변화의 현실과 그의 본질을 연구하는 원리를 말하는 것이다. 그러므로 그것은 과거나 현재를 통해서 진리를 탐구하려는 사람들의 일대숙제였던 것이다.

　그리하여 인간의 지혜는 이와 같은 신비를 알아내려고 총동원되었을 뿐 아니라 이것으로써 인간된 의무를 다하는 것으로 생각하게 되었다. 이와 같은 인간의 고상한 탐구욕은 동서양을 막론하고 우주의 본체는 무엇이며 또한 그 본체는 어떠한 작용으로 인하여 화려한 현상계를 나타내는가 하는 문제를 목표로 연구를 거듭하였던 것이다.

　그리하여 동양에서는 陰陽의 체(體, 본체)·용(用, 작용)관계로써 상수학원리(象數學原理)를 세웠고, 서양에서는 본체론과 우주론으로써 이 문제를 연구하였던 것이다. 그러나 필자는 이것을 변화원리라는 명제로써 이하(以下)에 논하려고 하는 것이다. 왜냐하면 우주변화의 본체와 작용은 다만 '변(變)'과 '화(化)'의 종합과 분열작용에 불과하므로 吾人이 소위 변화라고 하는 개념은 그 속에 본체와 작용의 개념이 이미 포함되어 있는 복합개념이므로 변화원리라고 하는 것이 간단하면서도 또한 반면으로는 철학의 본질적 의미를 포함시킬 수 있기 때문이다. 그런데 여기서 논하려는 바는 우주의 본체와 현상을 연구하려는 것이다. 그러므로 우선 서양철학의 연구방향을 관찰함으로써 그것을 동양철학적 입장에서 비판하고 아울러 변화원리에서 전개시킬 바의 방향을 제시하려는 것이다.

1. 본체론 비판(本體論 批判)

서양철학은 본체를 연구함에 있어서 양적(量的) 고찰(考察)과 질적(質的) 고찰의 두 개의 면을 택하고 있다. 그러므로 우선 양적 고찰부터 살펴보면 우주의 본체를 단원(單元)이라고 주장하는 학파와 다원(多元)이라고 주장하는 학파가 있다.

단원론(單元論, Singlarism)을 주장하는 학파로는 우주의 본질을 '물'이라고 본 탈레스(Thales), '무제한자(無制限者)'로 본 아낙시만드로스(Anaximandros), '공기'로 본 아낙시메네스(Anaximenes), '불'로 본 헤라클레이토스(Herakleitos), '유(有)'로 본 파르메니데스(Parme-nides), 유출설(流出說)을 주장한 플로티노스(Plotinos), 자기원인(自己原因)으로 본 스피노자(Spinoza) 등이 있다(물론 그 외에도 있지만).

그러나 吾人이 가장 숭배하는 것은 그리스의 최고의 학자이며 또한 서양철학의 창시자라고도 볼 수 있는 탈레스인 것이다. 그가 본체로서 제창한 '물'(本體)은 상수학이 주장하는 운동의 본체와 동일하다는 데서만이 아니라 그것이 비록 간단하기는 하지만 '물'이 운동의 본체가 될 수 있는 기본적인 논지가 잠재되어 있기 때문이다. 물론 이것을 현대철

학류로서 생각하면 미흡하다고 할 것이다.

그러나 그 시대의 모든 철학적 경향은 동서를 막론하고 전부 그랬던 것이다. 그러므로 우리들이 그 시대의 철학을 평가하는 표준은 그 속에 진리의 골간이 있는가 어떤가 하는 점뿐이다. 만일 고대의 소박한 철학이라 할지라도 진리로서의 골간만 구비하고 있다면 거기다가 화장(化粧)하는 정도는 용이하겠기 때문이다.

그런데 그 골간이란 것은 바로 '물'에 영원성(永遠性)과 자동성(自動性)과 변화성(變化性)이 있다고 본 그것을 말하는 것이다. 후일 탈레스의 학설을 부정하게 된 것은 탈레스가 어떤 법칙적인 象에 의해서 말했다는 것을 이해하지 못했기 때문이다.

그 다음은 플로티노스의 유출설도 역시 경청할 만한 가치가 있다.

그의 설은 본체는 '一'이고 그 '一'에서 이성-영혼-물질이 되어서 유출한다고 한 것이다. 그런데 그것은 탈레스처럼 골간만 세운 것은 아니고 '一'에서 이성-영혼-물질로 발전한다는 데까지 살을 붙여 놓았다. 그럴 바에는 그것이 어떻게 하여서 그렇게 발전하는 것인지 그 과정만이라도 설명했어야 할 것이다. 그럼에도 불구하고 그는 그것으로써 중단하였기 때문에 후인의 비판을 받게 된 것은 실로 안타까운 일이라고 할 것이다.

스피노자는 우주의 본체를 자기원인(自己原因)이라고 설명하고, 이어서 현상계가 나타나는 것은 소위 자기원인, 즉 능산적 자연(能産的 自然 Natura naturans)이므로 일체의 만물은 그 능산적 자연의 속성인 소산적 자연(所産的 自然 Natura naturata)이라고 하였다. 그러나 그것도 역시 능산적 자연인 자기원인이 어떻게 변모되어서 만물로 되는가 하는 점을 설명하지 못하였다.

위에서 말한 바와 같은 불비(不備) 때문에 대두(擡頭)하게 된 것이 다원론(多元論 pluralism)이다.

다원론자들은 단원론만으로서는 단원인 본체에서 현상계가 어떻게 이루어질 것인지를 생각할 수 없기 때문에 현상계의 다양다단(多樣多端)한 것을 중심으로 본체를 생각하기 시작하게 되었던 것이다.

그러므로 우주의 본체를 넷으로 본 엠페도클레스(Empedokles), 원자로 본 데모크리토스(Demokritos) 등이 그의 대표자라고 할 것이다.

이들이 주장하는 다원론은 분석적인 면과 개별적인 면에 치중하였기 때문에 진정한 의미의 본체와는 점점 거리가 멀어지게 되었다.

첫째로, '본체'라는 개념 자체에서 나타나는 모순이다. 본체라는 개념은 변화하는 다양적인 현상이 산출되는 기본, 즉 스피노자가 말한 바 능산적 자연과 같은 것이다. 그런즉 만물 발생의 근원이 바로 본체일 것인데 근본인 본체가 어찌 다원일 수 있을 것인가 하는 점이다. 다시 말하면 本이란 것은 만물의 시초이며 조종(祖宗)이므로 만사(萬事)의 종말(終末)과 多의 양상(樣相)은 모두 단원인 본체에서 전개되는 것이다. 그럼에도 불구하고 만일 근본을 다원이라고 한다면 그것은 벌써 본체일 수는 없고 지체(支體)일 뿐인 것이다. 그런즉 여기에서 말하는 소위 다원적 본체(多元的 本體)라는 것은 그 개념 자체에서부터 이율배반적(二律背反的) 모순을 범하게 되고 마는 것이다. 그러므로 다원(多元)이라는 개념 속에는 벌써 단원(單元)을 내포하고 있는 것이다.

둘째로, 가령 다원을 본체로 인정한다고 할지라도 서로 독립된 다원이 어떻게 분열과 통일을 조화하면서 병행할 수 있는가 하는 점이다. 세계는 상부상조와 모순대립으로써 이루어지는 세계인즉 반드시 다원적 본체가 이 문제를 조화시킬 수 있는 이론적 근거를 발견하여야 할 것이다. 그러므로 그것을 해결하기 위하여 엠페도클레스가 애(愛)와 증오(憎惡)로써 통일을 설명하려고 하였지만 그것으로써 자연 전체의 모습을 설명해 낼 수는 없었다. 또한 원자론자들이 "다원(多元)의 본체가 일원의 공간내에서 운동한다"고 하는 것도 공간이 일원인 한 다원의 본체가 될 수는 없는 것이다. 따라서 그들이 "본체란 성질상 동일한 무차별의 세계인 원자 자체의 기계적 운동"이라고 하는 점으로 보면 이것은 본체가 단원이라는 의미를 내포하고 있는 것이기 때문에 다원일 수는 없다.

또한 '성질상 동일한 무차별의 세계'가 바로 원자 자체라고 하였으니, 그것은 원자의 운동요인이고 우주의 본체는 아니다. 그럼에도 불구하고 우주의 본체를 원자라고 보고 또한 그것을 '성질상 동일한 무차별의 세계'로 본 것은 우선 양자(陽子)와 전자(電子)의 차별성마저 무시한 것이 된다. 그뿐만 아니라 "우주의 본체인 원자는 자체의 근본속성에 의해서 운동한다"고 하지만 그 근본속성을 설명하지 못하는 한, 즉 어떻게 움직이며 또 어떻게 환원하는가 하는 점에 있다. 다시 말하면 원자가 우주의 본체라고 하는 한 이것으로써 일월성신(日月星辰)의 운행, 춘하추동의 성립, 주야(晝夜)의 교대, 만물의 생사 등의 제반 철학적 문제를 해명할 수 있어야만 할 것이다. 그렇지만 원자론으로써 여기에 해답을 줄 수는 없을 것이다. 그러나 상수(象數)의 변화원리는 이와 같은 신비에 대해 법칙적인 해명을 할 수 있다.

여기서 단원론과 다원론을 요약해 보면 다원론은 다원(多元)이란 개념 자체부터 인정하기 곤란하다. 그렇지만 탈레스가 제창한 바의 단원론 같은 것은 가장 특출하다 할 것이다. 물론 본고는 앞으로 '물'이라는 우주의 본체가 어떻게 변화하며 또한 어떻게 운동하는가 하는 것을 논하겠지만 여하간 탈레스가 '물'을 본체로서 입론(立論)한 것은 가치가 있는 것이다.

그 다음에는 단자론(單子論, monadologie)이 있는데 이것은 쿠자누스(Cusanus)·라이프니쯔(Leibniz)·브루노(Bruno) 등에 의해서 제창된 학설이다. 이 학파에서는 우주의 본체를 단자라고 주장하는 것이다. 브루노는 "多의 세계는 神인 一에서 나온 양면적 현상"이라고 한다. 즉, 물질이 극미(極微)로 분화(分化)되어서 또다시는 분화할 수 없게 되면 그것이 바로 단자인 바 단자는 물심(物心)의 양면성을 띠고 있다고 하는 것이다.

라이프니쯔는 성질적으로 차이를 가지고 있는 단자가 자기를 표현하는 것이 바로 우주의 표현이며 또한 그것이 동일한 내용을 표현하는 점에서는 일치된다고 하였다.

이상의 두 학설을 볼 때 브루노의 설은 만물이 무한 분열하게 될 때 형체는 이미 없어지게 되나 그 형체가 소멸된 바의 무형인 象이 바로 단자(單子)라고 하였다. 이러한 단자는 물심 양면성을 내포하고 있다는 것을 의미한다. 그런즉 이것은 吾人이 논하려는 바의 無이며 또한 空의 창조과정인 것이다.

그런 점에서 볼 때 브루노의 사상은 고차적인 경지에까지 이르렀다고 볼 수 있다. 그러나 다만 유감스러운 것은 그가 주장하는 바의 극미(極微)로 분열된 물심양면(物心兩面)인 단자가 어떻게 통일하여서 하나로 돌아가며 또 하나는 어떻게 현실세계를 나타내는가 하는 법칙적인 논리를 제시하지 못하였다. 반면으로 라이프니쯔는 성질적(性質的)으로 차이를 가지고 있는 단자가 동일한 내용을 표현하면서 일치한다고 하는데 이것은 브루노와는 다른 면이 있다. 브루노가 말한 바의 단자는 물질이 다시 분할할 수 없는 극미의 상태인즉 이것은 무형이므로 여기에는 성질적 차이란 있을 수가 없는 것이다. 그런데 그가 성질적 차이를 가진 단자가 자기를 표현한다고 한 것은 잘 납득되지 않는 것이다. 왜냐하면 성질이 있다는 말은 유형이라는 의미이고 성질이 없다는 말은 무형의 象을 뜻하는 것이다. 그런즉 상은 무형이기 때문에 동일한 내용을 표현하며 또 일치시킬 수가 있지만, 만일 성질적 차이를 가진 것을 단자라고 한다면 그것은 곧 유형을 의미하게 될 것인즉 그것으로써 내용의 일치를 기(期)할 수는 없는 것이다.

그런즉 그가 말한 바와 같이 "성질적 차이가 있는 단자가 자기를 표현한다"고 하면 그가 말하는 단자라는 것은 바로 有의 形을 가리키는 것이므로 반드시 '이러한 단자가 극미세(極微細)의 분화작용을 함으로써 그것이 동일한 내용을 표현한다'고 하는 후속이 있어야만 할 것이다. 그렇게 되어야 브루노와도 일치될 것이며 또한 상수원리와도 부합될 것이다.

여기서 이상을 요약 고찰하여 보면 탈레스의 본체론에는 법칙의 결여라는 결점이 있었고, 플로티노스나 스피노자도 그들이 설명한 바의 현상적 이론이 미흡하였기 때문에 겨우 본체의 일면을 제시함에 불과하였고 브루노는 토화작용의 성립은 약견(略見)하였지만 그 작용의 내용을 밝히지 못하였다. 이와 같은 결과는 오로지 본체론적이며 또한 우주론적인 법칙이 결여한 서양철학 자체가 지닌 바의 모순에서부터 이루어진 고질(痼疾)이었던 것이다. 이상은 양적으로 본 본체의 고찰인즉 다음에는 질적인 면에서 본 본체를 고찰하여 보기로 하겠다.

질적 고찰에 있어서는 유심론(唯心論)과 유물론(唯物論)이 주류가 된다. 그밖에 일원론(一元論)이나 이원론(二元論)의 구별도 있을 수 있으나 이것은 양적 고찰에서 이미 언급한 바의 단원론과 다원론 속에 각기 포함될 수 있는 성질의 것이며, 또한 일원(一元)이나 혹은 이원(二元)이라는 개념은 개념 자체부터가 양적인 면에 부합되는 것이므로 여기서는 논외로 할 것이다.

유심론(唯心論 spiritualism)은 우주의 본체는 정신이고 자연계의 모든 현상은 정신의 표현이므로 물질을 정신의 산물이라고 보는 것이다. 그러므로 물질은 독립적인 존재가 될 수 없고 정신의 파생물(派生物)이거나 혹은 정신에 예속되는 현상에 불과하다고 보는 것이다. 그러므로 유심론자(唯心論者)들은 만물은 항상 주관적(主觀的)인 인식(認識)의 제약을 받는다고 생각하는 것이다. 그런데 유심론(唯心論)은 플라톤(Platon)의 이데아(Idea)론에서부터 시작하여서 플로티노스의 유출설, 즉 "물질은 정신인 일자(一者)의 대원(大原)에서 유출된다"고 하는 설을 위시하여 라이프니쯔·버클리(Berkeley)·피히테(Fichte)·헤겔(Hegel) 등 많은 학자들이 있다.

그러나 만물은 精神에서 파생되거나 예속된다고 하는 점에 있어서는 모두 동일하다. 그런데 이들의 주장은 반대학파의 많은 비판을 받게 되었던 것이다. 왜냐하면 첫째로 정신에서 이질적인 물질이 어떻게 생길 수 있는가? 둘째로 인간정신을 주(主)로 하고 거기에서 유추함으로써 우주정신을 합리화할 수 있는 이론적 근거는 무엇인가? 셋째로 만물이 인간의 생리적 혹은 환경적 상태 여하에 따라서 인식되는 현상이 달라진다고 하는 사실만으로써 과연 만물은 인간정신의 제약을 받는다고 할 수 있겠는가 하는 문제들에 대하여 철저한 대답을 주지 못했기 때문이다.

이와 같이 유심론(唯心論)이 정신을 우주의 본체라고 함으로써 반대에 봉착하게 된 것은 첫째로는 이 학파에서 우주변화의 법칙을 납득하지 못한 데 큰 원인이 있었고, 둘째로는 정신의 개념을 구명(究明)하지 못하고 다만 전제에서 정신을 본체로 정하여 버렸다는 데 큰 결점이 있었던 것이다.

그러나 반면 동양철학은 우주운행의 법칙과 정신의 개념부터 철저하게 따짐으로써 철학(精神硏究)의 기본을 삼는 것이다. 왜냐하면 이것은 철학의 지상목표이기 때문이다.

물론 정신문제는 '정신론'에서 자세히 다룰 것이지만 다만 여기에서 말해 둘 것은 정신이 우주운동의 본체가 된다고 하는 점이다.

그 이유는 정신은 우주의 본체인 태극이 무극작용(無極作用)에 의하여 이루어지는 '공(空)'에서 창조가 완성되는 것인즉, 우주정신이나 태극정신은 전혀 동일한 것이다. 다시 말하면 만물의 발현이란 것은 정신의 외향과정(外向過程)에서 일어나는 정신의 운동 때문에 변화하는 종속적인 존재인즉, 이것이 바로 우주의 본체이며 또한 목적일 수밖에 없다(제7장 '정신론' 참조).

다음은 유물론을 고찰하기로 하겠다.

유물론(唯物論 Materialism)에는 형이상학적 유물론과 변증법적 유물론의 두 가지가 있다. 이들은 모두 물질이 우주의 본체이고 정신은 그의 예속물이라고 보는 것이다.

그러므로 정신은 공간을 점령하고 있는 물질, 즉 '에테르(ether)'의 활동이거나 혹은 원자의 양·전자운동이라고 보는 것이다.

그런데 형이상학적 유물론을 주장하는 학파로서는 고대의 스토아학파에서 시작하여 근대의 홉즈(Hobbes)에 이르러서 가장 저명하였다. 그 다음으로 독일·프랑스 등에서 많은 유물론자들이 나와서 더욱 발전시킨 것은 사실이나 유심론이 반드시 진리가 아니었던 것처럼 유물론도 반드시 진리일 수는 없었던 것이다. 이와 같은 번잡은 다만 학설의 증산(增産)에만 공헌하였을 뿐이고 반면에서 모순은 점증(漸增)하게 되었던 것이다.

첫째, 정신은 물질에서 파생되는 것이므로 정신은 물질 자체라고 하는 점이다. 물론 정신과 물질은 불가분리(不可分離)의 호근(互根)관계를 가지고 있는 것이므로 그의 변화과정을 설명함에 있어서 물질에서 정신의 기원을 유도해 낼 수는 있다(唯心論의 경우도 마찬가지다). 그러나 법칙이 없는 유물론의 주먹구구식 사고방식이나 과학적 실험수단만으로써 만일 어떠한 체계를 세웠다고 할지라도 그것은 어디까지나 물질일변도의 반쪽 체계일 뿐이고 결코 그것이 우주본체의 설명으로 될 수는 없을 것이다. 왜 그런가 하면 우주에는 정신과 물질이 호근운동을 하면서 연면 계승(連綿 繼承)하게 하는 일사불란한 진리로서의 법칙적인 본체가 엄존(儼存)하기 때문이다.

둘째로는, 물질의 운동을 원자나 에테르의 운동으로 볼 수는 있지만 그렇다고 그것이 바로 정신일 수는 없기 때문이다. 예를 든다면 인간이 정자와 난자의 결합으로 인하여 탄생된다고 하여서 정자와 난자가 곧 사람이라고 우겨대는 것과 같은 넌센스에 불과하기 때문이다. 그러므로 만일 원자나 에테르의 운동 현상을 물질계와 정신계의 상호작용으로 인하여 일어나는 우주운동으로 본다면 그것은 오히려 가치 있는 관찰이라 할 것이다. 그러나 물질을 본체라고 본다면 이것은 우주의 운동현상은 반드시 일정한 본체, 즉 '성질상 동일한 무차별의 세계'인 '태극'의 속성이라는 것을 모르기 때문인 것이다.

셋째로, 정신을 물질적 조직인 육체의 소산으로 보거나 혹은 그의 파생물로 보려는 것은 바로 과학적 전제(前提)에 빠지게 되는 것이다.

예를 들면 「생의 순환」을 저술한 몰레쇼트(Moleschott)는 사상(思想)은 뇌(腦)에 있는 인소(燐素)에서 생기는 것이므로 만일 인소라는 물질이 없다면 사상은 성립될 수 없다고 하였다. 그러나 그는 인소가 어떻게 사상이라고 하는 정신활동을 산출하는가를 설명하지 못했다. 그러는 한 그것은 전제와 실험을 주로 하는 과학적 진리는 될 수 있을지언정 현묘(玄妙) 중의 현묘인 우주변화의 본체를 규정할 수 있는 철학적 진리가 될 수는 없는 것이다.

그 다음에 변증법적 유물론을 주장하는 학파로서 데보린(Deborin) · 포이에르바하(Feuerbach) 등이 나와서 자연을 객관화된 정신이라고 보는 헤겔 학설을 뒤집어서 정신을 외화(外化)된 자연이라고 하여 헤겔의 관념적 변증법을 유물적 변증법으로 고쳐 놓았고, 마르크스(Marx)와 엥겔스(Engels)에 의하여 양적 변화가 질적 변화를 일으키는 것이며 운동하는 물질의 모순대립은 비약(飛躍)과정에서 통일된다고 하는 학설로서 변증법적 유물론을 더욱 발전시켜 놓았던 것이다. 그뿐만 아니라 사적(史的) 유물론을 저술하여서 변증법적 유물론의 원리를 사회현상과 사적 발전에 적용시키면서 물질적 우위를 설명했고, 또 그것으로써 우주의 본체라고 규정하였던 것이다.

그러나 변증법적 유물론이 제아무리 심혈을 경주한다고 할지라도 형이상학적 유물론이 범했던 바의 모순을 바로잡을 수는 없었던 것이다. 다만 애석한 것은 헤겔이 자연을 객관화된 정신이라고 보았다든가, 또는 마르크스가 양적 변화가 질적 변화를 일으킨다고 한 점 같은 것은 진실로 달관인 것 같으면서도 횡관(橫觀)인 것이다. 왜 그런가 하면 모든 物의 분열이라는 것은 정신의 객관화에 불과하며(제7장 '정신론'에서 상술) 또한 사물은 그의 질적 변화가 양적 변화를 일으킴으로써만이 통일의 바탕을 이루는 것이기 때문이다(제7장 1절 '헤겔의 정신론 비판' 참조).

이상에서 본 바와 같이 서양철학의 사고방식은 맹목적이며 무법칙적이기 때문에 본체를 구명할 수가 없었고 다만 이론의 대립과 모순의 역사만을 남기고 말았던 것이다. 그러므로 본체의 변화현상을 연구하는 우주론에 있어서도 변화하는 바의 실상을 해부해 내지는 못하고 다만 '우주의 변화는 인과적(因果的)이냐, 그렇지 않으면 목적적(目的的)이냐?' 하는 변화의 피상에서만 헤매고 말았던 것이다. 그런즉 변화작용의 대상인 우주론은 진실로 무엇이 어떻게 변화하며 또는 어떻게 되느냐 하는 근본과 현상을 연구하여야만 할 것이다. 그러므로 다음에는 서양철학의 우주론을 약견(略見)함으로써 동양학을 연구하는 데 참고로 하겠다.

2. 우주론 비판(宇宙論 批判)

우주론(Cosmologie)이란 본체가 어떠한 존재냐 하는 것을 묻는 것이 아니라 우주의 삼라만상은 어떻게 변화하느냐 하는 변화현상을 연구하는 학문이다. 다시 말하면 인물(人物)의 생장소멸작용(生長消滅作用)이 어떠한 원리에서 일어나는 것이며 또한 어떠한 법칙에 의하여 동정(動靜)하는가 하는 것을 연구하려는 것이다.

그러므로 필자는 이것을 변화원리라고 한다. 일반적으로 변화라는 말은 만사나 만물의 부침소장(浮沈消長)하는 불가사의적 현상을 지칭하는 것이다. 그러나 철학적 개념은 좀더 세밀하여야 한다. '변(變)'이란 것은 만물이 화(化)하였다가 다시 내용을 충실시키는 과정을 말하는 것이요, '화(化)'라는 것은 일정한 형태에서 다시 분열무화(分裂無化)되어 가는 과정을 말하는 것이다. 다시 말하면 화(化)하는 과정에서는 생장을 촉진시키고 변(變)하는 과정에서는 성숙이 매듭을 맺는 것이다. 그러므로 이것을 본체면에서 보면 변화요 작용면에서 보면 생성인 것이다.

우주론은 이와 같은 변화과정을 설명하는 데 있어서 시간적 계기(繼起)와 필연적 관계라는 두 개의 조건을 제시하였던 것이니 이것은 우주론의 연구에 있어서 진실로 위대한 발견이었다. 만일에 이와 같은 요건이 발견되지 못하였더라면 저 인과율(因果律)이나 목적률(目的律)마저 제창할 수 있는 근거를 잃었을지도 모른다. 그러면, '만물의 변화는 인과적이냐, 목적적이냐?' 하는 소박한 것으로써 우주변화를 알려고 하는 인과율부터 살펴보기로 하자.

인과의 법칙으로서 인과율(law of causality)이 있다. 즉, 어떠한 결과는 반드시 그 결과 이전에 원인이 있다고 하는 것이다. 그런데 이 인과관계는 필연적 법칙 아래서 이루어진다고 보아서 이것을 인과율이라고 한다. 그런데 흄(Hume)은 이것을 객관적 신앙이라고 하였다. 그 까닭은 두 개의 현상이 서로 계기(繼起)하는 것을 지각할 수는 있지만 거기에 필연적 관계가 있다는 것을 인정할 수는 없는 까닭이라고 말하였다.

칸트는 인과율을 선험적 오성(先驗的 悟性)의 형식에서 구하였다. 그러므로 그는 인과율이라는 것은 경험을 통일하며 성립시키는 범주의 하나라고 말하였다.

빈델반트는 인과개념의 필연적이며 종합적인 근거로서 이것을 '시간적 계기의 일반성'이라고 하였다. 그밖에도 많은 학설들이 있으나 특기할 만한 논거가 없다.

다만 여기에서 구명(究明)하여야 할 것은 이와 같은 인과율이 자연법칙에서 생긴 것이냐 혹은 인위적인 법칙이냐 하는 것이다. 만일 이것이 인위적이라면 인간의 인식은 부정확한 것이므로 그 법칙의 진리성을 믿기 곤란할 것이고 이것이 자연법칙 그대로라고 하면 인간이 이것을 일일이 증명해야만 하는 것이다. 그렇지만 철학은 아직 이것을 증명하지 못하고 있는 듯하다. 뿐만 아니라 심신(心身)관계라는 비근(卑近)한 예에 있어서도 제설이 분분한 것이다. 그러므로 다음에 열거하면 '정신이 육체를 지배하는가, 육체가 정신을 지배하는가, 그렇지 않으면 사람은 심신의 교호운동(交互運動)으로써 살고 있는가?' 하는 것마저 규정짓지 못하고 있는 것이다. 오늘날처럼 문명이 발달한 시대에 있어서 아직까지 이러한 허점이 남게 된 주요한 원인은 생리학이나 심리학이 매양 전제에서 시작하였기 때문이다. 그뿐만 아니라 인간은 형이상계와 형이하계의 혼합적 구성체로서 오직 두 개의 기능의 조화작용에 의하여 정신적 영위와 육체적 활동을 하는 것인데도 불구하고 철학이나 생리학은 항상 편파적인 일면적 관찰만 하였기 때문에 인간의 정체를 완전히 투시할 수 없었던 것이다.

그러나 동양의 의학은 그 출발부터 우주변화의 기반인 상수학(象數學)에 뿌리를 박았기 때문에 우주의 본체 규정에 있어서나 그의 변화작용의 관찰에 있어서 자연법칙적인 엄격한 규범을 세워 놓고 출발했던 것이다. 그뿐만 아니라 세계의 삼라만상도 동일한 자연법칙하에서 동정하는 것이므로 예외는 있을 수 없는 것이다. 그러므로 자연법칙이 곧 우주의 법칙이며 인간과 만물의 법칙인 것이다.

그렇기 때문에 우리들은 인간을 '소천지(小天地)'라고 하는 고철(古哲)들의 입론(立論)을 전폭적으로 지지하는 것이며 따라서 인과관계를 우주의 동정법칙이라고 규정하는 것이다. 왜 그런가 하면 인과란 것은 動靜 · 變化 · 陰陽 등과 동일한 내용의 개념이면서 다만 관점을 달리한 것뿐이기 때문이다.

그런즉 인과율이란 것은 '시간적 계승(繼承)의 일반적 필연성'인 것이다(繼라는 것은 生하는 방향으로 이어 주는 것이요, 承이란 것은 成하는 방향으로 이어주는 것이며 일반이란 것은 통일하는 象을 말하는 것이고 필연이란 것은 규칙적으로 그렇게 되고야 마는 것을 의미하는 것이다).

그런데 인과론이 기계관으로 흐른 후에 이것이 과학의 발전에 기여한 것은 사실이나, 그렇다고 이것이 유물론이나 과학만의 법칙은 아니고 철학 자체의 법칙인 것이다. 또는 인과율은 자유를 말살한다고도 한다. 그러나 진실한 자유란 '시간이 일반적 계승작용'을 하는 인과법칙에서 일어나는 것이다. 그런데 자유란 것은 비방종적(非放縱的) 일반성인 토화작용(土化作用)에만 있는 것이므로 자유의 기본인 인과율이 바로 자유의 모체인 것이다(제7장 2절 1. '인간정신과 자유'를 참조).

그런즉 인과율이란 것은 인위적인 법칙이 아니고 우주 자체의 운동법칙인 것이다.

이와 같이 인과율이 우주 자체의 운동법칙인 한 우리는 이것을 알아내야 할 의무가 있는 것이며 또한 변화원리를 연구하는 목적도 바로 여기에 있거니와 진실로 우주의 운동은 인과적인 법칙에 의한 것인데 이것이 바로 五運과 六氣의 운동이며 또한 자유창조의 법칙인 것이다.

그 다음은 서양철학의 목적관을 논하여 보기로 하자.

인과관계란 '먼저 이러한 원인이 있었기 때문에'라고 하는 선행상태에서 후에 이러한 결과가 나타난다고 하는 후기상태로 전진하는 것을 의미하는 것이라면, 목적관계는 미래에 일어날 후기상태가 목적이며 현재에 하고 있는 상태는 후기상태인 목적을 위한 수단이라고 하는 것을 말하는 것이다.

이와 같이 목적율(目的律)은 우주의 만상은 어떠한 목적 밑에서 움직이는 것이라고 보는 데서 일어난 것이다. 그런데 여기에는 신(神)이나 혹은 외부에서 부여되는 목적에 의하여 만물이 생장된다고 하는 초월적 목적관(宗敎的 宇宙觀 같은 것)과 목적이 외부에서 오는 것이 아니라 만물 자체 속에 내재한다고 하는 내재적 목적관(汎神論과 같은 것)의 두 가지가 있다.

그런데 목적관(目的觀)을 세계해석에 최초로 도입시킨 학자는 아낙사고라스(Anaxagoras)였다. 그 뒤에 플라톤과 아리스토텔레스는 인과는 목적에 종속된다고 하였고, 칸트는 자연계를 기계관으로 보고 정신계는 목적관으로 보았던 것이다.

현대에 이르러서 베르그송(Bergson)은 우주의 창조적 진화는 생명의 비약에 의하여 가능하며 생명의 비약은 순간순간 그 내면에 존재하는 목적을 달성하기 위한 것이라고 주장하였다.

이제 여기에서 위에 소개한 제설(諸說)중에서 특별히 눈에 띄는 것은 칸트의 소론(所論)이다. 즉, 자연계를 기계관으로 보고 정신계를 목적관으로 본 점은 대철(大哲)의 관록을 여실히 나타냈다고 할 것이다. 우주의 변화현상을 대별하면 자연계는 다만 인과적 법칙에 의하여 기계적으로 움직이는 것이다. 이것들은 다만 한서온냉(寒暑溫冷)의 영향에 의하여 생장소멸의 규칙적 반복을 되풀이하는 것뿐이고 개별적인 자기의지는 전혀 개입하지 못하는 것이다. 그러므로 「소문(素問)」에는 이것을 기립지물(氣立之物)이라고 표현하였던 것이다. 그러나 반면 정신계는 자연계와 마찬가지로 기후의 영향을 받는 것도 절대적 요건이기는 하지만 그것보다도 더욱 중요한 것은 자기의지, 즉 정신의 작용이 가장 중요한 역할을 하면서 생(生)을 유지하는 것이다. 다시 말하면 인간이나 동물은 육체와 정신의 이대형상(二大形象)으로써 生을 영위하는 것이다.

무릇 형상(形象)을 보유하고 생활하는 인간이나 동물은 끊임없이 형상간에 모순과 대립을 나타내면서 자기를 보존하는 것이니 이것이 바로 육체와 정신의 공동체적 사회생활이다.

그런데 이러한 육체와 정신의 공공생활(公共生活) 과정에서 필연적으로 감정과 욕심이 생기게 되는 것이다. 만일 인간이나 동물이 육체와 정신의 이원적(二元的) 조직체가 아니라고 가정한다면 여기에서는 욕심이 생길 수가 없는 것이다. 왜냐하면 육체란 사욕의 주체이므로 무욕(無慾)인 정신에 항상 도전하려고 한다(이 내용은 제7장 '정신론' 참조). 그리하여 욕심은 목적의 원인이 되고 목적은 욕심의 결과가 되는 것이다. 그런즉 자연계는 형상이 구존(俱存)하지 못하므로 단순히 기계적 운동만을 할 수밖에 없는 것이다. 여기에서 자연계는 기계적으로 정신계는 목적적으로 움직인다고 본 칸트를 숭배하는 것이다(위에서 말한 형상계라는 것은 정신계를 가리키는 것이다).

이렇게 생각할 때 인과율과 목적률은 별개의 개념이 아니라 전일개념(全一槪念)이면서 다만 적용되는 대상에 차이가 있는 데 불과한 것이다. 다시 말하면 인간이나 동물은 형상을 함께 가지고 있기 때문에 인과율과 목적률이 병행되는 것이고 자연계는 형체만의 존재이기 때문에 인과율만이 적용되는 것이다. 혹자(或者)는 반문할지도 모른다.

자연계도 생명을 인정하는 한 약간의 정신이라도 있을 것이 아닌가 라고. 물론 그렇다. 그러나 정신인 상(象)이 형체인 체와 서로 대립할 만한 실력이 없을 때에 그것은 동물이 될 수 없으므로, 즉 신기(神機)가 아니므로 욕심이 생길 수가 없는 것이다.

필자는 위에서 인과율을 '시간적 계승(繼承)의 일반적 필연성'이라고 한 바 있다. 그렇다면 목적률은 '시간적 계승의 이율적 우연성(二律的 偶然性)'일 것이다(제1장 2절 '동양철학의 우주관' 참조). 그러므로 필자는 플라톤과 아리스토텔레스가 인과율은 목적률에 종속된다고 말한 것에 의혹을 가지지 않을 수가 없는 것이다. 인과나 목적관계는 어디에 종속된 것도 아니고 다만 전일개념으로서 그의 적용대상에 의하여 구별 호칭하는 것뿐이기 때문이다. 그러나 그 목적을 우주 목적으로 본다면 종속된다고 할 수 있을 것이다.

이상에서 우주론의 개요를 살펴보고 사소한 비판을 가하여 보았다. 그러나 여기에서 다시 한번 살펴볼 것은 우주론이란 우주의 생성변화관계를 연구하는 것인데, 서양철학의 우주론에서 고찰하여 본 바에 의하면 그의 논설의 정부(正否)는 별도로 하고라도 그 내용을 따져 보면 겨우 우주의 변화는 인과적이냐, 그렇지 않으면 목적적이냐 하는 정도였다. 그렇다면 그것을 가지고 과연 변화현상을 설명할 수 있을 것인가 하는 것은 문제점이 아닐 수 없다. 만일 백보를 양보하여서 그와 같은 내용의 우주론으로써 이 문제를 해명할 수 있다고 할지라도 인간의 인식 자체가 문제되기 때문에 어느 정도의 이성적 기능을 발휘할 수 있을는지 문제될 것인데 이왕 아무런 법칙도 없는, 그야말로 적수공권(赤手空拳)으로써 우주의 변화를 논하려는 것은 거의 무모에 가깝다고 할 것이다.

이와 같이 생각할 때 동양철학의 음양론(陰陽論)과 상수(象數)의 법칙에 부하된 바의 임무는 실로 귀중하면서도 크다 할 것이다.

제2절 동양철학의 우주관(宇宙觀)

우주에서 삼라만상이 무궁한 변화를 일으키고 있는 것은 陰과 陽이라는 이질적인 두 기운이 지닌 바의 작용으로 인하여 모순과 대립이 나타남으로써 일어나는 현상이니, '一陰一陽之謂道'라고 한 것은 바로 이것을 말하는 것이다.

그렇다면 우주가 이와 같은 변화작용을 하지 않을 수가 없는 것은 그와 같이 추진하는 역원(力源)이 있기 때문이니 그것을 가리켜서 변화작용의 본체라고 하는 것이다.

필자는 위에서 서양철학의 불비점(不備點)과 그의 무법칙적(無法則的)인 바를 지적한 바 있으므로 여기에서는 당연히 동양철학의 법칙을 소개하고 또 그의 진리를 밝혀 놓아야 할 것이다. 그런데 그 법칙이나 진리란 것은 거기에 뿌리박은 모든 원리를 의미하는 것이다. 즉, 日月의 규칙적 운행은 무엇이 그렇게 하게 하며 인간이나 만물은 어떻게 화생(化生)하였다가 무엇 때문에 죽는가[死] 하는 문제를 비롯하여 정신의 본질은 무엇이며 칠정육욕은 왜 생기는가 하는 문제 등은 진실로 우주변화의 결과이므로 그 결과를 인도적(人道的)인 면에서 요약하여 보면 선악의 투쟁인 것이다. 그런즉 그 결과를 인간의 순수이성에 의하여 가장 정확하게 파악하는 것이 철학의 목적이다.

그러므로 우리는 변화의 본체와 그 작용을 연구하지 않으면 안 된다. 물론 이것은 본론에 들어가서 상술할 것이지만, 문제의 방향을 바르게 제시하고 또는 일반적인 예비지식을 제시하여 두기 위하여서 그 줄거리만이라도 우선 소개하여 두려는 것이다. 그런데 본고에서는 본체와 변화를 구별하지 않고 논하려고 한다. 왜냐하면 변화를 설명하면 본체는 저절로 해명되어지기 때문이다. 그뿐만 아니라 현상계의 변화를 설명하지 않고는 본체를 말할 수 없기 때문이다.

그러면 변화하는 본체란 과연 어떠한 것일까? 우주는 본래 지정지무(至靜至無)한 상태에서부터 생겨났던 것이다. 다시 말하면 삼라만상을 장식하는 모든 유형물체는 그 시초(始初)부터 형체가 있었던 것은 아니다.

최초의 우주는 적막무짐(寂寞無朕)하여서 아무런 물체도 없었던 것이다. 다만 연기(煙氣) 같기도 하여서 무엇이 있는 듯하기도 하고 없는 듯하기도 한 진공(眞空) 아닌 허공(虛空)이었던 것이다. 이 상태가 바로 '불'이라고 생각하면 '불' 같기도 하고 '물'이라고 생각하면 '물' 같기도 한 상태였던 것이다. 이러한 상태를 象이라고 하는 바 그 상이라는 개념은 形의 반대인즉 有의 반대인 無와 상통하는 것이다. 그러므로 象이란 것은 아무 것도 없는 상태를 말하는 것이다. 그러나 형상계에 있어서의 '無'와 '有'의 개념은 절대 '有'와 절대 '無'라는 개념이 아니다. 왜 그런가 하면 우주 안에는 절대적인 '無'라든가 절대적인 '有'라는 것은 없기 때문이다. 왜냐하면 유형은 언젠가는 무형으로 소멸될 운명에 놓여 있는 것이요, 무형의 象도 언젠가는 형체를 갖추게 되는 것이므로 형상 속에 있어서의 '有' '無'의 개념은 절대 '有'나 절대 '無'로 될 수는 없다.

우주에 미만(彌滿)한 물상(物象)이 이와 같이 절대가 아닌 유무의 形과 象으로 되어 있는 것은 바로 우주를 창조하던 적막무짐(寂寞無朕)한

상태가 그와 같은 유무(有無)의 화합체(和合體)였기 때문이다.

> 註 상수학(象數學)의 연구대상은 형상 속에서 일어나는 변화상태에 있는 것이다. 형상계(形象界)라는 개념은 공기층을 뜻하는 것이므로 有無의 개념도 상대적이고 절대적인 것은 아니다. 다만 이목(耳目)의 개념에 느껴지지 않는 것을 無라고 하는데 그 개념을 바르게 하기 위하여서 이러한 성질의 無를 象이라고 하고, 有를 形이라고 하는 것이다.

이와 같은 象(우주창조 初의 象)이 바로 우주의 본체인 것이다. 그 상(象)을 송대의 성리학은 적막무짐(寂寞無朕)이라고 하였고, 一夫 金恒 선생은 '묘묘현현 현묘중(妙妙玄玄 玄妙中)'이라고 하였던 것이다. 다시 말하면 寂寞無朕이라는 말은 아무런 동(動)하는 것도 없기 때문에 그 내용을 알 수 없다는 의미이고 '妙妙玄玄 玄妙中'이라는 말은 우주의 본체가 통일(統一)하였다가는 분열(分裂)하고 분열하였다가는 다시 통일하는 그 '中' 인즉 이것은 우주운동의 본체인 것이다.

그런데 염계(濂溪)가 말한 무극은 그와 같은 '中'을 의미하는 것인즉 이것은 우주창조의 '中'이며 천지의 본체다. 그러므로 일부(一夫)는 삼극지도(三極之道)를 세워서 우주동정의 本을 논리화하여 놓았던 것이다 (제8장 '우주의 본체'를 참조).

> 註 일반적으로 宇宙와 天地를 구별하지 않고 혼합하여 표현하는 수가 많으나 그것은 천지와 우주는 다만 체용(體用)의 구별에 불과하기 때문이니 이런 점을 자세히 살펴야 함.

위에서 말한 바와 같은 무극은 천지창조의 본체인데 이것이 어떻게 현실을 창조하는 것인가 하는 것을 연구하여야 한다. 이미 말한 바와 같이 무극의 본질인 無는 절대적인 것은 아니고 상대적인 無인즉 그것은 순수한 無일 수는 없고 다만 象일 뿐인 것이다.

그러나 그렇다고 그것이 바로 吾人의 촉각이나 시각에 느껴질 수 있는 形은 아니다. 그러므로 무극의 성질을 엄격하게 따진다면 形의 분열이 극미세(極微細)하게 분화(分化)하여서 조금만 더 응고하여지면 形이 될 수 있는 직전의 상태에 있는 것이다.

그러므로 여기서는 이질적이었던 두 개 이상의 성질이 서로 융화(融和)되어서 아무런 투쟁이나 반발도 없이 공서(共棲)하고 있는 것이니 그것은 무극이 불편부당(不偏不黨)한 중화(中和)의 본체이기 때문이다. 그런 의미에서 혹은 '無'라고 하며 혹은 '中'이라고 한다.

이와 같이 무극은 中이며 또한 空의 모체로서 중용지덕(中庸之德)을 지니고 있는 것이다. 그런데 무극이 태극으로 변화하는 과정에서 또다시 동질적인 분파작용을 일으키면서 음도(陰道)의 세력권을 이루게 되는 것이 바로 土(未)작용의 결과이다. 이와 같은 세력권의 형성은 중립성을 변화시켜 소위 후천적인 통일과정(統一過程)으로서의 소투쟁(小鬪爭)을 일으키게 되고 투쟁의 결과로서 土가 지녔던 바의 陽氣는 포위당하게 되고 陰氣는 이것을 포위하게 마련인 바 이것이 바로 상화(相火)의 과정인 것이다. 그리하여 청기(淸氣)가 완전히 포위당하게 되면 무극은 율려운동을 완성하면서 태극으로 변하게 되는 것이다. 이와 같이 변성(變成)한 태극은 다시 투쟁의욕을 내포하게 된다. 거기에서 태극은 자기 자체의 본성을 발휘하여 현실계의 모순대립을 나타내게 되는 것이니 이 작용을 음양작용(陰陽作用)이라고 한다.

이와 같은 음양작용이란 것은 비단 태극이 이루어진 다음에만 있는 것이 아니라 무극이 태극으로 변할 때에 중탁지기(重濁之氣)로써 경청지기(輕淸之氣)를 포위하던 때부터 이미 음양작용의 발판을 쌓았던 것이다. 그런데 태극이 이루어지는 과정에서는 그 성질은 위에서 말한 바와 같이 변하거니와 그 형태적 변화는 말하지 않았다.

무극은 形이 아니고 象이었다. 그 象이란 것은 청탁(淸濁)이 화합(化合)한 비청비탁(非淸非濁)의 중성적 존재였다. 그것이 바로 '시간적인 계(繼)'의 작용에서 '승(承)'의 작용으로 옮겨지는 것이니, 즉 '일반적 작용'이 그의 필연성에 의하여 형체를 이룰 수 있는 소질(素質)을 만드는 것이다. 이것이 바로 필자가 위에서 말한 바의 '인과관계란 시간적 계승의 일반적 필연성'이라고 한 것이다.

이와 같이하여 象에서 有가 창조되는 것이므로 易은 이것을 감위수(坎爲水 坎卦)라고 한다. 다시 말하면 '감(坎)' 자의 개념은 '土'의 작용이 결핍(缺乏)되어서 '水'가 된다는 것을 의미하는 것이다.

그러므로 水는 有의 기본이며 형상계(形象界)의 母體인 것이다.

이와 같이 무극이 태극을 이루어 놓으면 그 속에 내포되었던 陽은 표면을 포위하였던 陰(形)을 확장부연(擴張敷衍)하면서 세계는 陽의 주도권하에 들어가게 되는 것이다. 그 때에 온갖 모순과 대립이 나타나서 이 세계는 선악과 희비의 결전장이 되는 것이다. 그러나 세계는 이 때문에 발전하는 것이므로 이 과정에서 인물이 생장하고 인식이 성립되며 또한 이성을 창조하는 중대한 기반을 이루는 것이다. 이와 같이 죄악의 과정이 도리어 상여(賞與)의 덕(德)이 되는 세계를 음양세계(陰陽世界)라고도 하며 또는 율려세계(律呂世界)라고도 하는 것이다. 이것을 좀더 자세히 말하면 陽이 주도하는 때와 陰이 주도하는 때를 구별하게 되는 것이니 陽이 主하는 세계를 동적세계(動的世界)라고 하고 陰이 主하는 세계를 정적세계(靜的世界)라고 한다. 그러므로 이와 같은 세계의 운동을 음양동정이라고 한 것이니 이것이 소위 '음양설'이다. 또한 공자(孔子)가 「역계사(易繫辭)」에 '一陰一陽之謂道'라고 한 것도 바로 이 길[道]을 말한 것이며, 태극생양의(太極生兩儀)라고 한 兩儀도 역시 '一陰一陽之道'인 바의 음양법칙을 말하는 것이다.

이와 같이 陽의 운동이 시간적 발전을 거듭함에 따라서 만물이 세분화되는데 그 세분화 작용이 極에까지 이르는 과정을 황극이라고 하는 것이다. 다시 말하면 무극에 이르는 준비과정의 끝이 바로 황극인 것이다. 즉, 甲의 끝[先]이 황극이고 己의 시작이 무극인 것이다. 그러므로 만물은 황극에서 통일을 준비하고 태극에서 화생(化生)을 시작하는 바 무극이란 바로 그들의 주재자(主宰者)인 것이다.

> 註 앞에서 필자가 무극에서 태극에 이르는 변(變)의 과정을 설명할 때에 단순히 氣의 통일작용에 관해서만 논했다.
> 그러나 이것은 우주운동이 어떻게 변에서 화(化)로 옮겨지는가 하는 형이상적인 면만을 말했던 것이다. 왜 그렇게 말하였는가 하면 무극 이후는 氣로서 統一하는 성숙의 길이요, 태극은 形을 분열시키는 생장의 길이다. 그러므로 陰作用을 주로 하는 무극에서는 그 목적이 氣의 종합이었기 때문에 그와 같이 말했던 것이다.

그러나 태극은 형(形)의 분산을 목적으로 하므로 각각 그 목적하는 바에 따라서 논하는 것이다. 그러므로 다음은 분산을 중심으로 하고 논하겠다. 이것은 본래 동양철학을 논하는 관례였기 때문인 것뿐만 아니라 또한 일면만을 열거함으로써 타면까지 이해하게 하려는 생략법의 이용방법인 것이다.

이와 같은 음양세계의 동정은 태극에 이르러서 氣의 통일을 완수하게 되면 그 태극은 다시 황극의 길로 접어들게 되는 것이다.

그런데 여기서는 무극이 氣를 통일한 것과는 반대로 태극은 形을 분산하면서 황극으로 향발(向發)하는 것이다. 무극은 氣만을 통일하는 것이 아니고 物도 성숙(成熟)했듯이 태극도 形만을 분산하는 것이 아니고 物을 생장(生長)시키는 것이다.

그러므로 태극의 외화작용(外化作用)은 무극의 내변작용(內變作用)과는 반대로 형체(形體)와 氣를 확장(擴張)하면서 분산(分散)하는 것이 전혀 양도(陽道)의 작용인 것이다. 다시 말하면 통일하던 때의 주정세력(主靜勢力)이던 음기(陰氣)가 여기에 오면 그 세력을 잃고 도리어 분산되어야 할 운명에 빠지게 되는 것이다.

  그러므로 이것을 음양의 승부작용이라고도 하고 또는 相克作用이라고도 한다. 이와 같이 陽의 압박으로 인하여 분열되는 음기(陰氣)는 전진(前進)함으로써 분열의 극(極)에 이른즉 그 성질은 도리어 순화(純化)되어서 음양을 구별할 수 없는 경지에까지 이르게 되는 것이니 이것을 기토(己土)라고 하는 것이다. 반면에 분열지기(分裂之氣)가 아직 상존(尙存)하는 곳을 황극이라고 하는 것인즉 황극과 무극은 실로 호리간발(毫釐間髮)의 차(差)이다. 그럼에도 불구하고 우주가 두 개의 극(極)을 필요로 하는 것은 황극은 무극과 동일가치(同一價値)의 '中'이 아니므로 '易 건괘(乾卦)'에 말한 바와 같은 항룡유회(亢龍有悔)의 경계(警戒)를 要하는 위험한 位인 것이다.

  그러나 이것은 무극의 보좌역(輔佐役)인즉 우주에 만일 황극이 없다고 하면 무극을 창조할 수 없고 무극이 창조되지 못하면 세계는 조화와 통일을 이룰 수가 없게 된다.

  이와 같은 과정을 거쳐서 황극은 무극으로 변하게 되는데 이것을 우주라는 형이상적 입장에서 보면 氣의 종합과 분열의 象이지만 인물(人物)이라는 형이하적 입장에서 보면 형체의 生長老死인 것이다. 세계의 모든 생명체를 소우주라고 하는 것은 모든 생명체는 우주의 음양작용이 변화하는 대로 자기를 변화시키고 있기 때문에 그렇게 지칭하는 것이다. 그러므로 필자가 위에서 목적세계인 인물계를 '시간적 계승의 이율적(二律的) 우연성(偶然性)'이라고 한 것은 바로 이 세계에 대한 형질적 존재의 활동규범을 정의한 것이다.

註 승(承)이라는 것은 통일의 방향으로 연결하는 것이요, 계(繼)라는 것은 분산의 방향으로 연결하는 것이다. 이율(二律)이라는 것은 形 가운데서 동하는 것을 말하는 것이요, 우연(偶然)이라는 것은 필연(必然)의 반대인즉 반드시 인과율대로 움직이지 않는 것, 즉 인과율에서 탈선(脫線)할 수도 있는 것을 말하는 것이다.

이와 같이 우주운동은 무극에서 태극으로 반복하면서 일률일려(一律一呂)하는 과정인 것이다. 그러나 그 과정은 형극(荊棘)의 길(道)이므로 陰(惡)陽(善)之道라고 하거니와 이것은 만물이 생장수장(生長收藏)하는 부모(父母)요, 사리사욕(私利私慾)이 공리공욕(公利公慾)을 멸시(蔑視)하는 횡포의 바탕이요, 청명지원(淸明之源)이 혼암(昏暗)의 유동 속에서 방황하게 하는 길이기도 한 것이다. 그러므로 이것을 속세(俗世) 혹은 진세(塵世)라고도 하는데 이것은 우주가 변성화생(變成化生)하기 위한 시점적인 필연인 것뿐이요 결코 우주의 죄악은 아닌 것이다. 왜냐하면 이것은 우주의 사리사욕의 소치가 아니고 다만 공리공욕이 행하는 도정(道程)에서 생겨난 일종의 부작용이기 때문이다.

그렇다면 우주의 본체가 어떠하기에 그와 같은 천지재변(天地災變)과 인물의 화복(禍福)이 쉴새 없이 일어나며, 모순과 투쟁이 판쳐야만 하는 것인가 하는 것을 연구하는 것이 본고의 본체론과 우주론의 사명인 것이다.

그러므로 본론에 들어가기 전에 서두에서 이와 같은 개요를 논하는 것은 첫째로 상수학(象數學)의 일반적 상식을 공급하려는 것이요, 둘째로는 동양철학의 우주관이 목표로 하는 바를 제시하여 두려는 것이다. 그러나 이것을 연구하는 데는 위에서 말하는 바와 같은 '명(明)'과 '법칙'을 필요로 하는 외에 또한 정명사상(正名思想 즉, 槪念)에 대한 연구가 선행되어야 한다는 것을 말해 둔다.

제3절 사물(事物)과 개념(槪念)

　개념(Concept)이라는 것은 삼라만상(森羅萬象)이 다양다색(多樣多色)하므로 인간이 이것을 이해하기 쉽도록 하기 위하여 지각(知覺)이나 기억(記憶)이나 사상에 나타나는 개체적인 표상(表象)에서 그 공통된 속성을 추상(抽象) 결합하여서 혹은 문장화하고 혹은 언어화된 사상의 통일체를 표식(標識)하기 위한 정명(正名)을 말하는 것이다.
　그러나 여기에서 말하려는 바는 그와 같은 논리학적인 연구를 대상으로 하려는 것이 아니고 다만 개념의 가치와 필요성을 논함으로써 개념연구가 철학연구에 있어서 얼마나 중요하다는 것을 말해 두려는 것이다.
　개념(槪念)이라는 말은 동양철학적으로 말하면 '정명(正名)'이라고 하는 바 이것을 연구하는 학문을 정명학이라고 한다. 좀더 구체적으로 말하면 이성과 감정에 나타나는 개체적 표상에서 공통된 속성을 추출하여서 개념을 설정하는 것은 서양철학의 경우와 일반이지만 그 개념이 바르지 못하면 사물의 전체관념이 어긋나므로 특별히 여기에 유의하는 것이다. 그러므로 문화의 발전과 지식의 통일을 위하여서는 불가무(不可無)의 방법인 것이다.
　그러므로 개념이란 무엇인가 하는 물음에 대해서 한마디로 대답한다면 사물(事物)의 명분(名分)과 이름(名)을 바르게 하는 데 있다고 대답할 것이다. 사물의 명사를 정(定)하려면 우선 개념이 명확해야 할 것이고 개념이 명확해야만 사물의 내용과 의미가 통일될 수 있기 때문이다. 그래야만 사물 자체의 의미나 내용이 충실하게 될 것인즉 그것을 명분의 정확이라고 하는 것이다. 그 이유는 사물의 개념인 명사나 명분은 절대로 정확하게 그 사물의 내용을 반영하여야 하는 것이다. 이러한 의미에서 동양철학은 이것을 正名이라고 한다.

이와 같이 사물에 각각 이름과 명분(名分)을 붙이는 일은 오늘날에 있어서는 가장 중요한 일이지만 인구의 밀도가 희박하고 생활양식이 간단했던 고대에 있어서는 그만큼 개념설정의 필요도 적었으니 그것은 변화형태가 단조로웠던 것과 정비례로 생겨난 무관심이었을 것이다.

그러나 진리탐구의 향상은 정명사상(正名思想)을 유발하기에 이르기는 하였지만 위에서 말한 바와 같은 시대적인 제 요건이 여기에 영합(迎合)되지 못하였기 때문에 정명사상은 다시 타락하게 되었던 것이다. 그뿐만 아니라 그것이 도리어 모순을 유발함으로써 오히려 사회악을 조장하기에 이르렀던 것이다. 정명사상은 진실로 사물의 이름을 바르게 하고 명분을 옳게 세우려는 중요한 것임에도 불구하고 만에 하나라도 미숙한 횡설수설(橫說竪說)이 개입되게 되면 명분은 군도(君道)를 위한 궤변이 될 것이고 인식은 타락의 구렁에서 헤매게 될 것이므로 도리어 도의(道義)와 사물의 발전에 막대한 폐해를 끼치게 되고 말 것이다.

그러므로 여기서 동양에 있어서의 정명사(正名史)를 일별(一瞥)하여 보면 그것은 孔子에서 시작되었는데 공자는 춘추말의 부패와 타락이 전혀 정명(正名)되지 못한 데 있다고 보았던 고로 제자가 "선생이 만일 위국(衛國)의 재상이 된다고 하면 무엇부터 먼저 하겠습니까?"하고 물었을 때 "필야정명(必也正名)"이라 대답하였던 것이다. 그 때와 같은 난세에 정명부터 하겠다는 말을 들은 제자는 아연실색하였지만 공자의 뜻을 움직일 수는 없었던 것이다. 왜냐하면 그 당시의 사회상이나 발전적 요건이 공자로서 볼 때에 그밖에는 다른 도리가 없었기 때문이었던 것이다. 그 후에도 묵자(墨子)·공손룡자(公孫龍子)·순자(筍子) 등이 나와서 정명을 철학의 기본으로 삼았던 것이다.

그러나 진시황의 분서갱유(焚書坑儒)로 말미암아 선성(先聖)들의 정명학에 대한 유지(遺志)는 차차 매몰되기 시작했고 철학의 심오성(深奧性)도 점점 감추어지게 되었던 것이다. 다행히 송대에 이르러서 성리학이 발전되므로 인하여 숙취갱성(宿醉更醒)하는 듯한 분위기가 조성되기는 하였지만 정명사상이 타락한 지 이미 천여 년이라 그의 진리를 해득하는 자가 극소한데다가 그 시대는 또한 오늘날과 같이 문화가 대중화하지 못한 때였으므로 그 명맥을 유지하기도 오히려 바쁠 정도였던 것이다. 그 후 19세기말에 심부(河心夫)가 나와서 「정역주의(正易註義)」를 저술함으로써 정명정신은 갱생의 계기를 얻게 되었던 것이다.

그러면 이와 같은 형극(荊棘)의 길을 걸어온 동양의 정명학이란 과연 어떠한 것인가 하는 것을 약술하여 보기로 하겠다.

정명의 사회적·문화적 요구는 명실론(名實論)에 입각함으로써 비로소 머리를 들기 시작하였던 것이다. 좀더 풀어서 말하면 사물의 명사나 명분을 바르게 하려는 것은 사물의 '實', 즉, 본질과 명사(名詞)가 서로 정확하게 부합됨으로써 사회와 만물의 모든 명분을 바로 서게 하려는 것이다.

왜 그런가 하면 모든 이론의 생명은 사물의 명(名)과 실(實)이 상부(相符)함으로써만이 이루어지는 것이므로, 반면 이론의 명실이 유리(流離)된다면 그것은 곧 문화의 암흑시대를 이루게 되는 까닭이다. 그러므로 모든 문화사는 명실이 상부했던 때에는 발전했지만 이것이 상배(相背)했던 때에는 멸망했던 것이다.

이와 같은 정명학, 즉 명실론은 춘추말과 전국의 240년 동안에 가장 화려하였는데 그 조종(祖宗)은 바로 공부자(孔夫子)에서 시작했지만 사실상 한개의 학설로서 발전시킨 최초는 묵자(墨子)에서였다. 묵자의 정명학은 그 목적이 명실에 있었고 그 방법은 '이사서의(以辭舒意)와 이설출고(以說出故)' 하는 데 있었다.

다시 말하면 명실상부한 정명을 하려는 목적은 사(辭)와 설(說)에 중점을 두어서 그것만 밝히면 정명이 되어진다는 것이다. 그런즉 사와 설이란 무엇인가 하는 것을 알지 못하면 묵자의 논리적 체계를 알지 못할 것은 말할 것도 없다.

그러므로 여기서 辭와 說을 설명함으로써 묵자의 정명학의 내용을 논함과 아울러 정명하는 예를 함께 설명하기로 하겠다.

동양의 문자는 그 자체가 이면성(二面性)을 띠고 있다. 즉, 일면으로 보면 언어(言語)지만 일면으로 문자(文字) 자체가 철학인 것이다.

위에서 말한 以辭舒意의 '辭' 자와 以說出故의 '說' 자의 예에서 고찰하여 보면 '辭' 자나 '說' 자는 언어학적 의미로서는 모두 '말한다'는 뜻이다. 그러나 철학적인 면에서 고찰하면 그 '辭' 자나 '說' 자 자체가 철학인 것이다.

이제 여기서 좀더 풀어 말하면 우리가 일반적으로 '언사(言辭)'나 '사설(辭說)'이란 말을 쓰는데 모두 이것을 '말'이란 뜻으로 해석하고 있다.

만일 그렇다면 한 자씩은 불필요한 글자가 개재(介在)된다는 결론이 생기게 된다.

그러나 철학적 의미로 볼 때 그것이 불필요한 글자의 개재가 아니라 오히려 필요 이상의 필요로서 존재하는 것이다.

언사(言辭)라고 할 때에 있어서 '言'은 말의 적극적인 면, 즉 자기의 주장 등을 의미하는 것이요 '辭'라고 할 때는 말의 소극적인 면, 즉 수용적 태세(態勢)를 의미하는 것이다.

왜 그런가 하면 '말'이라는 것을 엄격한 의미에서 볼 때 내가 주장하고 또 남의 말을 들음으로써 언어의 활용인 대화가 성립되는 것이기 때문이다. 만일 일방적인 주장이 타인에게 용납되지 못한다고 하면 그것은 말이 아니다. 설혹 말이라 할지라도 그것은 개념성립의 요건을 상실한 말일 것이다.

또 사설(辭說)이라고 할 때의 '辭'와 '說'도 마찬가지다. '辭'는 수납적인 면이고 '說'은 주장적인 면이다. 그러나 언사와 사설은 철학적으로 다른 개념이 있다.

言은 적극적인 면의 본질을 말하는 것이고 說은 적극적인 면의 현상을 표현하는 것이다(이와 같은 철학적 의미의 설명은 정명학의 연구 분야이다). 그런즉 以辭舒意라는 말은 사(辭), 즉 수용적이며 통일적인 것에 의한 이유나 뜻의 판단인 것이요, 서의(舒意)라는 말은 이유인 자기의 뜻을 진술한다는 말이다. 그런즉 이사서의라는 개념을 논리학적 개념으로 말한다면 개념에서 판단에 이른다는 말과 동일한 것이다. 왜 그런가 하면 개념은 모든 의미의 창고이고 판단이란 것은 그 의미, 즉 개념을 발휘하는 수단이거나 작용이기 때문이다.

다음 以說出故의 개념을 생각해 보면 說이라는 것은 능동적이며 합리적인 표현인즉 이것은 자기의 판단에 의하여 그 까닭을 해명하는 것을 以說出故라고 하는 것이다.

다시 말하면 說이란 것은 주장을 의미하는 것인즉 이것은 판단에 의하여 추리함으로써 사상을 통일할 수 있는 이유를 밝힌다는 것을 말하는 것이다.

묵자는 이와 같이 이사서의와 이설출고라는 판단과 추리의 개념을 설정함으로써 현대의 논리학에 비하여 손색이 없는 정명학의 체계를 세웠던 것이다. 이것이 동양에 있어서의 정명학의 체계적 발전의 시초였을 뿐만 아니라 금후 동양철학을 중흥시키는 데 있어서도 황해(荒海)의 등대가 될 것이다.

왜 그런가 하면 철학을 연구하는 데 있어서 개념의 정부(正否)가 성패의 열쇠가 되는 것은 말할 것도 없다. 더욱이 동양의 문학은 그의 象과

形에 의하여 성립되었으므로 문자 자체가 철학이다. 그러므로 문자 자체가 지닌 象과 形, 즉 사물과 변화부터 먼저 연구하여야 한다. 다시 말하면 사물이 변화하는 표상은 문자에 의해 기록된다. 그러므로 그 기록이 정확하여야 할 것은 물론이거니와 또한 기록의 표상인 문자구성이 개념적이어야 한다는 것은 절대적인 것이다. 마치 그것은 철학의 거울과 같다.

만일 거울인 문자가 그 상형적 조직에 있어서 정당성을 잃으면 그 거울은 사물의 형상을 옳게 표상하지 못하기 때문이다. 그런즉 정명학이야말로 철학의 씨앗인 것이다.

그럼에도 불구하고 오랜 동안 문자(漢字)는 자기가 지닌 바의 철학적 심오한 가치를 잃고 다만 언어학의 대상으로서만 존재한 듯한 느낌을 면할 수 없었다.

그러므로 정명학이 한 개의 전문분야로서 출발하여야 할 것은 철학적으로 크게 기대되는 바다. 종래의 학자들은 철학의 신비적 개척에만 주목하고 그 현묘경에 이를 수 있는 수단이나 방법·문제를 소홀히 다루었던 것 같다. 그러나 사실상 동양철학과 같은 현묘지경(玄妙之境)을 파헤치려면 정명학의 연구는 바로 성패의 지침이 될 것이다.

제2장 오행(五行)과 운(運)

제1절 오행론(五行論)

1. 음양오행론(陰陽五行論)의 발생과 본질

 우주는 무엇으로써 구성되었을까, 또는 어떻게 움직이며 무엇이 이것을 움직이게 하는가, 하는 문제는 철학적 과학적인 영역를 거쳐서 有史 이후 지금에 이르기까지 아직도 일대숙제로서 남아 있을 뿐이다. 위에서 이미 말한 바와 같이 서양철학계에 있어서는 희랍의 자연철학이 쇠퇴한 이후 이 문제는 오리무중(五里霧中)에 놓여 있을 뿐이다. 그런즉 우리는 우주원리를 어떻게 연구하여야 할 것인가? 말할 것도 없이 우주운동의 법칙과 그 본체가 열어 주는 바의 象에서 찾아야 한다.
 서양철학의 경우에 있어서처럼 다만 유동하는 물질적인 형상에서만 찾으려는 것은 그림자에서 사물의 진상(眞相)을 찾으려는 것과 같은 것이다. 그러므로 그들은 제2의 르네상스를 부르짖게 되었으며 따라서 고대 희랍으로 가느냐, 동양으로 가느냐, 하는 기로에서 방황하게 된 것이다.
 그런즉 우리는 이와 같은 거대한 숙제에 대해서 황파(黃婆)의 입장으로서의 책임이 있는 것이다. 상수원리(象數原理)는 오천년전으로 추산

되는 복희(伏羲)때 벌써 물 속에서 河圖(龍馬 등에 그림을 지고 나온 것)가 나옴으로써 기원을 이루게 됐던 것이다. 복희는 여기 대해서 전심치사(專心致思)한 결과로써 드디어 그 그림 속에서 거기에 변화막측한 우주의 동정하는 모습이 있다는 것을 알아내게 되었던 것이다.

그는 무엇에 의하여 힌트를 얻었는가? 하도는 '象'(범인(凡人)의 눈에는 보이지 않으나 볼 수 있는 준비를 갖춘 사람은 볼 수도 있는 모습이 '象'이니 이것은 무형이 유형으로 전환하는 중간과정에서 나타난다)과 '數'로써 상징되어 있다는 사실에서 발견하였던 것이다.

다시 말하면 '象'을 정확히 파악하기는 어려운 일이고 또한 그 인식방법이 관념에 속한다 할지라도 자연수 자체는 분열과 종합하는 일정한 법칙에 의하는 것이므로 수열(數列)이나 수식(數式)의 변화에는 거짓말이란 있을 수가 없는 것이다. 그러므로 象은 사유와 인식에 의해서 관찰되지만 그 '象' 자체가 연출하는 바 '數'의 분합(分合)현상은 이것을 반증하여 주는 것이기 때문에 이것을 상수원리라고 하는 것이다.

서양에서도 수(數)에 대해서 상당히 관심을 가지고 있었는바 그것이 비록 동양에 있어서처럼 상수(象數)의 일원적(一元的)인 원리로서는 발전하지 못하였지만 피타고라스(Pythagoras BC 580~500)가 '만물은 無限한 것과 有限한 것이 종합(綜合)하여 생성(生成)하는 것이니 이것은 數의 기우(奇偶)가 결합(結合)하여 변화하는 것과 동일한 원리'라고 말한 것이나, 또 플라톤(Platon BC 428~347?)이 '기하학(幾何學)을 모르는 사람은 자기의 학교에 오지 말라'고 한 것 등으로 미루어서 생각하여 보아도 서양에 있어서의 철학과 數의 관계를 알 수 있는 것이다.

그런데 복희씨의 상수(象數) 발견이 이미 50세기 전에 벌써 만고불변의 진리로서 이 세상에 대두하게 되자, 이것이 문왕(文王)·주공(周公)·공자(孔子)를 거쳐서 역학대계(易學大系)를 이루었고 다른 쪽으로는 복희(伏羲)·기자(箕子)·노자(老子)·공손룡자(公孫龍子)·추연(鄒衍)등을 거쳐서 음양오행의 변화원리를 형성하여 놓았던 것이다. 저간(這間)에 있어서 노자의 자연관이 수출(首出)한 후 열자(列子)·장자(莊子) 등이 우화형식(寓話形式)을 취하면서 자연원리를 해명함으로써 실로 위대한 공적을 남겨놓았던 것은 다시 말할 필요도 없는 것이다.

위에 말한 것과 같이 학파에 구별이 있었고 그 부연하는 방법에 있어서 다소간의 차이는 있었을 망정 그러나 그 원리의 귀착점을 살펴보면 일원동류(一源同流)에 불과한 것이었으며 따라서 그 법칙은 어느 것을 막론하고 우주동정의 원리에서 출발하지 않은 것이 없는 것이다.

그러므로 동양에 있어서의 철학의 방향은 단적(端的)이 아니며 통일적인 것이다. 다시 말하면 동양철학은 서양철학에 있어서처럼 그의 원질(原質)을 어떤 낱개의 물질이나 성질에서 찾으려는 것이 아니고 반대로 통일된 形과 象에서 찾으려는 것이다. 즉 통일된 매개(每個)의 우주에서 찾아내려는 것이다.

왜냐하면 동양철학은 전기(前記)한 바와 같이 하도(河圖)에 상징(象徵)된 바에 의하여 象數의 법칙을 찾아내고 따라서 자연을 지배하는 우주정신도 이 법칙에 입각한 것이라는 것을 기본으로 하는 것이기 때문에 여하한 생명체에 있어서나 그의 대소를 막론하고 각각 소우주를 형성하고 있다는 사실을 간과하지 않는 것이다.

이와 같이 만물은 모두 매개(每個)의 소우주인 이상 그 소우주라는 것은 精과 神의 반복하는 운동인 것이며 物과 質이 산합(散合)하는 모습에 불과한 것이다. 이리하여 정신과 물질이 서로 매개(媒介)하면서 끊임없는 변화작용을 일으키게 되고 그 결과로 생성된 것이 존재이며 따라서 생성을 분합케 한 그 원진(原眞)이 바로 그 존재자(存在者)인 것이다.

그러므로 '정신 + 물질 = 존재' 라는 공식은 철학연구에 있어서 절대 진리(絶對眞理)가 아닐 수 없으며 따라서 이 공식을 무시하고서는 우주의 본질을 찾아볼 수는 없는 것이다.

각설하고 위에서 말한 바와 같이 '정신 + 물질 = 존재' 라는 공식에 가장 충실한 것이 우리의 입장인 것이다. 그렇다면 만물이 동정(動靜)하는 모습도 역시 '정신 + 물질 = 존재'의 운동이 아닐 수 없는 것이다.

그런즉 吾人은 여기에서 정신적 존재와 물질적 존재를 추출하지 않으면 안될 것이며 따라서 정신존재에서는 精과 神을 구별하여야 할 것이며 물질존재에서는 物과 質을 변별(辨別)하지 않으면 안 된다.

만일 그것들을 철저히 가려내지 못한다고 하면 그 법칙은 우주의 본질을 탐색하려는 법칙으로서 너무나 무능력한 것이 되고 말 것이다.

이러한 철학적 요구 때문에 이에 부응할 수 있는 자연법칙의 발견이야말로 철학도에게 내려진 지상명령(至上命令)인 것이다.

그러므로 동양철학은 기본법칙을 설정함에 있어서 '陽+陰=太極', '木+火+土+金+水=陰陽'이라는 공식으로 귀납(歸納)되는 것이며 또는 '太極=陰+陽', '陰陽=木+火+土+金+水'로서 다시 연역(演繹)하기도 하는 것이니 이것이야말로 만물의 척도이며 따라서 그의 분합운동(分合運動)과 그 본질을 측정할 수 있는 법칙이기도 한 것이다.

이와 같이 만물의 과정적 변화에서 그 원리를 연구할 수 있는 계기가 마련되었고 그 계기에 의하여 수립된 법칙이 바로 陰陽五行의 운동법칙이며 동시에 만물과 우주의 본원도 여기에서 찾아낼 수 있게 되는 것이다.

이 법칙은 우주간의 모든 변화현상을 탐구할 수 있는 大本이기 때문에 철학·의학·과학·법률·정치·사회학 등 모든 원리의 탐구도 여기에 의존하지 않을 수 없는 것이다.

이와 같이 모든 사물의 기본원리인 五行의 象과 數도 그 기본을 찾아보면 이것은 음양이라는 승부운동(勝負運動 '+'와 '-'의 運動)의 부연(敷

行)에 불과한 것이다. 다시 말하면 무극이 운동상태를 나타내기 시작할 때에 거기에 '+'와 '-'라는 서로 상반되는 기운이 나타나게 되었는바 이것은 그의 性과 質에서 象을 취하여 가지고 음양이란 개념을 붙인 것이다. 그런즉 五行이란 것은 위에서 말한 바와 같은 음양이 다시 발전(發展) 성수(成遂)하는 모습이다. 그러므로 우주의 변화하는 상태는 사실상 음양운동인 바 이것을 좀더 구체적으로 보면 오행운동이고 추상적(요약하여서)으로 보면 음양운동인 것이다. 그런 까닭으로 이것을 음양오행론이라고 하기도 하나 사실은 음양론은 오행론의 기간(基幹)이고 오행론은 음양론의 지엽(枝葉)인 것이다. 그런즉 상수원리의 연구란 것은 이와 같은 陰陽과 五行의 본질을 연구함으로써 모든 事物과 變化의 진상을 탐구하려는 것이다.

2. 오행(五行)의 개념(概念)

오행이란 개념은 위에서도 말한 바와 같이 태극이라고 불리우는 통일체가 태역(太易)·태초(太初)·태시(太始)·태소(太素)의 네 단계를 거쳐서 태극으로 발전됐고 그럼으로써 다시 陰과 陽이라는 두 가지 기운이 갈라지게 되었는데 그 음양은 또다시 각각 분합작용을 일으킴으로써 다섯 개의 새로운 성질이 발생하게 되었으니 이것을 五行이라고 하는 것이다.

다시 말하면 지구 위에 있는 삼라만상이 비록 수억을 산(算)한다고 할지라도 만일 우리가 이것들의 性과 質을 일일이 따진다고 하면 어느 하나 할 것 없이 위에서 말한 바의 五行의 성질이 아닌 것은 하나도 없는 것이다. 그러므로 이것에 대하여 五行이라는 자연법칙을 설정했던 것이다.

그런데 五行법칙의 특징은 희랍의 자연철학과 같이 물질단위만을 가지고 삼라만상의 유동하는 변화를 측정하려는 것이 아니고 정신이나 생명을 가진 살아 있는 물질의 동정하는 모습을 측정할 수 있는 자연 그대로의 법칙으로써 사물을 측정하려는 것이다.

이와 같은 법칙이 고성(古聖)들의 눈[眼]에 떠올랐을 때에 그들은 이것을 곧 五行의 운동으로 보았기 때문에 여기에서 자연법칙을 발견할 수 있었던 것이다. 사실상 모든 공간에 귀숙(歸宿)하고 있는 것으로서 어느 하나 할 것 없이 오행기(五行氣)가 아닌 것은 없다. 그러므로 五行의 기운이란 것은 응고하게 되면 형체를 이루어서 만물이 되고 만일 이것이 분해하게 되면 또다시 순수한 五行氣로 변하는 것이다. 이와 같이 반복하는 과정에서 생성하기도 하며 소멸하기도 하는 것이 물질인데 그 물질은 정신을 포위하는 존재이기 때문에 물질 속에는 약동하는 정신과 생명이 포장되지 않을 수 없는 것이다. 그러므로 만물은 반드시 자기의 활력소(精神)를 타고나게 된다.

우주간에 있는 만물은 이와 같은 조건에서 생성하였다. 따라서 그 자체가 변화무쌍한 것은 五行의 기화변질(氣化變質)하는 작용 때문인 것이다.

五行이란 이와 같이 무형과 유형의 양면성을 띤 것이므로 모든 사물에 적용될 수 있는 것이다. 그런 까닭으로 五行법칙이 만상의 연구에 있어서 지고지상의 규범이 되는 것이다. 그런즉 우리는 여기에서 오행각개(五行各個)의 개념을 연구하여야 할 것은 물론이거니와 우선 五行이라는 자연개념부터 살펴볼 필요가 있다. 五行의 개념에 '五' 자를 붙인 것은 우주의 만물은 다섯 가지의 법칙권내에 있다는 것을 의미하는 것이요, '行' 자를 놓은 것은 氣運이 취산(聚散)하면서 순환하는 것을 상징한 것이다. 그러므로 '行' 자를 분석하여 보면 '彳' 자는 자축거리며 걸을

척자요. '亍'자는 앙감질 촉자다. 그런즉 行字는 이 두 자의 象을 취(取)한 것이다. 그러므로 그 뜻은 五行의 행로는 평탄한 것이 아니라는 것을 의미하는 것이다.

다시 말하면 行이란 것은 일진일퇴(一進一退)를 의미하는 것이니, 즉 '往 + 來 = 行'이라는 공식이 되는 것이다. 그것은 우주의 일왕일래(一往一來)하는 모습이 五行의 운동규범이라는 것을 표시하기 위해서 명명(命名)한 것이다. 따라서 五行運動은 분합운동(分合運動)이기 때문에 陽 운동의 과정인 木火에서는 분산(分散)하고 陰운동 과정인 金水에서는 종합(綜合)되는 것이다. 그러므로 여기에는 취산의 의미가—行字 속에—내포되어 있는 것이다.

그러므로 모든 개념을 설정함에 있어서 行字가 들어 있는 것은 모두 이와 같은 뜻을 내포하고 있는 것이다. 예를 들면 금전(金錢)이 취산(聚散)하는 곳을 '銀行'이라고 한 것이나 화물(貨物)이 취산하는 곳에는 '洋行'이라는 개념을 붙인 것 같은 것은 실로 '行'자 자체가 지닌 바의 개념 때문에 그렇게 한 것이다.

1) 오행의 기본개념(基本槪念)

우주의 운동원질(運動原質)을 木火土金水의 다섯 가지로 명명(命名)했다. 그러므로 여기에서 五行의 개념을 연구하여야 한다.

목화토금수라는 것은 '나무'나 '불'과 같은 자연형질 자체를 말하는 것은 아니다. 그렇다고 이것을 배제하는 것도 아니다. 왜냐하면 목화토금수의 실체에는 形과 質의 두 가지가 공존하고 있기 때문이다. 그러므로 五行의 法則인 목화토금수는 단순히 물질만을 대표하는 것도 아니요 또는 象만을 대표하는 것도 아니다. 다시 말하면 형이하와 형이상을 종합한 形과 象을 모두 대표하며 또는 상징하는 부호인 것이다. 五行이란 이와 같이 형질을 모두 대표하는 것이다. 그러나 그 주점(主點)은 象에다가 두고 있다(여기서 말하는 象이라는 것은 일반적인 象이 아니고 이면(裏面)에서 율동(律動)하는 생명력인 象, 즉 運을 말하는 것이다).

만일 철학연구에 있어서 가장 중요한 것은 五行의 개념이 形과 象이나 유와 무의 어느 한쪽에 치우친다면 이것은 그 개념의 불완전함을 뜻하는 것뿐만 아니라 반면 이와 같은 불비(不備)한 개념으로써 율동하는 자연의 진상을 측정하기는 너무나 부자유할 것이다.

개념설정에 있어서 이와 같은 설정법칙(어느 일방에 치우치지 않는 법칙)을 무시할 때에 희랍의 자연관과 같은 실수도 생겨날 것이고 또는 오늘의 기계관과 같은 '근시안적' 방법도 대두하게 되는 것이다.

그러므로 상수학(象數學)은 철학의 기본이며 또한 사색의 안내자인 오행의 기본개념을 결정하는 데 있어서 이와 같이 形과 氣를 자유로이 대표하며 상징할 수 있는 융통성이 있는 자연 그대로의 형상인 기본법칙을 세워 놓았던 것이다. 더욱이 이것은 인간이 임의로 결정한 것이 아니고 대자연의 계시이며 또한 명령이었던 것이다.

왜 그런가 하면 변화하는 대자연의 本質을 관찰하여 보면 이것은 形도 氣도 아닌 것으로서 다만 분열과 종합을 영원히 반복하고 있는 우주변화의 일대환상에 불과한 것이므로 그 運動하는 모습에는 영원한 항구(恒久)란 있을 수가 없고 다만 감응(感應)과 항구가 반복하는 것뿐이라는 것을 직관하고 움직이는 自然 그대로, 다시 말하면 그러한 自然을 측정하며 또한 탐색하기에 가장 알맞게 定한 것이기 때문이다.

> **註** 직관(直觀)이란 말은 정확히 관찰한다는 말이지 결코 보고 느낀 대로라는 말이 아니다. 인간이 보고 느끼는 것에는 항상 자기 주관이 앞서기 때문에 바로 볼 수 없게 되는 것인즉 이것은 직관이 아니다. 근래에 직관을 '보고 느낀대로' 라고 생각하는 것은 개념의 오인(誤認)이다.

① 木

木이라는 것은 분발(奮發)하는 의기를 대표하는 것이니 이것이 바로 生인 것이다. 다시 말하면 용력(勇力)이나 용출(湧出)하는 모습과 같은 것은 모든 生하는 상태를 말하는 것이니 이것은 木氣의 성질에 대한 상징인 것이다.

예를 들면 인간에나 동물의 경우에 있어서 힘이 강(强)하다는 말은 木氣를 많이 소유하고 있다는 말이다. 그런즉 목기를 생(生)이나 용출(湧出)이나 용력(勇力) 등의 주체로 상징하는 것은 바로 그 힘이 집중되어 있는 木의 활동상태를 말하는 것이다.

만일 그 힘이 집중(集中)하고 통일되어 있지 못하고 분산(分散)되어 있다고 가정한다면 여기에는 生도 용출도 용력도 없을 것이다.

그렇다면 소위 생(生)이라고 하는 그 힘[力]은 여하한 형태이며 또는 무엇 때문에 충족 '集中統一'되어지는 것일까 하는 것을 연구할 필요가 있다.

사물이 모든 변화를 일으킬 때에 음양은 항상 억압과 반발이라는 모순과 대립을 나타내면서 모순-대립-조화의 길[道]을 반복하는 것이다. 그러므로 木氣가 발(發)할 때는 내부에 축적되었던 陽이 외부로 용출하려고 하지만 이때에 만일 외면을 포위한 음형(陰形)의 세력이 아직 너무 강하여서 이면(裏面)에 포위당하고 있는 소위 一陽의 분출을 허락하지 않는다고 하면 잠복한 바의 이양(裏陽)은 더욱 그 힘이 강화되게 마련인 것이다. 철학은 그 힘이 탈출할 때에 생기는 반응을 木의 작용이라고 하는 것이다. 그러므로 우리는 여기에서 木氣라는 것은 형질간에 일어나는 압력과 반발의 투쟁에서 이루어지는 것이라는 것을 알 수 있는 것인즉 그것이 모순-대립의 과정이다.

예를 들면 의자나 침대의 용심철(스프링)은 밟으면 밟을수록 점점 반발력이 강하게 되는 것이니 이것이 바로 상기한 바의 木氣의 운동현상인 것이다. 우리는 영어의 어휘에서 실로 흥미 있는 것을 엿볼 수가 있다. 스프링이라는 단어 같은 것이 바로 그것의 한 예이다. 즉, spring이라는 단어는 '봄' '용심철' '천수(泉水)가 용출하는 모습' 등을 표현하는 것인데 여기에서 생각하여 볼 것은 영국 사람들이 옛적에 이 단어를 만들 때에 벌써 우리가 지금 말하는 바의 목기의 원리를 지실(知悉)하고 spring이라는 어휘로써 이상과 같은 말본을 통일시킨 것이라고 생각하지 않을 수 없는 것이다. 아무튼 spring이라는 단어에는 木의 기능이 가장 잘 나타나 있는 것을 알 수 있다.

이와 같이 木氣는 가장 많은 억압을 받는 것이므로 그 힘이 가장 강한 것이다. 사람에게 욕심이 생기는 것도 바로 목기발생의 원리를 그대로 본뜬 것이다. 다시 말하면 욕심이란 것은 자기의 것을 배출하지 않고 포용하려는 것인즉 이것은 천도(天道)에서는 공욕(公慾)이고 인도(人道)에서는 사욕(私慾)으로 나타난다. 그것은 木이 水를 발판으로 하는 것이므로 힘과 욕심이 강하게 되는 것이다. 그러나 천운(天運)이 여기에 이르면 순환하는 바의 五行의 위치는 벌써 양지(陽地)에 접어드는 것이니 그 힘과 욕심이 어찌 그냥 유지될 수 있을 것인가(慾心에 대한 것은 後述). 水란 본래 응고(凝固)가 심하여서 용력(勇力)을 잠장(潛藏)하고 있을 뿐이고 뜻을 이루어내지는 못하는 것이다. 그러나 그것도 때가 이르면 위에서 말한 바와 같은 木氣로 변질되면서 그 힘이 활동하기 시작하는 것이다.

그러므로 水氣는 木氣의 모체가 되는 것인 바 그 응고를 위주로 하던 水氣도 여기에 이르게 되면 응고력은 점점 약화되고 양기(陽氣)는 잠장(潛藏)에서부터 탈출하게 되므로 거기에서 陽의 활동은 시작하는 것이니 이것이 바로 木氣의 활동이며 힘인 것이다.

그러므로 자연수에 있어서도 여기에서부터 火가 끝나는 때까지는 역수(逆數)를 하면서 만물을 생장하게 하는 것이다. 水氣를 바탕으로 발전하는 바의 木氣는 그가 점점 발전하는 동안에 이미 水氣로써 조성하였던 튼튼한 형질은 점차로 엷어지게 되어서 火氣가 시작되는, 즉 丙位에까지 이르게 되면 자기의 모습은 火氣로 化하게 되는 것이다. 다시 말하면 木이란 것은 水의 형질이 운동하는 시초의 모습인 것이다. 즉, 五行운동이란 것은 木火土金水의 순서로 발전하는 만물의 운동형태인데 그것을 피상적으로 보면 만물의 천변만화지만 그 내용을 잘 살펴보면 '물'의 5단계(木火土金水) 운동인 것이다. 그런데 木이라고 하는 것은 그의 최초 단계의 운동상태를 말하는 것이다.

그러므로 木氣가 발하는 시기를 봄[春]이라고 하며 그 방위를 東方이라고 하는 것이니 봄은 만물의 싹[芽]이 통가다리(기본뼈대, 중심)를 유지하는 때의 시기적인 총칭이요, 동방이란 것은 陽(木)이 발하는 기본방위를 칭하는 것이다. 그런즉 통가다리가 다시 분열(分裂)하기 시작하는 때가 이르게 되면 그것은 火氣에 속하는 때이므로 春氣(木氣)는 여기에서 소진(消盡)하게 된다.

이와 같은 상(象)을 인생일대에서 보면 木氣가 발동하는 시기는 소년기인 것이다.

다시 말하면 인간이 자기의 지엽(枝葉)을 내기 전, 즉 처녀·총각의 시절이 바로 인간의 봄인 것이다. 그러므로 이 때는 힘도 많고 의욕도 가장 왕성할 뿐만 아니라 일방으로는 앞에 올 청년기(분열기)를 준비하는 시기인 것이니 이것이 바로 수기(水氣) 발전의 제1단계이다.

필자는 위에서 발전이란 말을 썼다. 發展이란 말과 前進이란 말은 서로 개념이 다르다. 전진이라는 것은 다만 앞으로 나가는 것을 뜻하는 것이지만 발전은 전진의 모습에 굴신(屈伸)의 상(象)을 겸한 것을 말하는 것이다. 다시 말하면 장애물을 극복시키면서 나아가는 상을 발전이라고 하는 것이다. 자연계의 운동에는 단조로운 전진은 없고 발전만이 있는 것이므로 이것을 동정(動靜)운동이라고 하는 것이다. 그러므로 철학은 우선 철저한 정명(正名)을 하지 않으면 그 연구도 도로(徒勞)가 될 것이며, 따라서 율동(律動)하는 자연의 모습이나 현묘(玄妙)한 정신의 소재를 밝혀 낼 수가 없을 것이다.

또 한 가지는 이상에서 木의 개념을 설명한 바 물론 이해되지 못하고 넘어간 곳이 있을 것이다. 그러나 앞으로 나아감에 따라서 그 미비점이 풀려나갈 것인즉 안심하여도 좋다.

② 火

火氣라는 것은 분산(分散)을 위주(爲主)로 하는 기운(氣運)이다. 다시 말하면 모든 분산작용은 바로 火氣의 성질을 반영하는 거울[鏡]인 것이다. 우주의 모든 변화는 최초에는 木의 형태로써 출발하지만 그 木氣가 다하려고 할 때에 싹은 가지를 발하게 되는 것인즉 그 기운의 전환을 가리켜서 火氣의 계승(繼承)이라고 하는 것이다.

그러므로 그 작용을 '火'라고 하는데 이것이 바로 변화작용의 제2단계인 것이다.

그런데 火氣가 분열하면서 자라나는 작용은 그 기반을 木에 두고 있는 것이므로 木이 정상적인 발전을 하였을 때는 火氣도 또한 정상적으로 발전을 하게 될 것이지만 만일 木의 발전이 비정상적일 경우에는 火도 역시 불균형적으로 발전하게 될 것이다. 이것은 비단 火氣가 발전하는 경우에서 뿐만이 아니라 木火土金水의 어느 것이 발전하는 경우에 있어서도 마찬가지인 것이다.

다시 말하면 木이 발전하는 모습은 통가다리를 유지하는 것으로써 특징을 지었지만 火氣가 발전하는 단계에 들어오게 되면 木氣의 특징은 이미 소진(消盡)되고 분열(分裂)과 장무(長茂)라는 새로운 특징과 바뀌지게 되는 것이다. 그러므로 木일 때의 특장(特長)이던 만물의 힘[力]이나 충실했던 내용은 외관적인 수려(秀麗)와 공허(空虛)한 허식(虛飾)으로 바꿔지는 것이다. 그러므로 火란 것은 이와 같이 그 상(象)이나 본질이 木에서 분가(分家)한 것에 불과한 것이므로 이것을 인생 일대에서 보면 청년기에 접어드는 때이다. 그러므로 진용(眞勇)은 허세(虛勢)로 변해 가기 시작하고 의욕(意慾)은 차츰 정욕(情慾)에서 색욕(色慾)으로 변해 가는 때인 것이다.

> **註** 색욕(色慾)이란 것은 내용에 대한 욕심이 아니고 외세(外勢)에 대한 욕심이다. 왜 그렇게 되는가 하면 木의 경우는 이면에 응결되었던 陽氣가 애오라지(다만, 오직, 겨우, '오로지'의 예스런 말) 외면(外面)을 향해서 머리를 든 정도였지만 火氣의 때에 이르게 되면 그것이 상당한 부분의 표면까지 분열하고 있으므로 그 힘이 점점 약해지는 것이다.

다시 말하면 천연(天然)의 형질이 점점 약화되는 것은 火氣의 때에 이르면 외부의 形과 이면(裏面)의 질(質)이 서로 투쟁함에 있어서 외형이 점점 밀리면서 확장분열하게 되는 것인즉 그것은 바로 외형이 이질(裏質)에게 판정패를 당하고 마는 형태를 말하는 것이다. 그런즉 인간이 이러한 조건에서 장무(長茂)하는 한 내면적인 상태가 약화되는 반면으로 외면적인 허식을 조장하게 되는 수밖에 없는 것이다.

이와 같은 상태를 자연계에서 관찰하여 보면 이것은 꽃이 피고 가지가 벌려지는 때인즉 이때는 만화방창(萬華方暢)한 아름다움은 위세를 최고도로 뽐내는 때이지만 그 내용은 이미 공허(空虛)하기 시작하는 때인 것이다.

그러므로 이것을 形象의 대립이라고 한다. 다시 말하면 形과 氣는 언제나 그 세력이 병행하는 것이 아니고 서로 소장(消長)하면서 外面을 형성한다는 원리를 말하는 것이다.

이제 이것을 사시(四時)에 배속시켜 보면 하절(夏節)이요 방위로서는 남방(南方)에 속한다.

여름은 외형은 무성(茂盛)하지만 내면은 공허(空虛)해지는 때이므로 생장의 역원(力源)은 끝나고 노쇠의 바탕이 시작되는 때이다.

> 註 생장(生長)의 力源이 끝난다는 말은 현실적으로 생장하지 않는다는 뜻이 아니고 또 노쇠의 바탕이 생긴다는 말은 현실적인 노쇠라는 말과 다르다.

③ 土

위에서는 木火의 생장과정을 말했다. 만일 우주간에 있는 모든 생장분열이 무제한으로 발전만 한다면 인간의 키는 수천 척에 달할 수도 있을 것이요, 수목(樹木)의 높이는 하늘을 찌를 수도 있을 것이다. 그러나 천도(天道)에는 반드시 마디가 있으므로 비록 발전이 생장과정에 있다고 할지라도 맹목적인 전진만을 하는 것은 아니고 오직 발전을 하는 것이다. 그러나 이것은 적은 마디에 불과한 것이다.

다시 말하면 그것은 발전하기 위한 '마디'인 것뿐이고 통일하기 위한 '큰 마디'는 아니다. 큰 마디라고 하는 것은 지금 논하려는 바의 土(未)의 과정이 바로 큰 마디이다. 여기서 통일과정이 들어오는 이유는 첫째로 생장을 정지하고 성수(成邃)로 전환하려는 것이요, 둘째로는 金火의 상쟁(相爭)을 막으려는 것이다.

그러면 금화상쟁이란 무엇인가 하는 것을 연구해 보아야 할 것이다. 무릇 천도의 운행은 木火의 과정에서는 생장과 분열을 하던 것이 土에 이르러서 중지되고 마는 것이다. 왜 그런가 하면 천도는 무제한의 생장을 허락하는 것이 아니라 그 생장은 성숙을 전제로 하는 것이다. 그런즉 이것은 다시 金水로 통일하여야 하기 때문이다. 다시 말하면 火氣의 염열(炎熱)은 金水로써 종합해야만 성숙(成熟)을 돕게 되는 것이다.

그러나 五行의 성질 가운데서도 특별히 金과 火의 성질은 서로 용납할 수 없는 특징을 가지고 있다. 그러므로 발전이 끝나게 되어서 金이 火를 포장하려고 할지라도 火의 염열은 金氣의 형성을 능히 거부할 수 있는 것이다. 金과 火의 성질은 이와 같은 견원지불화(犬猿之不和)를 지니고 있는 것인즉 어떠한 다른 氣運이 중재하여 주지 않으면 金이 火를 포장할 수는 도저히 없는 것이다. 그러므로 이와 같은 형태를 금화상쟁(金火相爭)이라고 한다.

우주운동이 자기의 동정운동을 완수하기 위하여서는 土와 같은 중화성(中和性)을 지닌 기운을 투입함으로써 비로소 이러한 폐단을 방지할 수 있는 것이다. 이와 같은 난제를 해결하기 위한 것이 土인데 그러한 土도 또한 넷이 있어서 사대절(四大節)을 만들고 있다.

그런데 그 중에서 가장 중요한 것이 未土인데 그것이 바로 위에서 말한 바의 금화상쟁을 막는 土이다(詳細는 제5장 1절 '토화작용'에서). 그렇다면 土라는 것은 과연 어떠한 것인가 하는 것을 연구하지 않을 수가 없을 것이다.

土氣란 것은 그 성질이 화순(和順)하여서 불편부당(不偏不黨)하는 절대중화지기(絕對中和之氣)를 말하는 것이다. 다시 말하면 生長인 발전의 편도 아니고 수장(收藏)인 성수(成遂)의 편도 아니다. 그런즉 그것은 動的인 陽작용을 하는 것도 아니고 靜的인 陰작용을 하는 것도 아닌 성질이므로 이것을 '中' 작용이라고 한다.

土는 이와 같은 공정무사(公正無私)한 中작용을 하는 것이므로 그 덕으로써 木火의 무제한한 생장을 제한하는 것이니 마치 탄소원자의 작용과도 같이 분열을 통합시켜서 성수(成遂)의 과정으로 유도하는 유일한 적격자로서 군림하는 것이다. 土는 그밖에 만물을 번식시키며 또는 살찌게 하는 주체이기도 한다. 그런데 번식이나 비대(肥大)라고 하는 것은 木火金水와 같은 일방적인 특징적 작용에 의하는 것이 아니고 土의 중화성(中和性), 즉 그의 자연적인 조절에 의해서 이루어지는 것이다.

예를 들면 살찐다는 것은 마음의 평화에서 오는 것이요, 또 번무(蕃茂)하는 것은 세포의 평화에서 오는 것이다. 그런즉 비반(肥胖)과 번무라는 것은 동물과 식물에 대한 특수한 개념인 것뿐이고 사실상 그 의미와 내용은 동일한 것이다. 그런데 마음의 평화라거나 세포의 번식이라는 것은 전혀 土의 중화작용에 의해서 이루어지는 것이다. 그러므로 대우주이든 소우주(人間)이든 그 평화는 이와 같은 土의 자연성에 의해서 조절된다는 것을 알 수 있는 것이니 이것이 변화의 제3단계인 것이다. 그러므로 이러한 조건의 사람은 욕심도 없는 것이다.

그러면 그 다음은 土氣의 기반은 어디에 있는가 하는 것을 연구하여야 한다. 土라는 것은 火氣가 무한분열할 때에 생기는 것이다. 그런즉 土는 유형이 無化하게 되면 그 무화를 발판으로 다시 有의 기초를 창조하는 지점이므로 이것을 中이라고 하는 것이다. 그러므로 土가 사계(四季)에 배속하면 장하(長夏)가 되는 것이니, 長夏란 것은 火의 실력이 아닌 허세로써 폭서(暴暑)의 번무(蕃茂)를 만드는 때이다. 방위는 중앙에 배속되므로 이 방위가 사방(四方)의 주체가 되며 또 '十'자의 중심교차점인 것이다.

그러나 土는 반드시 火氣를 발판으로 함으로써만이 이루어지는 것이 아니다. 비록 작용과 효능의 차이는 있다고 할지라도 사계에는 土가 한 개씩 다 작용하고 있는 것이기 때문이다. 그러므로 사계를 土用이라고 하거니와 여기서 다만 未土 중심으로 논한 것은 五行의 성질을 논하는 바탕이므로 土作用의 대표적인 것만을 말한 것이다.

④ 金

우주의 변화는 土氣의 공정무사한 황파(黃婆, 土가 調和하여서 응결을 매개하는 것을 황파라고 함) 역으로써 木火의 작용에 종지부를 찍게 하고 거기서부터 金水가 대체하여서 통일작용을 하는 것이다. 그러므로 金은 통일단계에 접어드는 제1단계인 동시에 변화의 제4단계인 것이다.

그런데 金과 木은 그 성질이 전혀 반대다. 木은 이양(裏陽)이 표면으로 분산하려는 발전의 최초 단계였지만 金은 표양(表陽)이 다시 이면(裏面)으로 잠복하려는 수장(收藏)의 최초 단계인 것이다.

그러므로 만물은 春氣에 있어서는 그 힘이 표면으로 발산하려고 하지만 가을에는 내부에 잠복되어서 고요히 잠들려 하는 것이다. 그러므로 봄에는 만물들은 외각(外殼)이 연화(軟化)하게 되지만 가을이 되면 외각이 점점 경변(硬變)하여져서 陽氣를 포장할 준비를 하는 것이다. 인간도 봄이 되면 옷을 점점 가볍게 입으며 가을이 되면 차차 두껍게 입는 것은 일포양일산양(一包陽一散陽)하는 천도의 원리를 좇기 때문이다. 또한 청소년은 피부나 모발이 부드럽고 아름답지만 노장기(老壯期)에 접어들게 되면 그 용모나 근골이 거칠게 되는 것은 청소년기는 木火의 상승작용으로 인하여 水氣가 상승하기 때문에 아름다운 것이요, 노장기는 金水가 하강작용을 하므로 표면의 水氣가 이면으로 잠복하기 때문에 거칠게 되는 것이니 이것은 음양의 반복작용, 즉 木金의 반복작용 때문인 것이다.

물상(物象)의 이와 같은 현상은 우주운행의 상(象) 그대로이므로 자연수도 여기에서부터는 순행(順行)을 하는 것이다(즉, 자연수가 생장과정에서는 역행(逆行)했지만 금수과정(金水過程)은 그와 반대로 순행한다는 말이다). 본래 數는 역행하면 분열을 일으키고 순행하면 통일하게 되는 것이므로 木火와 金水의 운행과정에서 필연적으로 일어나는 것이다(詳細는 4장 2절 3. '수의 변화와 중'에서).

이와 같이 金氣는 木氣와는 전혀 반대되는 작용을 하면서 陽을 포장한다는 것이다. 그런데 그 기반을 土(未)에 두고 있으며(土를 설명할 때에 金의 기반이 土라는 것을 말했다), 그 성질은 견렴(堅斂)을 위주로 하는 것이다. 다시 말하면 金氣는 표면을 견변(堅變)하면서 陽을 포용하는 역할을 하는 것이고 결코 그 이면(裏面)까지 견고하게 하는 것이 아니다. 그러므로 금기소재(金氣所在)에는 陽性이 상강(尙强)하다.

이것을 인간에서 찾아보면 木火 때의 욕심은 정욕(情慾)이나 색욕(色慾)으로 발전했지만 金에서는 탐욕(貪慾)이 발전되는 것이다. 왜 그런가 하면 金은 그 성질이 堅斂을 위주로 하는 것인즉 그 의지는 결국 堅斂性으로써 욕심을 달성하고야 마는 것이지만 木火의 욕심은 그 목적이 정욕이나 색욕으로 변하고 마는 것이니 그 이유는 탐욕으로 될 만큼의 고집을 부려내지 못하는 것이 木火의 陰이기 때문에 그 욕심은 정욕이나 색욕과 같은 천박한 것으로 변하고 마는 것이다(詳細는 제6장 1절 2. '인간의 생활과 변화'에서). 이와 같이 노장기의 인간은 욕심에 있어서도 청소년과는 다르거니와 그 욕심의 본질을 따져보면 탐욕이야말로 장년의 대표적인 욕심이다. 그러므로 인간 일대에서 보더라도 사, 오십대가 최성기일 뿐만 아니라 또한 그 질에 있어서도 이것은 추욕(醜慾)인 것이다.

이 과정은 방위에서 보면 西方이고 계절로 보면 가을이다. 金氣는 이와 같은 특징을 가지고 다음에 올 응고작용(凝固作用)의 기본을 이루어 놓는 것이다.

⑤ 水

 만물의 수장작용(收藏作用)은 위에서 말한 바와 같은 土氣와 金氣의 도움을 받아 가지고 水에 이르러서 비로소 통일과업을 완수하는 것이다. 그런데 金氣는 표면을 수렴하는 일을 하였지만 천도는 水氣의 작용을 거친 후에라야 그 내부의 깊은 곳까지 응고하게 되는 것이다. 이와 같이 함으로써 陽은 완전히 수장되어서 만물의 생명을 창조하는 것인데 이것은 인간에 있어서는 정(精)이라 하고 식물계에 있어서는 핵(核)이라고 하는 것이다.

 그런데 음도(陰道)의 수장은 이와 같은 정(精)이나 핵(核)이 소재하는 位의 외곽까지만 응고시키고 그 정과 핵의 당위(當位)는 연성(軟性)대로 보존하고 있는 것이다. 그러므로 여기가 바로 핵과 정신의 부고(府庫)이며 생명과 형체의 본원이며 통일과 분열의 기반인 것이다.

 이것이 이른바 '水'라는 것이니 탈레스가 말한 바의 '물'도 바로 이러한 경지의 '물'을 의미하는 것이다. 이와 같은 水氣는 삼라만상을 창조함에 있어서 형체와 정신을 만드는 두 가지 요소를 모두 지니고 있으므로 형체가 화려할 때는 정신이 공허하게 되고 정신이 청명(淸明)할 때는 형체가 위축하여지면서 분열과 통일의 작용을 반복하는 것이므로 이것을 '물'이 운동하는 변모라고 하는 것이다.

 그런즉 우주의 변화를 五行의 변화라고 하는 것은 '물'이 변화하는 바의 단계적인 소변화(小變化)를 의미하는 것이고 사실상으로 변화하는 본체는 물인 것이다.

 그러므로 상수학의 연구목표는 실로 여기에 있는 것이다. 수천 년의 철학사가 필봉을 휘두르던 곳도 이곳이요, 현묘유심(玄妙幽深)하여서 찾아내지 못하던 곳도 바로 여기인 것이다. 그러나 동서의 고대 성철들은 한언이유골(罕言而有骨)이었던 것을!

그렇다면 이와 같이 현묘한 '水'는 어떻게 자기를 발전시켜서 청초한 봄과 화려한 여름을 꾸며내며 장엄한 가을과 엄숙한 겨울을 만들어내었던가? 그것은 물이 자기가 지닌 바의 응고성과 자율성과 중화성(中和性)으로써 만물을 생성하는 기본존재이므로 우주의 본체라고 하는 것이다.

그러므로 물은 그의 응고작용으로써 통일하여서 정과 핵을 창조하고 자율작용으로써 변화를 일으키고 중화작용으로써 대립과 투쟁을 조화하는 것이다. 그러나 이것은 '물' 자체가 이러한 작용의 기본을 이루는 것은 아니고 '물'이 지니고 있는 그러한 특징(본질)으로 하여금 그렇게 하지 않을 수 없게 하는 천지운동의 기본요소가 있기 때문이다. 그것이 무엇인가 하면 지구의 운동원리, 즉 지구가 공전·자전함으로써 거기서 日月이 精氣를 던져 주는 바로 그 작용 때문에 물이 자기의 기본 존재적 특징을 발휘할 수 있다고 하는 사실이다. 이와 같은 조건 밑에서 움직이는 바를 한 개의 象으로 단일화한 것이 태극도(太極圖)요, 또는 갈라서 설명한 것이 오행설과 팔괘(八卦)의 象인 것이다(이것은 아래에서 詳述).

각설하고 위에서는 '물'의 운동 실체와 요인에 대해서 말했다. 그러면 다음은 '물'의 작용에 대해서 언급하겠다. 때로는 경험이 진리만큼 진실한 경우가 있다. 나는 수년 전 어떤 원예가에게서 다음과 같은 말을 들은 바가 있다. 백합꽃을 크리스마스 때에 내어서 한몫 보는 수가 있다는 것이다.

그 방법으로는 6, 7월에 백합의 뿌리를 영상 4~5℃의 냉실에 넣었다가 그것을 온상에 재배하면 그 때에 가서 꽃이 만발하게 할 수 있다는 것이다.

물론 그는 우연한 경험에서 체득한 것이다. 그러나 우리는 여기에서 이것은 바로 '水'의 응고작용을 이용한 것이라는 것을 알 수 있다.

오호라! 위대한 진리가 어찌 백합 한 송이에만 적용되리요. 천지만물이 모두 그 품에서 생하였다가 또다시 그 품안으로 돌아가고야 마는 것을!

총알은 다질수록 멀리 나가게 마련이며 한 알[粒]의 씨앗은 水氣의 응고작용을 얻은 후에야 비로소 강하게 발생하는 것이다. 좀더 자세히 말하면 무나 배추 같은 것의 종자는 묵으면 장다리(무우 배추 따위의 물줄기)가 나는 것이다. 왜 그런가 하면 묵었다는 말은 水氣의 응고작용을 너무 많이 받았다는 말이다. 가령 일년을 더 묵었다는 말은 겨울을 한 번 더 지냈다는 말이 되므로 그만큼 응고작용이 가중되는 것이다.

그런즉 그것은 싹[芽]이 나오는 힘(木氣가 발하는 힘)이 많다는 말인즉 우리는 여기에서 '水'의 응고작용이란 것은 곧 生의 원동력이란 것을 알 수 있는 것이다.

그런즉 이것은 곧 水의 활동이 바로 변화작용을 일으키는 만물의 활동원인즉 만물의 활동이란 것은 곧 水의 활동이란 것을 알 수 있는 것이다.

이제 이것을 인생 일대에서 보면 노년기인데 이때는 인간의 욕심은 노욕(老欲)으로 변하는 것이다. 土의 때에 의욕(意慾)으로 변한다고 한 것은 土는 중화지기(中和之氣)이므로 욕심의 편향이란 있을 수가 없는 것이다. 진실로 土의 욕심이란 공욕(公慾)이므로 이것은 인간적인 욕심(私慾)으로 볼 때는 무욕(無慾)이다. 그런즉 인간의 의지미정(意志未定)을 '意'라고 하는 것은 이렇게 土의 상(象)에서 연유된 것이다.

그러나 水의 때에 노욕이라고 하는 것은 결행하는 욕심이라는 말이다. 다시 말하면 노욕이란 것은 하려고 하는 일은 꼭 하고야 마는 것을 의미하는 것이다. 그러나 인간은 하려고 하는 일이라도 할 수 없는 것이 얼마든지 있다. 그것은 인간의 본질에 사욕(私慾)이 침범하고 있기 때문이다. 그러나 천도는 공욕 뿐이기 때문에 하려고 하는 일은 인과율대로 하게 된다. 그런데 더욱이 水는 우주운행의 기본이므로 五行 가운데서도 水의 욕(慾)이 행해지지 않는 일이 없는 것이다.

그러므로 변화하는 실상을 따져서 물[水]의 변화라고 하는 것은 실로 '水의 지변(志變)'을 의미하는 것이다. 그런즉 인간의 노년기라는 것은 진실로 우주의 본원(本源)을 창조하는 중요한 시기인 것이다. 이것을 사시(四時)에 배속하면 겨울이요 방위로는 北方이다. 水氣인 겨울이나 북방은 상잔지기(相殘之氣)가 있으므로 이것이 죄악의 본원도 되지만 천도로서 볼 때는 이것들은 모두 필요악인 것이다. 왜 그런가 하면 모든 形은 이와 같은 水氣의 음(陰)을 빌어서 이루어지는 것인즉 어찌 유형의 만물이나 인간이 소홀히 할 것이겠는가.

이것이 변화의 제 5단계다. 오행의 일반적인 개념은 이것으로서 끝마치거니와 이밖에 또 五行이 삼오이변(三五以變)하는 삼오분기(三五分紀)를 연구하지 않으면 안 된다.

2) 오행의 삼오분기(三五分紀)와 그의 개념

위에서 말하는 바는 五行의 일반적 성질, 다시 말하면 五行의 보편적인 개념을 논하였던 것이다. 그러나 우주의 변화원리인 오행법칙은 그 일반적인 원리 이외에 또다시 연구하여야 할 특수한 원리가 있는 것이다. 그런즉 우리는 이것을 좀더 구체적으로 분석하여야 한다. 만일 일반적 원리를 연구하는 것만으로 끝낸다고 하면 우주의 변화현상을 상세히 관찰할 수 없겠기 때문이다.

가령 이것을 木氣의 경우에서 예를 들면 木을 가리켜서 生하는 象으로 보는 것은 木의 작용에 대한 일반적인 현상에 불과한 것이다. 그러므로 실제로 木이 生하는 상을 관찰함에 있어서 그 힘의 강약의 차를 무시할 수가 없으므로 여기서 그 힘의 형태를 다시 세분해야 하는 것이다.

실제면에 있어서 木이 生하는 형태를 살펴보면 중도적(中道的)인 작용을 하는 경우와 그 힘이 너무 강한 경우와 또는 너무 불급한 경우의 세 가지로 구별해야 하는 것이다.

그러나 우리가 실제로 현상계를 관찰할 때에 위에서 말한 바와 같은 세 가지 구분만을 가지고서는 木에 대한 관찰에 만전을 기할 수 있다고 생각되기는 어렵다. 왜 그런가 하면 만상의 분열상태(分裂狀態)는 너무도 많이 목도(目睹)되기 때문이다. 가령 木의 종류만 하여도 몇 천 몇 만 종이 있지 않은가? 그러나 이것은 인간의 인식이 언제나 피상적인 관찰에 머물기 쉽고 구체적인 감별을 해 내지 못하기 때문이다. 만일 우리가 이것을 세밀하게 시찰(視察)할 수 있는 총명(聰明)이 있다고 하면 그 이른바 무수한 변화같이 보이던 현상도 五行 각개(各個)의 삼종(三種)의 변화 이외에 없다는 것을 알 수 있게 될 것이다.

다시 말하면 우주의 변화는 一(水)이 三(木)으로 분열하는 것이라는 것은 바로 하나가 본중말(本中末)의 셋으로 구분된다는 말인 것이다. 그러므로 우주의 운동이란 것은 一이 三으로 분열되는 과정의 반복인 것이다. 그런데 오행이란 것은 사물이 五種類로 운행하는 현상인즉 一이 三으로 분열하는 운동도 이 다섯 개의 단계에서 순환할 수밖에 없는 것이므로 '3×5=15'의 변화형태가 나타나는 것이다.

그런즉 변화과정에 있어서의 소위 분합(分合)작용이란 것은 五行의 매개(每個)가 각각 삼변(三變)하는 작용인 것이다. 그런데 五行의 일반적 개념은 각각 본중말(中·太過·不及)의 삼변을 거치는 것이므로 결국 15변화를 일으키게 되는 것이다. 그러므로 그의 개념설정에 있어서 15종의 구체적인 개념을 설정하여야 하는 것이다. 그뿐만 아니라 무수한 것같이 보이던 변화현상도 위에서 말한 바의 15종의 변화 이외에는 없다는 결론도 나오게 되는 것이다.

이 때문에 15分紀(三五分紀)설이 나오게 되는 것이다. 그런즉 다음에 15종의 개념을 연구해 보기로 하겠다.

1) 평기(平氣)

㉠ **木**; 부화(敷和)

五行에서 평기(平氣)라고 하는 것은 태과(太過)도 불급(不及)도 아닌 기운을 지칭하는 것이다. 그런데 木의 평기를 敷和라고 하는 것은 '敷' 자의 개념은 일직선으로 쭉 뻗어져 나가는 것을 의미하는 것이다. 우리가 일용어(日用語)에서 그 예를 찾아보면 철도를 건설하는 것을 부설(敷設)이라고 하며 말(言語)의 의미를 확장하는 것을 부연(敷衍)이라고 하는데 이것들은 모두 규칙적으로 뻗어져 나가는 상태, 즉 질서정연하게 전개되는 상태를 의미하는 것이다.

또 '和' 자의 개념은 불강불유(不彊不柔)한 중적(中的) 작용을 화(和)라고 한다. 그러므로 '和' 라는 것은 여하한 기운과 마주쳐도 모순이 일어나는 것이 아니라 도리어 조화가 이루어지는 것이다.

그런즉 부화(敷和)라는 개념은 木의 발전하는 象이 그 生함에 있어서 '敷' 하는 힘과 '和' 하는 象의 두 개의 요소를 지니고 있기 때문에 木의 生하는 형상에 과불급(過不及)이 없이 알맞은 작용을 하게 되는 것이다.

이것이 木의 平氣인데 宇宙運動은 비단 木에 있어서 뿐만 아니라 어느 것이나 平氣를 유지한다고 하면 宇宙에는 불측지변(不測之變)과 또 그 밖의 길흉(吉凶) 같은 것도 없을 것이다.

그러나 오행기의 운동에는 때로는 태과하며 때로는 불급하는 일이 얼마든지 있는 것이므로 이 세계에는 길흉과 화복의 큰 파동이 오는 것이다. 여기에서 말하는 길흉과 화복이라는 개념은 인간의 세속적인 길흉화복으로만 생각하지 말고 현실세계에 흘러오는 변화의 파동으로서의 길흉화복을 생각하면 가히 그 모습을 파악할 수가 있을 것이니 춘하추동과 생장노사의 기복(起伏)이 바로 그것이다. 물론 평기만 쭉 계속하여 들어온다고 하면 춘하추동이나 생장노사가 없다는 말이 아니다. 다만 여기에 태과나 불급이 들어올 때 그 파동이 우고우저(尤高尤低)하는 그 상태가 바로 길흉화복인 것이다. 그러므로 우주의 오행운동에서 평기만 작용한다고 하면 길흉화복의 개념은 필요 없게 될 것이다.

예를 들어서 만일 금년의 運과 氣가 평기로써 형성되었다고 하면 금년에는 화나 흉은 없을 것이므로 오곡이 등풍(登豊)하게 될 것이다.

그런즉 이와 같이 풍년이 든 해에는 홍수의 화(禍)도 없고 질병의 유행도 전혀 없어야 할 것인데 반드시 그렇지 못한 것은 무엇 때문인가 하는 것이 문제다. 그런데 이것은 소위 運의 각수(各殊)한 유형으로써 만물이 형성되었기 때문에 미치는 변화인 것이다. 그렇기 때문에 이것을 연구하는 것이 운기학(運氣學)이다.

너무 옆길로 뻗어져 나간 것 같다. 그러나 평기(平氣)와 불평지기(不平之氣)의 영향이야말로 본고(本稿)의 연구에 있어서 중요한 것이므로 잠깐 부연한 것이다.

ⓒ 火; 승명(升明)

火의 평기를 승명(升明)이라고 한다. '升' 자는 ㅆ十ㅆ千하는 象을 취한 것이다(ㅆ十ㅆ千이란 것은 '十' 자와 '千' 자에서 상을 취하였다는 뜻인즉 지금부터는 전부 이와 같이 표시할 것이다). 그런데 자연수에 있어서 '十'과 '千' 자는 모두 음수가 분열하는 象인데 음수의 분열은 陽을 보존하는 것을 목적으로 한다(詳細는 제5장 3절 '금화교역론'에서).

'明' 자는 ㅆ日ㅆ月하는 象을 취한 것인즉 이것은 日月合明이라고 하는 것이다. 다시 말하면 日의 양광(陽光)과 月의 음광(陰光)이 합함으로써 明이 생긴다는 뜻인즉 明이란 것은 日月의 합작인 것이다. 그런즉 태양광선의 열과 달[月]의 한랭(寒冷)이 합하여 이룬 것이 우주를 밝히고 있는 明이다. 그러므로 우주에 만일 '日'만 있고 '月'이 없다면 이 세계는 암흑세계가 될 뿐만 아니라 만물은 양광(陽光) 때문에 타 버리고 말 것이며 따라서 生하지도 못할 것이다. 그런데 감사하게도 日月이 합하여 明을 이루어 주었기 때문에 세계도 있고 철학도 있는 것이다.

그러므로 火의 平氣는 이와 같은 明을 발전시켜서 상승(上升)하게 하는데 알맞게 하려는 목적이 있는 것이다. 그런데 여기에서 '升'자를 쓴 것은 火가 明을 점점 무화(無化)시켜 갈 때에 陽의 본체를 산실(散失)하지 말도록 하려는 의도가 있다는 것을 표시하기 위한 것이다.

火는 본래 없어서는 안 될 것인 동시에 위험하기도 한 것이다. 왜냐하면 만일 태과하면 明을 상발(上發)하다가 본체의 창조기본인 陽을 잃을 염려가 있고 만일 불급하면 우주를 陽 없는 공각(空殼)으로 만들 폐단이 있기 때문인 것이다.

그러므로 升明作用을 하는 火만이 우주의 本源(未土)을 창조할 수 있는 가장 알맞은 火가 되는 것이다.

ⓒ **土**; 비화(備化)

土의 성질이 化하는 것이란 것은 위에서 말한 바 있다. 그러나 진실로 불편부당(不偏不黨)한 土란 것은 화(化)할 수 있는 조건을 구비한 土라야 하는 것이다. 좀더 구체적으로 말하면 土는 辰戌丑未의 네 개가 있지만 辰土는 長하는 면에 치우쳐 있고 戌土는 藏할 수 있는 면에 편경(偏傾)되어 있다. 그런데 오직 丑土와 未土만이 化할 수 있는 것이다. 그러므로 이것을 4土중에서 제일 완전한 土라고 한다. 그러나 丑未土를 다시 구분하면 丑土는 未土에 비하면 역시 불완전한 존재다.

그런즉 化할 수 있는 조건을 완전히 갖춘 土는 未土밖에 없다(詳細는 제5장 1절 '토화작용'에서).

그러므로 이것을 미토비화(未土備化)라고 하는 것이다.

그런데 化라는 것은 본체면에서 본 변화현상이요, 和라는 것은 작용으로 본 현상이란 것은 위에서 말한 바 있는데 그것을 좀더 구체적으로 말하면 和는 사물에 대한 지칭이요, 化는 형이상적인 象에 대한 작용인 것이다. 그런즉 化는 모든 음양작용의 과불급을 조절하는 中和之氣이지만 그 象은 적연부동(寂然不動)하는 動靜의 '中'인 것이다. 그러므로 土를 가리켜서 中이라고 하는 것은 다만 일반적인 표시인 것뿐이고 엄격히 말하면 化할 수 있는 土, 즉 비화지토(備化之土)를 말하는 것이다.

그런데 이상에서 말한 바는 辰戌丑未土를 辰戌丑未方에 두고 土의 성격을 규정한 것이다. 그러나 辰戌丑未는 변화과정에서 볼 때에 언제 어느 방위에서 작용할지 모르는 것이다.

그런즉 이것도 역시 木火金水의 경우와 같은 氣의 태과불급(太過不及)이 생길 것은 불문가지(不問可知)다. 그런즉 丑未土는 비록 방위가 변할지라도 위에서 말한 바와 같은 자격이 그냥 보존되는 것이 아니라는 것을 알 수 있는 것이다.

그러므로 土라 할지라도 태과하거나 불급한 土는 완전한 자격의 土가 될 수는 없는 것이다. 그러므로 비화(備化)라는 것은 그렇지 않은 平氣의 土를 말하는 것이다.

㉣ **金**; 심평(審平)

金이란 것은 만물을 생장(生長)에서 수장(收藏)으로 전환시키는 최초의 기운이다. 그런데 金의 성질은 살벌(殺伐)하려는 경향이 많다.

그러므로 金이 만일 공정성을 잃으면 수장지도(收藏之道)에서 제일 중요한 목적인 포양작용(包陽作用), 즉 金水가 포위하려는 바의 정신과 생명이 멸(滅)하게 될 수도 있는 것이다.

그런즉 五行중에서 金처럼 平氣의 유지가 중요한 것은 없다.

다시 말하면 金은 평정(平定)하는 것으로써 그의 기능을 삼지만 맹폭(猛爆)은 절대불가하므로 평정하기는 하되 잘 살피면서 평정하여야 陽을 보호하려는 목적으로서의 평정이 되기 때문에 이것을 심평(審平)이라고 한 것이다. 그러므로 金의 태과불급이 아닌 상(象), 즉 金의 中氣를 심평이라고 한 것인즉 여기도 역시 중화작용(中化作用)이 미치고 있다는 것을 기억하여야 할 것이다.

ⓜ **水**; 정순(靜順)

水의 평기는 그 상(象)은 정적(靜的)이고 그 성질은 순(順)한 것이므로 정순(靜順)이라고 한 것이다.

우리가 보통 정적(靜寂)이라는 말을 많이 사용하는데 그 내용을 잘 고찰하여 보면 정(靜)이란 말은 상대적인 것을 의미하는 것이요, 적(寂)이란 것은 절대적인 것을 말하는 것이다.

다시 말하면 적(寂)이란 것은 動하려고 하여도 動할 수가 없는 것을 말하는 것이요, 정(靜)이란 것은 動할 수 있지만 아직 시기가 미급(未及)하여서 動하지 못하는 것을 뜻하는 것이다.

이것을 글자의 상에서 살펴보면 '적(寂)'자에 ㅆ宀ㅆ叔하는 상을 취한 것은 수장(收藏)하기에는 아직 그 힘이 어리다는 상이 있고 '정(靜)'자에서 ㅆ靑 ㅆ爭하는 상을 취한 것은 청질(靑質, 木質), 즉 水中의 木氣가 나오기 위하여 水形과 싸우려는 뜻을 가지고 있지만 아직 조건이 불리하므로 참고 있는 象이 있는 것이다.

그런즉 적자(寂字)에는 未土의 적막무짐(寂寞無朕)한 象이 있고 靜자에는 水質이 잠장(潛藏)하고 있는 象이 있는 것이다. 그러므로 水를 정신의 부고라고 하며 土를 五行의 분묘(墳墓)라고 하는 것이다. 그렇기 때문에 水의 平氣를 정순(靜順)이라고 한 것이다. 그렇다면 '順'자의 개념은 무엇일까 하는 것을 또한 연구해야 한다. 순(順)자는 從巛從頁(巛은 坤의 古字) 하였은즉 그것은 바로 坤土가 시작하는 큰 머리라는 뜻이 있다. 그런즉 水의 평기는 靜의 바탕을 합친 것을 의미하는 것이다. 좀더 자세히 말하면 水가 태과하면 응고력(凝固力)이 과도하고, 불급하면 응고력이 불급하여서 도리어 陽을 수축(收縮)하지 못하거나 혹은 잠장(潛藏)해 내지 못하는 것이다. 그런즉 水의 평기란 것은 이런 폐단이 없는 것을 의미한다. 그러므로 '靜' 자에 나아가려는 의미가 잠복한 것과 '順' 자에 坤의 큰 머리가 和하려는 象을 가진 것의 두 개의 개념[靜寂]으로 象을 취한 것이다. 그런데 두 개의 象으로써 정순(靜順)이라고 하면 그 '順' 자가 바로 土를 상징하기 때문에 水의 응고력이 태과불급을 면(免)하고 中和작용을 일으켜서 평기, 즉 生하기에 알맞은 기운이 되는 것이다. 이것은 앞으로 연구해 나아갈 것이지만 亥(木)·子(火)·丑(土)을 합하여서 水라고 보는 것은 실로 이것을 설명하는 것이다.

> 註 난해(難解)를 걱정 말고 복습을 반복하면서 나아가면 진도와 정비례로 이해될 것이므로 염려할 것 없다.

2) 불급지기(不及之氣)

㉠ 木 ; 위화(委和)

木氣가 불급(不及)한 것을 위화(委和)라고 하는데 단 주의하여야 할 것은 불급이란 말과 부족(不足)이란 말은 그 개념이 서로 다르다.

불급이란 말은 힘은 있지만 아직 그 시기가 상조(尙早)하여서 역량(力量)을 발휘할 수 없거나 혹은 어떠한 외적인 장해(障害) 때문에 힘을 발할 수가 없는 것을 통칭하는 것이요, 부족이란 개념은 근본적으로 힘이 충족(充足)되어 있지 못한 것을 말하는 것이다.

그러므로 여기에서 말하는 불급지기(不及之氣)란 것은 기의 부족을 말하는 것이 아니고 불급을 말하는 것이다.

그런즉 목기불급(木氣不及)을 위화(委和)라고 하는 것은 '위(委)' 자의 뜻이 위굴(委屈)을 의미하는 것이기 때문이다. 좀더 자세히 말하면 어떠한 세력의 위압(危壓)을 당함으로 인하여서 木이 生하려고 하여도 生하여 낼 수가 없는 것을 위화(委和)라고 한다.

'화(和)' 자의 개념은 '化' 자와 동일개념의 이면(二面)이란 것은 앞에서 말한 바 있다.

즉, 천도(天道)의 생성작용은 木을 生하려 할 때에 土氣가 선행하면서 子水의 응고작용을 적당하게 和하여 주면 이것은 부화작용(敷和作用)이다. 그러나 반대로 土氣가 화(和)의 작용을 잘못하면 기불급(氣不及)한 木이 되므로 이것을 위화(委和)라고 하는 것이다. 그러므로 木氣가 만일 위화가 되면 그 生하는 바의 만물은 生力이 위굴(委屈)함을 면할 수가 없을 것이다.

그런데 木氣 불급은 木氣 자체의 허물이 아니고 오히려 土氣의 화화작용(和化作用)이 불급한 데 있는 것이다. 여기에 한 가지 더 기억하여야 할 것은 木과 土에만 화(和, 化)자를 사용하였다는 점이다. 왜 그렇게 하였는가 하면 木은 土에다가 뿌리를 박았고 土(未)는 자기 자체가 化하는 것이기 때문에 化(和)자를 쓴 것이다. 이것은 다음에 논하게 될 土化作用에서 밝혀질 것이다.

ⓛ 火 ; 복명(伏明)

복(伏)자의 뜻은 잠복이라는 의미이니 기운이 없는 것이 아니라 잠복되어서 明을 승명(升明)으로 만들지 못하는 것이다(明의 의미는 火의 平氣를 참간(參看)하면서 연구하라).

좀더 자세히 말하면 火의 분열(分裂)을 어느 정도까지 억제(抑制)하면서 승양(升陽)하면 이것은 율려작용(律呂作用)이 잘 조절되어서 승명(升明)이 될 것이지만 만일 火가 불급하게 되면 이양(裏陽)이 불급하게 되어서 明을 상승(上升)시키지 못하는 것이다. 그런 즉 이와 같은 象을 복명(伏明)이라고 하는 것이다.

예를 들면 노인의 눈[眼]이 어두워지는 것은 바로 복명(伏明)이 되기 때문이다. 왜 그런가 하면 사람이 연로(年老)하면 陽氣의 승발력(升發力)이 부족하게 되기 때문에 음성양쇠(陰盛陽衰)하여 노안(老眼)이 되는 것이니 이것은 바로 陽이 깊은 곳까지 잠복하였기 때문에 소위 視力(陽)이 동자(瞳子)라는 '렌즈'에까지 나오지 못하기 때문이다.

그러므로 천도(天道)의 운행과정에서 만일 火에 불급이 생기면 升明이 되지 못하기 때문에 明이 잠복하여서 복명(伏明)이 되므로 우주에는 이른바 화불급(火不及)의 화(禍)가 미치게 되는 것이다.

예를 들면 농사는 흉년이 들 것이고 질병은 寒冷性 질병이 유행하게 되는 것이다.

ⓒ 土 ; 비감(卑監)

土氣가 적당하면 비화지기(備化之氣)가 되므로 음양(陰陽)의 괴리(乖離)를 잘 조절할 것이지만 만일에 土氣가 불급하면 음양의 승부를 잘 조절하지 못하므로 모순과 대립의 투쟁 때문에 우주는 변란(變亂)에 빠지고 말 것이다. 따라서 사물의 비화(肥和)작용은 시의(時宜)를 잃을 것이고 모든 생물은 氣가 하함(下陷)하게 됨으로써 생명인 陽氣가 발동할 수 없게 될 것이니 이것이 바로 土不及의 소치이다.

그러므로 土不及의 象을 비감(卑監)이라고 한 것이다.

'비(卑)' 자의 뜻은 '고(高)' 자의 반대인즉 土氣가 불급하기 때문에 불룩하게 되지 못하고 도리어 수축되었다는 말이다. '감(監)' 자는 '람(覽)' 자와 통(通)하는 字인즉 본다는 뜻과 임(臨)한다는 뜻이 있다.

그런즉 비감이란 개념은 土가 비화(備化)가 되려면 적당한 정도까지 팽창상태를 나타내어야 함에도 불구하고 여기서는 비감지토(卑監之土)가 됨으로써 팽창(膨脹)하여야 할 것이 도리어 위축(萎縮)되어 버렸다는 의미인 것이다.

이제 여기에서 土가 비감이 된 이유를 관찰해 보면 동남방에서 陽作用이 불급하였을 경우에 未土를 이룰 수 있는 조건이 성숙되지 못하므로 소위 土不及의 결과를 나타내게 되는 것이다.

왜 그런가 하면 土의 성격은 솜[綿]처럼 피우는 작용이 있으므로 인하여 모든 사물을 순화(醇化)하며 또는 중화(中化)시키는 것이다. 그런데 만약 土가 하함(下陷)하여서 비감이 되면 土로서의 구실을 못할 뿐만 아니라 항상 하향(下向)하여서 수토수장(水土收藏)의 과정으로만 가려고 하는 것이다. 그렇게 되면 우주는 '實'을 잃고 '虛'만 남기 때문에 비감(卑監)이라고 한 것이다.

㉣ 金;종혁(從革)

위에서는 金의 평기가 심평(審平)이란 것을 말했다. 金은 자체의 사나운 기운 때문에 항상 살벌의 맹위가 없도록 하여야 할 것이지만 또한 불급하지 않도록 경계하기도 하여야 한다. 金이란 것은 본래 통일의 시초이기 때문에 木火의 때에 생장하였던 陽을 자기의 품안에 포장하여야 할 의무와 본능이 있는 것이다. 그러나 金과 火는 심한 대립성을 가지고 있기 때문에 土의 중재를 기다려서 자기의 소임을 수행하는 자인 것이다. 그러므로 土가 적당한 중재를 하여 주면 金이 평기인 심평지기(審平之氣)를 얻을 수가 있을 것이지만 土가 만일 조화력을 잃게 되면 金은 火를 포장할 수가 없을 것이며 비록 포장한다고 할지라도 이것은 金의 정기(正氣), 즉 심평지기(審平之氣)를 만들어 낼 수가 없을 것이다. 그러므로 이 象을 종혁(從革)이라고 하는 것이다.

'혁(革)'자의 뜻은 일반적으로 개혁(改革)이란 개념으로 쓰여지는 것이지만 좀더 상세하게 고찰하여 보면 '가죽'이라는 글자에 있어서도 '혁(革)'자와 '피(皮)'자는 서로 그 의미가 다른 것이다. '皮'자는 생명을 가지고 있는 것을 의미하는 것이요 '革'자의 의미는 생명체에서 이미 이탈(離脫)되어 인공이 가해진 가죽을 革이라고 한다.

그러므로 제혁(制革)이라는 어휘는 있어도 제피(制皮)라는 말은 없는 것이다. 물론 이것은 생피(生皮)에다가 인공을 가한 경우를 의미하는 것이지만 이 말의 어원은 천공(天工)이 통일하는 象을 취해서 만든 개념인 것이다.

좀더 풀어서 말하면 金火의 교역과정에서 아직 火氣가 상다(尙多)함으로 인하여 金의 수렴작용에 차질이 생기는 象을 가리켜서 革이라고 하는 것이다. 그런데 인공적으로 제혁(制革)하는 것도 金氣의 종혁을 응용한 것인즉 이것은 바로 천도혁명(天道革命)의 응용인 것이다.

예를 인체에서 들어보면 火氣가 왕(旺)하여서 화왕작금(火旺灼金)하는 사람은 모발(毛髮)이 탈락하는 것이니 이것이 바로 金氣가 불급하고 火氣가 과다한 현상에서 오는 종혁작용인 것이다. 그런즉 인체의 종혁작용과 천체(天體)의 종혁작용의 사이에는 아무런 차이도 없다.

그러므로 천체에 있어서는 이러한 象을 관찰하기 어렵다고 할지라도 일반적으로 가을[金]에는 동물이 털을 갈고 수목은 낙엽이 지게 되는 것은 천체 자체에서 종혁작용을 하기 때문에 형상계(形象界)에서도 이와 같은 현상이 나타난다는 것을 알 수가 있는 것이다. 이것이 바로 공자가 '근취저신 원취저물(近取諸身 遠取諸物)' 하라고 가르친 것이다.

㉤ 水; 학류(涸流)

水氣는 본래 流動(變化)의 원천이며 생명의 모체이며 정신의 부고(府庫)인 것이다. 그렇다면 水의 자동성(自動性)은 어디에 있는가 하는 것을 고찰해 볼 필요가 있다. 우주에 있는 만상은 動하지 않는 것이 없다. 이것을 자세히 살펴보면 모두 '물'의 운동이다. 태란초목(胎卵草木)은 물덩어리에서 출발했고 만화방창(萬華方暢)한 변화도 현수삼천인(懸水三千仞)의 물방울의 율동(律動)인 것이다. 그런데 만물이란 것은 물에서 나왔다가 물로 다시 돌아가고야 마는 전후반복의 여로인데 이것을 易에서는 坎작용이라고 하며 오행학에서는 '水'의 작용이라고 하는 것이다.

그렇다면 이와 같은 水라는 것은 과연 어떠한 것일까.

이것이 바로 水氣 자체가 지닌 바의 응고성과 자율성과 조화성에서 오는 것이다. 그런데 응고성의 통일은 精과 核을 귀장(歸藏)하고 자율성은 핵과 정 속에 있는 陽을 動하게 하여서 변화하고 조화성은 動함에 있어서 일어날지도 모르는 모순을 조절하는 것이다.

이러한 자기 원인을 가진 것이 '水'이기 때문에 '水'에는 항구성과 변화성이 있게 되는 것이다(詳細는 제7장 '정신론'에서). 열자(列子)가 이 세계의 변화를 현수삼천인(懸水三千仞)의 물 속으로 출입부침(出入浮沈)하는 잠수부의 모습으로 본 것도 실로 이와 같은 물의 변화를 노래한 것이다.

  그런즉 만물은 이와 같은 물의 형질에 의해서 生하는 것이므로 만물의 본원을 '물'이라고 하는 것이다. 이것은 마치 水源이 마르게 되면 강(江)이 마르는 것과 같이 만물의 생성에서 水氣가 학갈(涸渴)되면 물의 율동하는 변화란 있을 수가 없는 것이다.

  그러므로 수기불급(水氣不及)을 학류(涸流)라고 하는 것이다. '학(涸)'자는 일반적인 의미로서 보면 물이 마른다는 뜻이지만 조금 더 깊이 따져 보면 '호(洹)'자의 뜻이 있다. 호(洹)자의 뜻은 폐색(閉塞)하는 것을 말한다. 그런즉 '학(涸)'이라는 개념은 물이 말라서 水源이 없어진 것이 아니라 水源이 폐색되었기 때문에 일반적 관찰로써는 물이 마른 것처럼 보이지만 사실은 '水'가 폐색된 것뿐이다.

  '류(流)'자의 개념은 물이 자동성에 의해서 흐르는 것을 취한 것이다. '류(流)'자는 古字의 '沰'자이다. '沰'자는 ㅆ水ㅆ不의 象을 취한 것인바 우선 '不'자의 象을 보면 木氣가 행하려고 하지만 一水를 관통(貫通)하지 못하여서 발하지 못하는 象이 있는 것이다.

  다시 말하면 '不'자는 '木'자가 위쪽으로 관통하지 못한 象을 취한 것이다. 그런데 이 자를 '水'의 변에 쓴 것은 水氣가 발하려고 하지만 발해 내지 못하는 象을 취하기 위하여서 '沰'로써 象을 취한 것이다. 그런데 모든 동력원은 이와 같이 발하려고 하여도 발할 수 없게 제압(制壓)당하는 곳에 있는 것이다.

  그러므로 '沰'자와 같은 象을 취하여서 물의 自動할 수 있는 象을 표시한 것이다. 그런즉 이제 여기에서 두 글자의 개념을 종합하여 보면 학류(涸流)라는 것은 물의 유동할 수 있는 근원이 일시적으로 폐색당해서 흐르지 못하는 象인 것이요, 결코 水源이 부족해서 흐를 수 없는 것을 의미하는 것은 아니다. 그러므로 水不及을 학류(涸流)라고 하는 것이다.

3) 태과지기(太過之氣)

위에서는 氣의 불급을 말했거니와 여기서는 그와 반대인 태과(太過)를 말하는 것이다. 다시 말하면 氣가 너무 강하기 때문에 물의 化生作用이 비정상적으로 과항(過亢)하여서 그의 발전에 오히려 지장을 초래하는 요인을 설명하려는 것이다.

㉠ 木 ; 발생(發生)

木의 태과(太過)를 발생(發生)이라고 하는데, 이것을 불급(不及)의 개념인 위화(委和)와 대조하여 보면 가장 명료하게 그 성질이 나타나는 것이다.

위화(委和)를 木의 바탕(本體)에 있는 和氣의 위굴(委屈) 때문이라고 한다면, 발생에 있어서는 木이 발하는 힘이 너무 강하기 때문에 生을 조화하여서 알맞게 하지 못하고 오히려 폭발시켜 버린다는 말이다.

'發' 자의 뜻은 生의 지나친 현상을 발이라고 하는 것이다. 예를 들면 총을 발사(發射)한다든가, 혹은 탄약이 폭발(暴發)한다든가 하는 것은 모두 이러한 '發' 자의 개념에서 취한 것이다. 그런즉 水에서 木을 生할 때에 순조롭게 生하지 못하고 發하여 버리는 것은 水의 삼대요소중의 하나인 조화력이 결여되었기 때문이다. 그러므로 木의 평기에서는 부화(敷和)라고 했고 불급에서는 위화(委和)라고 했는데 여기에서 '화(和)' 자를 쓰지 않은 것은 發이라는 강력한 象 때문에 和(土)의 작용이 없는 까닭이다.

그런즉 비단 木氣에 있어서 뿐만 아니라 모든 과격한 행동은 土의 바탕이 결핍하는 때문이란 것을 알 수가 있는 것이다.

㉡ 火 ; 혁희(赫曦)

火의 태과(太過)를 혁희(赫曦)라고 한다. '혁(赫)' 자의 뜻은 화광(火

光)이 충천(沖天)하는 것을 의미하는 것이요, '희(曦)' 자의 뜻은 일광(日光)이 폭사하는 것을 말하는 것이다. 그런즉 혁희라는 것은 작열(灼熱)이 번무(蕃茂)하는 象인즉 그것이 바로 火氣가 태과하는 象이며 또한 복명(伏明)의 반대인 것이다.

易에서는 이것을 항룡(亢龍)이라고 하는 것이니 그 개념은 陽氣가 과항(過亢)함으로 인하여 승발지기(升發之氣)가 지나치게 되면 升明작용을 하여야 할 우주의 火氣作用이 소위 염열(炎熱)이 번작(燔灼)하는 상태를 이루게 되는 바 이것은 陽(龍)의 과항 때문에 일어나는 재앙인 것이다. 그런즉 항룡이라는 개념은 혁희와 상통하는 것이나 다만 다른 점은 항룡은 陽氣의 종발지상(縱發之象)이요, 혁희는 陽의 종산(縱散)하는 象인 것이다. 그런즉 이것은 각각 양성(陽性)의 일면씩을 설명하는 것이다.

그러므로 식물이 만일 혁희지기(赫曦之氣)를 만나게 되면 말라죽게 될 것이요, 인간의 생리조직이나 그의 기능에 양성음허(陽盛陰虛)의 변고가 생기게 되면 빳빳하게 말라서 살찌지 못하게 될 것이니 이것은 土의 불급 때문에 이루어진 혁희의 허물인 것이다.

ⓒ **土**; 돈부(敦阜)

土의 태과를 돈부라고 하는 것인 바 '돈(敦)' 자의 뜻은 氣化작용으로 인하여 두터워진 象을 말하는 것이고 '부(阜)' 자의 뜻은 形化작용으로 인하여 두터워진 形을 말하는 것이다. 그런즉 氣가 태과한 것을 돈(敦)이라고 하고 형(形)의 태과를 후(厚)라고 한다. 또 形不足을 '구(丘)'라고 하며 形有餘를 부(阜)라고 한즉 구(丘)는 범위가 훨씬 좁은 것을 말한다. 다시 말하면 氣가 넓게 퍼진 것을 '부(阜)'라고 하고 氣가 잘 퍼지지 못한 것을 '구(丘)'라고 하는 것이다.

그런데 土化作用이 만일 중정(中正)을 잃게 되면 혹은 태과하여서 돈부(敦阜)가 되고 혹은 불급하여서 비감(卑監)[卑丘]이 되는 것이다. 이와 같은 土는 前記한 바의 혁희(赫曦)와는 비슷하면서도 다른 점이 있다. 土의 태과는 그 조직이 지나치게 번식하며 또는 비후(肥厚)하게 되는 것인즉 만일 인간이나 동물이 돈부가 되면 너무 비후하게 되고 초목이 돈부가 되면 근간(根幹)에 비하여 지엽(枝葉)이 지나치게 무성할 것이다. 그러므로 혁희와 이것을 비교해 보면 혁희의 경우는 종산(縱散)하였지만 여기에서는 다만 횡산(橫散)한다는 점이 다른 것인즉 이것이 火와 土의 작용이 상이한 점이다. 따라서 여기에서 火라는 개념과 열(熱)이라는 개념이 각각 다르다는 이유도 알 수 있게 되는 것이다. 즉, 열은 土의 소산이요 火는 군화(君火)의 소산인 것이며, 열은 횡산(橫散)하는 것이지만 火는 종산(縱散)하는 것이라는 것도 아울러 기억하여야 한다.

ⓔ 金 ; 견성(堅成)

'견(堅)' 자와 '고(固)' 자의 뜻이 각각 다르다. 표기(表氣)가 굳어지는 것을 견(堅)이라고 하고 이기(裏氣)가 굳어지는 것을 고(固)라고 한다. 그래서 金의 성질은 堅이고 水의 성질은 固라고 하는 것이다.

'成' 자의 뜻은 사물의 완성을 의미하는 것이니 예를 들면 과곡(果穀)의 완숙(完熟)이나 인사(人事)의 완결과 같은 것은 모두 '成'이라고 하는 것이다.

이와 같이 보면 수(收)와 성(成)은 동일한 의미인데 다만 氣의 작용에서 보면 收요, 사물의 형태로서 보면 成인 것이다.

한마디로 말하면 金氣가 태과하다는 말은 포위하는 바의 金이 지나치게 견성(堅成)되는 상태를 말하는 것이다. 이와 같이 金의 수렴상태가 태과하게 된 바는 金의 심평지기(審平之氣)를 형성할 때에 있었던 바의

土氣가 결핍됨으로써 생긴 것이다.

㈤ **水** ; 유연(流衍)

'流' 자의 고자(古字)는 '沠'로써 썼고 또 류(流)字에는 動하려는 象은 있지만 아직 動하지 못한다는 것을 위에서 말했다. '연(衍)'자는 从行从水하였은즉 여기에는 動하는 象도 있지만 또한 水가 행(行)하려고 하나 아직 행할 수 없는 象도 있다. 그런데 이 자(字)의 의미를 고찰하여 보면 늘어진다는 의미와 상자(箱子)라는 의미가 있다.

이제 여기에서 유연이라는 개념을 검토해 보면 유(流)는 아직 動하여 낼 수 없는 象의 표시인데 연(衍)은 그 바탕은 늘어날 수 있는 것이지만 또 반면으로는 상자 속에 밀폐된 것 같은 象이 있기 때문에 늘어날 수 없는 象도 있은즉 이것은 水의 응고상태를 말하는 것이다.

그러므로 流衍이라는 개념 속에는 動할 수 있는 요인만 갖추고 있을 뿐이고 아직 動해 낼 수 없는 象이 있는 것이다. 그런즉 이것은 전혀 응고력의 태과 때문에 오는 것이니 이와 같은 것은 내적 조건의 불비(不備)에서 오는 것이 아니고 외적 상태의 불응(不應)에서 오는 것이다. 그

	평기(平氣)	불급지기(不及之氣)	태과지기(太過之氣)
木氣	부화(敷和)	위화(委和)	발생(發生)
火氣	승명(升明)	복명(伏明)	혁희(赫曦)
土氣	비화(備化)	비감(卑監)	돈부(敦阜)
金氣	심평(審平)	종혁(從革)	견성(堅成)
水氣	정순(靜順)	학류(涸流)	유연(流衍)

오행의 삼오분기

러므로 水의 태과는 역시 그 허물이 水氣中에 있는 土의 不及에 있는 것이다.

위에서 본 바와 같이 木火金水라는 대립성을 가진 네 개의 氣는 모두 土의 부족으로 인하여 태과의 현상을 이루었던 것이다. 그러므로 천도(天道)는 용의주도하게도 四季마다 土用을 배치함으로써 木火金水의 이질적인 항쟁과 태과를 방지하도록 하였던 것이다.

3. 오행 개념의 질량 변화(東武의 五行觀)

「내경(內經)」에서는 사물의 본질을 표준으로 하고 五行의 개념을 설정하였다. 그러므로 그 논술방법이나 요지는 관념적 내용이나 방법을 벗어날 수가 없었다. 다시 말하면, 가령 木을 '나무'라고 하는 것은 양적인 면을 말하는 것이요 木이라고 하는 것은 본질적인 면을 말하는 것이다. 그런데 양적 현상이란 것은 물질의 변화현상 자체가 아니고 이미 변화를 완결한, 즉 응고되어 있는 것이므로 이것은 변화의 완결일 뿐이고 변화의 본질적 요소가 될 수는 없는 것이다. 그러므로 변화를 연구하는 데는 오행개념의 본질로써 기본법칙을 삼을 수밖에 없다. 그러나 五行의 본질은 인간의 시각이나 감각으로써는 알 수 없는 것이므로 이것을 연구하기 위하여서는 관념적 방법을 취할 수밖에 도리가 없는 것이다.

그런즉 일반적으로 오행법칙이라고 하는 것은 五行의 본질적 법칙이며 또한 그것은 관념론적 연구방법이었던 것이다.

그러나 이와 같은 관념론적 방법을 현실적인 사물과 부합시키지 못한다고 하면, 또는 부합되지 않는다고 하면 五行이 변화의 법칙인 진리가 될 수는 없을 것이다. 그런데 처음으로 오행법칙을 양적(量的)인 면에서 관찰하고 따라서 이것을 인체의 장부(臟腑)에 배치한 것이 동무(東武) 이제마(李濟馬)였던 것이다. 물론 그는 세부적인 설명은 피하였다(古代의 學統 그대로). 그러므로 그의 입론(立論)에 대해서 무정견적(無定見的)인 가혹한 비판을 가하는 자도 있었다. 그러나 동무가 개발한 진리는 연작지변(燕雀之辯)에 휩쓸리지는 않을 것이다.

동무(東武)는 「내경(內經)」에 논한 바의 간목(肝木)·심화(心火)·비토(脾土)·폐금(肺金)·신수(腎水)를 간금(肝金)·비화(脾火)·심토(心土)·폐목(肺木)·신수(腎水)라고 바꿔 놓았다. 왜 그렇게 하였는가 하면 이것이 바로 상술한 바와 같이 관념적인 개념을 현실적인 개념으로 바꿔 놓기 위한 것이다. 다시 말하면 첫째로, 사물의 본질적인 流動은 인식하기 어려우므로 현상적인 形象에서 본질적인 개념을 파악하기 용이하게 하려는 데 목적이 있었던 것이다. 가령 우주의 변화법칙에 몽매(蒙昧)한 사람은 나무를 보면 나무인 줄로만 알뿐이고 그것이 어떻게 하여서 나무로 형성되었는지를 모를 것이지만 지도지사(知道之士)가 만일 이것을 본다면 그 이치를 직관하고 마는 것이다. 그러므로 동무는 五行의 본질적인 개념을 현실적으로 일단 바꿔 놓음으로써 나무가 나무로 된 이유를 알게 하려는 것이었다.

둘째로는, 오행법칙의 목적을 밝히려는 것이다(우주의 目的은 無目的인 목적, 즉 公道的인 목적이다). 다시 말하면 木은 어떠한 목적 때문에 발하며, 火는 어떠한 목적 때문에 산(散)하는가 하는 것과 같은 우주의 목적을 밝히려는 것이다.

셋째, 인간의 본질적인 특징을 밝힘으로써 우주의 현실적 신비를 개발하려는 것이다.

이것을 좀더 자세히 말하면 인간의 사상적(四象的) 특징은 지축의 경사에서 미치는 선천적인 천품(天稟) 때문에 일어난다는 것을 밝힘으로써 질병의 치료원리를 밝히려는 것과 아울러 近取諸身함으로써 우주운행의 도통(道統)을 소명(昭明)하게 하려는 데 있는 것이다. 그런즉 이것을 한마디로 요약하면 그의 의도하는 바는 고래(古來)의 본질적 법칙을 현실적인 현상과 교회융통(交會融通)시키는 데 목적이 있는 것이다. 그러므로 다음에는 그것을 검사해 보기로 하겠다.

상수학(象數學)의 원리인 五行의 개념은 木火土金水의 본질인 기운을 주체로 하고 설정한 것이다. 그러므로 그 개념들은 관념적 형태를 벗어날 수가 없는, 즉 이것이 세인의 의혹의 대상이 될 뿐만 아니라 또한 관념적 관찰을 멸시하는 경향을 조장하기까지 이르렀던 것이다. 그런즉 五行의 본질적 개념을 현상적 개념으로 바꿔 놓음으로써, 즉 오행운동의 이면(裏面)을 중심으로 하였던 것을 표리중심(表裏中心)으로 관찰함으로써 사물의 형상을 정확히 파악하도록 하려는 것이다. 그러므로 木火土金水라는 개념(관념적 개념)이 나무·불·흙·금·물이라는 물질적 개념으로 변화하는 실상을 연구함으로써만이 오행개념이 관념 중심에서 현실중심으로, 또는 피상적 현실에서 이질적(異質的)인 내용으로 자유로이 회통(會通)할 수 있는 실질적 원리가 될 것이다.

그러므로 동무는 폐금(肺金)을 폐목(肺木)이라고 하고 심화(心火)를 심토(心土)라고 하고 비토(脾土)를 비화(脾火)라고 하고 간목(肝木)을 간금(肝金)이라고 하고 신수(腎水)를 腎水(腎水는 바뀌지 않음)라고 함으로써 五行法則의 표리성을 밝혀 놓은 것이다. 이것을 좀더 자세히 말하면 나무라는 물질은 木을 본질로 하고 이루어지는 것이다. 그런데 木은 金의 방조 즉, 卯木은 酉金의 대화작용(對化作用)을 받음으로써 이루어지는 것이다(제2장 2절 '오운의 대화작용'을 참조). 그런즉 木이 나무가 되는 과정은 그것을 본질적으로 보면 나무는 木에 의해서 이루어지는 것이지만 만일 그것을 현실적으로(피상적으로) 보면 나무는 金에 의해서 이루어지는 것이다. 다시 말하면 나무는 丑을 바탕으로 하고 寅卯에서 형성되는 것이므로 동무는 이와 같이 나무가 이루어지는 실상을 주체로 하고 사물의 운동개념(오행개념)을 설정한 것이다. 그런데 이것을 인체에서 보면 간(肝)은 그 본질은 木이지만 肝의 참다운 기능인 木(氣運)은 인간의 장성(長成)과 정비례로 金化(硬化)하여 가게 마련이다. 그러므로 肝의 본질은 간(肝)의 이질적 내용인 바의 金으로 변화하는 것이다. 동무는 이 점에 착안하고 肝을 金이라고 한 것이니 이것이 바로 사물과 인간의 질량적 변화현상인 것이다. 다시 말하면 木(無形)의 質的 변화는 '나무'라는 量的 변화를 일으킴으로써 관념이 현실화하게 되는 것이다.

  그 다음은 심화(心火)를 심토(心土)라고 하였다. 火(南方火)는 질적으로 보면 木에서 파생한 제2차적인 발전상태이지만 돌이켜 이것을 양적인 면에서 관찰하면 戌亥子의 對化作用으로 인하여 이루어진 '불'로서 현실화하는 것이다. 그런데 火를 질적으로 보면 그 성질은 산(散)하는 것이지만 양적으로 보면, 즉 '불'로서 보면 응취(凝聚)하는 일면성도 겸(兼)하여 나타낸다. 이와 같이 火의 질적 변화가 양적 변화를 나타낼 때 이면성을 나타내게 되는 것은 南方火의 발전이 火에서 '불'이라는 물질로 변화하게 되면 관념적인 火의 발전은 현실적으로는 土를 형성하기 때문에 火가 '불'로 변하면 응취성(凝聚性)이 생기게 되는 것이다. 그런즉 이것은 火가 戌亥子의 대화(對化)를 받아서 '불'을 형성하는 과정에서 결과적으로 土가 형성되어지는 자연적(自然的)인 현상을 말하는 것인즉 이것이 바로 戌亥子가 辰巳午로 변화하는 것을 말하는 것이다. 이것을 물질적 변화에서 관찰하여 보면 火[午]가 왕(旺)하는 물질에 '물'을 부으면 나중에는 반드시 흙으로 변하는 것이다. 즉 불덩어리가 된 돌[石]에 '물'을 부으면 분쇄되는 것은 바로 저간(這間)의 소식(消息)을 말하는 것이다.

우주의 변화현상은 이와 같이 본질적 변화가 반드시 양적 변화를 일으키는 것인즉 인간의 心도 본질은 화토합덕(火土合德)하여서 土를 이루는 군주지관(君主之官)이지만 나중에는 흙이 되고 마는 것이다. 더욱이 천체의 경사 때문에 만물의 心이 편경(偏傾)되어 있는 현실에서는 心이 비록 '十'자의 정중성(正中性)을 이루어내지 못한다고 할지라도 그 본질(火의 본질)이 土를 형성하는 점에 있어서는 비록 태과불급의 차이는 있을망정 心의 土(中正之德을 가진 바의 土)로서의 권능에는 변동이 없는 것이다. 그러므로 인도(人道)의 지요(至要)는 心의 土化作用에 만전을 기하는 반면에 흙으로 노화하는 것을 방지하는 데 있는 것이라 할 것이다.

그 다음 비토(脾土)를 비화(脾火)라고 하였다. 비토라는 것은 상승지기(上升之氣)를 대표하는 土다. 다시 말하면 오장의 陰陽運動이 비기(脾氣)의 상향성을 바탕으로 하고 氣化作用을 시작하게 되면 거기에서 간기(肝氣)가 분발(奮發)할 수 있는 기본이 이루어지고 따라서 심장운동의 요인이 마련되는 것이다. 그런데 이와 같은 비토(脾土)는 巳午未의 말단인 未土의 對化作用을 받고 있다. 未土는 지구가 23도 7분 정도 경사진 현실적 우주에서는 최대열량을 발휘하는 곳이다. 그러므로 丑土인 비토는 이 때문에 화원(火原)으로 변화하게 되는 바 이것을 원천지화(原天之火)라고 한다. 그러므로 동무는 이것을 火라고 하였다.

그런데 위에서는 火가 土로 변하는 것을 말했으나(心에서), 여기에서는 土가 火로 변하는 것을 말하는 것인즉 그 오행적 변화의 특징도 따라서 달라지게 된다.

다시 말하면 火가 土로 변화하게 되면 이것은 만물성숙의 기초를 이루기 위한 것이지만 土가 火(原天火)로 변화하는 것은 만물생장의 기본을 이루기 위함이다. 그런즉 이것은 바로 土가 火로 변하면 발전의 기본이 되고 火가 土로 변화하면 퇴장(退藏)의 기반이 되는 것을 의미하는 것이다. 그러므로 심화(心火)가 심토(心土)로 변하듯이 비토(脾土)가 비화(脾火)로 변하게 되는 것은 어찌할 수 없는 자연의 법칙이다. 그런즉 脾土는 火의 기본인 원천지화(原天之火)이므로 아직 탄력이 풍부하나 이것이 심토(心土)로 변하여서 '흙'으로까지 노화하게 되면 탄력을 전부 상실하게 된다. 그러므로 우리는 여기에서 동무(東武)가 脾土를 脾火라고 한 '火'는 어떠한 '火'인지를 알 수 있는 것이며 따라서 脾의 기능이 지닌 바의 성질도 알게 되는 것이다. 더욱이 비토가 未土의 대화작용을 받는다는 말은 바로 肺의 대화(對化)를 받는다는 말과 같은즉(太陰은 未土의 작용이기 때문에) 여기에 탄력이 있게 되는 것은 더 말할 것도 없다.

저간(這間)의 소식을 가장 명확하게 표시한 것이 문왕팔괘도의 二坤地와 八艮山의 표현이다. 즉, 八艮山이 동북에 위치한 것은 丑土의 八 하려는 작용(木의 작용)을 표시한 것이요, 서남위에 二坤地가 위치한 것은 午火가 未로 化한 작용을 종합하려는 象을 나타낸 것이다. 동무가 비(脾)를 火라고 하고 심(心)을 土라고 한 것은 진실로 이와 같은 최고의 철리(哲理)에 기본을 둔 것이다.

> 註 여기에서 우선 말해 두어야 할 것은 일반적으로 五行의 운동을 논함에 있어서 생장과정은 질적 변화를 중심으로 논술하고 수장과정은 현상인 양적 변화를 중심으로 논하는 것을 관례로 하고 있다. 다시 말하면 木火의 과정은 질적으로 설명하고 金水의 과정은 양적으로 논술하는 것을 원칙으로 한다. 그러므로 동무(東武)는 반대로 木火의 과정에서는 양적 변화를 표준으로 하고 金水의 과정에서는 질적 변화를 표준으로 하고 논술하였다. 위에서 말한 바의 '표리(表裏) 중심'의 논법이란 것은 바로 이것을 말하는 것이다.

그 다음은 폐금(肺金)을 폐목(肺木)이라고 하였다.

그런즉 이것도 또한 丑寅卯의 對化作用을 받음으로써 肺의 내용을 형성하는 것이다. 다시 말하면 폐는 양적(量的)으로 보면 木을 양(養)하기 위하여 金으로써 포위하는 작용을 하는 것이므로 화개지장(華盖之臟)*으로서 상초여무(上焦如霧)하여서 파부사장(播敷四臟)하는 것이지만 이것을 질적으로 관찰하면 金 속에서 木을 양(養)하려는 데에 목적이 있는 것이다. 그러므로 폐는 외관은 金이지만 내용은 木이다. 그런데 이것을 물질에서 보면 金(金氣)은 수축작용을 하지만 '쇠', 즉 철물은 늘어나며 木은 늘어나지만 나무는 늘어나지 못하는 것이다(오행작용은 이와 같이 體用이 상반되는 작용을 하는 것을 원칙으로 한다). 그러므로 동무(東武)는 폐(肺)를 木이라고 한 것이다.

그 다음, 腎은 본질로는 水요 양적(量的)으로도 水다. 다시 말하면 木火土金은 개념을 변경하였지만 水는 그대로 두었던 것이다. 그 이유는 水는 만물의 생명이며 정신이며 또한 형체이기 때문이다(1장 '본체론'과 7장 '정신론' 참조). 그러나 水에 있어서도 다른 개념의 경우와 같이 본질과 현상의 차이가 있다. 즉, 水의 본질은 응고하는 것이지만 물은 늘어나는 작용을 하는 것이다. 왜 그런가 하면 水는 '午'의 對化作用을 받아서 생성하는 것이므로 體用의 二面性을 지니면서 사물의 발전 목적인 항구성과 변화성을 창조하는 본체이기 때문이다. 다시 말하면 우주의 변화는 五行으로 이행하지만 그것을 엄격한 의미에서 따져보면 土火木金이란 것은 水가 시공간적으로 그 형태를 가장(假裝)한 것에 불과한 것이다. 그러므로 水는 木火土金의 생성을 완성하여 만물을 형성하는 것인즉 水는 변화하는 면에서 보면 木火土金이요, 변화하지 않는 면에서 보면 水인 것뿐이다.

---

* 태양을 가리는 일산을 얘기하는 것으로서 제일 꼭대기에서 일산처럼 오장을 싸고있기 때문에 폐를 화개지장이라고 한다. 화개(華蓋): 여섯 모로 된 양산 같은 데에 그림과 수를 놓아 꾸민, 고려 때 의장의 하나 (참고: 盖 : 蓋의 俗字).

여기에서 동무(東武)가 오행관을 이와 같이 뒤집은 경로를 잠깐 고찰해 보면 그는 일반적인 개념을 측면에서 관찰함으로써 오행원리를 질량

	內徑(本質的인 面)					東武의 개념(量的인 面)				
五臟	肝	心	脾	肺	腎	肝	心	脾	肺	腎
五行	木	火	土	金	水	金	土	火	木	水
四象	太陰人		太陽人		少陰人		少陽人	太陰人	太陽人	少陰人	少陽人
四象形態	肝大肺小 (木大金小)		肺大肝小 (金大木小)		腎大脾小 (水大土小)		脾大腎小 (土大水小)	肝大肺小 (金大木小)	肺大肝小 (木大金小)	腎大脾小 (水大火小)	脾大腎小 (火大水小)

	太陰人	太陽人	少陰人	少陽人
特質	예의와 위엄이 있고 (儀威有度) 언어에 절도가 있으며(言語有節) 한번 뜻을 세우면 움직이지 않는다(立而不動). 始則必成하는 의지도 있으며 屈而不伸하는 결점도 있다. 혹은 음흉하며 혹은 다정한 감정에 흐르기 쉽다. 東武 李濟馬 선생은 太陰人이 '好交結(서로 정답게 사귀는 것을 좋아하고) 能修飭(능수칙: 몸을 닦고 스스로 삼감을 잘한다)'고 했다.	儀威無度하고 言語不節하며 如狂如醉하고 驕而不遜한 경향이 있다. 총명하여 이해력이 풍부하며, 만일 太陽人이 高壽를 누리게 되면 그 총명함은 이루 말로 표현할 수 없다. '好見聞(보고 듣는 것을 좋아하며) 能敬愛(사랑하고 공경하는 것을 잘한다)'고 평했다.	두뇌가 명철하며 위인이 똑똑하고 성품은 유화하다. 반면에 局量이 편협하며 또는 감정에 흐르기 쉬운 결점이 있다. 항상 소화불량의 경향이 있으니 경계해야 한다. 東武는 '好計策(잘 헤아려서 방책을 내기를 좋아하고) 能秘密(숨기고 감추는 것을 잘한다)'라 했다.	好勇而性善하여 용기가 있고 억압이나 탄압에 목숨을 걸고 대항하려는 성향이 강하나, 驕而不遜하는 경향도 있다. 기억력이 많아 총명하나 腎水가 不及하기 쉬우니 항상 陰虛火動을 경계하여야 한다. 東武는 少陽人을 이르기를 '好勇猛(날쌔고 거친 것을 좋아하며) 能騰捷(능등첩: 나는 듯 달리는 것을 잘한다)'라고 평했다.

편집자 註 - 오행개념의 질량변화 「內徑」과 '東武의 개념' 비교 -

적으로 밝혀 놓으려는 데 목적이 있었던 것이다. 다시 말하면 사물을 경험적인 방법, 즉 물체의 형태에서만 관찰하려 하거나 또는 이성적인 방법, 즉 관념적인 이상만으로써 인식하려고 하는 것과 같은 일방적인 방법을 지양하고 有無(物心) 양면에서 관찰함으로써 진리 파악에 만유감(萬遺憾)이 없도록 하기 위하여 이와 같은 오행관을 계시(啓示)한 것이다. 그런즉 이것은 기본개념을 개혁한 것이 아니고 관념을 현실과 직결시키며 현실을 관념과 결부시키려는 것에 불과한 것이다. 그뿐만 아니라 또한 五行의 생성목적인 대립상태는 불가무(不可無)의 필요악이란 것을 명시하려는 데에도 목적이 있었던 것이다.

이것을 좀더 자세하게 말하면 木의 목적은 金을 만들려는 데 있고, 金의 목적은 木을 만들려는 데 있고, 水의 목적은 火를 만들려는 데 있고, 火의 목적은 水를 만들려는 데 있다는 것을 밝히려는 데 있었던 것이다. 다시 말하면 金木이 서로 대립하며 水火가 서로 구수관계(仇讐關係)에 놓여 있지만 이것은 모순을 위한 대립이 아니고 발전과 통일을 위한 우주 본연의 必要克(惡)이라는 것을 밝혀 놓기 위함이다. 그런즉 사람이 늙는다는 것은 金水의 응고작용 때문이지만 이것을 그의 이면에서 관찰하여 보면 새로운 정신을 창조하기 위한 외관(外觀)에 불과한 것인즉 이것은 바로 인간의 老死는 인간의 갱생(更生)을 위한 천도(天道)의 작용이란 것을 의미하는 것이다(제7장 3절 3. '정신의 생사'를 참조). 그러므로 동무(東武)는 새로운 오행관을 제시함으로써 金水는 사지(死地)가 아니라 생지(生地)이며 木火는 생지가 아니라 사지라는 것을 밝혀 놓았던 것이며, 아울러 인간정신은 영생(永生)을 원칙으로 한다는 것을 암시한 것이기도 하다.

그 다음 또 한 가지는 그의 오행관은 인체 구성의 특징, 즉 사상형태(四象形態)를 설명하는 데 있어서 가장 현실적인 방향으로 논할 수 있다는 것을 의미하는 것이다. 다음에 이것을 구체적으로 말하면 태음인(太陰人)은 간대 폐소(肝大 肺小)하고, 태양인(太陽人)은 폐대 간소(肺大 肝小)하고, 소음인(少陰人)은 신대 비소(腎大 脾小)하고, 소양인(少陽人)은 비대 신소(脾大 腎小)한 장기의 특징을 지니고 있다는 원칙을 제시하여 놓았던 것이다. 그러므로 여기에서 동무(東武)의 五行을 표준으로 하고 그의 사상원칙을 논하기로 하겠다.

태음인이 간대 폐소(肝大 肺小)하다는 말은, 즉 丑寅卯 중 卯의 기능이 큰 것을 말하는 것이니 이것을 질적인 면에서 보면 木(肝)大 金(肺)小하다는 말이지만 양적인 면에서 보면 金大 木小하다는 의미가 되는 것이다. 그런즉 태음인을 木大 金小한 면에서 보면 이것은 청년기에 해당하므로 용기와 지구력이 풍부한 것이니 그것은 水를 기본으로 하고 있기 때문이다. 다시 말하면 水生木의 관계에 있기 때문이다(水는 모든 힘의 원천이므로). 그러나 아무리 이러한 바탕에 놓여 있다고 할지라도 만일 金氣가 충분한 작용을 하여 주지 못한다고 하면 木氣가 항속(恒續)할 수 없다.

그런즉 유일한 방법은 金氣의 작용 여하에 달려 있다. 그러므로 동무(東武)는 태음인을 가리켜서 간금(肝金)이 크고 폐목(肺木)이 작은 사람이라고 규정한 것이다. 태음인이 젊어서는 金木之氣가 병왕(竝旺)하지만 늙으면 金氣가 독왕(獨旺)하게 되는 것은 실로 이 때문인 것이다.

그런데 이것을 명확하게 설명하기 위해 (종래의 개념으로 논할 수 없는 것이 아니지만) 새로운 오행관념을 설정하였던 것이다. 그런즉 태음인(太陰人)이 의위유도(儀威有度)하고 언어유절(言語有節)하며 후이동지(後而動之)하며 입이부동(立而不動)하는 태도나 혹은 음흉(陰凶)하며 혹은 다정(多情)한 감정에 흐르기 쉬운 것과 같은 것은 전혀 이 때문인 것이다. 따라서 태음인은 시즉필성(始則必成)하는 의지도 있으며 굴이불신

(屈而不伸)하는 결점도 있는 것이다.

　태양인은 태음인과는 정반대다. 태양인은 폐대(肺大) 간소(肝小)한즉 이것은 본질적으로 보면 金大 木小란 말이지만 동무(東武)의 개념으로 보면 木(肺)大 金(肝)小한 것이다. 왜 그런가 하면 태양인이 肺大하다는 말은 未申酉중 酉의 기능이 크다는 말인즉 이것은 바로 포위된 바의 木의 기능이 풍부하다는 말이고 肝小하다는 말은 포위하는 바의 金氣가 불급하다는 것을 의미하는 것이다. 그러므로 태양인은 의위무도(儀威無度)하고 언어부절(言語不節)하며 여광여취(如狂如醉)하고 교이불손(驕而不遜)하는 경향(傾向)이 있는 것이다. 그런데 이것은 전혀 금기불급(金氣不及)에서 오는 결점(缺點), 즉 寅申相火의 난무상태(亂舞狀態)인즉 요절(夭折)되기 쉬운 경향(傾向)이 있는 것이다. 그러나 태양인이 만일 승명작용(升明作用-15分紀 참조)이 적당하여서 고수(高壽)를 누릴 수만 있게 된다면 그 총명은 말할 것도 없다. 왜 그런가 하면 총명의 완성은 상화(相火)의 왕성에서 이루어지기 때문이다.

　소음인은 신대 비소(腎大 脾小)하다. 이것을 종래의 개념으로 말하면 水大 土小하다는 말이지만 동무의 개념으로 말하면 水大 火小하다는 의미인 것이다. 다시 말하면 비토(脾土)는 원천지화(原天之火)를 의미하는 것인즉 亥子丑의 丑이다. 그런데 丑은 만물생장의 기본이므로 인체에 있어서도 기혈승산(氣血升散)의 기본인 것이다. 그러므로 소음인은 항상 原天之火인 비토지기(脾土之氣: 陽)가 불급하고 子의 氣가 유여(有餘)하게 됨으로써 비감지토(卑監之土-15分紀 참조)가 되기 쉬우므로 여기서 소음인의 체질이 규정되며 또한 그의 장단점이 나타나게 된다. 즉 소음인이 두뇌가 명석하며 위인이 똑똑한 것은 신수(腎水)의 충양기능(充陽機能)이 발달한 것을 의미하는 것이요(腎大함으로), 성품(性稟)이 유화(柔和)한 것은 子水가 초발(初發)하는 상태를 나타내는 것이다. 소음인은 이와 같은 장점이 있는 반면에 국량(局量)이 편협하며 또는 감정에 흐르기 쉬운 결점도 있으니 이것은 전혀 비(脾)의 기능이 불급하기 때문에 승양작용(升陽作用이 많으면 勇氣가 많다)이 위굴(委屈)하여서 그렇게 되는 것이다. 따라서 항상 소화불량의 경향을 수반하게 되는 것인즉 경계를 게을리 하여서는 안 된다.

　소양인은 비대 신소(脾大 腎小)한즉 이것은 소음인과는 정반대다. 다시 말하면 소양인이 비토(脾土)가 크다는 것은 승발지기(升發之氣)인 火(原天火)가 많은 것을 의미하는 것이요, 신수(腎水)가 적다는 것은 원천지화(原天之火)를 응고시키는 힘[力]이 불급한 것을 말하는 것이다. 그런즉 이것은 亥子丑의 子가 불급하고 丑이 유여(有餘)한 것을 말하는 것이다. 그러므로 소양인은 호용이성선(好勇而性善)하고 교이불손(驕而不遜)하는 경향이 있으나 태양인과는 다른 점이 있다. 태양인은 폐(肺)의 충양작용(充陽作用)이 과다하지만 소양인은 신(腎)의 충양(充陽)이 불급하므로 총명(聰明)에 있어서는 태양인에 미치지 못하고 용기에 있어서는 태양인을 초과한다. 따라서 태양인의 총명은 이해력(自覺力)이 풍부하고 소양인은 기억력이 많다. 뿐만 아니라 소양인의 성정(性情)은 용두사미(龍頭蛇尾)에 흐르기 쉽지만 태양인은 유종지미(有終之美)를 거두는 면에 일장지능(一長之能)이 있는 것이니 이것은 이미 금화교역(金火交易)이 이루어진 상태에 놓여 있기 때문이다.

　소양인은 이와 같은 조건에 놓여 있으므로 신수(腎水)가 불급하기 쉬운 즉 항상 음허화동(陰虛火動)을 경계하여야 한다. 그러므로 소양인 남녀가 무자(無子)하기 쉬운 것이니 이것은 신수지정(腎水之精)이 얼마나 중요한가 하는 것도 알 수 있지만 우주나 인체의 운동 본체가 바로 이러하다는 것을 반증하기도 하는 것이다.

　상술한 바와 같이 동무(東武)는 五行의 질적 변화가 양적 변화를 일으키며 양적 변화가 질적 변화를 일으키는 변화 交易작용을 그의 오행관에 계시하였던 것이다. 물론 그는 골자만 세우고 살을 붙이지 않았지만 그 골자 속에 유의이불언(有意而不言)한 실상이 역연(歷然)히 나타나 있으므로 오늘 後人이 이것을 계발할 수 있는 계기를 마련하여 놓았던 것이다.

더욱이 그가 五行의 승부작용을 사장(四臟)-간(肝)·폐(肺)·비(脾)·신(腎)-에 배치하고 心(土)을 승부권외(勝負圈外)에 독립시킨 것을 생각해 볼 때 그는 인간의 本質(본질과 本性은 다르다)은 우주의 본질과 동일한 것으로 보았고, 인간의 본성은 우주의 시공간적 天性(移動하는 천성)과 일치되는 바의 선후천적 변화로 본 것이 틀림없는 것이다. 만일 그가 우주를 그렇게 보지 않았더라면 心을 土로 규정할 수도 없으며 또한 心을 모순대립의 투쟁권 밖에 배치할 수도 없었을 것이다. 그런데 이것은 또한 일부(一夫)의 선후천 사상과 합일되는 것이다. 그런즉 19세기의 후반기는 한울[天]이 東武와 一夫 같은 대철(大哲)을 동방일우(東方一偶)에 파견한 서조(瑞兆)의 세기(世紀)라고 할 것이다.

> 註 본론(本論)이 잘 이해 안 될 경우는 이 책 전편(全篇)을 독파(讀破)한 연후에 다시 보면 이해될 것이다.

4. 오행의 상생(相生)과 상극(相克)

1) 오행의 상생(相生)

五行이라는 기본되는 五原質의 개념에 대해서는 이상에 논급했거니와 이제 여기서 논할 것은 五行이 어떻게 生하는가 하는 것을 논하겠다.

그런데 이것을 알기 쉽게 하기 위하여 다음에 '오행상생도'를 그려놓고 연구하기로 하겠다.

또 이것과 함께 하도(河圖)와 오행상생도를 대조하면서 연구하면 더욱 명료하게 될 것이다(하도는 제4장 2절 '수의 성립'을 참조).

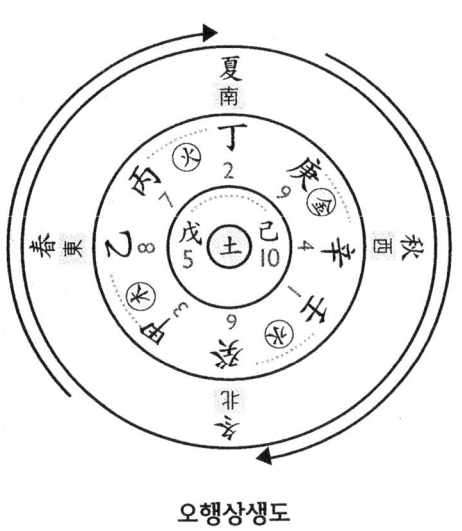

오행상생도

그림에 있는 象을 보면 동방에 있는 三과 八은 甲乙木이니 甲을 三木이라 하고 乙을 八木이라고 한다. 남방에 있는 七과 二는 丙丁火니 丙은 七이고 丁은 二다. 중앙에 있는 五와 十은 戊己土니 戊는 五요 己는 十이다. 서방에 있는 九와 四는 庚辛金이니 庚은 九요 辛은 四다. 북방에 있는 一과 六은 壬癸水니 壬은 一이고 癸는 六이다. 그런데 이것을 河圖에서 보면 동방에는 三木과 八木이 있고 남방에는 七火와 二火가 있고 중앙에는 五土와 十土가 있고 서방에는 九金과 四金이 있고 북방에는 一水와 六水가 있다.

이와 같이 본즉 오행상생도란 것은 하도(河圖)를 그냥 옮겨 놓은 것이다. 그런즉 하도는 五行이 운동하는 법칙을 계시한 것이므로 이것을 바탕으로 하여서 최초에 연구하기 시작한 것이 복희(伏羲)였던 것이다. 그런데 거기에서 복희는 방위와 상생에 대한 중요성을 알아내게 되었다. 다시 말하면 木은 동방의 氣에 의하여 生하고 火는 남방의 氣에 의하여 生하고 土는 중앙의 氣에 의해 生하고 金은 서방의 氣에 의해서 生하고 水는 북방의 氣에 의하여 生한다는 것을 알게 되었다.

이것을 어떻게 하여 알아냈는가 하면 天道는 봄은 東方木인데 또한 木氣가 발하고 여름은 南方火인데 火氣가 生하고 長夏는 中央土인데 土氣가 生하고 가을은 西方金인데 金氣를 生하고 겨울은 北方水인데 水氣를 生하는 일을 하고 있는 것이다.

옛날 성인이 앙관천문(仰觀天文)하고 부찰지리(俯察地理)한다는 것은 이것을 말하는 것이다. 그런즉 복희도 춘하추동의 四時가 木火金水를 生하는 것을 이 象에서 보고 연구를 시작하였을 것이다.

거기에 대해서는 五行의 개념에서 이미 말한 바와 같이 木은 水를 발판으로 하면서 해방의 제1계기를 만들었고 火는 木을 발판으로 해방의 제2계기를 이루었다. 土는 火를 발판으로 조화의 본원(本源)을 만들었고 金은 종합(수렴)의 제1계기가 되어서 土를 발판으로 하여 이루어지고 水는 종합의 제2계기가 되어서 金을 발판으로 하여 이루어진다는 것을 알았던 것이다. 이와 같이 五行은 다섯 가지 계기에 의하여 生하는 바 이것을 木生火 · 火生土 · 土生金 · 金生水라고 하는 것이다. 이와 같이 동남방은 木火가 진행하는 과정이므로 생장과 분열이 이루어지고 서북은 수장(收藏)하여 통일을 이루면서 종합하는 것인데 이것은 모두 生하는 데 있어서의 陽과 陰의 작용인 것이다. 生하는 것도 전반부에서는 陽을 生하였지만 후반부에서는 陰을 生하는 것인즉 陰陽의 투쟁을 면할 수 없는 것이다. 그러므로 中央에 土가 있어서 이것을 조화하는 것이니 이 시점에서 무극을 상징하는 것이다. 여기서부터 인간은 통일(神明)이 생기며 만물은 원숙(圓熟)하게 되는 것이다. 칸트가 말한 바 감성과 이성의 두 계기(契機)가 융합(融合)한다는 곳도 바로 여기다.

위에서 본 바와 같이 五行이 生할 때에 있어서 일음일양(一陰一陽)하면서 生한 것은 통일과 분열을 반복하는 운동을 하려는 데 있다. 그러므로 통일되면 태극이 되고 분열되면 황극이 되어서 또다시 水(太極)를 창조하는 것이다.

이와 같이 하여 水는 五行의 본원이 되며 운동하는 본체가 되고 土는 창조의 본체가 되며 정신의 본원이 되어서 생생무궁(生生無窮)하는 것이니 이것이 소위 우주운동의 영원인 것이다. 그러므로 五行의 상생이란 것은 단순한 生이 아니고 영원불멸하는 生을 말하는 것이다.

그러면 이와 같은 영생불궁(永生不窮) 하는 五行의 상생작용의 기원은 대체 어떻게 해서 생겼는가 하는 것이 가장 중요한 문제인 것이다. 위에서 말한 바의 하도(河圖)의 계시에서 연유했다든가, 혹은 동서남북방의 생물지상(生物之象)을 보고 生生作用의 象을 보았다든지 하는 것은 결코 기원이 될 수는 없는 것이다. 그런즉 이것들은 모두 관념적인 착상밖에는 안 되는 것이다.

그러므로 여기서 좀더 구체적인 기원을 살펴보면 지구 중심의 日月이 교호(交互) 출입하면서 지구에 음양의 기운을 던져 줌으로써 감리작용(坎離作用), 즉 水火作用의 본원을 이루어 주는 데서 五行의 작용이 생겨나게 되었던 것이다. 만일 지구 밖에 日月이 없다면 음양도 없고 한서(寒暑)도 없을 것이므로 분산작용도 통일작용도 없을 것인즉 지구에는 만물도 변화도 없을 것이다. 그러면 구체적으로 日月과 지구의 삼자(三者)는 어떻게 작용하는가 하는 문제를 논하여야 할 것이나 이것은 '정신론'에서 말할 것이므로 略한다.

2) 오행의 상극(相克)

위에서는 五行의 相生을 말했거니와 五行이 지닌 바의 또 한 개의 측면으로서 상극원리(相克原理)가 있다. 이것은 측면이라기보다도 오히려 정면(正面)이상의 원리이기도 하다.

왜냐하면 相克作用은 相生作用의 반대작용을 함으로써 生을 견실하게 하는 것이기 때문이다. 다시 말하면 相生이라는 것은 木火土金水의 순행법칙이었지만 相克은 그와는 반대로 水火金木土의 상극법칙인데 이것은 모순과 대립의 작용을 하면서 그것을 이용하여서 만물을 생성하는 것이다.

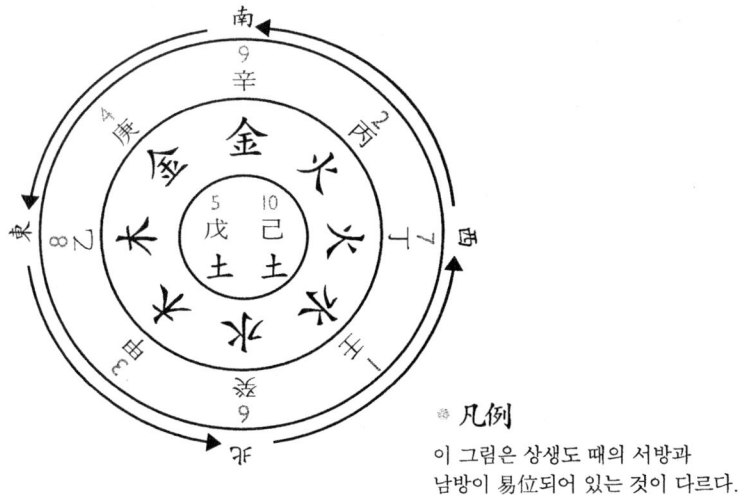

※ 凡例
이 그림은 상생도 때의 서방과
남방이 易位되어 있는 것이 다르다.

오행상극도

그런즉 이것은 극(克)으로써 해치려는 것이 아니고 오히려 만물을 생성하려는 목적으로 그렇게 하는 것인즉 가히 必要克이라 할 것이다.

만물은 이와 같은 相克이라는 계기의 모순과 대립 속에서 자라나는 것이다. 그런즉 이것은 대립을 위한 모순이나 모순을 위한 대립인 것이 아니라 오히려 발전과 통일을 위한 모순대립인 것이다. 이와 같이 相克은 우주운동에 있어서는 없을 수 없는 절대적인 존재인데 그것은 자연계에 있어서만이 아니고 人道에 있어서도 동일한 것인즉 이와 같은 악(惡)은 오히려 선(善)을 보호하기 위한 필요악인 것이다. 그러면 이와 같은 克이 어떻게 이루어지는가 하는 것은 다음에 상극도를 그려놓고 고찰하기로 하겠다. 이것은 낙서(洛書)와도 호상참관(互相參觀)하면서 연구하면 더욱 밝아질 것이다(洛書는 제4장 1절 2. '수상'을 참조).

우선 낙서와 하도를 대조해 보면 서로 다른 점이 있다. 하도의 數 4·9와 2·7이 낙서와는 지위(地位)가 역위(易位)되어 있다는 점이다.

다시 말하면 하도는 4·9가 西에 있고 2·7이 南에 있는데 낙서는 4·9가 南에 있고 2·7이 西에 있다는 점이다. 이와 같이 數가 역위(易位)된 것은 곧 金火가 역위된다는 것을 표시하기 위함이다. 이밖에도 하도와 낙서에는 그 象이 특이한 점이 있지만 여기서는 다만 금화교역(金火交易)의 象이 있다는 것만 말하고 상세(詳細)는 본체론에서 나올 것이다. 또 한 가지 더 밝혀둘 것은 낙서의 금화교역의 표시는 인위적인 것이 아니고 자연운행법칙 자체의 象이라는 점이다. 즉, 천수상(天垂象)한 것을 인간이 그냥 문자에 옮겨놓은 것뿐이고 결코 인간의 임의작용이 아니라는 것이다.

五行의 상생작용을 설명할 때에는 木生火·火生土·土生金·金生水·水生木의 순서로서 그 生하는 바의 기본적 원리만을 말했던 것이다. 그러나 지금 여기에서 논하는 바 相克의 법칙은 그 生해 주는 측

(側), 즉 生해 주기 위해서 일어나는 必要克을 설명하려는 것이다.

  우주의 운행하는 바의 象을 관찰하여 보면 火는 東南方에서 生하는 것, 즉 巳에서부터 生하는 것이다. 그런데 巳에서는 火만 生하는 것이 아니라 火가 生함과 동시에 이미 金의 종합운동의 요소가 기미(機微)로 싹터나게 되는 것이다. 이 세력이 점점 자라서 서방으로 기울어지게 될 때에 南에서 왕성하던 火는 그 기운(金氣)에 의하여 포위를 당하게 된다.

  그러므로 우주의 운행을 다만 生하는 면에서만 보면 오행법칙의 기본적 작용에 의하여 相生의 순서대로 운동하는 것이지만 한 걸음 더 나아가서 변화하는 면에서 보면, 즉 만물이 어떻게 생성되느냐 하는 면에서 보면 위에서 말한 바와 같은 必要克에 의하여서 이루어지는 것이다. 그러므로 五行의 상극원리란 것은 생성작용의 이면(裏面)을 표시하는 것이다.

  五行의 상생작용은 北方水位에서부터 시작하여서 좌선(左璇)운동을 하면서 生하였는데 여기에서 논하는 바의 상극작용은 北方水位에서부터 시작해서 우선(右璇)운동을 하는 것이다. 다시 말하면 水火金木土의 順으로서 운행하는 것이니 이것이 바로 우선(右璇)하는 순위가 되는 것이다.

  왜 그런가 하면 천도(天道)의 운행은 그 목적이 생성에 있는 것인데 그 목적을 달성하기 위하여서는 항상 양극(陽極)을 보호할 수 있는 음형(陰形)이 필요한 것이다. 그런데 음형은 이와 같은 중요한 목적을 수행하는 반면에 陽과는 서로 '원수'와 같은 관계에 있다.

  그러므로 여기에서 陰陽 二氣가 서로 克하면서 운행하는 것인즉 이른바 우주의 운동에 있어서의 상극관계가 일어나는 것이다. 그런즉 이것은 우주의 절대요구인 필요극이며 또한 필요악인 것이다.

  그런데 이것을 상극도에서 보면 그 순위가 水에서부터 우선하면서 동북방의 土位에까지 이르러서 끝나는 象이 표시되어 있으니 그것은 낙서가 금화교역(金火交易)된 바에 의하여 五行이 그것(洛書)과 똑같이 운행을 하는 바가 표시된 것이다. 그러나 이 낙서와 오행상극도의 象 가운데는 중요한 象이 있다.

그런데 이것을 오행상생의 순서처럼 좌선하는 방향에서 관찰하여 보면 南方에서부터 金이 火를 포위하여 가지고 水로 돌아가서 다시 동방의 木을 生하는 우주의 본체가 작용하는 象이 있는 것이다. 그런즉 이 象의 중요성은 바로 여기에 있다.

그러므로 이것은 우주의 본체가 어떻게 조성되느냐 하는 것을 표시한 象에 불과한 것인즉, 이것을 가리켜서 상극작용이 본체를 이루는 象이라고 하겠다. 그러나 상극작용이 변화를 조성하는 것을 관찰하여 보면, 가령 木이 자기의 형(形)과 火의 신(神)을 조성하려면 金의 克을 받아야 하고, 火가 자기의 形과 土의 神을 만들려면 水의 克을 받아야 하고, 土가 자기의 形과 金의 神을 만들려면 木克土를 하여야 하고, 金이 자기의 形과 水의 神을 만들려면 火克金을 받아야 하고, 水가 자기의 形과 木의 神을 만들려면 土克水를 받아야 하는 것이다.

이와 같이 만물의 생성원리를 따져보면 克을 받지 않고서는 만물이 길러질 수가 없는 것을 알 수 있는 것인즉 天地 생물지정(生物之正)과 양신지도(養神之道)도 克이 아니면 있을 수 없다는 것을 알 수 있는 것이다.

그렇다면 이것을 좀더 자세히 고찰해 볼 필요가 있다. 우주운동이 木을 生하는 것을 보면 木의 형성은 金氣의 克으로써 形을 만들고 水가 土의 극을 받아서 木의 생명(神)을 보급함으로써 木을 生하게 되는 것이요, 木은 金의 극을 받음으로써 火의 神을 만들고 火가 水의 克을 받음으로써 자기의 形을 만드는 것이다. 또 火가 水의 克을 받아서 土의 神

을 만들고 土는 木의 克을 받아서 자기의 形을 만듦으로서 土가 生하여지는 것이고, 土가 木의 克을 받아서 金의 神을 만들고 金은 火의 克을 받아서 金의 形을 만듦으로써 金을 生하는 것이요, 金은 火의 克을 받아서 水의 神을 만들고 水는 土의 克을 받음으로서 자기의 形을 만들어서 水를 生하고 水는 또다시 土의 克을 받아서 木의 神을 만들어 주는 것이다.

 이와 같이 볼 때 상극이란 것은 진실로 필요극이 아닐 수 없는 것이다. 그런즉 이와 같은 모순대립이야말로 변화의 정체이며 또한 생명과 정신의 부모인 것이다. 그러므로 이와 같은 모순이 없는 세계는 그것이 오히려 암흑세계일 것이다.

3) 오행의 상모(相侮)

 위에서는 五行의 相克作用을 논했다. 그런데 '克'의 경우에 있어서는 규칙적이었다. 다시 말하면 火는 반드시 水에게 克을 당하고 水는 반드시 土에게 克을 당하는 것과 같이 규칙적으로 克이 이루어진다는 것을 특징으로 하였던 것이다. 그런데 우주변화는 반드시 그와 같은 상극원리만 행하여지는 것은 아니다. 즉, 모극관계(侮克關係)가 이루어진다는 말이다. 이것을 좀 더 자세히 말하면 변화란 것은 상생과 상극으로 인하여 이루어지는 것이다. 그렇지만 변화는 생극(生克)이란 모순대립의 관계에서만 이루어지는 것은 아니고 克하는 입장에 있던 것이 반대로 능모(凌侮)를 당하게 되는 경우가 얼마든지 있는 것이다. 그러므로 이것을 五行의 相侮작용이라고 한다.

 예를 들면 水克火를 하던 水가 火에게 도리어 능모(凌侮)를 당하는 것을 火侮水라고 한다. 그런즉 火克金이 金侮火가 되고 金克木이 木侮金이 되고 木克土가 土侮木이 되고 土克水가 水侮土가 되는 것과 같은 것은 모두 五行의 상모작용인 것이다. 그런즉 왜 克하는 것이 도리어 侮를 받게 되는 것인가 하는 것을 연구하여야 한다.

가령 土가 水를 克하는 것은 水는 본래 응고하려는 것인데 양토(陽土)는 水의 응고성을 이완(弛緩)하는 것이므로 이 상태를 土克水라고 한다. 그런데 水가 반강(反强)하여서 土克水를 못하고 水에게서 능모(凌侮)를 받게 되면 그것이 바로 水侮土인 것이다. 그 다음 水克火를 한다는 말은 水의 응고성이 火의 확산을 견제하는 것을 말하는 것이다. 그러나 화강이수반약(火强而水反弱)할 때에는 도리어 水가 火에게 능모를 당하는 것을 火侮水라고 한다. 그 다음 火가 강하고 金이 약하면 金은 火를 포용할 수 없으므로 이것을 火克金이라고 한다. 그러나 반대로 화불급 금과강(火不及 金過强)함으로써 金에게 능모를 당하게 되는 것을 金侮火라고 한다. 그 다음 금강이목약(金强而木弱)하여서 木이 金의 제재를 받는 것을 金克木이라고 한다. 그러나 목강이금반약(木强而金反弱)하여서 木氣를 감당해 내지 못하는 것을 木侮金이라 한다. 그 다음 목강이토약(木强而土弱)하여서 土가 木에 의하여 흩어지는 것을 木克土라고 한다. 그러나 토강이목반약(土强而木反弱)하여서 土에게 제재를 다하는 것을 土侮木이라고 한다.

오행은 이와 같이 상극관계가 도리어 상모관계로 변하는 것이다. 그런데 위에서 말한 바는 상모관계 (즉, 능멸(凌滅)관계)를 논한 것이다.

그러나 이밖에 또한 상모(相母)관계가 있으니 그것은 다음과 같은 것이다. 가령 水는 火侮水를 당하는 외에 또 木母水가 있다. 다시 말하면 水는 오행중에서 金에게서는 生을 받지만 그 다음 土에게서는 克을 받고 火에게서는 모(侮)를 당하고 木에게서는 모(母)를 당한다는 말이다. 그런즉 水를 도와 주는 것은 金뿐이고 其他는 모두 水를 克侮母하는 하는 것들이다. 그런즉 여기에서 잠깐 연구하여야 할 것은 水木의 상모관계(相母關係)다.

水는 본래 木을 生하는 것이다. 그런데 여기에서 木母水라고 하는 것은 木이 生하기 위하여 水의 자양분을 빨아먹음으로써 水가 빈약하게 되는 것을 의미하는 것이다. 그런즉 이것은 비록 극모에 비하면 선의에 속한 것일지는 모르나 水를 해(害)하는 면에는 다를 바가 없는 것이다.

> 註 상모관계(相母關係)란 것은 상모관계(相侮關係)와 그 내용은 동일하나 이것은 능모(凌侮)가 아니고 다만 어미[母]에게 의존함으로써 일어난 母(侮)減行動이기 때문에 상모(相母)라고 하는 것이다. 그런즉 相克相侮相母라는 개념을 쓴 것은 五行의 克侮母의 작용은 악의의 克侮母가 아니고 변화의 조성을 돕[助]기 위한 선의의 수단이란 것을 표시하기 위하여 相字로서 표시한 것이다.

그런즉 火生土하는 火는 土의 母를 받게 되고 金生水하는 金은 水의 모를 당할 것이고 木生火하는 木은 火의 모를 받게 되고 土生金하는 土는 金母를 받게 될 것은 말할 것도 없다. 그러므로 略한다. 그런데 이와 같은 相侮(相母)관계는 상극관계와 함께 우주의 변화와 생성에 있어서 必要克이며 必要侮인 것이다(2장 2절 '오운의 대화작용'과 7장 '정신론' 참조).

5. 오행의 변극(變極)

五行의 변극이론은 일부(一夫)에 의해서 제창된 것이다. 일부는 「정역(正易)」에서 '土極生水 水極生火 火極生金 金極生木 木極生土'라고 하였는데 이것이 바로 五行의 변극원리이다. 필자가 이것을 五行의 변극원리라고 한 것은 다음과 같은 이유 때문이다. 五行의 상극원리는 土克水 · 水克火 · 火克金 · 金克木 · 木克土인데 이것은 土水火金木은 본질적으로 水火金木土를 克한다는 원칙을 설명한 것이다. 그러나 반면으로 '土極生水 水極生火 火極生金 金極生木 木極生土'라는 것은 비록 土克水의 과정에 있어서도 그 極에 達하게 되면 克이 變하여 生이 되기 마련이요, 水克火의 과정에 있어서도 그 極에 달하게 되면 克이 변하여 生이 되고 火克金의 과정에 있어서도 그 極에 달하게 되면 克이 변하여 生이 되고 金克木의 과정에 있어서도 그 極에 달하게 되면 克이 변하여 生이 되고 木克土의 과정에 있어서도 그 極에 달하게 되면 克이 변하여 生이 된다는 의미를 내포하고 있는 것이다.

그런즉 이것은 왜 이렇게 되는가 하는 것을 연구하여야 하는 것이다.

원의 丑은 土本이고 未는 土末이다. 그런데 丑에서부터 寅卯辰巳午는 丑土가 水를 克하면서 발생하는 과정이지만 일단 未에 이르게 되면 水를 生하는 일을 시작하는 것이다. 그러므로 이것을 土極生水라고 한

오행변극도

다. 그 다음은 水本은 戌이고 水極은 辰이다. 그런즉 水는 戌에서부터 辰 사이에서 火를 克하면서 발전하는 바 辰에 이르게 되면 다시 火를 生하기 시작하는 것이다. 그 다음 火本은 子이고 火極은 午다. 그런데 子火는 金을 克하면서 발전하는 것이지만 午에 이르게 되면 다시 金을 生하기 시작한다. 그 다음 卯는 金本이고 酉는 金極이다. 卯金은 木을 克하면서 발전하는 것이지만 일단 金極인 酉에 이르게 되면 다시 木을 生하기 시작한다. 그 다음 亥는 木本이고 巳는 木極이다. 亥木은 土를 克하면서 발전하지만 木의 極인 巳에 이르게 되면 다시 土를 生하기 시작하는 것이다.

　五行은 이와 같이 상극(相克)하면서 발전하는 것인데 그것은 克을 위한 克이 아니고 克의 極點에 이르러서 다시 生하는 운동을 하기 위한 克이다. 그런즉 오행상극의 목적은 克에 있는 것이 아니고 바로 生에 있는 것이다. 그런데 相侮나 相母의 목적도 또한 마찬가지다. 그러므로 일부(一夫)는 후인(後人)을 위하여 이 원리를 밝혀 놓았으니 이것이 바로 '土極生水　水極生火　火極生金　金極生木　木極生土'라고 한 변극원리인 것이다. 그런즉 이것은 동무(東武)가 五行을 질량(質量)양면으로 밝혀 놓은 것과 함께 후학계몽의 문호(門戶)를 개방한 전무후무의 지침이며 또한 사표(師表)인 것이다.

제2절 오운론(五運論)

1. 오운(五運)의 개념(概念)과 방위(方位)

1) 오운의 개념(概念)

운(運)이란 것은 운행이나 율동 등의 요인과 象을 표현하는 율동개념이다. 그러므로 '運' 자의 象을 취할 때에 ㅆ軍ㅆ辶한 것은 軍이 動하는 象을 구체적으로 나타내려는 의도에 있었던 것이다. 軍이란 것은 반드시 맹진(猛進)만을 수단이나 목적으로 하는 것은 아니다. 전진할 때와 후퇴할 때를 알고 행동하여야 가히 전략을 아는 군이라고 할 것이다. 군은 이와 같이 함으로써만이 전세(戰勢)를 좌우할 수 있는 전략적 변화를 일으킬 수가 있다.

그런데 '運' 자를 軍자와 辶(착: 走와 同)자를 合하여서 만든 것은 運의 象을 표시하기 위함이다. 즉, 運이란 것은 軍의 행진에 진퇴의 조절이 필요했던 것처럼 運의 율동도 반드시 一陰一陽(一進一退)하면서 진퇴하는 것을 표시하기 위한 것이다.

그러므로 이것을 運이라고 하거니와 여기에다가 五字를 合하여서 五運이라는 개념을 만든 것은 五行法則이 변화함으로써 이루어지는 통일체의 변화법칙과 象이 바로 五運이기 때문에 그와 같이 개념을 설정한 것이다. 그런즉 五行이라고 하면 자연자체의 기본법칙을 말하는 것이요, 五運이라고 하면 五行이 실현하는 자연현상의 변화자체의 法則과 象을 말하는 것이다.

이와 같이 오행법칙이 자율적으로 변화하는 요인을 運이라고 한다면 運에게 역시 다섯 개의 법칙이 있어야 할 것이다. 그러므로 그 법칙을 연구하여야 한다. 우선 그 내용을 살펴보면 갑기토운(甲己土運) · 을경금운(乙庚金運) · 병신수운(丙辛水運) · 정임목운(丁壬木運) · 무계화운(戊癸火運)이라는 개념으로 성립되어 있다. 그런데 이 개념들을 살펴보면 개념의 조직 내용은 서로 다르면서도 그 본질, 즉 오행법칙으로서의 본질적인 내용에는 하등의 변화가 없다는 사실이다.

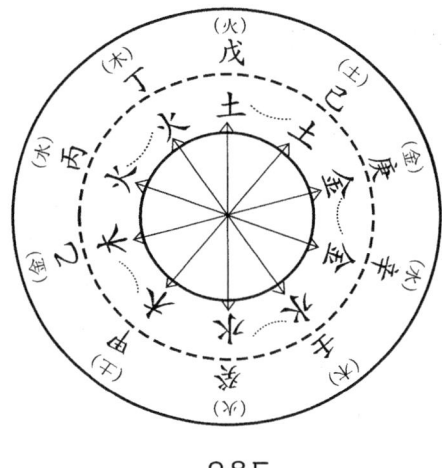

凡例
1. 점선 내부에 있는 木木 火火 등은 五行이 方位順으로 生하는 象
2. 점선의 외부에 있는 土金水木火등은 五運의 象
3. 이 그림에서 運의 運行은 天道가 生하는 順에 의하지만 運의 현상은 반대로 나타난다.

오운도

 그런즉 五運이란 것은 우주(變化)의 본질적인 개념이나 법칙을 말하는 것이 아니고 다만 자율적으로 우주가 변화하는 법칙과 象, 즉 그의 내면에서 일어나는 법칙과 象을 말하는 것이다.
 五運은 그림과 같이 甲己土運에서부터 발생한다. 그러나 五行의 경우에는 甲乙木·丙丁火·戊己土·庚辛金·壬癸水의 순서로 좌선(左璇)하면서 상생하였다. 즉, 그의 生에 있어서는 木火土金水의 순으로 生하여 나아갔는데 五運은 土에서부터 시작하여서 좌선하면서 土金水木火의 순으로 상생하는 것이다. 즉, 甲己土가 生乙庚金하고 乙庚金이 生丙辛水하고 丙辛水가 生丁壬木하고 丁壬木이 生戊癸火하고 戊癸火가 다시 甲己土를 生하면서 순환하는 것이다.
 그런즉 五運과 五行은 왜 生하는 기본이(五行은 木을 기본으로 生하고 五運은 土를 기본으로 生한다) 서로 다를까 하는 점을 연구하여야 한다.

五行이란 것은 만물이 生하는 기본법칙이다. 우주간에 있는 모든 것이 그 始動에 있어서 木氣의 運動에 의하지 않는 것은 없다. 그런즉 이것은 만물이 生하는 기본이 아닐 수가 없는 것이다. 그러나 인간(동물도 포함함)의 변화는 그 변화하는 象에 있어서 다른 자연계와는 상이한 점이 있으니 이것이 바로 자기가 소우주를 이루면서 단독변화를 일으킨다는 점이다. 그러므로 이것을 신기(神機)라고 하는 것이다. 다시 말하면 천지간에서는 자기로서 독립운동을 하는 것은 天地와 人間(동물계 포함)밖에는 없는 것인즉 運이란 것은 이와 같은 우주형성을 할 수 있는 데서만이 일어나는 변화현상의 법칙을 말하는 것이다. 그러므로 天地나 人間은 甲土의 運을 生의 基本으로 하는 것이다.

그런데 비록 이와 같이 運에 의하여 생성하는 것(인간이나 동물)이라고 할지라도 오행법칙인 木의 기본과 무관하다는 의미가 아니다. 다시 말하면 木火土金水의 운동이 행해질 때에 運을 주체로 하고서 動하는 物은 반드시 土를 기본으로 하는 것이므로 運의 변화에 의해서 운동하지만 자연은 다만 木火金水의 氣를 받을 뿐이고 土가 주체를 이루지 못하므로 運도 없고 신기(神機)도 이루지 못한다. 그런즉 한마디로 말해 運이라는 것은 土를 주체로 하는 우주나 소우주의 변화현상과 법칙인 것이다.

그러므로 運은 甲己土運으로써 머리를 삼았던 것이다. 그렇다면 土를 주체로 하는 것은 즉 소우주를 이룰 수 있는가 하는 문제를 연구하여야 한다. 그러나 이것은 2장 '五運과 물(物)'에서 연구할 것이므로 略한다.

이와 같은 運은 그의 생화(生化)하는 면에서 보면 甲己化土, 乙庚化金, 丙辛化水, 丁壬化木, 戊癸化火의 작용을 하면서 만물을 化生시키는 것이지만 반면으로 변성(變成)하는 면에서 보면 己甲土, 庚乙金, 辛丙水, 壬丁木, 癸戊火는 만물을 제화(制化)하는 작용을 하는 것이다.

五行이 이와 같은 순서로 生하며 변화하는 것은 주로 자기의 소우주에서 형기상감(形氣相感)하는 조건을 만들기 위함이다. 그것을 좀더 자세히 말하면 甲土는 甲木의 형상을 만들기 위함이요, 乙金은 乙木의 형상을 만들기 위함이요, 丙水는 丙火의 형상을 만들기 위함이요, 丁木은 丁火의 형상을 만들기 위함이요, 戊火는 戊土의 형상을 만들기 위함이다(자세한 것은 2장 2절 '오운의 대화 방위'와 '오운과 物'에서). 이와 같이 함으로써 五運은 자기 우주를 형성하는 바의 형상을 만드는 것이다.

그러나 다른 자연계는 운(運)이 작용하지 못하므로 다만 우주에 있는 氣의 분산(分散)과 통일작용에 의해서 형상이 이루어지므로 그의 운동은 자율적이 못 되고 타율적인 것이다. 자율(自律)이란 개념은 土氣가 주체로서 운동하는 것을 의미하는 것이다.

2) 오운의 방위(方位)

五行에서는 甲乙東方木·丙丁南方火·戊己中央土·庚辛西方金·壬癸北方水와 같이 五行의 개념과 방위의 관계가 엄격하였다. 그러나 五運에 있어서는 방위의 규정도 필요가 없고 또는 규정하여 낼 수도 없다. 왜 그런가? 五行이란 것은 五元質의 기본법칙이었지만 五運이라는 것은 우주가 자율운동을 하는 변화현상으로서의 법칙이므로 방위와 같은 고정적인 규정을 할 수가 없다. 자율적인 현상의 변화는 타율적인 세계의 변화와 달라서 언제나 자율적인 유동을 하는 것이므로 비록 동일한 원질인 五行의 운동원리가 적용된다고 할지라도 土로서 머리를 삼고 動靜하는 한 그 본질이 土化作用으로 인하여 변모되어 가지고 운동하는 것인즉 그것은 항상 변화된 상태로서 운행되는 것이다. 그러므로 이것을 자율운동의 변화현상의 법칙이라고 한다. 그러나 五行은 다만 시간의 동정에 의한 변화를 일으킬 뿐이므로 방위나 장소와 같은 고정적인 것 외에는 관여하지 못한다. 다시 말하면 방위나 장소의 고정성은 변화를 거부할 뿐만 아니라 비록 변화를 인정한다고 할지라도 국소적인 변화밖에 있을 수가 없으므로 이것은 五運의 변화대상으로는 될 수가 없는 것이다.

그러므로 五行의 甲乙木·丙丁火와 같은 것은 방위중심의 법칙이었지만 甲己土·乙庚金과 같은 것은 변화중심의 법칙인 것이다.

또한 운(運)은 그 변화에 있어서도 타율적인 변화가 아니고 자율적인 변화인 것이다. 그러나 변화란 것은 환상이고 실체가 아니다. 그런즉 변화는 실체인 五行을 기본으로 하고 일어나는 것인 한 오행법칙과 오운법칙은 主客관계에 있다는 것을 유의하지 않을 수가 없는 것이다.

그런즉 五運은 방위의 구속을 받지 않으므로 변화하는 데에 장점이 있고 五行은 변화의 象을 나타내는 바의 장점은 부족하다고 할지라도 기본을 확정하는 데에 장점이 있는 것이다.

2. 오운(五運)과 물(物)

運을 자율적인 변화현상과 법칙이라고 하는 것은 위에서 말한 바와 같다. 그런즉 運은 변화하는 환상이므로 五行은 주체이고 運은 객체인 것이다. 그러나 五行의 법칙이 지구에서 행해질 때에는 五行은 반드시 六氣로 변화하여 가지고 주체의 역할을 행하게 되는 것이다(六氣는 3장 1절 '육기론'에서 상술). 그런즉 결국 우주의 운동에 있어서 자율적 변화를 일으키는 運은 객체가 되고 六氣가 주체가 된다는 결론이 되는 것이다.

그러므로 모든 物은 六氣의 영향하에서 생성하는 것이다. 이것이 때로는 만물의 생성에 좋은 영향도 주고 때로는 악영향을 주기도 한다. 그러나 자율적인 運을 가진 것(인간이나 동물 등)은 타율적인 초목과 같은 것에 비하면 그 영향이 지극히 적은 것이다. 그러므로 運의 변화로써 생성하는 것에 있어서는 運이 강하면 강할수록 그 영향을 적게 받는 것이다.

그러나 이것은 만물의 임의에 속하는 문제가 될 수 없다. 왜 그러냐 하면 천생만물(天生萬物)할 때에 각기 주는 바의 運이 다르기 때문이다. 운이란 것은 자율적으로 동하는 形神之物의 운동법칙을 말하는 것인즉 그 운이 강하다는 말은 바로 생명력이 강하다는 말이고 생명력이 강하다는 말은 형체의 내부에 陽을 많이 함축하고 있다는 말인 것이다. 우주에서 생성하는 만물이 형체의 내부에 많은 생명력을 함축하고 있는 것을 신기지물(神機之物)이라고 한다.

그러므로 인간은 만물 중에서 가장 陽을 많이 포장하고 있는 것이므로 신기중(神機中)에서도 대표적인 것이고 그 다음은 원숭이나 말[馬] 같은 것일 것이다. 그런즉 인간이 제일 강한 운을 타고난 것임은 이상의 소론(所論)에서 분명해진다.

그렇다면 반면으로 초목은 어떠한가 하는 것을 연구해 볼 필요가 있다. 초목(草木)은 본래 기립지물(氣立之物)이다. 氣立이라는 말은 형체의 내부에 陽을 축적하여서 그것으로서 생명력을 삼는 것이 아니고 다만 외부에서 주는 六氣의 영향에 의해서 생존하는 물질이다. 다시 말하면 태양의 광선이나 수분의 공급에 의해서만 生을 의존하는 것인즉 초목과 같은 물질에는 소위 인간이나 동물이 가진 바와 같은 자체의 율동력(律動力), 즉 자기의 생명력이 없는 것이다. 그러므로 이것을 氣立이라고 하는 것인즉 그것은 바로 자기의 운이 없이 생존(生存)하는 물(物)인 것이다.

이와 같이 우주에 있는 만물은 運이라고 하는 자기저항력과 생성력을 가진 것도 있고 가지지 못한 것도 있는 것이다. 그런즉 자기운(自己運)

이 없는 초목 같은 것은 六氣가 자유로이 순식간에 생살(生殺)을 좌우할 수 있지만 인간과 같이 강한 자기운을 가진 것은 六氣가 임의로 지배할 수 없는 것이다. 왜 그런가 하면 자기의 소우주인 신체가 자기의 생명력이 있어서 자기 心身을 영위하고 있을 뿐만 아니라 자기를 호위하며 또는 독존(獨存)하게 할 수 있는 능력이 있기 때문이다.

그러나 인신(人身)이나 동물 등도 지구를 중심으로 하는 우주에서만이 자기호위(自己護衛)나 독존이 가능한 것뿐이고 만일 우주조건이 달라지면 인간에 대한 위에서 말한 바와 같은 보증도 달라질 것은 물론이다. 그러므로 이것은 문제외다.

다만 여기에서 가장 중요한 것은 인간이 비록 소우주라고 할지라도 六氣가 인간에게 미치는 영향여하에 따라서 안부(安否)와 生死가 결정되는 것이다.

왜 그런가 하면 인간과 상극(相克)되는 기운, 즉 인간에게 해(害)를 끼치는 氣(육기중에 어느 하나)가 들어올 때에는 건강에는 물론 생명에까지 영향을 미치기 때문이다.

그렇기 때문에 생명력이 강하면 강할수록 六氣에 대한 저항력이 강하다고 말했던 것이다.

그러면 생명력인 陽을 많이 가진 사람이나 동물은 어떻게 하여서 그것을 많이 가졌을까? 또 이것들은 어찌하여서 土를 주체로 하는 자율적인 소우주로서 태어나게 되었는가 하는 것을 연구함으로써 위에서 말한 바 소위 생명력이 강한 것이란 무엇인지를 알 수 있게 될 것이다.

우주간에 있는 모든 物은 五行氣중에서 어느 한 개의 기운을 대표적으로 타고나게 마련인 것이다. 그런데 인간은 그 중에서도 土氣를 주체로써 타고났다. 土라는 것은 분산(分散)된 陽을 통일(統一)하여서 정신을 만드는 중매자인 것이다(상세한 것은 7장 '정신론'에서). 그러므로 土를 주체로 하지 못한 물(物)은 자기의 정신을 만들 수가 없으므로 다만 외기(外氣)에다가 생명을 의존(依存)하는 것이다. 그런데 인간이나 동물은 土를 주체로 하고 탄생했기 때문에 정신만 있는 것이 아니라 종합(綜合)과 분산(分散)인 오행운동을 독립적으로 행할 수 있는 요건이 구비되었은즉 이것은 바로 대우주의 요건과 동일한 것이다. 그러므로 인간은 소우주라고 하거니와 여기에서 또한 강한 생명력도 생기게 되는 것이다. 그런즉 강한 생명력을 가지려면 土의 작용이 적당하여서 陽을 많이 수렴할수록 생명력은 보증되는 것이다.

土의 작용은 이와 같이 소우주의 자율운동인 운(運)을 조절하며 또 생명을 보호하는 것뿐만이 아니라 우주와 인물의 창조자이기도 한 것이다. 그러므로 우주나 사람처럼 자율적인 土를 머리로 하고 動하는 것만이 運인 바의 생명력과 정신이 있는 것이다. 그런즉 타율적인 물(物)과 자율적인 인간과의 사이에는 이와 같이 현격한 차이가 있다. 그러므로 人物(인간과 만물)은 五運소속과 六氣소속으로써 구별되는 것이다.

3. 운(運)의 대화작용(對化作用)

運은 五行의 기본법칙을 기반으로 하고 거기에 의하여 자율운동을 하는 것인즉 五運이란 것은 五行이 우주나 신기(神機)에서 발전하는 변화의 파동인 것이다. 그런데 그것이 운동하는 바의 상태는 절대적이 아니고 상대적이기 때문에 이것을 五運의 對化作用이라고 한다. 다시 말하면 五運은 六氣의 견제도 받으며 또한 자체의 本末間에서 미치는 대대적(待對的)인 견제도 받으면서 動靜하는 것이므로 그것은 절대적이 될 수 없고 상대(相對)이기 때문에 이것을 五運의 對化作用이라고 한다.

그러므로 아래쪽 도표를 보고 연구하기로 하겠다.

甲에서 己에 이르는 운을 甲土運이라고 한다. 즉, 甲에서부터 乙丙丁戊에까지 이르는 사이는 甲土運의 지배하에 있으므로 따라서 모든 변화는 甲運이 주재한다. 그러나 甲이 다하게 될 무렵에는 己運이 계승한다. 그러므로 甲에서 己에 이르는 運을 甲運이라고 하는 것인데 이것을 알기 쉽게 하기 위하여 甲己運이라고도 한다. 그런즉 己에서 甲 사이에 일어나는 運을 (이것과는 반대로) 己甲運이라고 하는 것은 두말할 것도 없다.

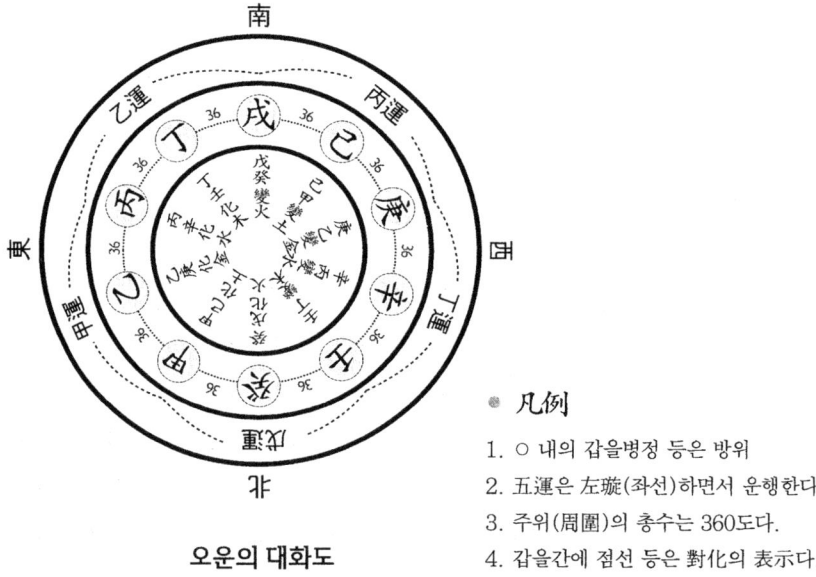

오운의 대화도

* 凡例
1. ○ 내의 갑을병정 등은 방위
2. 五運은 左璇(좌선)하면서 운행한다
3. 주위(周圍)의 총수는 360도다.
4. 갑을간에 점선 등은 對化의 表示다.

그런데 위에서 甲己運이 운행하는 180度 사이는 모든 변화가 甲運의 지배하에 놓이게 되고 己土運이 운행하는 180度 사이는 모든 변화가 己運에 종속된다는 것을 말하였거니와 이것은 甲己運이나 己甲運의 경우만 아니고 乙庚(庚乙)·丙辛(辛丙)·丁壬(壬丁)·戊癸(癸戊) 등 운이 운행하는 경우도 일반이다.

그러면 우리는 여기에서 土運(즉, 甲運과 己運)이 어떻게 對化作用을 하는가 하는 문제부터 연구하여야 한다.

甲은 五行으로 보면 甲乙木의 木, 즉 三木이다. 그러나 甲이란 三木(陽木)이 어떻게 甲土라는 전혀 이질적인 성격으로 변하는가 하는 것이 문제의 초점이다. 이것을 설명하려면 우선 己土運의 변화과정부터 설명하여야 한다. 己는 十土인데 己土 이전까지는 사물의 생장과정이었다. 그러나 己土에 이르게 되면 庚辛壬癸를 거치는 동안에 사물은 완전히 성숙하여서 감위수(坎爲水)로 귀결된다. 이것이 바로 一水인즉 사물(人間의 事와 萬物)은 여기에서 생장의 뜻만 내포한 채로 때만 기다리는 것이다. 그런데 이와 같이 己土運이 己甲運動을 하는 사이에는 己土運은 점점 변질되어서 甲에 이른다. 그런데 이 때에 甲은 己에서 보면 己의 종점인 것인데 그 종점이 바로 甲土運을 성립시켰던 것이다(此項은 '己運'에서 상술함).

이와 같이 生한 甲土運은 그 성격을 따져 보면, 즉 己土運과 비교하여 보면 수렴(收斂)하는 면에서는 己運에 비하여서 반분(半分)의 능력밖에 없는 것이다. 그러나 반대로 확장하는 면에서 보면 도리어 배의 능력을 가지고 있다. 그러므로 己를 十土(陰土)로 명명(命名)했고 甲을 五土(陽土)로써 명명했다.

이제 다음에 甲土運의 변화과정을 살펴보면 감수(坎水) 내부에 있던 一陽이 발생할 때에 甲土의 확장성에 의하여 외부의 견질(堅質)을 완화하여서 일양탈출(一陽脫出)의 원조를 하여 준다. 그런데 甲은 五行의 木인즉 木(甲)은 용출하려는 야심이 농후하다. 뿐만 아니라 甲土와는 그 성질이 정반대인데 그러한 이질적인 木이 어떻게 甲土로 변화할 수 있는가 하는 점이 문제다.

이것은 바로 그림의 반대방향에 있는 己土가 자기의 十土의 성질로서 甲木에 반은 土, 반은 木으로 화합(化合)하여서 甲五土로 化하는 것이므로 甲土運이 이와 같은 변화에 의하여 이루어지는 것이다.

그 다음은 乙運이 甲運에서 계승하는데 乙은 본래 甲乙木의 乙木이다. 그런데 이와 같이 乙木이 변질되어서 乙金運이 되는 것이다. 그런즉 甲木의 상승작용은 甲土로 변화되면서 이루어졌지만 그것이 다시 형체 있는 나무로 되려면 乙金運의 압력을 받지 않고서는 될 수가 없다. 그러므로 乙金運의 필요성이 있게 되거니와 乙은 본래 木이었는데 어떻게 金運으로 화(化)하는가 하는 것을 연구해야 한다.

자연의 배려는 바로 반대방향에 있는 庚金을 乙木에 對化作用을 시켜 줌으로써 乙木은 木이 반이고 金이 반인 성질로 化하게 하여준다. 그 金運을 이와 같이 성립하여서 木의 形을 창조하는 것이다.

그 다음은 乙木에서 丙火가 계승되는 것인데 丙은 본래 火였지만 運으로 변화하면 水運이 된다. 다시 말하면 乙木의 형상과 丙火의 형상은 그 내용인 바의 생명력, 즉 陽의 바탕이 서로 다르다. 그런즉 그 형상도 당연히 달라야 할 것이다. 즉, 乙木과 같이 직향성만 가진 내용과 丙火와 같이 산포성(散布性)을 주로 하는 내용을 가진 것과의 사이에 있어서는 그의 형질의 조직이 달라야 할 것은 두말할 것도 없다.

그러므로 丙火는 자기의 발전에 있어서 丙水運을 필요로 한다. 水는 본래 변화무상(變化無常)하면서도 또한 탄력을 지니고 있는 것이다. 그런즉 산포작용을 주로 하는 丙火의 발전과정에 있어서는 이와 같은 水

로서 조직되는 형질을 필요로 한다. 丙火는 그러한 조건에서 陽을 산포하여야만 陽의 산실(散失)을 방지하면서 또한 陽을 산포할 수 있을 것이다. 그러므로 자연은 丙辛의 對化作用을 함으로써 丙火를 丙水運으로 변화시키는 것이다. 다시 말하면 丙은 본래 火였는데 반대방향에 있는 辛金이 들어와서 丙火에 압력을 가해 줌으로써 丙火는 반은 火요 반은 金으로 변화하여서 丙水運이 되어지는 것이다. 자연이 丙火의 발전과정에다가 이와 같이 배려를 하는 것은 산포작용을 주로 하는 丙火에서 승명(升明)작용을 하게 하려면 水만이 적격자이기 때문이다.

그 다음은 丁火의 단계로 접어들게 되는데 丁火는 본래 火의 분열을 더욱 세분하는 것이다. 그런데 이것이 丁木運으로 변화하여야 할 이유로서는 丁火는 丙火 이상으로 분열을 하는 것인즉 산양(散陽)작용을 하면서도 또한 이 陽을 보호하여야 할 의무는 더욱 크다.

그뿐만 아니라 丁에서는 벌써 後天 己運의 준비도 하고 있는 것이다. 즉, 하지(夏至)에 一陰生이라고 하는 곳은 바로 여기인 것이며 문왕괘도(文王卦圖)에 있는 손괘(巽卦)의 방위도 또한 이곳이다. 이러한 丁火는 丙火보다도 더욱 水의 원조를 필요로 한다. 그러므로 火인 丁은 壬水의 對化作用을 얻음으로써 반은 火요, 반은 水의 성질로 변화하는 것이니 그것이 바로 丁木인 것이다. 다시 말하면 丁火를 壬水로써 압박(壓迫)하였기 때문에 丁火를 일보 후퇴시켜서 木의 형상으로 만든 것이니 이것은 일방으로는 陽의 산실을 방지하며 일방으로서는 己土의 준비를 하는 과정에 있어서 주도(周到)한 배려라 할 것이다.

그 다음은 戊火運이 들어오게 되는데 이것은 본래 戊土다. 다시 말하면 본질이 土이기 때문에 戊火運은 一面土·一面火의 양면성을 자체로써 가지고 있다. 그러므로 이 運에 이르면 만물은 장무(長茂)의 極에 달하게 된다.

그러나 반면으로 그 내용인 陽의 힘(實力)은 미약하여지는 것이며 동시에 陽의 산포(散布)도 丁火 이상으로 세분화하는 것인즉 形을 유지하기는 진실로 어려운 정도에 이른다. 그러므로 易에서 항룡(亢龍)이 유회(有悔)라고 한 곳은 바로 여기인 것이다. 좀더 자세히 말하면 龍이라는 것은 감중(坎中)에 포장되어 있던 陽을 지칭하는 것이다.

그 陽이 상술한 바와 같은 향상과정(向上過程)에서 무화(戊火)에까지 이르렀을 때는 陽을 제압하는 힘(力)이 극히 약해져서 만일 陽을 산실하게 되면 이것은 바로 道의 붕괴(崩壞)를 의미하는 것이므로 후회(後悔)가 있다고 한 것이다.

그런즉 戊火運은 본래 무토(戊土)인만큼 陽의 산실을 방지하는 힘을 가지고 있기도 하지만 그것만으로써는 위험하다. 그러므로 자연은 癸水의 對化作用을 받아서 戊土로 하여금 반은 土요 반은 水인 성질을 만든 것이니 이것이 바로 戊火運이다. 그런즉 무화(戊火)란 것은 수토동덕(水土同德)한 火이므로 陽이 산실될 염려가 더욱 적은 존재다.

갑운(甲運)은 이와 같이 乙·丙丁·戊運을 거쳐서 己土에 와서 목적을 다하는 것이므로 이 과정을 甲己土의 운행과정이라고 하는 것이다.

그런데 여기에서 그의 공(功)을 따져 보면 전혀 對化作用에 의해서 五行은 運으로 전환되었고 또한 그것을 그렇게 변화하도록 한 원질(原質)은 土였던 것이다.

그러나 독자는 여기에서 약간의 의혹을 느낄지도 모른다. 왜냐하면 소론(小論)중에서 일면으로는 甲土의 운이 戊에까지 이른다고 하고 또 반면에서는 乙·丙丁·戊運 등이 행한다고 하였으므로 여기에서 다소간의 착각을 일으킬 수 있을 것이다. 그러나 이것은 운의 주종(主從)관계인 것뿐이다. 즉, 甲土運에서부터 戊火運까지 이른다는 것은 甲土運의 주재하는 바를 말하는 것이요, 그 동안에 기복(起伏)하는 乙·丙丁·

戌運은 甲土運의 종속관계에 있는 것을 말하는 것이다. 다시 말하면 甲己運(甲土運)이 행하는 동안에 있어서는 乙·丙丁·戌運을 갈아들이면서 甲을 보좌하고 있는 것이니 이것은 마치 오행법칙을 말함에 있어서 가령 木이라는 개념은 순수한 木氣 하나만으로써 성립된 것을 의미하는 것이 아니고 木의 개념은 火土金水의 종속적인 개념들의 협력으로 이루어진 복합개념이라는 것과 동일한 것이다.

이제 여기에서 甲運의 운행에 대해서 요약하여 보면 甲土運의 목적은 감수(坎水) 속에 포장(包藏)되어 있는 一陽을 유도해 내어서 극히 세분화될 때까지 발전시키려는 데 있다. 그러나 이 과정에는 乙金·丙水와 같은 방해자도 있었고 丁木·戌火와 같은 升明작용을 감당해 내지 못할 것같이 보이는 것들도 있었다. 그렇지만 이것들은 인간의 근시안적인 관찰에 기인한 것뿐이고 천도는 여기서 주밀(周密)한 설계에 의해서 動靜하고 있는 것이다. 다시 말하면 乙金·丙水의 제어(惡)가 아니면 形을 보전할 수 없고 丁木·戌火의 후퇴(火가 木이 되고 土가 火로 된 것을 五行방위로서 볼 때에 각각 일보씩 후퇴한 것이다)가 아니면 土를 生하기 어렵기 때문에 천도는 이미 이와 같은 설계에 의해서 운행하고 있는 것이다.

그러나 현 시점에 있어서의 천도의 운행에는 약간의 불의지변(不意之變)이 있다. 왜 그런가 하면 그것은 지축의 경사 때문이다. 그러므로 甲土가 머리가 되어서 己土와 대화(對化)하면서 모든 승부작용을 조절하고 있는 것이다. 비록 그렇다고 할지라도 지축이 만일 경사되지 않고 또한 우주에 모순대립이 없다고 하면 여기에는 철학도 변화도 없다. 그러므로 지축이 경사져서 甲土運이 수행(首行)하는 이때가 바로 철학과 변화의 최성기(最盛期)인 것이다(詳細는 '인신상화론' '토화작용' '정신론' 등에서 논함).

그런즉 현재와 같이 승부작용이 심한 때일수록 對化作用의 역할은 더욱 커지는 것이다. 천도는 이와 같이 함으로써 甲土運이 자기를 소모하면서 己土運과 교체하는 것이다.

그런데 己土는 十土다. 그리고 五行의 서열에 있어서도 土요, 五運에 있어서도 土다. 그런데 五行에 있어서나 五運에 있어서 象과 수(數)가 이와 같이 五行과 五運간에 동일치를 나타내는 것은 己土밖에는 없다(그밖에 庚金에도 있지만 庚金은 中이 아니다). 그러므로 그 성질은 中이며, 그 象은 無이며, 그 목적은 신명(神明)을 창조하는 데 있다. 그런데 五運의 변화과정에서는 甲木과 對化作用을 하고 있다. 다시 말하면 己土는 甲木의 대화관계 때문에 외면에서 보면 이것은 木의 방해를 받고 있는 것 같다. 그러나 己土의 목적은 통일(神明創造)에 있으므로 이와 같은 對化作用은 오히려 정신을 수렴하기 위해서는 마땅히 있어야 할 필요해(必要害)인 것이다. 그러므로 己土는 甲木의 묘혈(墓穴)인 동시에 또한 새로운 木을 창조하는 본원이기도 한 것이다.

甲土란 것은 우주정신과 인간정신의 발로이다. 그런데 己土는 이와 같은 木을 귀숙(歸宿)케 하고 여물게 하는 것인즉 木의 귀숙이란 것은 정신을 창조하는 象을 의미하는 것이요, 木의 결실이란 것은 정신이 이미 창조된 형상을 말하는 것이다. 運의 동정은 이와 같이 甲에서는 動하고 己에서는 靜하는 본원(本源)을 조성하면서 우주의 운동을 영위하는 바 이것이 土의 中을 머리로 하는 것이기 때문에 모순대립을 자율적으로 조화하면서 甲에서는 발전하고 己에서는 수장(收藏)하는 작용을 반복하는 것이다.

그러므로 己甲이 변토(變土)하는 과정에 있어서 甲己化土의 때와 같이 庚辛壬癸의 파동을 일으키면서 다시 甲土에 계승하는 것이니 이것을 후천운동이라고 한다.

己土의 목적을 승수(承收)하는 것이 庚金運인데 庚은 五行의 서열에 있어서는 金이요 運도 金이다. 五運중에서 유독 己土와 庚金만이 運과 行의 성질이 동일한 것은 정신의 발로인 木을 수장하는 중추(中樞)가 己庚인 까닭이다. 만일 그 기질의 순수성이 보장되지 못하면 우주운동은 가장 필요한 통일작용에 있어서 일대파경의 우려가 있기 때문이다.

그러므로 庚金은 乙木의 대화작용을 받음으로써 반은 金, 반은 木의 象을 이루면서 木의 質을 포용하며 또한 이것을 포위하는 작용을 하는 것이다. 그러므로 金의 작용은 표면만을 응고하는 수렴작용이라고 하거니와 여기에서 심평지기(審平之氣)로서의 활동이 행해질 때에 정신을 수장(收藏)하는 공기(公器)로서의 가책을 느낄 바가 없게 되는 것이다.

이와 같이 하여 통일운동은 이미 굳어지게 되었은즉 다음에는 辛水運으로써 승장(承藏)하게 된다.

辛水運은 五行의 성질로 보면 陰金이다. 陰金은 수렴작용을 하는 면에 있어서는 陽金(庚)에 비하여 더욱 강력하다. 그러나 분열지제(分裂之際)에 산양(散陽)을 방지했던 丙水가 신축성이 많은 장점을 이용했던 것과는 반대로 여기서는 신축성보다도 오히려 강력한 수축력을 필요로 하는 것이다. 왜냐하면 승수(承收)의 작용에서 승장(承藏)의 작용으로 들어가야 하겠기 때문이다.

그렇다면 어떻게 하여서 천도는 이와 같은 강한 陰水를 만들었는가? 丙火가 辛金과 對化하여서 반은 火, 반은 金인 혼합성질을 만듦으로써 이루어졌던 것이다. 다시 말하면 陽火(丙)는 陰金(辛)과 합하면 陰에 의하여 포위당하고 마는 것인즉 그것은 바로 水인 것이다. 이와 같이 하여서 金은 水로 변하였은즉 다음은 壬木運이 들어오게 된다.

壬은 五行의 서열로 보면 一水다. 水는 우주 목적의 완성이며 또한 새로운 출발의 기반인 것이다. 그러나 이것을 상찰(詳察)하여 보면 木은 우주정신의 발로인즉 그 기반인 木은 一水의 주인공인 것이다. 그런데 우주의 대화작용은 이 一水에 丁火를 혼합하게 하여서 壬木을 만드는 것이다. 다시 말하면 壬은 북방에 있는 가장 잘 수축(收縮)된 물이다. 그런데 여기에 丁火와 같은 산성(散性)의 火가 합세하게 되면 一水의 성질은 자연히 완화하게 되어서 三木으로 변하게 된다. 만일 여기에서 壬水가 丁火와 對化하여서 一水를 변질시키지 않는다고 하면 壬木運의 成立을 볼 수가 없는 것은 물론, 一水 속에 유폐(幽閉)된 陽은 영원히 발할 수가 없을 것이다. 그러므로 壬水는 丁火와 대화하여서 發陽의 기질을 만들어 놓았던 것이니 이것이 동지(冬至)에 一陽生이라는 것이다. 천도는 이와 같이 하여서 癸火運에 접속되는 것이다.

　癸火運은 五行의 서열로 보면 六水다. 六水란 것은 一水가 확장한 것을 의미한다. 그렇다면 一水가 어떻게 하여서 六水로 확장될까? 戊土가 六水에 대화하게 된즉 六水는 반은 土, 반은 水가 됨으로써 一水에서 확장되었던 六水는 여기에서 완성하게 될 것인즉 이 象이 바로 癸火의 象인 것이다. 그러므로 癸火란 것은 水中에서 다시 動하려는 火인 것뿐이고 아직 현실적인 火는 아니다. 그러나 이와 같은 관념 속에 있는 불[火]이 현실의 불로서 탈출하여 나올 때의 처음의 실상은 木이지만 그것이 자율하는 운은 土로 화(化)함으로써 변화를 이루는 것이다. 이와 같이 하여 甲運에 계승한즉 또다시 生化作用을 시작하게 되는 것이다. 위에서 甲運과 己運의 대화에 대해서 약술했다. 그런즉 그 다음은 응당 乙庚金運·丙辛水運·丁壬木運·戊癸火運 등을 논하여야 할 것이다. 그러나 그것은 이미 甲己運과 己甲運을 설명할 때에 논했던 것이다. 그런데 다만 다른 것은 가령 乙庚金運이 들어올 때면 乙庚이 주체가 되고 丙丁·戊己가 종속되어서 운행한다는 점만 다른 것이다. 그러므로 여기에서는 이상으로써 略하거니와 다만 여기에서 논하는 바는 運의 對化作用이라는 자율적 변화의 법칙과 현상을 논하면 되는 것이다.

오호라! 五運은 이와 같이 五行의 기본성질을 변화시킴으로써 우주의 자율적 발전과 소장(消藏)의 추축(樞軸)이 되어서 일사불란한 규칙적인 운동을 하는 것이다. 그러나 우주의 운동은 오운운동에 다시 六氣의 작용이 가해짐으로써 불측한 변화가 일어나게 된다. 만일 우주의 변화가 五運의 법칙과 현상에 의해서만 이루어진다고 하면 변화도 간단할 것이며 또한 그의 연구나 관찰도 지극히 용이할 것이다. 그러므로 다음에 六氣의 변화를 설명함으로써 그의 복잡한 변화를 관찰할 수 있는 기초가 생기게 될 것이다.

4. 오운(五運)의 계시

이것은 「소문(素問)」의 五運行大論에 소재(所載)된 황제(黃帝)와 기백(岐伯)이 우주운행의 象을 문답한 것에서 나타난 것이다. 그러므로 다음에 그 본문을 소개함으로써 五運의 運行과 五行의 법칙은 그 象이 서로 다르다는 것을 알아내게 된 연유를 여기에 논하려는 것이니 그것이 바로 천수상(天垂象)한 계시다.

岐伯曰　臣覽太始天元冊文　丹天之氣　經於牛女戊分
기백왈　신람태시천원책문　단천지기　경어우녀무분

黅天之氣　經於心尾己分　蒼天之氣　經於危室柳鬼
금천지기　경어심미기분　창천지기　경어위실류귀

素天之氣　經於亢氐昴畢　玄天之氣　經於張翼婁胃
소천지기　경어항저묘필　현천지기　경어장익루위

所胃戊己分者　奎壁角軫　卽天地之門戶也
소위무기분자　규벽각진　즉천지지문호야

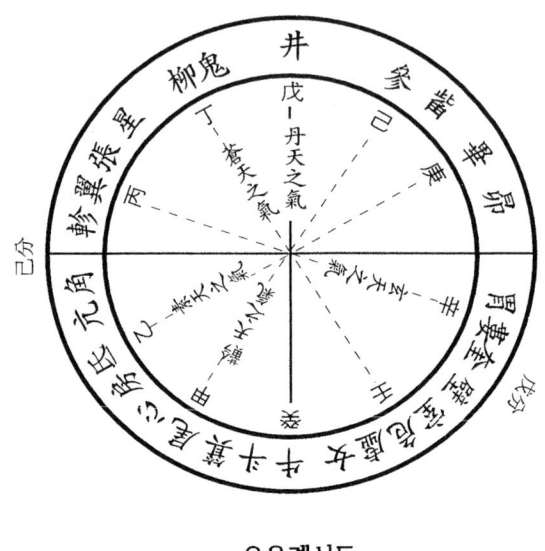

오운계시도

  이것이 황제(黃帝)가 기백(岐伯)에게 질문하였을 때에 기백이 답한 것이다.

  이제 위 그림에 의하여 그 내용을 해석하여 보면 태시(太始)* 때의 천원책문(天元冊文)을 보고 그 내용을 기백이 황제에게 대답한 것이다. 그런데 여기서 태시천원책문(太始天元冊文)이라고 한 것은 冊 속에 있는 글을 보고 대답하였다는 뜻이 아니다. 왜 그러냐 하면 그 때, 즉 태시(太始) 때는 다만 혼돈천지(混沌天地)이므로 形이 생기지 못하였는데 책문이 어떻게 있을 수 있겠는가? 책자(冊字)는 본래 策字와 상통한다. 책자(策字)의 뜻은 모책(謀策)을 말하는 것이며 또한 성명(星名)을 책(策)이

---

* **태시(太始)**란 것은 태역(太易)·태초(太初)·태시(太始)·태소(太素)를 거쳐 우주가 창조된 순위(順位)를 말하는 것인데 태소(太素) 때에 와서 유형(有形)과 무형(無形)이 갈라졌다고 하는 것인즉 太始는 형생(形生)의 직전인 것이다.

라고도 한다. 그러므로 건지책(乾之策)·곤지책(坤之策) 등의 개념을 「역계사(易繫辭)」에서 공자(孔子)가 썼으며 또한 우주책(宇宙策)이란 개념을 설정한 것들은 이와 같은 책(冊: 策)을 말한 것이다. 그렇다면 태시천원책문(太始天元冊文)이란 것은 태시(太始) 때에 나타난 천원기(天元紀)의 비책(秘策)이 하늘에 문(紋: 文)을 이루었다는 말로 보아야 옳을 것이다. 다시 말하면 신(臣), 즉 기백의 눈에 하늘에 태시 때의 천지비책(天之秘策)의 문(紋)이 나타났다는 말이라고 본다면 그것은 바로 기백이 받는 계시를 말하는 것 같다.

여하간 태시천원책문(太始天元冊文)에 의하면 단천지기(丹天之氣)와 금천지기(黅天之氣)와 창천지기(蒼天之氣)와 소천지기(素天之氣)와 현천지기(玄天之氣)가 각(各) 그림과 같은 방향으로 지나갔다는 것을 알게 되었다는 것이다. 이것을 보고 기백천사(岐伯天師)가 五行의 본질과 五運의 변화현상은 동질적이면서도 다른 象을 나타내는 것이며 비록 다른 象을 나타낸다고 할지라도 그 근본에는 아무런 차이가 없다는 사실을 알게 된다는 것이니 이것이 곧 운기학의 시초인 것이다.

운기학(運氣學)의 발전은 이와 같이 시작한 것이거니와 더욱 중요한 것은 문장의 말미에 기록되어 있는 '소위무기분자(所謂戊己分者) 천지지문호(天地之門戶) 즉규벽각진야(則奎壁角軫也)'라고 한 것이다. 다시 말하면 天地之氣가 출입하는 문호는 규벽방(奎壁方)과 각진방(角軫方)이라는 것인즉 奎壁은 辛水의 말이요 角軫은 乙金의 말미(末尾)인바 이것이 바로 천지지기가 출입하는 문호인 방위라는 것이다. 그것은, 즉 천지지기가 戊分과 己分에서 음양(陰陽)으로 갈라져서 분합운동을 한다는 의미인 것이다. 그러므로 陽은 戊門에서 시동(始動)하여서 乙方으로 나오고 陰은 己戶에 시정(始靜)하여서 辛方으로 들어가는 것인즉 이것이 이른바 우주의 삼천양지운동(三天兩地運動)이다. 기백은 천수상한 바에서 戊己分의 三天兩地하는 象까지 파악하였은즉 이것은 또한 지축이 경사되어 있다는 것까지도 알았다는 증거가 되는 것이다. 왜냐하면 陽行이 六, 陰行이 四로 지구가 운동하는 삼천양지운동이란 바로 지축의 경사에서 오는 운동이기 때문이다. 이와 같이 말하면 독자제현(讀者諸賢)은 혹시 이것은 필자의 지나친 과장이라고 할는지도 모른다. 그러나 소문오운행대론(素問五運行大論)에 황제와 기백의 문답 가운데 다음과 같은 대화가 있다.

"변화의 작용이라고 하는 것은 天地의 작용인데 天氣의 작용은 象을 나타내고 地氣의 작용은 形을 만드는 것을 말하는 것이지 비단 하늘이 위에 있고 땅이 아래 있다는 뜻이 아니다. 하늘이라는 것은 허공일 따름이다. 그러므로 칠요(七曜: 日月과 金木水火土 五星)를 우리가 하늘에 있다고 인식하는 것은 곧 허공에 있는 것을 말함이요, 金木水火土 五行이 땅에 있는 것처럼 인식하는 것은 오행소속지물(五行所屬之物)을 전부 땅에서 볼 수 있기 때문이다. 그러나 허(虛)라는 것은 다만 하늘에 응하는 정기(精氣)인 칠요를 달아놓은 것이요, 地라는 것은 다만 생성하는 형질을 만들고 있는 것뿐이다."라고 하였다.

> 註 그러므로 甲乙丙丁 등의 天干은 천간이면서 地에 걸려 있고 子丑寅卯등은 地支이면서 허공에 달리게 되는 것이다. 그런즉 六氣는 지지의 소관(所關)이요 五運은 천간 소관인 것이다.

그러나 황제는 다시 말했다. "그렇다면 땅이 아래에 놓여 있는 것이 아닙니까?" 기백은 대답하기를 "인간이 볼 때는 땅이 아래에 있는 것 같지만 사실은 허공에 떠 있는 것입니다." 황제는 또다시 물었다 "그렇다면 땅은 어디에 의지하고 있습니까?" 황제도 지구가 허공에 떠 있다는 사실이 이해되지 않기 때문에 이와 같이 물었던 것이다.

그러므로 기백이 대답하기를 "대기(大氣)가 들고 있습니다. 그렇기 때문에 한서풍조습(寒暑風燥濕)이 서로 갈아들이면서 변화를 일으키는 것입니다."라고 하였다. 다시 말하면 지구가 허공에 떠 있지 않다면 六氣의 경질(更迭)이 지구의 방위마다 균등하게 들어올 수는 없을 것이라고 생각한 것이다.

위에서 본 바와 같은 황제와 기백의 문답과 아울러서 戊己分인 삼천양지설을 종합하여 고찰해 보면 太初에 천수상했을 때에 28수(宿)의 배열과 함께 지축이 경사된 象까지 나타났고 따라서 기백도 또한 알고 있었다고 생각되는 것이다. 요컨대 하늘이 만일 수상(垂象)하지 않았더라면 五運의 발견도 지축의 경사도 알 수 없었을는지 모르며 또는 속된 천원지방설(天圓地方說)도 끝끝내 동양의 수치로서의 종지부를 찍고 말았을는지도 모른다.

5. 수화일체론(水火一體論)과 탈레스의 사상(思想)

탈레스(BC. 640~530)는 희랍 철학의 창시자였다. 그의 사상은 철학계에서 차츰 부정하는 경향으로 흘렀지만 그것은 아마도 그의 사상적 진수(眞髓)를 이해하지 못하는 데서 일어난 불행일지도 모른다. 그러므로 여기에서 그것을 고찰하면서 동양철학과 비교연구하여 보려는 것이다. 그는 우주의 본질을 물[水]이라고 하였다. 물은 물질적인 實體이면서 운동하는 힘[力]이 있으며 또한 물질적이면서도 정신적인 것이라고 하였다. 따라서 물은 만물의 실체이며 원리이므로 또한 만물을 육성하는 것인즉 인간생활에 있어서 불가결(不可缺)의 가치가 있는 것이라고 하였다. 즉, 이러한 물은 변화성과 자동성과 무한성을 가지고 있기 때문에 운동하는 만물의 근원이 된다고 하였던 것이다.

　이상에 논한 바는 그의 사상의 개요인바 그가 물을 물질적이면서도 정신적이므로 변화성과 자동성과 무한성을 가진 운동의 본체라고 한 점은 실로 중요한 가치가 있는 것이다. 그러나 이것은 이 정도로 하여 두고 다음은 우선 상수학(象數學)의 수화일체론(水火一體論)을 소개하기로 하겠다.

　우리가 물을 한마디로 말한다면 木火土金水 5원질의 근본이 바로 물이라고 규정하는 것이다. 그런데 물에는 응고성(凝固性)과 자율성(自律性)과 조화성(造化性)이 있기 때문에 거기에서 영원하고도 항구적인 변화를 일으키는 것이다.

　다시 말하면 水[물]는 그의 본질이 되는 삼대요소를 지니고 있는 것이다. 그것은 바로 응고성과 자율성(자동성)과 조화성의 세 가지를 말하는 것이다. 動하는 모든 원인으로서의 응고성이 없다면 통일할 수가 없고 자율성이 없다면 변화할 수가 없고 조화성이 없다면 모순대립을 조화해 낼 수가 없는 것이다. 水는 본래 亥子丑의 三根, 즉 응고성과 자동성과 조화성에 의해서 이루어졌기 때문에 영원성과 자동성과 변화성이 있는 것인즉 이것은 탈레스의 사상과 동일한 것이다.

　그런데 상수학(象數學)은 여기에 대해 行과 運의 운동법칙을 세웠고 또한 운동하는 목적으로 水火一元運動의 산합법칙(散合法則)을 세워놓은 것이니 이것을 수화일체론이라고 하는 것이다. 그러므로 우주의 변화는 氣가 화(化)하면 무(無)가 되고 氣가 변(變)하면 유(有)가 되는 것이니 이것이 바로 水火作用인 것이다. 그런즉 水火作用이란 것은 기화(氣化)·기변(氣變)작용의 반복인즉 이것은 물질현상인 바의 물과 불은 아니다. 탈레스가 우주의 본체를 물이라고 본 것은 그가 비록 구체적이며 법칙적인 말을 하지 않았다고 할지라도 물에는 무한성과 변화성과 자율성이 있다고 했고 또한 물은 정신적이며 물질적인 실체라고 한 것을 생각해 보면 그가 제창한 바의 물은 물질적인 물만을 말한 것이 아니고 물의 氣化作用에 대한 현묘(玄妙)한 오의(奧義)까지도 알고 있었다고 생각하지 않을 수 없는 것이다. 그러므로 우리는 상수학의 水火의 운동현상과 그의 변화하는 바를 좀더 자세히 말하면 소위 오행운동의 과정에 있어서 水氣의 발산이 끝나는 때가 水의 종점인 동시에 火의 位요, 水氣의 종합이 시작하는 때가 水의 시점(始點)인 동시에 土의 位인 것이다. 그러므로 여기에서 土化(未土)작용을 일으켜서 분산(分散)된 바의 火를 다시 水 본연의 자세로 돌려보내려는 것이다.

이와 같이 보면 水가 발산(發散)하면 火의 象이 되고 火가 종합(綜合)하면 그 象이 바로 水인 것이다. 그런즉 水와 火라는 개념은 변화현상으로서의 구별일 뿐이고 그 실상을 따져보면 火란 것은 水의 기화작용에서 이루어진 물의 변형인 것이다. 다시 말하면 火란 것은 현상계에 나타난 다(多)의 실체인 것이고 결코 만물의 본체는 아니다. 그러므로 火는 주관적 실체인 一水의 영자(影子: 그림자)에 불과한 것이다. 그런즉 水는 火를 산합(散合)하기 위해서 응고성과 자율성과 조화성을 가지고 있는 기본적 존재인 것이다.

그러므로 만일 이와 같은 水가 없다고 하면 우주에는 생명도 변화도 없을 것이다. 그렇기 때문에 水를 우주운동의 본체라고 하는 것이며 또한 이것을 수화일체론(水火一體論)이라고 말한다. 그러면 그와 같은 水는 어떻게 생겼는가 하는 문제가 필연적으로 대두되는 것이다. 이것은 여기에서 논할 바가 아니고 정신론이나 본체론에서 논할 것이므로 약(略)한다. 다만 여기에서는 상수학의 수화일체론은 이와 같은 陰陽運動의 법칙 위에 서 있는 것이므로 이것으로써 분열과 통일을 설명하고 또는 水와 火라는 이질적인 두 개의 원질은 一水를 본체로 한 一인 본체의 이원질(二原質)이라는 것을 말하려는 데 있을 뿐이다.

이와 같이 상수학으로 水火一體 사상을 생각하면서 아울러 탈레스의 사상을 되새겨보면 그가 말한 바의 삼요소는 물론이고 물이 정신과 물질의 본체라고 한 점까지 아울러서 생각할 때에 그는 분명히 철학의 심연(深淵)에까지 들어간 사람이라고 생각하지 않을 수가 없는 것이다. 다만 유감인 것은 그가 자연계의 운동법칙을 제시하지 못했다는 점이다. 그러므로 후일 여기에 반기를 들기 위하여서 다원론이 나왔고 또 그를 경시하게 됨으로써 철학계를 난마(亂麻)와 같이 어지럽게 하였던 것이다. 그 여파로서 오늘날에 와서는 그가 그림자〔影〕로써 피라미드의 높이를 측정하였다든가, 또는 BC 585년 5월 28일의 일식을 예언하였다든지 하는 사실 등을 다만 전설로써 넘기려고 하거나 혹은 우연의 일치로 간주하려고 할 뿐이고 이것을 그의 특출한 철학적 지능으로 생각하려 하지 않는다.

그러나 상수학적 변화원리를 숭상하는 우리는 그의 천재적(天才的)인 두뇌에 감탄할지언정 절대로 경시하지는 않는다.

오호라! 탈레스와 같은 대천재가 만일 태극이 양의(兩儀)로 발전하고 양의가 四象(水火金木: 坎離兌震)으로 전개될 때에 土의 中和를 얻음으로써 五運의 변화작용이 일어났다고 하는 정도의 원칙만 알았다고 할지라도, 그리고 이를 설명했더라면 희랍의 자연철학은 물론이고 오늘의 철학계는 그 위치가 달라졌을 것이다.

우리의 욕심으로 말한다면 거기에다가 지축의 경사 때문에 일어나는 五運과 六氣의 五六變化作用까지 말했더라면 금상첨화겠지만 그것은 바랄 수도 없었던 일이다. 아니 백보를 후퇴해서 물의 통일과 분열작용 한 가지만 확실히 말했더라도 경박한 철인들이 탈레스가 動的 현상을 부정했다고 하는 것과 같은 엉뚱한 비판을 할 수가 없었을 것이다. 그뿐만 아니라 헤겔도 그의 변증법을 완성할 수가 있었을는지도 모른다.

다시 말하면 그의 변증법이 발전의 일면만에서 헤맸을 것이 아니라 통일의 二面에까지 미침으로써 완전한 변증법적 체계로써 우주의 변화를 설파할 수 있었을 것이다.

여기에서 나도 말하리라. 땅 위에 있는 철학의 눈[眼]을 東으로 모으라. 그 다음에는 씹고 또다시 씹으라. 그래도 안 되면 양사(良師)를 구하라. 시간과 良師는 좋은 길잡이가 될 것이다.

제3장 육기론(六氣論)

六氣란 것은 지구의 운동과정에서 五行의 질(質)에 변화를 일으켜서 운행지기(運行之氣)가 하나 더 붙어나게 됨으로써 六種의 氣가 된 것인데 이것은 지구에만 있는 氣이다. 다시 말하면 五行이란 것은 허공(虛空)에 있는 五行 성단(星團)이 각각 자기의 光을 발사하는바 이 光들은 그들이 지니고 있는 성질 그대로의 광인 것이다.

우주간에는 이 기운들이 미만(彌滿)하고 있는데 이 기운이 운동을 시작하면 五運으로 변화하는 것이다. 그러나 五運의 氣化작용이 지구 주위에 집중하게 되면 지구에서는 이것이 六氣로 변화하는 것이다.

그렇다면 무엇 때문에 원천지기(原天之氣: 五行)가 지구 주위에 집중되는 것일까? 또는 그것이 어떻게 변화하여서 六氣가 되는가 하는 문제를 연구하지 않으면 안 된다. 이것은 과학의 발전으로 인하여 '지구에는 자장(磁場)이 있고 자석은 인력이 있기 때문에 물질인 공기는 그 인력에 의하여 집중된다'고 하는 것을 알게 되었다. 그런즉 이것은 틀림없는 사실이다. 그러나 이것을 철학적인 시야에서 볼 때는 그것이 바로 과학적이니 만큼 미비점이 있다. 지구에 자장이 있다는 것은 사실이나 그보다도 더욱 중요한 것은 지구는 왜 자장 중심으로 성립되었는가, 또는 그 자기(磁氣)란 것은 어떠한 것인가 하는 것을 연구하지 않으면 안 된다.

그러나 이것은 본체론에서 연구하기로 하고 여기서는 다만 '지구는 자장 중심으로 이루어진 것은 사실이나 그렇다고 그것이 바로 지구 자체는 아니다'는 것을 말하려는 것이다. 다시 말하면 인력은 자장이 단독으로 이루는 것이 아니고 자장을 포함한 전체의 지구에서 이루어진다는 것을 말하려는 것이다. 그러므로 '易'은 이 象을 '坤'이라고 하였다. 자석만의 힘은 그 인력이 광물질에만 미치는 것이지만 지구의 인력은 五原質 전부에 미치는 것이다. 그런즉 자장의 인력만으로써 이질적인 물상(物象: 五行質)을 유루(遺漏) 없이 흡인한다고 볼 수 있는 근거를 과학적 방법에서 찾을 수는 없는 것이다.

그러므로 동양철학은 지구의 인력을 곤(坤)의 象에서 파악하려는 것이다. 왜 그런가 하면 坤(☷)은 그 象이 三陰의 열립(列立)으로써 이루어지는 것이나 中이 허(虛)하기 때문에 만물(五行氣)을 전부 포용할 수 있는 덕(德)을 가지고 있다. 따라서 광물성 이외의 모든 원질(原質)을 전부 흡인할 수 있는 것은 坤의 象대로 생긴 지구 전체의 인력(引力) 때문에 공기(五行質)를 집중시킬 수가 있다. 그런데 '坤'은 분열의 克에서 이루어진 통일의 시초이기 때문에 여기서 오행질(五行質)인 大氣를 전부 집합하려면 반드시 모순이 생기는 것이나 이것을 능히 조화시켜서 통일할 수 있는 것은 지구(坤)가 포함하고 또 자장은 土性으로서 이것을 포위하고 있기 때문인 것이다. 만일 지구에 자장만 있고 토성(土性)이 없다면, 공중에 있는 광물성분만은 흡수한다고 하더라도 기타의 사성(四性)은 유리될 것인즉 그렇게 되면 통일할 수 없게 되어서 만물은 물론 정신과 생명이나 또는 만물을 창조하며 변화시킬 수가 없을 것이다. 다시 말하면 인력이란 수축력인즉 그것은 바로 자력이다. 그런데 자력이 木火之氣까지 흡인할 수가 있는 것은 곤(坤)이 木火를 金水로 변질시켜 주기 때문이다.

물론 이것은 상화(相火)가 생겨서 六氣를 이루기 때문에 생기는 지구의 운동현상인 것이다(5장 '인신상화론' 참조). 그런즉 五運과 六氣가 만물을 변화 생성하는 것도 실은 인력의 주체를 이루는 '곤(坤)'의 인력 때문에 五六의 運氣運動을 하게 되는 것이다. 그런즉 우주의 변화는 이렇게 하여서 일어나는 바 五運은 천기(天氣)로써 이루어지고 六氣는 지기(地氣)로써 이루어지는 것이므로 이것을 천지운동(天地運動)이라고 한다. 그러므로 六氣의 연구도 五運과 함께 중대한 것임은 말할 것도 없다.

제1절 육기(六氣)의 개념(槪念)

1. 육기(六氣)의 일반적 개념(槪念)

六氣도 五行의 경우와 같이 그 기본은 木火土金水에 있다. 그러므로 그 성질에 있어서 기본적으로는 아무런 차이도 없다. 그러나 六氣와 五運은 변화하는 면에서 차이를 나타내고 있다. 그렇다면 그것은 무엇 때문일까 하는 것을 연구하여야 한다.

지구는 그 축이 23度 7分 가량 경사져 있기 때문에 여기서 인신상화(寅申相火)라는 새로운 불(火)이 하나 더 불어나게 되어서 '五運＋相火＝六氣'로서 나타난 것이다(詳細는 5장 '인신상화론'에서). 이와 같이 하여 인신상화가 불어남으로써 우주운동에 있어서 地支에서는 두 개의 불이 작용하게 되었다. 이 결과로써 인간인 소우주와 천지인 대우주와의 사이에는 수명과 정신의 차이가 생겨나게 되었다(7장 '정신론' 참조).

다시 말하면 대우주는 천기소생(天氣所生)이므로 음양(陰陽)이 균등하게 작용하여서 수명과 정신은 만전을 기할 수 있는 데 반하여 소우주인 인간은 地氣 위주의 소생이므로 항상 形에 대한 저항력이 부족하여서 정신과 수명에 차질이 생기게 되는 것이다.

좀더 자세히 말하면 인간은 形인 육체가 정신과 생명을 보호함으로써 生을 영위하는 것인데 사람은 천기소생이 못 되고 지기소생이므로 음양이 균형되지 못하여서 이러한 결과가 생기게 되는 것이다. 왜냐하면 지기(六氣)에는 寅申相火가 하나 더 있음으로써 陽의 과항(過亢)을 초래하기 때문이다. 즉, 六氣는 木, 火, 相火의 세 개의 陽과 金, 水의 두 개의 陰과 中인 土로서 성립되었으므로 陽의 과항을 면할 수 없게 구성되어 있는 것이다. 이러한 바탕인 지기에서 소생한 것이 人間이므로 언제나

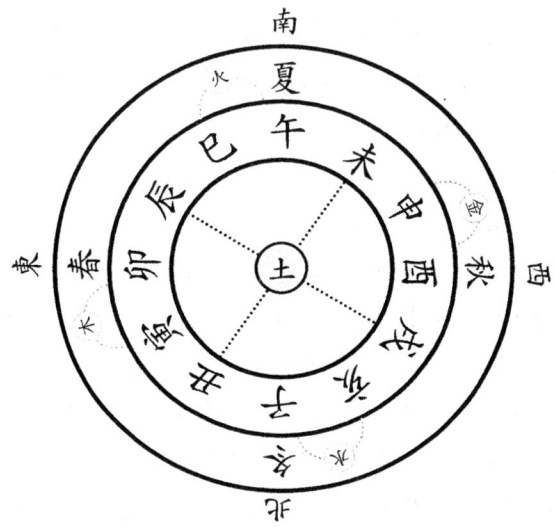

육기방위도

形인 육체가 견디어내지 못하여서 죽게 되는 것이며 따라서 정신의 명암도 여기에 연유하여서 일어나게 되는 것이다.

위의 그림에서 보면 寅卯는 木이요, 巳午는 火요, 申酉는 金이요, 亥子는 水요, 辰戌丑未는 土다. 그러므로 木火土金水의 개념은 五行의 경우와 다를 것이 없다. 그러나 여기에서 다만 五行과 다른 점은 土가 배로 불어났다는 사실뿐이고 위에서 말한 寅申相火가 불어난 것은 아니다. 그러므로 이것을 육기방위도라고 한다. 그러면 六氣의 방위란 무엇을 말하는 것일까? 방위란 것은 五行의 경우에 있어서와 같이 寅卯木은 동방에, 巳午火는 남방에, 申酉金은 서방에, 亥子水는 북방에, 辰戌丑未土는 四維方에 자리잡고 있는 것이니, 이것이 六氣의 방위 표시이다. 그러므로 법칙인 바의 방위적인 六氣는 그 자체로서는 아무런 변화작용도 하지 못한다. 그런데 이것은 六氣 성립의 기본법칙인 것이니 바로 五行의 경우와 꼭 같다. 그러면 다음에 六氣의 운행도를 표시하고 설명함으로써 실지로 변화작용에 참여하는 六氣란 것은 어떠한 것인가 하는 것을 연구해 보기로 하겠다.

아래의 그림에서 표시한 바와 같이 여기서는 상화(相火)가 늘고 방위도의 土는 하나 줄었다.

다시 말하면 전에 표시한 방위도는 木火金水와 二位의 土를 합하여서 방위를 대표하는 기본법칙으로서의 六氣를 표시하였지만 여기에서는 木火土金水와 상화(相火)를 합하여 六氣가 성립된다는 것을 표시한 것이다. 그런즉 이것은 실지로 변화하고 운행하는 바의 六氣인즉 바로 천간에 있어서 五運과 같은 것이다. 그러므로 運에도 '+'와 '−'의 운동이 있었듯이 氣에도 변화하는 氣가 있는 한 역시 진퇴가 있는 것이다.

그런데 運과 氣는 서로 자타간에 배타적인 관계가 있다. 이와 같이 배타적인 運과 氣는 함께 살면서 변화작용을 하는 바 運은 항상 만물의 본

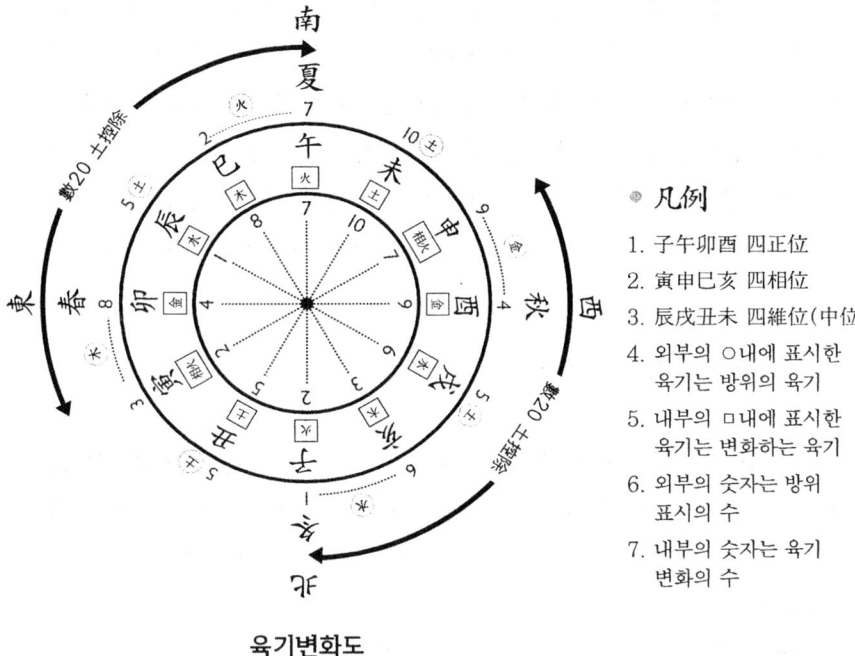

육기변화도

질(생명과 정신)을 이루고자 하며 氣는 언제나 그 본질의 조성에 도움을 주려고 하는 것이다(氣에 승부가 생기면 혹해혹익(或害或益)하는 변화가 일어나지만 이것은 여기서 논할 바가 아니다).

그러므로 '氣'字를 취상할 때에 ㅆ气ㅆ米 한 것이니 '气'자의 뜻은 구름기운이라는 字다. 구름기운이란 말은 아직 구름으로 엉키기 전의 象을 의미하는 것이다. '米'字의 뜻은 사통팔달(四通八達)을 의미하는 것인 즉 '氣'자는 이 두 자를 합한 것이므로 여기에는 종합의 始初를 이루는 未土의 의미가 있는 것이다.

그런즉 氣에는 運을 통일하려는 목적이 있는데, 그것이 바로 '氣'자의 象에 나타나 있는 것이다. 그런데 氣가 보호하려고 하고 運이 율동하려고 하는 그 현상적 과정은 반드시 순탄하지만은 않다. 왜냐하면 五運과 六氣는 그 가운데서 土만을 제외하고는 전부 그 성질들이 편벽되어 있기 때문에 반드시 승부작용을 일으키는 것이므로 여기에서 모순과 대립이 나타나는 것이다. 이것을 운기(運氣)의 승부작용이라고 한다. 六氣는 이와 같이 五運과 합하여서 변화작용을 일으키는 것이다. 그렇다면 六氣가 변화작용을 하는 그 기본은 무엇인가를 연구해 보기로 하자.

2. 육기(六氣)의 생극(生克)

六氣에도 상생관계와 상극관계가 있는 것은 五行과 五運의 경우와 같다. 다만 六氣의 경우에 있어서 五行과 다른 것은 방위로서 볼 때에 六氣에는 土(辰戌)가 하나 더 있다는 사실과 변화면으로 볼 때에 火(相火)가 하나 더 있다는 사실이다.

그러나 辰戌은 순수한 土가 아니고 寅申은 진화(眞火)가 아니므로 이것을 없는 것으로 하고 생각하여 보면(五行에 연유하지 않는 것이므로) 그 다음에는 아무런 차이점도 발견할 수가 없는 것이다. 그러므로 六氣의 상생과 상극관계는 五行과 五運을 연구하면 되는 것이다. 다만 문제되는 것은 辰戌土와 寅申相火를 연구해야 하는 것이다. 그러나 이것도 인신상화론과 토화작용에서 구체적으로 논할 문제이므로 여기서는 약하기로 하겠다.

3. 개념(槪念)의 변화(變化)

天干인 五行이 그의 개념을 변화함으로써 五運이란 새로운 개념의 운동이 생긴 것과 같이 地支인 六氣도 그 기본개념이 변화함으로써 새로운 개념의 변화를 일으켰던 것이다. 우주의 운동은 물론 五六(干支)의 변화운동이지만 사실상 그 변화하는 내용을 검사하여 보면 干支가 개념을 변화함으로써 일어나는 운동인 것이다. 그러므로 다음에 그것을 연구하기로 하겠다.

　五運은 甲己土 · 乙庚金과 같은 자체의 변화개념만 설정하였지만 六氣의 경우에는 상기한 바와 같이 특수한 명칭을 붙인 것이다. 그 이유는 五運은 천간(天干)의 변화이기 때문이다. 다시 말하면 천간이란 개념은 천간(天幹)이라는 뜻이니 간(干)자의 뜻은 줄거리[幹]이다. 즉, 천간이란 것은 천기(天氣)가 운행하는 줄거리란 말이다. 또한 간자(干字)를 취상할 때에 '十'자와 '一'자를 합하여서 간자(干字)를 만든 것이다. 그 이유는 十土 위에 一水가 가해짐으로써 干(幹)이 된다는 말이다.

| 名　稱 | 巳亥 ~ 厥陰 ~ 風木
子午 ~ 少陰 ~ 君火
丑未 ~ 太陰 ~ 濕土
寅申 ~ 少陽 ~ 相火
卯酉 ~ 陽明 ~ 燥金
辰戌 ~ 太陽 ~ 寒水 | [註] 辰戌의 戌字는 戌과 戍(지킬 수)의 二種類가 있으나 필자는 이것을 戌로 통일하고 논한다 |

　이와 같이 천간(天干)은 간(幹)에 불과한즉 그것은 만물화생의 기간(基幹)일 뿐이고 아직 행동할 만한 조건이 성숙되지 못한 것이므로 事物化生의 명칭인 三陰三陽의 개념을 부여할 수가 없는 것이다. 그 뿐만 아니라 우주의 운동은 삼음삼양의 운동인즉 六氣가 化生(化生)하기 전에 있어서의 五의 운동이라는 것은 아직 상징적인 관념에 불과한 것이

다. 왜 그런가 하면 五運이란 것은 六氣에 비하면 아직까지 一氣가 부족한 氣이기 때문이다. 그러므로 여기서는 완전한 陰陽이 없다(완전한 음양이란 것은 삼양삼음 운동이 성립된 후에라야 있는 것이다).

그러나 지지(地支)의 변화인 六氣가 성립되면서부터 우주의 변화요인이 갖추어지게 되는 것이다.

지지(地支)라는 '支'字는 지자(枝字)의 뜻과 동일하다. 천간(天干)을 간(幹)이라고 한다면 이것은 지엽에 불과하다는 뜻이다. 반면으로 '支' 자의 象을 보면 十又의 象을 취하고 있다. 그 뜻은 '支'字는 十土(未土)가 '又'의 작용(又의 의미는 再)을 하는 象을 취하였다는 말이다. 좀 더 자세히 말한다면 十土가 又의 작용을 할 때에, 즉 통일작용을 시작할 때에 만물이 가장 무성하게 되는 것이니 이것이 바로 '支'작용의 시초인 것이다.

이와 같이 보면 간지의 작용이란 것은 水火의 변화작용인 것이다. 그런즉 干支가 완전한 조건을 갖추지 못하면 현실적인 변화운동이란 있을 수가 없는 것이다. 그러므로 변화란 것은 地支의 운동인 六氣에 이름으로써 비로소 완전을 기할 수 있게 된다. 그런즉 삼음삼양이라는(五運에는 없었던) 개념을 설정한 것은 실로 이 때문인 것이다.

> 註 간지(干支)를 취상해설(取象解說)한 것은 60년 전의 十淸 이사문(李斯文)이거니와 이와 같은 正名은 진실로 신비경에서 왕래한 者의 특출한 明의 所作이라 할 것이다. 어하간 진리는 글자(漢字) 자체 속에 숨어 있다는 사실을 잊지 말아야 할 것이다.

그러면 다음은 삼음삼양이라는 本中末과 始中終을 구비한 육기운동에 대한 개념을 연구함으로써 六氣의 변화현상을 살펴보기로 하겠다.

궐음사해(厥陰巳亥) 풍목(風木)이라고 하는 말은 物이 生하려고는 하지만 역불급(力不及)하여서 生하지 못하는 것을 말하는 것이다. '궐

(厥)'자의 뜻은 '其也', '短也'라고 하였다. 그런즉 궐음이란 것은 生하려고 하지만 그 기운이 단(短)하여서 아직 生할 수 없는 것을 궐음이라고 하는 것이다. 또 반면으로 '궐(厥)'字의 象을 살펴보면 厂 (굴바위 엄), ㅆ屰(逆자의 古자), ㅆ欠(지지게 할 흠, 결핍할 흠) 하였은즉 이것은 物이 나오려고 하지만, 즉 역출(逆出)하려고 하지만 굴바위 아래와 같은 응고가 심(甚)한 곳에 있어서 그 힘이 불급하므로 生할 수가 없는 것을 '궐(厥)'이라고 한다. 그러므로 궐자(厥字)는 이와 같은 象을 취한 것이다.

그런데 궐음의 개념을 이와 같이 취한 것은 巳亥木의 성질이 위에서 말한 '궐(厥)'자의 象과 동일한 데서 취한 것이다. 그러므로 그것을 계고(稽考)해 보면 해(亥)는 원래 六水였다. 六水 속에서 木이 나오려고 하는 象을 보면 아직 견고한 감수(坎水)의 내부에 있다. 木이 바로 亥木이므로 나오려는 뜻만 있고 그 氣가 불급하여서 나올 수가 없는 것이 바로 亥木이기 때문이다. 그러나 亥木이 발아하여서 점점 자라게 되면 木氣의 특징을 잃게 되는 그 무렵이 바로 巳木인 것이다.

그런데 사(巳)의 數는 二(火)이기 때문에 여기에 이르면 木氣의 기능을 상실할 수밖에 없는 것이다. 궐음(厥陰)을 巳亥라고 하는 것은 이 때문이거니와 또한 풍목(風木)이라고 하는 것은 木氣에는 動하는 象이 있으므로 이것에 풍목이라는 명칭을 붙인 것이다.

그 다음으로 소음자오(少陰子午) 군화(君火)란 것은 무엇 때문인가 하는 것을 연구해 보기로 하겠다. 군화라는 것은 소음(少陰) 속에서 자라는 火다. 다시 말하면 '君'자는 ㅆ尹 ㅆ口의 象을 취했으니 그것은 진손(震巽)의 뜻을 상징하는 것이다. 왜 그런가 하면 '口'는 氣가 출입하는 것을 말하는 것이요, '尹'은 사물의 주동적 상태를 말하는 것이다. 그런즉 '君'이란 뜻은 주동력을 마음대로 구사할 수 있는 실력 있는 位가 바로 군위(君位)인 것이다. 그런데 이것을 지지에서 살펴보면 군화(君火)

는 子位에서 午位에 이르는 사이의 火를 칭한 것이다. 子는 본래 水요, 午는 火다. 그런즉 子에서 午에 이른 火는 실력은 충분하나 아직 그 맹위을 발하지 못하는 火다. 그것은 왜 그런가 하면 음중(陰中)의 火, 즉 陰性이 아직 많이 작용하는 火이기 때문이다. 그렇기 때문에 그 象이 바로 군화의 象이요, 또한 소음(少陰)의 象인즉 이것은 모두 巳亥에서 계승하여서 활동하는 모습을 표시한 개념인 것이다. 그러므로 子午火는 子에서 출발할 때는 그 힘[力]이 강하지만 午에 와서 火로서의 외형을 갖추게 되면 그 힘은 쇠약해지는 火인 것이다.

그 다음은 태음축미(太陰丑未) 습토(濕土)가 들어오는 바 太字의 뜻은 지극히 작으면서도 지극히 큰 것을 '태(太)'라고 한다. 그러므로 태음이나 태양은 모두 그런 것을 의미하는 것이다. 좀더 구체적으로 말하면 陰이 삼단변화를 할 때에 궐음(厥陰)은 亥에서 시작하므로 丑에 와야만 太陰만큼 자랄 것이고 少陰은 子에서 시작하므로 이것도 丑에 와야만 太陰만큼 자랄 것이다. 그런데 태음은 궐음이나 少陰에 비하여 더 전진한 位에 있는데 이것은 만물이 현실적으로 陰을 生하는 기본점인 것이다. 왜냐하면 물(物)의 태소(太少)라는 것은 陰에서부터(形에서) 규정되는 것이다. 그런데 태음은 三陰의 말단이면서 사실상(事實上)의 形인 寅卯辰의 기본이다. 좀더 자세히 말하면 삼음은 모두 亥子丑을 기본으로 하고 巳午未를 末로 하여서 형을 만든 것인데 亥子丑이 기본이란 것은 형의 준비단계이고 寅卯辰이 體가 되는 것이다. 그런데 여기서 말하는 태음(太陰)은 기본으로서의 말단이므로 이것이 바로 사실상으로 형이 생하는 기본점이다. 그런즉 이와 같이 태음은 형으로서 가장 작은 곳이며 동시에 가장 큰 곳이므로 '태(太)' 자의 象을 취하여서 태음이라고 한 것이다. 그 다음 습토(濕土)라고 한 것은 습(濕)은 본래 水와 火의 중간점이다. 조금만 더 응고하면 水의 형체를 나타내지만 반면으로 조금만 더 분열(分裂)하면 火의 象을 나타내는 것이다. 그런즉 이것은 태음(太陰)이 그의 本인 丑에서 寅卯辰인 體(中)를 거쳐서 巳午未의 말단에 이르렀을 때에 나타나는 象인즉, 이것은 다시 말해서 丑에서 생한 형이 未에 와서 소멸(消滅)되고 다시 '有'가 생기는 象을 습토(濕土)라고 하는 것이다. 그러므로 이것을 丑未라고 하는바 바꿔 말하면 태음과 습토라는 개념은 丑未의 보조개념에 불과한 것이다.

  우주의 운동이란 것은 본래 음양운동이다. 음양에는 삼음과 삼양이 있는 것인즉 궐음(厥陰)·소음(少陰)·태음(太陰)이 끝난다는 말은 바로 삼음운동이 다 끝난 것을 의미하는 것이다. 그런데 여기에서 한 가지 더 유의하여야 할 것은 지금까지 말한 것은 방위로 볼 때 분명히 동남의 물생운동(物生運動)의 과정이었다. 그런즉 그것은 양생운동(陽生運動)이다. 그럼에도 불구하고 삼음운동이라고 하는 것은 무슨 까닭일까 하는 점이다.

  동남에서 양운동을 한다고 하는 것은 그의 본질에 대한 관찰을 의미하는 것이다. 그런데 여기서 음운동이라고 한 것은 그의 작용면을 논한 것이다. 그런즉 사물을 설명함에 있어서 이와 같이 체용으로 논하는 것이 옳은 방법이므로 六氣의 개념을 설정함에 있어서도 이와 같이 二面性을 띠게 한 것이다. 좀더 풀어서 말하면 삼음(三陰)은 다 陰으로서 표시하면서 그 내용은 陽인 바의 풍목(風木)·군화(君火)·습토(濕土)로서 그의 반대면을 표시한 것이다. 왜 그렇게 하는가 하면 변화는 반드시 현상면과 내용면이 서로 상반된 象을 나타내기 때문이다.

  그러므로 독자는 六氣의 개념을 보고 우주의 본질과 현상을 파악하는 공부를 해야 하며 또한 생장면에서 陰(三陰)개념이 작용하는 것은 물(物)의 생장은 음적인 현상을 나타내면서 이루어지고 있으며 또 이루어져야만 하므로 이와 같이 개념을 설정하였다는 것을 유의해야 할 것이다.

다음은 소양상화(少陽相火)가 들어오게 되는데 상화는 寅에서 시작하여서 군화(君火)와 습토(濕土)를 거쳐서 申에 이름으로써 완성되는 것이다. 그런데 저간(這間)의 소식을 회고해 보면 군화는 실력은 있지만 외세는 약하였는데 상화에 이르게 되면 실력은 약화되었지만 외세는 가장 왕성한 火로 변하는 것이다.

그런데 소양(少陽)의 개념을 만들 때에 '소(少)' 자를 취한 것은 '少'는 아직 젊다는 뜻이다. 천도는 삼음과정에서 陽을 전부 발산하였은즉 삼양과정에서는 다시 종합하여야 할 것인즉 소양은 종합의 최초의 단계이므로 '少' 자를 놓은 것이며 이것은 바로 陽의 창조과정을 표준으로 하고 소양(少陽)이라고 한 것이다.

그 다음 상화(相火)란 것은 군화(君火)를 도와주는 火란 뜻이다. 군화를 돕는다는 말은 군화는 발산을 위주로 하는 火인즉 종합만이 그의 보조가 되는 것이므로 천도는 상화로써 군화의 보조작용을 하게 한 것이다. 이것이 마치 인군(人君)을 돕는 정승(相)의 역할이 人君의 방탕을 간(諫)하는 데 있는 것과 같은 것이다. 그런즉 소양과 상화라는 개념은 바로 寅申의 보조개념인 것이다. 寅申은 寅에서부터 申 사이에서 이루어져서 少陽작용과 相火작용을 하기 위한 존재인 것이다.

다음은 양명조금(陽明燥金)이 들어오게 되는데 이것을 한 마디로 말하면 양명이란 것은 日月이 합하여 明을 이루었다는 말이다. 그러므로 「소문(素問)」에 이것을 '양양합명왈(兩陽合明曰) 양명(陽明)'이라고 말한 것이다. 좀 더 자세하게 말하면 태양은 三陽이고, 소양은 一陽인데 그 두 개의 陽이 합하면 明을 이루는 법이다. 그러므로 양양(兩陽)이 합해서 明을 이룬 것을 양명이라고 한 것이다(詳細는 7장 '정신론'에서). 또 조금(燥金)이라고 한 것은 천지의 氣는 未에서는 습(濕)이 生하고, 申에서는 습(濕)이 수렴되기 시작하고, 酉에서는 완전히 조(燥)하게 되는 것을 말하는 것이다. 다시 말하면 양명(陽明)은 물질면에서 보면 수렴하여서 조(燥)하게 하는 데 불과하지만 정신면에서 보면 모든 사욕과 사악의 발동을 버리고 정신을 수렴하는 것이므로 여기서 明이 生하는 것이다.

그것은 기후에 있어서도 마찬가지다. 가령 6, 7월의 하늘[天]은 기압이 낮고 8, 9월에 하늘이 높은 것은 바로 양명조금(陽明燥金)이 生하는 때이기 때문이다. 정신도 이와 같은 원리에서 生하는 것이다. 그런즉 양명이나 조금이라는 개념은 모두 酉金의 보조개념에 불과한 것이다.

그 다음은 태양한수(太陽寒水)의 차례다. 그런데 태양이란 말은 본체면에서 보면 가장 작은 陽이지만 현상면에서 보면 가장 큰 陽이라는 의미이다. 다시 말하면 辰戌은 水이나 동남방인 辰의 때에서 본즉 辰은 물이 아니라 가장 큰 陽으로 보이는 것이다. 그러나 이 때의 태양이란 것은 가장 큰 陽으로 보이지만 사실은 辰水의 작용, 즉 水가 최대분열을 일으킨 것이다. 戌이란 것은 서북방에 있는 水다. 그러나 이것은 사실상 辰의 큰 陽이 수축되어서 戌에 와서 陽이 최심부(最深部)에 복장(伏藏)되어 있기 때문에 작게 보일 뿐이고 사실은 그 실력이 가장 큰 陽인 것이다. 그러므로 태양이라고 한 것이다.

그런데 위에서는 지지의 개념에 대해서 말하지 않았지만 辰戌만은 너무 중요한 것이기 때문에 말하여 두겠다.

辰戌은 본래 방위의 때에는 土였다. 그런데 이것이 대대(待對)작용으로 인하여 돌연변화를 함으로써 辰戌水가 된 것이다. 진자(辰字)의 개념은 용(龍)이라는 뜻과 또는 변화무쌍한 것을 의미하는 것이다. 또 戌자의 개념에는 '개'라는 뜻과 또는 정배(定配)간다는 의미가 있다. 그런데 이 글자는 그 象을 보면 ㅆ戌ㅆ―한 象을 취했다.

戌자는 茂자와 상통하는 字인즉 戌字의 뜻에는 무성하다는 뜻이 있다. 그런즉 戌字에 있는 戌의 뿌리는 戌자의 속에 있는 一에 있다는 象

이 있는 것이다.

그런즉 辰戌이라는 개념은 바로 태양이라는 개념과 동일하다는 것을 알 수가 있다. 六氣의 운동에는 어느 것이나 이와 같은 개념이 없는 것이 없지만 辰戌처럼 물[水]이 本으로 돌아가는 象이 명백히 나타나는 것이 없기 때문에 특히 열거하는 바이다.

그 다음 한수(寒水)라고 하는 것은 水는 그 본성이 응고한다는 뜻이다. 다시 말하면 水가 辰에 이르면 그 象이 비록 가장 큰 陽처럼 보인다고 할지라도 그 본성은 한수, 즉 응고하는 水라는 것을 표현한 것이다.

이상에서 말한 바는 변화하는 六氣에 대한 개념이다. 이것은 그 성질이 五運과 같다. 그러므로 모든 변화작용이나 對化作用은 이것을 바탕으로 이루어지므로 변화원리를 연구하는 데 있어서 가장 중요한 것이다. 그러므로 이것은 五運과 서로 대조하면서 연구하면 가장 납득이 빠를 것이다.

제2절 육기(六氣)의 변화(變化)

1. 육기(六氣)의 운동원리(運動原理)

六氣의 변화도를 잘 살펴보면 寅卯辰·巳午未·申酉戌·亥子丑은 각각 춘하추동에 位하고 있다. 그런즉 그것이 곧 四方이기도 하다.

그런데 四季나 四方이란 것도 각각 한 개의 개념인 이상 거기에는 반드시 本中末의 원칙이 적용될 수밖에 없다. 다시 말하면 한 개의 物이나

事는 그 존재한다는 자체부터가 벌써 어떠한 중심이 있어서 그 중심으로부터 本末이나 始終이 성립된 후에 존재하는 것이다. 그런즉 子午卯酉는 地支에 있어서 사대중심인 것이다. 그러므로 亥와 丑은 子의 本末(始終)이며 寅과 辰은 卯의 本末(始終)이며, 巳와 未는 午의 本末(始終)이며, 申과 戌은 酉의 本末(始終)이다. 그런즉 동서남북이나 춘하추동의 경우도 마찬가지다. 그러나 위에서 말한 바는 지축이 경사졌다는 현재의 조건에서 말하는 것이다. 만일 지축이 바로 선다면 그때는 辰戌丑未가 사정위(四正位)가 되는 것인즉 곧 그것이 中이 된다.

　이와 같이 사정위인 中은 보좌역들을 가지고 있으니 그것이 바로 본말이거나 시종이 될 것이다. 그러므로 亥는 子의 相位요, 寅은 卯의 相位요, 巳는 午의 相位요, 申은 酉의 相位인 것이다.

　상(相)이란 것은 돕는다는 뜻이므로 相을 정승이라고도 하는 것이니, 즉 정승은 王을 보필(輔弼)한다는 뜻에서 취한 것이다. 그런즉 여기서 寅申巳亥를 子午卯酉의 相이라고 하는 것은 바로 寅申巳亥의 도움을 받아서 子午卯酉가 사시(四時)를 주재한다는 뜻이다. 진실로 亥水는 子水의 준비이며, 寅木은 卯木의 준비이며, 巳火는 午火의 준비이며, 申金은 酉金의 준비를 하는 보좌역인 것이다. 그러므로 이것을 상위(相位)라고 한다.

　그 다음 丑未辰戌은 子午卯酉·사정위의 유위(維位)이며 中位이다. 維位라는 말은 얽어매는 位라는 말인데 얽어매어도 가장 正當 公平하게 얽어매는 것이므로 中位라고 한다. 이 뜻은 투쟁만을 일삼는 木火·金水가 모두 丑未辰戌에 얽혀져 있는 것을 말하는 것이다. 丑未辰戌은 진실로 지공무사(至公無私)한 土다. 또 한 가지는 모든 사물에 있어서 본중말(本中末)이나 시중종(始中終)의 終과 末이 가장 위험한 곳이다. 그러므로 천도는 사전의 대비책으로써 이러한 종말에는 丑未辰戌과 같은 중화성(中化性)이 있는 土를 배치해 놓은 것이다. 예컨대 子가 生하려면 먼저 丑土가 보호조절하고, 卯가 발아하려면 먼저 辰土가 보호조절하고, 午가 분열(分裂)의 極을 이루면 未土가 火氣를 계류(係留)하면서 조절하고, 酉가 子로 귀장(歸藏)하려면 먼저 戌土가 陽을 무마하면서 보호와 조절을 가하는 것 같은 일을 하는 位를 維位라고 한다.

이제 여기서 六氣가 운동하는 상태를 數에서 살펴보면,

四正位인 子午卯酉가 20
四維位인 辰戌丑未가 25   65
四相位인 寅申巳亥가 20

합하면 65이다. 그러나 태원(太原)인 一者는 운동하지 않는다. 그러므로 空으로 하여 제(除)하면 바로 64卦의 운동원리가 여기서 나오는 것이다. 반면 四方別로 각각 방위가 차지한 數를 살펴 보면,

亥子丑(冬) 11 (子의 一은 운동하지 않기 때문에 不用)
寅卯辰(春) 16
巳午未(夏) 19
申酉戌(秋) 18

이것은 바로 四季의 분합 상태가 숫자로 나타난 것이다. 좀더 자세히 말하면 겨울의 확장율은 11/64이요, 봄의 확장율은 16/64이요, 여름의 확장율은 19/64요, 가을의 확장율은 18/64이라는 말이다. 이것으로써 우리는 巳午未·申酉戌間인 夏秋에 만물이 가장 분열되고 亥子丑·寅卯辰인 冬春은 확장율이 가장 저하된다는 것을 알 수 있는 것이다. 그러나 독자도 여기 다소간의 의혹이 있을 것이다. 왜냐하면 확장율이 높은

때가 未申까지라면 몰라도 酉戌까지라는 것은 현실과 맞지 않는다고 생각할 것이다. 물론 그렇다. 우리가 만일 서백리아(西伯利亞: 시베리아)에 가서 이런 말을 한다면 앙천대소(仰天大笑) 할 것이다. 그러나 그것은 중국 남방을 표준으로 한 것이기 때문이다. 상수학은 본래 남방에서 발달한 것이다. 그러므로 각국의 방위차만큼 지지의 방위가 달라지므로 그 방위의 차를 계고(稽考)하여 계산하면 결론은 동일하게 된다.

　이것을 여기서 좀더 부연하면 바로 삼천양지운동의 象이 되는 것이다. 즉, 가장 확장율이 높은 夏秋는 19+18=37이고 가장 낮은 冬春은 11+16=27이다. 그런즉 천운동(天運動), 즉 양운동기(陽運動期)는 37이고 지운동(地運動), 즉 음운동기(陰運動期)는 27인즉 대략 夏秋는 삼천작용(三天作用)이고 冬春은 양지작용(兩地作用)이다. 그런데 왜 정확히 맞지 않는가 하면 그것은 지축의 경사 때문이다. 본래 삼천양지의 근거는 오운론에서 말한 28수(宿)의 배열에 있는 것이다. 참고로 그것을 논하면 28宿중 14수는 乙丙丁戊己庚(辛)의 六位間에 位하였고 또 다른 14수(宿)는 辛壬癸甲(乙)의 四位間에 位하고 있는 것이다. 그런즉 천체 자체부터 이와 같이 삼천양지로 되었기 때문에 그 영향은 바로 지구에 미쳐서 지구의 축이 경사지게 되는 것이다.

　이와 같이 하여 六氣의 운동은 서남은 확장하고 동북은 반대인 것인 즉 이것이 바로 丑卯未酉 운동이 巳亥를 중심으로 하는 경우, 즉 선천의 지축을 중심으로 하는 경우를 말하는 것이다. 그러나 만일 丑未를 중심으로 하는 寅卯巳午와 申酉亥子가 운동하는 後天의 무량세계(無量世界)라면 각 20수(數)의 균형운동을 하게 될 것이다.

　다시 말하면 寅三·卯八·巳二·午七의 20과 申九·酉四·亥六·子一의 20數가 균형운동을 하게 되면 승부작용은 없게 되는 것이다. 그러나 선천은 지축의 경사 때문에 氣에 승부가 있고 운(運)에 태과불급

(太過不及)이 생겨서 가열(苛裂)한 생극(生克)작용이 일어나는 것이다.

그렇지만 만일 후천 지축의 정립을 생각할 때 이렇게 되면 변화현상에 신비가 없어지게 됨으로써 철학의 법칙도 따라서 평범하게 될 것이다. 그러므로 신비를 개척하려는 철학의 입장에서 볼 때는 오히려 이것은 매력적인 기대는 못 될 것이다. 要는 위에서 본 바와 같이 육기론은 그것의 운동원리를 지지의 운동이란 지극히 평범한 곳에 두고 있다는 사실을 논하는 데 있는 것이다.

2. 육기(六氣)의 대화작용과 구궁팔풍운동(九宮八風運動)

五行이 五運으로 변화할 때에 對化作用을 하면서 이루어졌던 것처럼 方位로서의 六氣가 자기변화를 일으킬 때에도 對化作用을 하면서 변화하는 것인즉 이것은 전혀 五運의 대화작용과 같다. 그러므로 그것은 五運의 대화를 참고하면 될 것이므로 여기서는 약한다. 그러나 다만 여기서 말하여 둘 것은 寅申相火가 불어남으로써 이루어지는 하나의 새로운 사실이 있다는 점이다.

五行의 경우에서는 五단계를 경과하면 한 개의 대화과정이 끝났는데 六氣의 경우에서는 六단계가 경과할 때마다 한 개의 대화과정이 끝나게 되는 것이다. 얼른 보면 여기에는 큰 의의가 없는 것같이 보일지 모르나 사실은 여기에 중대한 의의가 있는 것이다.

모든 변화는 본중말운동을 할 수 있는 기반 위에서 발전하게 된다. 그런즉 만일 그러한 기반이 이루어지지 못하고 일어나는 변화가 있다고 하면 그것은 절름발이 변화일 것이다. 좀더 자세히 말하면 五行과 五運은 그러한 조건을 구비하지 못했다는 사실이다. 가령 甲乙(木)·丙丁

(火)・戊己(土)・庚辛(金)・壬癸(水)에 있어서 또는 甲己(土)・乙庚(金)・丙辛(水)・丁壬(木)・戊癸(火) 등은 모두 本末로써만 구성되어 있는 것이다. 그런즉 여기에는 中이 없기 때문에 모순대립을 조절할 능력이 없다. 물론 戊己土가 중앙에 있어서 조절의 기본을 이루고 있지만 이것은 다만 기본을 이루고 있다는 것뿐이고 구체적인 변화현상은 아니다.

그러나 六氣에 있어서는 子丑寅이 木을 生하고, 卯辰巳가 火를 生하고, 午未申이 金을 生하고, 酉戌亥가 水를 生하는 것이다. 그런즉 이것은 곧 子寅이 본말이 되고 卯巳가 본말이 되고 午申이 본말이 되고 酉亥가 본말이 되어서 각각 丑辰未戌의 四正을 中으로 함으로써 본중말운동을 하고 있는 것이다. 그런데 이와 같이 본중말운동을 함으로써만이 정상적인 변화운동이 될 수 있다는 말은 바로 이질적인 성질을 가진 木火金水가 각각 조절자인 土를 얻었기 때문에 정상운동이 된다는 의미인 것이다.

위에서 말한 바 사물의 완전한 변화는 六氣의 변화조건이 구비된 다음에라야 이루어진다고 한 것도 바로 여기에 있는 것이다. 그러나 다만 여기서 하나 의문이 될 수 있는 것은 다음과 같은 점일 것이다. 六氣중에서 어느 것보다도 中의 성질을 가진 것은 辰戌丑未일 것인데도 불구하고 사실상 子午卯酉가 中位에 있는 점은 이상하지 않을 수가 없다. 물론 그렇다. 그러나 이것이 바로 지축의 경사 때문에 辰戌丑未가 四正을 이루어서 中立하지 못하고 維位에서 中의 작용을 할 수밖에 없게 되니 현실조건의 소산인 것이다.

각설하고 이와 같이 六氣가 본중말운동을 할 수 있게 되면 그것이 五運과 합하여서 소위 천지운동을 하는 것인즉 이것을 가리켜 우주운동이라고 하거니와 이제 여기서 그 운동하는 象을 상찰(詳察)하여 보면 그것이 곧 구궁팔풍운동(九宮八風運動)이라고 하는 것이다. 구궁팔풍의 설명은 「내경(內經)」에서 연유한다. 그리고 거기에는 어려운 개념들이 나열되어 있다. 그러므로 필자는 그와 같은 어려운 개념은 전부 略하고 다만 쉬운 말과 방법으로 설명하겠다.

이제 구궁팔풍도를 중심으로 하고 연구해 보기로 하자. 변화하는 면에서 보면 그림과 같이 六宮(즉, 十二宮)이 된다. 그러나 그것은 변화의 입장이기 때문에 궁의 규정은 필요가 없다.

궁(宮)이라는 것은 변화하는 位(자리)를 규정하는 것인즉 이것은 방위의 규정이다. 그림을 보면 원의 주위에는 木火金水의 八宮(四宮)이 있고 중앙에 土宮이 있으므로 이것을 합하여서 九宮이 된다. 다시 말하면 八宮은 주위에 位를 가지고 있으면서 서로 음양의 승부, 즉 대립상태에 있는 것이다. 寅木과 卯木의 대립, 巳火와 午火의 대립, 申金과 酉金의 대립, 亥水와 子水의 대립상태로서 八位를 차지하고 있다. 그런즉 이와

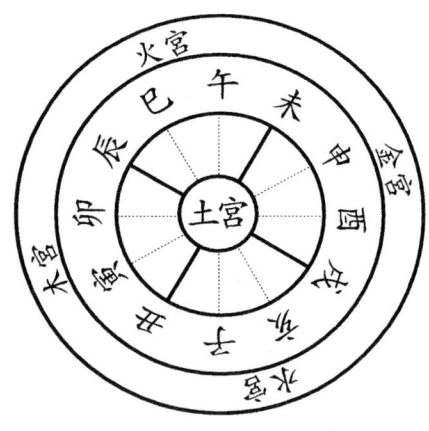

⊛ 凡例

1. 방위로서는 寅卯宮·巳午宮·申酉宮·亥子宮·辰戌丑未宮의 오궁이다.
2. 변화로 보면 子午·丑未·寅申·卯酉·辰戌·巳亥의 육궁이다.
3. 辰戌丑未는 궁이 아니고 중앙 토궁의 임시 출장소이다.

구궁팔풍도

같은 八位는 서로 다른 투쟁성질을 가지고 있기 때문에 이것을 八風이라고 한다. 그러나 이와 같은 대립을 조절하는 土는 中央에만 位가 있고 주위에는 位가 없다. 다만 中央의 位에서 주위의 木火金水의 位에 나와서 작용만 하는 것인즉 우주운동의 방위는 팔개소(八個所)뿐이다. 그런즉 중앙토위(中央土位: 宮)까지 합하여서 九宮인 것이나 실지로 운동하는 宮은 八宮인 것이다. 그러므로 구궁팔풍작용이라고 한다.

그런즉 우리는 여기에서 우주운동의 본질은 아무리 부연한다고 할지라도 이상에서 말한 바, 팔족군(八族群) 이외에는 더 있을 수가 없다는 것을 알 수 있다. 그러므로 복희가 우주운동의 象을 괘(卦)로서 그릴 때에 그 기본을 八卦로서 표시했던 것이다. 그런즉 구궁팔풍이란 것은 팔괘운동의 내용을 표시한 것이며 또한 六氣의 對化作用이란 것은 구궁팔풍운동의 변화인 것이다. 다시 말하면 구궁팔풍운동은 六氣의 대화작용의 도움을 얻음으로써 이루어지는 것인즉 한 마디로 말해서 우주의 변화란 구궁팔풍운동인데 그것은 對化作用과 自化作用에 의하여 이루어진다는 것을 의미하는 것이다. 그런즉 그것은 바로 五運의 55數가 六氣의 64數로 변화함으로써 구궁팔풍운동을 하게 되는 것인즉 구궁팔풍이란 것은 우주변화의 구체적인 상태인 것이다.

3. 육기(六氣)의 자화작용(自化作用)

六氣가 변화하는 것은 五運의 경우와 같다. 다만 다른 점은 五運은 그의 변화에 있어서 對化作用의 도움을 받으면서 變化하였던 것이다. 그런데 六氣는 對化作用과 自化作用의 두 가지로 변화한다는 점이 다른 것이다. 五運은 위에서 말한 바와 같이 본중말운동이 완전하지 못하므로 자화(自化)할 수가 없는 것이다. 자화작용은 반드시 土의 작용과 합하여서 이루어지는 것이다. 모든 五運의 경우에 있어서처럼 四元質이 모두 土化作用의 도움을 받지 못하는 경우에는 木火金水는 自化할 수가 없다. 다시 말하면 五運은 다만 甲己土의 변화작용에만 의존하는 것인즉 방위는 네 개처인데 土는 두 개가 부족하여서 방위가 각각 자기의 土를 가지고 있지 못하므로 자화작용을 못하는 것이다. 그러나 六氣에는 土가 네 개 있으므로 自化할 수 있는 것이다. 그런즉 六氣는 五運처럼 對化도 하며 또한 自化도 하는 것이므로 여기에 이르러서 완전한 변화가 일어나는 것이다(2장 2절 '육기의 변화'를 보면서 연구하는 것이 이해가 빠르다).

六氣의 亥子丑은 水宮이다. 그런데 水宮이 어떻게 자화(自化)하는가 하는 것을 연구해 보기로 하자. 亥는 방위로서는 六水요, 변화로서는 三木이다. 六水라는 것은 木을 生하려는 의미만 내포하고 있는 것이다. 왜 그런가 하면 亥는 일면으로는 水요, 일면으로는 木인즉 水半에 木半인 성격을 가지고 있으므로 엄격히 말해서 水木 두 개의 象을 다 가지고 있는 것이다. 그런데 이와 같은 亥木을 궐음목(厥陰木)이라고 하는 것이니 이것은, 즉 수중지목(水中之木)이다. 그런데 여기에서 예를 들면 水中之木인 亥는 그 數가 3+6=9가 되는 것인즉 九는 다시 더 수축해야만 소위 자동성(自動性)이 생길 것이니 그렇게 되면 그것이 바로 子가 될 것이다.

子는 방위로는 一水지만 변화로서는 二火다. 그런즉 子라는 것은 一水·二火의 성질을 겸유한 것인즉 그것은 水半·火半의 象을 가질 수밖에 없다. 그러므로 子는 水로 보면 動하려는 水요, 火로 보면 水中에 잠복하고 있는 火다. 子의 象이 이러하기 때문에 여기에서 動할 수 있는 준비가 완료되고 있는 것이다. 그런데 그 數는 1+2=3인즉 子는 외형은

水지만 내용에서는 이미 木이 되고 있는 象인 것이다.

그 다음은 丑의 단계이다. 丑은 방위로서도 土요, 변화로도 土다. 그런즉 이것은 5+5=10의 수(數)다. 그런데 十土란 것은 一이 최고도로 발전한 수(數)인즉 이것은 분화하면서도 수축하는 象인 것이다. 다시 말하면 '十'이란 변화의 종점이며 또한 시점이다. 그러므로 六과 一인 亥子水가 여기에 와서 비로소 출동준비를 완료한 것이니 이것으로써 水宮의 자화운동(自化運動)이 끝나고 木運動이 여기서 시작하게 되는 것이다. 그러므로 木의 운동은 여기서부터 시작하게 된다.

寅은 木의 시발점인데 방위로서는 寅木이고 변화로서 寅相火다. 그러므로 寅의 성질에는 木의 象과 상화의 象이 겸유하고 있다. 그런데 그 수는 3+2=5인즉 이것이 바로 寅의 象인 것이다. 그 뿐만 아니라 寅은 丑에 기본을 두는 것이므로 그 土의 數가 寅의 數로 변화한다.

즉, 寅木이란 것은 木의 形이 생기지 아니한 地中의 木인즉 形이 있을 수가 없는 것이다. 그러므로 地中木은 土化作用의 소산이며 또는 土의 象을 띠고 있는 것이다. 그렇기 때문에 卯木은 이와 같은 (五土) 바탕에서 生하는 것이다.

卯는 방위로서 보면 八木이지만 변화로서 보면 四金인 것이다. 그러므로 卯는 木의 象과 金의 象을 공유하고 있다. 다시 말하면 이것이 바로 形의 시초인데 모든 形은 金水의 제압을 받음으로써 이루어지는 것이다. 그런데 卯木은 金의 제압만을 받으면서 이루어지는 것이므로 形이 아직 견고하지 못하고 순전히 기운덩어리의 상태로 된 것이다. 즉, 寅木에 비하면 좀더 엉겼을 뿐이고 아직 완전한 形은 못 된 것이다. 그러므로 그 數를 보면 8+4=12이다. 그런데 氣가 物로 변화하는 마디가 '十'인 때 이것은 또한 二火와 十土가 병서(竝棲)하는 象이다. 그런데 二火는 수중지화(水中之火)이고 十土는 중화지토(中和之土)이므로 이것은 바로 寅木 때만 좀더 팽창(膨脹)한 象인 것이다. 왜냐하면 二火에다가 寅木 때 정도의 土力을 배가한 象이기 때문이다.

그런데 여기에 바탕을 두고 生하는 것이 辰水이다. 辰水는 방위로서는 土였고 변화로서는 水다. 다시 말하면 一水五土가 동덕하여서 形을 완성하는 곳이 바로 여기다. 그런데 여기에 와서 土가 水로 변하는 것은 卯金의 작용이 이미 形을 만들기 위해 준비하였는데 그것이 다시 상승하여서 소위 승명(巳)의 기본에까지 왔으므로 金(卯)化爲水 하는 것이다. 왜냐하면 卯金은 양방(陽方)에서 금화위수(金化爲水)하고 酉金은 음방(陰方)에서 금변위수(金變爲水)하기 때문이다.

그러므로 그 數는 5+1=6인즉 이것은 여기서 水化작용을 한다는 의미의 표현인 것이다.

이와 같이 寅卯辰의 본중말운동을 거쳐서 木化작용이 완성되는 것인즉 여기가 바로 물덩어리 같은 싹[牙]이 발하는 곳이다.

그 다음은 巳午未의 火宮이 들어온다. 그러면 火는 어떻게 이루어지는가 하는 것을 연구하여 보기로 하자. 巳는 방위로서는 二火였지만 변화로서는 八木이다. 그런즉 巳는 八木의 象과 二火의 象을 겸유한 것인즉 이것은 木이라고도 할 수 없고 火라고도 할 수 없는 象이다. 그런즉 巳가 二火란 것은 卯木과 합세한 것이므로 木의 용출력은 없어져서 木氣는 여기에 와서 소모되는 곳인즉 그것이 곧 巳二火의 象이다. 그런데 木氣가 없어지는 곳은 토작용이 있는 곳에 한하는 것인바 이곳이 바로 辰土에 기본을 둔 곳이기 때문이다. 그러므로 數는 2+8=10인즉 이 數에 土象이 있는 것이다. 천도에서 보면 十土는 未에서 성립되지만 그 시작은 巳에서 일어나는 것이므로 금화교역(金火交易)도 여기에서 시작한다.

그 다음은 午가 들어오는데 午는 방위에서도 七火요, 변화에서도 七火다. 여기에 이와 같이 강력한 火가 들어오는 것은 이 때가 화왕작금

(火旺灼金)하는 때이기 때문이다. 그 뿐만 아니라 변화에서 數가 변하지 않는 곳은 丑未와 午뿐인데 이것은 본질의 변화가 없이 순수한 작용을 하는 곳이기 때문이다. 그런즉 數가 변하지 않는다는 말은 아무런 제압도 받지 않는다는 뜻인즉 午七火는 形의 말단이기에 무한분열이 행해지므로 그렇게 되고 丑未는 土의 중화점(中和點)이므로 數가 변화되지 않는다. 그런데 午의 數는 7+7=14다. 그런즉 이것은 十土와 四金이 공서(共棲)하는 象이다. 천도는 이와 같이 午의 극점에 이르렀을 때에는 비록 개념적으로 제압을 받지 않는다고 할지라도 그 수상(數象)에는 이와 같은 견제의 象이 있는 것이니 여기에 바로 인간의 눈에 보이지 않는 견제의 象이 있는 것을 증명하는 것이다.

그 다음은 未土가 작용하게 되는 것이다.

未도 午와 같이 自化의 견제를 받지 않고 있다.

그러나 그 數는 10+10=20 이다. 그런데 자연수는 19에서 끝나고 20은 허(虛)가 된다. 그렇지만 이 虛라는 것은 순수한 虛를 의미하는 것이 아니고 다만 종합을 위한 시초일 뿐이다. 즉, 통일이 완성된 空이 아닌 즉 진공(眞空)과는 다르다. 그러므로 空의 창조를 시작하는 虛는 空이라고 하지 않고 無라고 하는 것이다(자연수는 제4장 상(象)과 수(數)을 보라). 그런데 19는 하향작용을 시작하는 數이다. 그런즉 20이라는 數는 사실상으로 19數의 기본인데 변화작용에서 數의 화합(化合)은 19를 넘지 못하므로 19로써 종지(終止)되거니와 19는 十土와 九金을 합한 것이다. 그런데 여기서 火의 과정을 다시 고찰해 보면 巳火의 數에는 十土의 象이 있었고 午火의 數에는 十土와 四金의 象이 있었다. 그렇다면 火의 과정에는 왜 이와 같은 수상(數象)이 있었는가 하는 점이니 이것이 바로 火가 금화교역의 뜻을 내포하고 있었다는 반증인 것이다.

그 다음은 金宮이 들어오는 바 그 처음이 상화(相火)다. 상화인 申은 방위로서는 九金이지만 변화로서는 七火다. 그런데 申은 서방인즉 동방의 반대다. 그러므로 申에서 七火가 九金에 의하여 포위당하는 象이 되는 것이다(만일 동방에 이러한 자화(自化)의 象이 있다면 九金이 七火에 의해서 늘어나는 象이 될 것이다). 그러므로 그 數가 9+7=16이다. 그런즉 이것은 十土와 六水가 陽을 포위하는 象이 된다. 그런데 여기서 한 가지 더 고찰하여 둘 것은 양방(陽方)에서는 土 다음에 있는 寅이나 巳는 다 土에 기본을 둔 것들이기 때문에 자화작용에서 數象이 각각 土象으로 나타났는데 음방(陰方)에서는 土에 기본을 둔 申이나 亥에는 土象이 나타나지 않고 六水九金의 象이 나타났다는 사실이다. 이것으로 보면 양방(陽方)은 土에 의해서 化하려고 하고 음방(陰方)에서는 土에 의해서 變하려고 하는 象이 數로서 나타나고 있다는 것을 알 수 있은즉 우리는 여기서 象과 數의 묘합관계를 넉넉히 짐작할 수 있는 것이다.

그 다음은 酉金이 들어오는데 이것은 방위로서는 四金이고 변화로서는 九金이다.

이것은 양자가 동일한 金이므로 여기에는 이질적인 억압은 없다. 그러나 金이란 것은 본래 제압을 목적으로 하는 것이다. 그런데 그 수상(數象)을 보면 陰陽金이 합해 있으므로 여기서 金으로서의 통일은 완료되는 것이다. 그러므로 4+9=13이란 수식은 바로 陰金과 陽金이 합해서 그 象이 土木의(十土 三木) 象으로 된 것인즉 이것은 바로 兩金이 합세하여서 申相火 때에 九金으로 포위했던 七火를 여기서 완전 포위해 놓고 보니 그 내용이 변하여 木으로 후퇴하고 그 외면은 土의 象을 띠고 있는 것이다. 그런데 申相火 때에는 외형이 水土(16)였는데 여기에 와서 土木으로 변하는 것은 水土가 합덕하여서 핵과 생명을 창조하려는 준비인 것이다. 따라서 음도후천(陰道後天)의 상합(相合)작용, 즉 통일작용은 항상 수토합덕(水土合德)으로써 이루어진다는 것을 알 수 있는 것이다.

그 다음은 戌이 들어오는데 戌은 방위로서는 五土요, 변화로는 六水다. 여기에서는 六水로써 五土를 포위 보호하려는 것이다. 다시 말하면 戌은 金宮의 종점이요, 또한 一水를 창조하려는 기본인 것이다. 한편으로 보면 戌土란 것은 이미 서북에 있으므로 外化작용은 할 수 없고 內化작용만 하는 존재인 것이다. 소위 西北土의 내화작용이란 것은 金中에서 수축(收縮)한 陽(木)을 다시 통일할 때에 그것이 상(傷)하지 않도록 하기 위하여 戌土로써 우선 보호하며 조화하는 작용인 것이다. 그러므로 그 수식이 5+6=11이 되는데 이것은 곧 수토합덕(水土合德(5+6))하면 그 결과는 空이 된다는 뜻이 되는 것이다.

5+6=11인데 空이라는 것은 십(十)은 본래 空이고(數의 成立과 變化를 상찰) 一은 본체불용수(本體不用數)이므로 이것은 다만 작용의 기본일 뿐이고 실상은 없는 것이다. 그렇기 때문에 자연수의 가치에 있어서 1과 11은 내용으로 볼 때 동일치이며 또한 空인 것이니 공이라는 개념은 작용을 정지(靜止)한 象을 말하는 것이다.

돌이켜 생각하여 보면 辰의 자화운동(自化運動)은 一水를 六水로 화(化)하면서 분열의 기초를 만들었던 것인데 戌의 자화작용은 六水를 一水(11水)로 만들어서 본체로 환원하는 것이니 이것이 바로 불교가 말하는 空의 位이고 일부(一夫)가 말한 바 십십일일지공(十十一一之空)인 것이다. 그러므로 이 一數는 아무리 자승(自乘)하여도 불릴 수가 없는 것이니 그것이 바로 본체이며 또한 공이므로 복희는 그의 괘도에서 건(乾)의 數를 一로 하였고 문왕(文王)은 그의 괘도에서 乾을 서북방에 놓음으로써 하나는 數로써 乾의 본질을 표명했고 하나는 방위로써 乾의 象을 표시한 것인즉 이것은 모두 戌의 象과 數의 작용을 나타낸 것이다.

제4장 상(象)과 수(數)

　우주의 모든 변화는 運과 氣의 승부작용에 의해서 이루어지는 것이다. 그렇지만 변화현상의 승부작용이란 것은 다만 관념적인 인식에 그치는 것이 아니라 이것을 현실적인 사(事)와 물(物)에서 포착할 수가 있어야만 하는 것이다. 만일 그렇지 못한다면 이것은 다만 관념적인 공상에 지나지 않을 것이고 실학(實學)이 될 수는 없는 것이다.
　그러므로 우주의 변화현상을 실학적으로 연구하고 또 이것을 실용화하려면 사물의 변화와 꼭 부합되는 기본법칙을 연구하여야 할 것이며 또는 그것을 활용하는 방법을 배워야 할 것이다. 그런데 그것이 바로 運과 氣의 운행법칙이므로 그것은 사물을 탐색하는 방법인 象과 數에서 배워야 하는 것이다. 현실세계에서 동정하고 있는 모든 사물은 그 변화상태가 측량할 수 없을 정도로 잡다하다 할지라도 象의 기미(幾微)를 잘 관찰할 줄 아는 사람에게는 장중지물(掌中之物)에 불과할 것이다. 이것을 신비로 생각하는 것은 총명과 관찰력이 불급(不及)한 사람에게만 있을 수 있는 환상일 것이다.
　그런데 만일 우주의 사물들이 단순히 象만 나타낸다고 하면 象의 가부판단에 있어서 많은 혼란이 일어날 것이다. 그러므로 자연의 조화는 이와 같은 폐단을 방지할 수 있는 자연수가 象과 함께 흐르게 하고 있는 것이다. 그러므로 이것을 상수(象數)라고 하는바 數는 象의 의미를 밝혀 주며 또 그의 내용을 증명해 주기도 한다.

　五運과 六氣의 변화작용은 이와 같이 象과 數에 의해서 그 내용을 관찰할 수 있고 또는 밝혀 줌으로써 그것이 현실적인 실용에 참여할 수 있게 된다. 象과 數는 이와 같이 변화원리를 실현하는 방법과 수단이 되므로 그의 중요성은 더 말할 것도 없다. 그러나 실제로 사물에서 象을 관찰하거나 또는 數의 흐름을 알아내기란 결코 용이한 일이 아니다. 그러므로 상수철학의 성패는 바로 여기에 달려 있는 것이다. 그렇기 때문에 象과 數에 대한 관찰력 양성(養成)은 철학적인 절대요건으로서 대두하게 된다.

제1절 상(象)

1. 상(象)의 개념과 성립

　象이라는 개념은 形과는 반대되는 개념이다. 만일 形을 인간의 감각에 쉽게 느껴질 수 있는 것이라고 한다면 象은 일반적인 인간, 즉 明을 잃은 인간이나 또는 자연법칙을 관찰할 줄 모르는 사람에게 인식되기 어려운 무형(無形)을 말하는 것이다.

　그렇다면 象은 사실상 무형인가 하면 반드시 그런 것은 아니다. 다만 세속적인 사회생활과 거기에서 오는 사욕 때문에 어두워진 근시안적인 사람의 이목(耳目)에만 무형으로 나타나는 것뿐이다.

예를 들면 원자세계와 같은 것은 물론이고 공기나 색소 같은 것도 또한 象인 것이다.

그러므로 五行의 木火土金水라는 것도 그의 본질은 다섯 가지의 象인데 다만 그것이 응결하여서 형체를 이루게 되면 물체가 되고 분열하여서 氣化하게 되면 그것을 象이라고 한다. 그런즉 形과 象이란 것은 현실적으로는 異質적인 陰性과 陽性의 두 가지로 나누는 것이나 그 본질을 따져보면 一本體의 兩面性에 불과하다.

形과 象은 이와 같은 관계에 있는데도 불구하고 인간은 形은 볼 수 있지만 象을 관찰하지는 못하는 것이다.

왜 그런가 하면 象이 비록 무형이라고 할지라도 그것이 바로 形 이전의 기본이라는 원리를 모르기 때문에 모든 形은 반드시 기미(幾微)를 나타내고 있다는 사실에 몽매하게 됨으로 인하여 形에서 象을 찾으려고 하지도 못하며 또는 그 법칙을 공부하려고도 하지 않는 것이다.

예를 들면 인간이 분노할 때에는 반드시 그 분노의 주체인 간기(肝氣: 木氣)가 흥분하고 있는 象이 五行의 생극원리대로 안면에 나타난다. 그러므로 사람이 만일 내심으로 그의 노기(怒氣)를 감추려고 아무리 노력한다고 할지라도 반드시 그 象이 얼굴에 나타나게 된다. 이 때에 있어서 일반 사람은 그러한 象을 보지 못할지 모르나 총명한 사람은 속일 수가 없는 것이다.

이와 같이 象과 철학은 불가분의 兩者인 것이다. 그러므로 사물의 象을 연구하는 목적은 철학적 진리를 탐색하며 또는 明을 양(養)하려는 데 있는 것이다.

그러나 象을 연구하기는 쉬운 일이 아니므로 우리는 이것을 연구하기 위하여서는 먼저 數와 괘(卦)에서 象을 관찰하는 방법을 공부하여야 한다. 왜 그런가 하면 수식이나 수열에도 자기자체의 象이 있고 팔괘에는 만물이 변화하는 象이 망라되어 있다. 그러므로 선성(先聖)들은 하도(河圖)와 낙서(洛書)에서 수상(數象)을 연구했으며 또는 그것을 계발하여서 괘상(卦象)으로 발전시켜 놓았던 것이다.

이와 같이 수상과 괘상을 연구한 다음에는 물상(物象)을 연구하여야 한다. 다시 말하면 수상과 괘상에서 그의 기본과 법칙을 연구하는 것은 物에서 象을 파악하려는 기초공작이다. 그러므로 그 다음에라야 물상을 연구할 수 있게 되는 것이다.

2. 수상(數象)

수는 계산을 위하여 인간이 임의로 만든 것이 아니고 수 자체가 진리이며 철학인 것이다. 그러므로 수가 나타내는 모든 象은 허상이 아니고 실상이다. 다시 말하면 만물은 그의 본질대로 象이 나타나고 象에는 반드시 그 象의 내용인 바의 數가 있다는 것을 의미하는 것이다.

그렇다면 만물의 본질은 과연 무엇이며 또한 어디서 찾아낼 것인가? 물론 이것을 탐색하는 현실적인 목표는 사물 자체의 象에서 직접적으로 찾는 것이다. 그러나 그것을 연구하기 위하여서 수상에서 찾는 방법부터 공부하여야 한다.

좀더 자세히 말하면 하도(河圖)는 자연수가 통일하는 象을 표시한 것이고 낙서(洛書)는 자연수가 발전하는 象을 나타내는 것이다. 그러므로 여기에서 그의 산합(散合)하는 象을 연구하면서 수상과의 관계를 연구해 보기로 하겠다.

하도를 살펴보면 하부에 있는 六(水)은 一(水)을 내부에 안고 있는 象인데 一이 내부에 있고 六이 외부에 있는 것을 표시한 象은 바로 六이라는 성수(成數) (4장 '수의 성립'을 볼 것)가 一이라는 생수(生數)를 포위하고 있는 象이다.

그런데 이와 같은 象이 北方正位에 있는 것은 (이것이 艮方에 있는 것만큼 만족하지는 못하지만) 六이 결국 포위망을 이완(弛緩)하면서 一을 방출(生)할 수밖에 없는 象을 머금고 있는 것이다. 그러나 하도의 一(水)은 아직 그 뜻을 실현하지 못하고 있는 象이다.

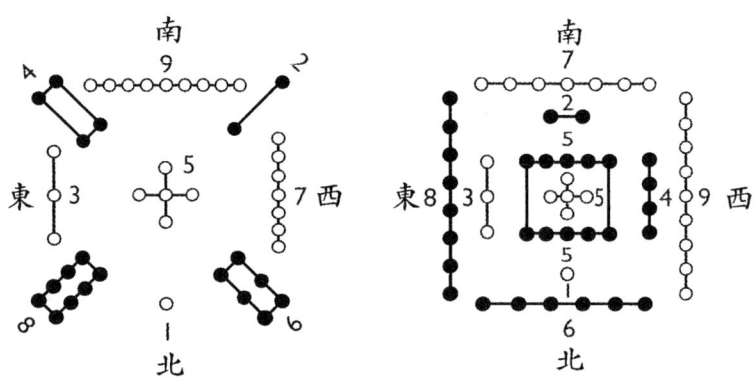

낙서(좌)와 하도

註 그림의 숫자는 필자의 註解다.

그러나 반면으로 낙서(하도가 발전한 象이다)를 보면 一(水)은 정북방에 놓였고 六(水)이 서북방에 있다. 낙서에 이와 같이 표시된 것은 낙서는 하도와 같은 의사표시만이 아니고 이미 행동인 것을 나타내는 것이다. 좀더 풀어서 말하면 서북은 수축이 미급(未及)한 곳이요, 정북은 통일(統一)이 완성된 곳인 바 여기에서 새로운 활동이 시작되는 것이다. 그러므로 글자를 正名(개념을 만드는 것)할 때에 '六'자는 ㅆㅗㅆㅅ하는 두 글자의 象을 합하여서 만들었던 것이다('亠'자는 古字의 上字다. 그러므로 우뚝 올라가려는 象이 있다. '八'자에는 포위망을 뚫고서 나가려는 象이 있다). 그렇게 만든 것은 지하에 있는 八(木)이 상향하려는 象을 六字에 표시하기 위함이다. 그런즉 이러한 '六'이 외부를 포위한 象을 하도에 표시한 것은 다만 一六이 생의(生意)만 가지고 있다는 것을 표시한 것이지만 낙서에 六을 서북에 놓고 一을 정북에 놓은 것은 六은 아직 완전한 통일이 아니고 정북(正北)의 一에 이름으로써 완전한 통일이 되어 가지고 동북위(東北位)에서 八(生)하려는 행동과정을 표시한 것이다.

그런즉 우리는 一이 多로 변화하는 준비기본은 一六八의 준비과정인 북방감수(北方坎水)에 있다는 것을 여기에서 알 수 있게 되는 것이며 따라서 현실적인 변화(생장)의 象은 낙서에 있고 다만 그의 기본만 하도에 있다는 것도 알 수 있는 것이다.

이와 같이 一은 六에 의하여 이루어지고 六은 一의 완성을 도우면서 또한 形의 본질로서 존재하는 것이다. 그러므로 一은 생명의 본질이고 六은 형체의 기본이 되는 것이다.

그 다음 하도는 八(木)이 외부를 포위하고 三(木)이 내부에 있다. 그런즉 이것은 분열하려는 음형(陰形: 八)인 바 그것이 전혀 생의(生意)만 가지고 있던 六에서 이만큼 발전하여서 동에 와 있고 또는 생명의 본질이었던 一이 三이 되어서 이미 동방의 내부에 와 있는 것이다. 그런즉 이것은 북방의 一이 이만큼 팽창(膨脹)한 象을 표시한 것인즉 이것이 바로 천도가 생화(生化)하는 象이다.

그런데 낙서는 관찰하면 동북위에 八이 있으니 이것은 北方六一이 발하려는 뜻이다. 그런즉 三이 동방정위에 있는 것은 三이 동방에서 주동역할을 한다는 것을 표시한 것이다. 그런데 三의 개념은 一이 자기의 기본인 陰을 쓰고 發한 象을 표시하는 것이다(一을 基本陽이라고 하고 二를

基本陰이라고 한다). 그러므로「자전(字典)」은 '三'을 정명(正名)하기를 '일가어이(一加於二)'라고 하였으니 실로 이것을 말하는 것이다.

동방정위(東方正位)에 이와 같은 三이 있어서 동북위(東北位)의 八의 도움을 받으면서 八하려는 뜻을 실현한다.

그런즉 천도에 있어서 一의 통일은 三의 분열로 인하여 파괴되면서 多의 세계로 향하는 것이니 이것이 바로 一이 三으로 발전하고 六이 八로 발전하는 수상(數象)이다. 그러나 一은 사실상 火를 포위하면서 一을 만들었던 것인즉 三의 분열이란 것은 곧 火[불]의 발전이므로 그 다음은 火의 단계로 들어가게 된다.

火의 位를 하도에서 보면 七(火)은 외부에서 發하고 二(火)는 내부에서 그의 발산작용을 견제하고 있다. 다시 말하면 六一水·八三木 하던 水木작용에서는 六이나 八의 陰은 形을 만들고 또는 陽을 보호하기 위하여 표면에 있으면서 확장되는 존재였는데 二七火와 四九金의 과정에서는 이와는 반대로 陰이 내부에 있으면서 오히려 陽의 발산을 견제하는 것이다. 왜 그런가 하면 불[火]이 만일 분열하게 되면 반드시 形을 잃게 될 것인즉 이것을 미연에 방지하여야 할 것이므로 하도의 象이 이와 같이 표시된 것이다. 하도는 다만 이와 같은 의미의 표시에 불과했지만 낙서에 있어서는 동남방에 四(金)가 있고 정남에 九(金)가 놓여서 九金이 불을 포위하는 주동역할을 하고 四金이 九金의 작용을 방조하고 있는 象이다. 이것을 하도에 비하면 불의 포위작용으로서는 아주 구체적이다.

이와 같이 金이 들어와서 불을 포위하는 것이 바로 우주변화의 진상(眞相)이다. 그렇다면 四字와 九字의 象에 그러한 뜻, 즉 金의 의미가 과연 있는가 하는 것을 연구하여야 한다.

四字는 씨□씨八자이다. □字는 위자(圍字)의 古字다. 그런즉 四字

속에는 八이라는 쪼가리의 성질을 가진 것이 들어가서 포위당하고 있는 象이 있은즉 이것은 분명히 金을 상징하는 것이다. 그 다음 九字는 从乙 从丿인즉 乙자의 뜻은 굴(屈)하는 것을 의미하는 것이요, 丿자의 뜻은 陽의 발전을 의미하는 것이다. 그런즉 九字의 뜻에는 丿이라는 陽이 발전하려고 하지만 乙의 屈하는 성질 때문에 발전이 정지되고 있는 象이 있는 것이다. 그러므로 자전(字典)에 九자의 뜻을 '합야(合也)' '취야(聚也)'라고 한 것은 실로 이것을 말하는 것이다. 이상에서 계고(稽考)해본 바와 같이 四九의 象 속에도 역시 위와 같은 수상(數象)이 있다는 것을 알았다.

그런즉 낙서에서 이와 같은 象이 표시된 것은 우주 발전의 변화를 수상에서 나타내고 있는 것인 바 이것을 금화교역이라고 한다(이것은 5장 3절 '금화교역론'에서 상술).

그 다음은 金의 位인데 하도에서는 四(金)가 내부에 있고 九(金)가 외부에 있어서 九金의 종합작용은 內部의 四金이 도와주고 있는 것이다. 이와 같이 함으로써 九가 지니고 있는 양금(陽金)의 성질이 四의 견제와 합세(合勢)함으로써 陽을 포위하는 데 성공하는 象이 있는 것이다.

그런데 낙서(洛書)에서는 서방에 火가 와 있다. 다시 말하면 二火는 서남방에 있고 七(火)은 正西에 있는데 이것은 二火로서 七火를 속에 포장하려는 의미인 것이다. 물론 火를 포장하는 것은 남방에 있는 四九金이 하는 것이지만 火 자체로 보더라도 二火로서는 수렴하려고 하고 七火는 항상 발산하려고 하기 때문에 이와 같은 음양조직(陰陽組織)으로 되어 있는 것이다.

그런데 火의 수상(數象)을 살펴보면 '二'字는 두 개의 '一'字가 합하여서 '二'字로 된 것이다.

그런즉 '二'라는 것은 '一'이 팽창하여서 늘어난 象이므로 '二'가 수축(收縮)되면 다시 '一'이 되려고 하는 象이 있고 '七'字는 '十'字가 아직 미완성된 象이다. 즉, '十'자의 종획(縱劃)이 곧게 내려가야만 할 것인데 곧게 못 가고 구부러진 象인즉 이것은 十土 이전의 상태다.

二七火라는 것은 바로 이와 같은 수상(數象)에서 개념을 취한 것이다. 그런즉 이것도 역시 자기 자체의 수상을 가지고 火의 작용을 하는 것이다.

그 다음은 五와 十의 수상을 연구해 보기로 하겠다. 하도에는 五(土)는 중앙에 있으니 이것은 진실로 중앙의 中央이다.

十土는 중앙에 있기는 하지만 五의 上下에 각각 五개씩 있으니 이것은 중앙의 표면이라고 할 것이다. 이와 같이 十土가 五土를 포위하고 있는 것은 五는 十에 비하여서 半分밖에 늘어나지 못한 것이므로 이것은 아직 속에 있는 象이 있고 十은 數의 최대확장이므로 표면에 놓이는 象이 있다. 그러므로 五土는 확장하려는 土요 十土는 종합하려는 의미가 내포되어 있는 土라고 한다. 그런데 낙서는 중앙에 다만 五(土)數밖에 없다. 그런즉 여기에는 생장하는 象밖에는 없는 것이다.

다시 말하면 하도처럼 15數가 있어야만 수장(收藏)하는 象이 있을 터인데 五數밖에 없은즉 이것은 수장의 象이 없는 것이 분명하다. 그러므로 낙서를 선천상(先天象)이라고 한다.

그런데 五와 十數에는 다른 데 없는 특별한 象이 있으니 그것은 바로 五와 十은 중수(中數)라고 하는 사실이다. 수는 본래 사물의 작용 가치를 규정하는 것이므로(四象에 있어서도 그렇다) 모든 象에서 그림자처럼 따라다니는 것이지만 그 자체가 중수라는 특수한 성질을 지닌 것은 土數 이외에는 없는 것이다(상세는 4장 '수의 변화와 中'을 참조).

그러므로 만물의 象이 土의 조화에 의하여서 이루어지듯이 모든 수상(數象)도 여기에서 조절되는 것이다. 그렇다면 이와 같이 중요한 土의 수상은 과연 어떠한가 하는 것을 생각해 보기로 하자.

'十'자에는 一이라는 陰(一은 數의 본질로서 보면 陰陽의 기본을 이루는 통일체지만 그 형상으로 보면 橫的으로 陰을 이루고 있는 것이다)과 ㅣ이라는 陽이 중심점에서 교차하는 象을 이루고 있다. 그런즉 十이란 것은 陰과 陽이 절대동일치로서 교회(交會)하고 있는 것이므로 이것은 陰과 陽의 중화(中和)된 성질일 수밖에 없다. 그러므로 이것을 中이라고 한다. 그런데 十이 비록 이와 같은 中이라고 할지라도 만일 子午의 정중선 서쪽에 조금만이라고 치우치게 되면(통일작용의 주체가 되기는 하지만) 절대중으로서의 임무를 다하지는 못한다(지금은 기울어진 十이 통일의 주체가 되고 있다. 그 이유는 5장 '토화작용'과 '인신상화론' 참조). 그러나 十은 본성이 절대중이기 때문에 그런 경우라고 할지라도 중작용의 최대역할(비록 절대작용은 못한다 할지라도)을 한다. 각설하고 十字가 이와 같이 취상되었다고 하는 것을 말한 것은 十의 성질이 中이란 것을 표시하기 위한 것이다.

또 五자는 전자(篆字)로서 '𐊦'로 쓴다. 왜 그와 같이 취상하였는가 하면 五는 그 작용가치가 十에 비하면 반밖에 못 되기 때문이다. 五字의 복판에 있는 '×'字는 十字로서 볼 때 그것이 正中을 유지하지 못하고 유위(維位)로 경도(傾倒)되고 있는 象에 불과한즉 이것만으로도 벌써 十字에 비하면 가치타락이다. 그 위에 아직 '二'의 속에서 활동하고 있으므로 五字의 象을 이와 같이 취한 것인즉 五의 작용가치는 十의 절반일 수밖에 없다. 이것을 이해하기 위하여서는 辰戌丑未의 四土 가운데서 未土(十)를 제해 놓은 辰戌丑土의 활동양상을 생각해 보면 五의 數象을 이와 같이 취한 先聖 造字의 의도를 알 수 있는 것이다.

이제 여기에서 이상 소론을 생각해 보면 모든 數는 우주가 발전하는 象의 활동하는 모습대로 표시된 청사진인즉 이것은 계수상(計數上)의 기호만이 아니라는 것을 알 수 있는 것이다.

그런즉 자연수 자체가 바로 철학이라고 하는 것은 진실로 여기에 그 근거가 있는 것이다.

이상에서 數象을 약론하였거니와 수상의 연구는 반드시 '수(數)의 변화와 中'(제4장 2절)을 참조하면서 연구하여야 한다는 것을 부언하는 바이다. 다음에는 괘상을 연구해 보기로 하겠다.

3. 괘상(卦象)

괘상 역시 수상과 같이 그 연원을 하락(河洛)에 두고 있다. 그런데 만일 만물에 어떠한 징조가 없다면 數도 자기의 가치를 발휘할 수가 없을 것이다. 그러므로 우주를 정관(靜觀)하여 보면 數에 바탕을 둔 만물은 물(物)로서의 형상을 나타내기 이전에 반드시 먼저 어떠한 징조를 나타내고 있는 것이다. 가령 만물이 生하려고 할 때에는 그 生하기 전에 벌써 기미가 나타나는 것이요, 죽으려고 할 때에는 미리 그와 같은 징조가 나타난다.

우주간의 모든 象은 이와 같은 징조(徵兆)와 기미(機微)에서 나타나므로 그 기미나 징조를 포착하는 방법, 즉 象을 제시한 것이 바로 괘(卦)다.

괘자(卦字)에는 징조라는 뜻이 있다. 그런즉 괘상이란 것은 모든 事物은 그것이 발생하거나 소멸하기 이전에 징조가 象으로써 나타난다는 것을 의미하는 것이다. 그러므로 그 징조인 象을 포착하는 것이 바로 사물을 미연에 선지(先知) 선득(先得)하는 방법이며 또한 혜지(慧智)인 것이다. 그렇다면 괘상의 연구는 철학에 있어서 가장 중요한 연구방향이며 수단인 것이다. 그러므로 다음에 괘상을 연구하여 보기로 하겠다.

역(易) 64괘 중에 기본이 되는 卦, 여덟 개가 있는데 그것을 기본팔괘라고 한즉 이것이 곧 기본괘상이다. 즉, 모든 괘상은 그 기본괘상이 상탕(相盪)하여서 이루어지는 것이다. 그러므로 기본괘의 象만 완전히 터득하게 되면 여타 56卦의 象은 이 가운데 있다는 결론이 되는 것이다. 그런즉 吾人이 기본팔괘의 象을 고찰하는 이유도 실로 여기에 있다.

기본팔괘에는 乾卦(☰) 坤卦(☷) 離卦(☲) 坎卦(☵) 震卦(☳) 巽卦(☴) 艮卦(☶) 兌卦(☱)라는 개념을 가진 여덟 개의 형식이 있다. 그런데 이와 같은 팔괘의 개념은 고정적인 것이 아니고 그 위치에 따라서 개념이 변한다는 사실이다. 좀더 구체적으로 말한다면 괘(卦)는 그 배속되는 방위여하에 의하여서 작용하는 성질이 달라진다. 즉, 복희괘도의 경우와 문왕괘도의 경우는 각각 괘상(卦象: 卦의 작용)이 서로 다르므로 측량할 수 없는 변화가 象으로서 나타나는 것인즉 이것을 연구하는 것이 바로 역연구의 중점이다. 그런데 여기서는 그 분야의 변화하는 象까지를 설명할 수는 없고 다만 팔괘 자체가 지닌 바의 象만을 약술하여서 象의 기본인 수상(數象)은 괘상(卦象)으로 변화하고 또 그것이 장차 연구하게 될 물상연구(物象研究)의 교량이 된다는 것만을 말하기로 하겠다.

'乾(☰)'의 象을 이와 같이 표시한 것은 乾(☰)에 표시된 세 개의 陽(易의 象은 '⚊'을 陽이라 하고 '⚋'을 陰이라고 한다.)이 합하면 一陽이 되고 分하면 삼양(三陽)의 형태로 나타나지만 이것은 다만 陽의 질량에 대해서 一陽이 분화한 것을 표시한 것이다. 즉, 건(乾)의 象은 一陽의 본중말의 象을 나타냄으로써 陽의 변화작용이 가능하게 된다는 것을 표시하는 것이다. 그런데 乾의 象은 순양(純陽)이다. 즉, 일반적으로 음양학에서 말하는 혼잡한 陽을 말하는 것이 아니다. 다시 말하면 이와 같은 팔괘의 음양은 순양과 순음인 바 이것이 다시 혼합하여서 五行의 음양을 이루는 것이다.

'坤(☷)'의 象은 陰의 셋이 본중말을 이루어서 한 개의 象을 형성한 것이다. 그런데 이 象은 건(乾)의 象과는 정반대다. 乾은 '⚊'과 같은 象이므로 그 象에는 '⚊'의 중심부위가 충실하고 있으나 곤(坤)의 象은 '⚋'로 되어 있은즉 그것은 '⚋'의 중심이 비어 있다. 다시 말하면 乾은 내용이 차[滿]있는데 坤은 반대로 내용이 비어 있는 象이다. 그러므로 乾은 陽을 발하려고 하지만 坤은 陽을 포장(包藏)하려고 한다. 그런즉 이것이 바로 '영즉측 허즉수(盈則仄 虛則受)'하는 象을 의미하는 것이다.

'離(☲)'의 象은 陽이 상하에 있고 그 중심에 陰이 있어서 上下의 陽을 견제하고 있는 象이다. 그런데 이 괘의 특징은 상하에 있는 陽이 허(虛)한 中(陰)에 걸려서 광선을 발하고 있는 象인즉 이와 같은 허는 상하에 있는 陽의 생명력이다. 그러므로 만일 중심에 있는 허가 그 성질이 변해서 陽과 동화된다고 하면 이것은 乾으로 변해 버리고 말 것이요, 반대로 중심에 있는 허(虛)가 上下에 있는 陽을 동화시킨다면 坤으로 변하고 말 것이다.

그런즉 리괘(離卦)는 건곤(乾坤)으로 변할 수 있는 象을 지니고 있으나 결국은 坤으로 변하고 마는 것이니 이것을 火의 중도적(中道的) 작용이라고 한다.

그 다음 '坎(☵)'의 象을 살펴보면 리괘(離卦)와는 바로 반대다. 이것은 상하에 있는 陰이 中正에 있는 陽을 포위하고 있으므로 중심의 陽이 그 성질을 발휘해 낼 수가 없다. 그러므로 중심의 陽이 만일 상하의 陰을 동화시켜 낸다면 乾이 될 것이고 陰한테 동화되어 버린다면 坤이 되고 말 것이다. 그러나 坎은 결국 陰을 동화시켜서 乾을 만들고야 마는 것이니 이것이 바로 水의 중도적(中途的) 작용인 것이다.

이와 같이 리감(離坎) 두 괘의 象을 고찰해 볼 때 중심에 있는 효(爻)가 건곤(乾坤)으로 변할 수가 있다는 말은 그것이 바로 건곤(乾坤)을 대행할 수 있다는 말과 같다. 그러므로 역(易)은 이것은 中男中女라고 하여서 대단히 소중히 여기는 바 그것은 바로 괘(卦)의 주효(主爻)가 중위에 있어서 중용적(中庸的)인 작용을 하기 때문이다(主爻라는 것은 삼획중에서 단독으로 있는 爻가 된다. 가령 '離卦'는 陰爻가 중위에 단독으로 있고 陽爻는 上下에 갈라져 있으므로 그 中爻를 主爻라고 한다. 그런데 易은 주효가 이와 같이 위중(位中)한 것을 소중히 한다).

그런데 팔괘중(八卦中)에서 오직 리감(離坎)의 두 괘(卦)가 중위(中位)로서 주효를 구성하고 있으므로 능히 건곤(乾坤)의 임무(任務)를 대행할 자격이 있고 기타의 진(震 ☳), 손(巽 ☴), 간(艮 ☶), 태(兌 ☱) 등은 주효를 上下의 변방(邊方)에 두었으므로 건곤(乾坤)을 대행할 자격이 없는 것이다. 그러므로 리감(離坎)은 유일(唯一)한 건곤(乾坤)의 대행자가 되는 것이다.

그 다음은 '진(震 ☳)' 괘를 연구해 보기로 하자. '震(☳)'은 주효(主爻)가 초효(初爻)에 있을 뿐만 아니라 또한 그것이 양효(陽爻)이므로 위에 있는 두 개의 陰을 확장하면서 용출하려는 象을 가지고 있다. 그런데 陰陽運動의 이치는 억압하려는 陰의 세력이 강하면 강할수록 陽의 반발력이 많으므로 진괘(震卦)와 같이 주효(主爻)인 陽이 초효(初爻)에 位하였을 때에는 그 힘이 가장 강하게 된다. 그러므로 이 卦를 木이라고 하며 또는 뇌(雷)라고도 하며 長男이라고 하는 것인즉 실로 오행지종(五行之宗)이며 육종지장(六宗之長)인 것이다.

'巽(☴)' 괘는 '震(☳)' 괘와 그 象이 반대인즉 그 성질이 반대인 것은 말할 것도 없다. 이 괘는 초효(初爻)의 陰이 주효(主爻)로 되어 있어서 위에 있는 두 개의 양효(陽爻)를 견제하고 있다. 그런데 이 괘의 象을 상고(詳考)하여 보면 다음과 같은 象이 있다. 음양의 이치는 본래 서로 부합하려는 성질이 있는데 이 괘(卦)의 경우는 초효(初爻)와 이효(二爻)는 서로 밀비(密比)하여 있으므로 二爻와 初爻가 比(比는 친(親)하다는 뜻)하면서 主爻인 初爻의 견제를 받고 있지만 三爻는 初爻와 比하지 못하므로 유리(游離)되고 있는 것이다. 그러므로 이 괘의 象을 풍(風)이라고 하거니와 이것은 바로 진괘(震卦)의 경우에 初爻의 반발력이 二爻보다 三爻에 이르러서 심한 것과는 바로 반대이다. 손(巽)을 장녀(長女)라고 하는 것도 정반대로 생각해 보면 쉽게 이해된다. 이와 같이 진(震)·손(巽) 두 괘(卦)는 음양작용이 각각 시종(始終)의 기본을 이루고 있기 때문에 장남 장녀라고 하는 바(이것을 맏아들이나 맏딸로만 생각하면 易理에 부합되지 않는다), 우주의 음양작용은 실로 여기에서 시작하는 것이다.

그 다음은 '艮(☶)'괘를 연구해 보기로 하자. 이 괘는 '震(☳)' 괘의 初爻에 있던 陽이 三爻에까지 올라간 象을 말하는 것이다. 그렇게 되면 진(震)의 강하던 陽도 힘이 쇠약해져서 더 이상 향상할 수가 없게 된다. 왜 그런가 하면 陽은 陰의 압력에 의해서 힘이 생기는 것인데 이 괘는 陽이 三位에까지 올라가 있으므로 그 힘이 정지되고 있다. 이것을 震의 象과 비교해 보면 震보다는 그 힘이 약한 것은 물론이다. 그러므로 그것을 '간위산(艮爲山)'이라고 하는 바 산(山)이라는 것은 화력의 분출이 정지되어서 확장할 수 없는 象을 말하는 것이다.

'兌(☱)' 괘는 '艮(☶)' 괘 때에 향상하던 陽이 방향을 전환한 것인즉 그것은 바로 손괘(巽卦) 初爻의 陰이 陽에게 밀려서 괘극(卦極)에까지 올라와서 그와 같이 변한 것이다. 그러므로 손(巽)과 같이 강력한 제어력은 없고 다만 陽 위에서 종시이수지(從時而隨之)하는 象이므로 이 象을 택(澤)이라고도 하고 小女라고도 한다. 왜 그런가 하면 이것은 三爻인 陰이 陽을 포위하려고 하지만 아직 속에 포위된 陽의 힘이 너무 크기 때문에 '물'이 땅 속에 잦아들지 못하고 오히려 만물의 표면에서 약동하고 있는 것과 같은 象이므로 이것을 澤이라고도 하고 소녀라고도 하는 것이다.

易은 이와 같이 간태(艮兌)가 진(震)·손(巽)의 終末을 이루면서 中인 감리(坎離)의 작용을 도와서 우주의 육대변화를 이루는 것이므로 易은 괘의 효(爻)를 六爻로서 정(定)한 것이다. 그러나 이것은 인간의 임의소작이 아니고 천수상(天垂象)하는 그대로 표시한 것이다. 이상에서 괘의 기본상(基本象)을 약술하였거니와 방위의 변화와 아울러 64괘의 무궁한 변화는 易의 연구분야이므로 略하기로 하고 여기서는 다만 수상(數象)을 근저로 한 괘상만을 관찰함으로써 물상(物象)을 관찰하는 데 이바지할 수 있는 실용철학의 기본은 바로 이와 같은 관념에서부터 시작한다는 것을 논하려는 데 있는 것이다.

4. 물상(物象)

우주에 미만(彌滿)한 萬象은 각각 자기자체의 象을 가지고 있다. 다시 말하면 동식물이 모두 形으로서 體를 이루고 있는데 그 體는 形에 속하므로 십목소시(十目所視)에 나타나지 않음이 없지만 象은 形 속에 숨어 있는 것이므로 그것을 파악하기는 용이한 일이 아니다.

象이라는 것은 징조나 기미다. 가령 이것을 인간에게서 찾아보면 어떠한 좋은 일이 생겼을 때에 그것을 발표하여서는 안 될 경우가 있다고 하자. 그 때에 그것을 아무리 표현하지 않도록 노력한다고 할지라도 얼굴에는 반드시 흔연히 기미가 나타나는 것이다. 그런즉 이것은 바로 그 사람이 지금 기분이 좋다는 것을 나타내는 징조다.

그런데 이런 정도의 징조나 기미는 누구나 다 살필 수가 있다. 그러나 이것은 왜 그런 징조로 나타나는가 하는 것을 잘 알지 못한다. 물론 인간이 유쾌할 때에는 심장(心臟)의 열량(熱量)이 먼저 움직이기 시작한다. 그런데 열의 성질은 動하면 위로 올라가서 안면피부(顔面皮膚)에까지 이르러서 작용하므로 얼굴에는 징조가 나타나서 이른바 '兌(☱)'괘의 象을 띠게 된다. 가령 이것을 소녀의 경우에서 찾아보면 소녀방년(少女芳年)에 안색은 피어오를 대로 오르고 희소(喜笑)를 참지 못하는데 이것은 바로 방년기(芳年期)의 소녀는 '兌(☱)'卦의 象을 나타내면서 발육하는 것인바, 이와 같이 태괘(兌卦)의 象을 나타내면서 발육하는 것은 심장(心臟)의 열이 가장 활발하게 염상(炎上)하고 있다는 증거다. 그러므로 이것을 하도에서 보면 二七火의 작용이요, 낙서에서 보면 四九金의 작용인 것을 알 수가 있는 것이다.

그런즉 우리는 여기에서 한 개의 물상(物象)을 관찰함으로써 그 수상(數象)까지 파악할 수 있으며 따라서 그 物의 운동원리를 찾을 수 있는 것을 알 수 있는 것이다. 이것을 다시 한번 추려보면 인간이 유쾌할 때에 나타나는 象을 관찰하면 우선 무엇 때문에 얼굴에 그런 象이 나타났는가 하는 것을 찾아야 하고 그것을 찾기 위하여서는 먼저 이것을 괘상에 비쳐 보아야 할 것이며 괘상에서 그것을 찾게 되면 따라서 그 원리에 의하여 유쾌한 물상이 생겨났다는 것을 알 수 있게 될 것이다. 그런즉 그 다음에는 그 '兌'象이 연유한 바의 數象을(하도낙서에서) 찾아야 한다. 이와 같은 순서에 의하여 수상까지 찾아내게 되면 인간이 유쾌할 때에는 왜 그런 象이 나타나는가 하는 이론적 근거를 일일이 찾아낼 수가 있게 된다.

위에서는 인체에서 일어나는 象의 한 예를 들었거니와 우리가 만일 인체를 이와 같은 방법으로 관찰한다면 칠정육욕(七情六欲) 때문에 변화하는 象은 물론 형체구조에서 나타나는 모든 象까지도 일일이 찾아냄으로써 그 象이 지닌 바의 원인과 결과를 알 수 있게 되는 것이다.

예컨대 만일 어떤 사람이 손톱(爪甲)이 연령에 비해서 너무 두껍다고 한다면 그것은 바로 비폐지기(脾肺之氣)가 너무 왕성하여서 金克木과 土侮木을 하고 있다는 것이 象으로 나타난 것이요, 반대로 너무 엷다고 [박(薄)] 한다면 그것은 肝(木) 氣가 너무 강하여서 木克土·木侮金을 하고 있다는 것이 象으로 나타난 것을 의미하는 것이다. 이와 같은 예는 인체전부를 망라하고 있다. 왜 그런가 하면 만물은 數와 象으로써 구성되어 있기 때문에 象 없는 形이란 있을 수가 없는 것이다. 그러므로 인간은 말없는 형체와 능히 의사를 소통할 수 있는 것이다.

예를 한두 개만 더 들면 눈[眼]이 철출(凸出)하고 겸하여 큰 사람은 단정하지 못하고 눈이 크더라도 푹 박힌 사람은 행동의 폭이 넓고 결심도 비교적 강하다. 이와 같은 것은 우리의 경험에서 잘 알고 있는 것이지만 그것이 왜 그러한가 하는 것은 알기 어렵다. 그런즉 단순히 이러한 현상을 알 수 있다는 것은 경험적 소산일 뿐이며 그 경험적 인식의 근본 바탕을 알아내는 것이 철학과 이성의 임무인 것이다.

즉, 눈이 크다는 것은 木火(肝心)之氣가 너무 과항(過亢)하기 때문에 눈이 장부지정(臟腑之精)을 잘 포장하고 있지 못하는 象이다. 게다가 눈이 철출(凸出)하기까지 했다면 그것은 木火의 과항이 눈의 부위까지 움직여 놓았다는 象이 된다. 그런즉 이러한 사람은 눈이 규괘(睽卦)의 象을 나타내는 것이다(睽는 화택규(火澤睽:☲☱)를 말하는 것임). 그러므로 이러한 象을 소유하게 되면 그 성품이나 행동은 자연히 부동(浮動)하게 됨으로써 단정(端正)을 기하기 어렵고 또한 수명(壽命)에도 지대한 영향을 미치게 되는 것이니 이것이 결과적으로 火侮水로(처음에는 木克土·火克金하던 것이) 변하여서 신명(神明)의 본원(本源)까지 흔들어 놓게 된다.

그렇지만 이러한 사람이라고 할지라도 눈이 적당히 들어가게 되면 이것은 가인괘(家人卦: 巽離家人 ☴☲)의 象으로 변함으로써 차츰 正中을 얻게 되는 것이다.

그런데 만일 눈이 적고 푹 박혀 있다고 하면 전자와는 바로 반대가 될 것이다. 왜 그런가 하면 이런 사람은 폐신(肺腎·金水)之氣가 과도하기 때문에 대단하고 또한 단정하기는 하지만 반면으로 융통성이 적다. 그러므로 이것은 항상 水克火나 金克木의 제압을 받게 되므로 이러한 경우에는 수산건(水山蹇:☵☶)의 象을 나타내게 되는 것이다. 그러나 비록 이러한 象이라고 할지라도 눈이 적당히 노출하기만 했다면 그 성품도 비교적 너그러울 것이고 따라서 목화지기(木火之氣·心肝)도 적당하게 발휘될 것이므로 의학 소위 기하함(氣下陷)하는 병에도 걸리지 않을 것이다. 이렇게 되면 건(蹇)의 象은 곧 뇌수해(雷水解:☳☵)의 象으로 변하게 됨으로써 알맞게 조절되어지는 것이다.

> 註 필자가 미안을 느끼는 것은 인체에서 좀더 구체적인 예를 들지 못하고 한 둘을 열거함에 그친다는 점이다. 그러나 본고는 원리에 불과하므로 모든 것을 열거할 수는 없다. 또 한가지 미안한 것은 위에서 소개한 바의 괘상(卦象)을 일일히 해설하여야 이해에 도움을 줄 것임에도 불구하고 그냥 그치는 것은 미안하나 다만 독자제현(讀者諸賢)은 這間의 사정을 양해해 주기를 바라는 바이다.

이상에서는 인체에서 한둘의 예를 들었지만 기타의 동식물에 있어서도 반드시 形이 있는 곳에는 象이 있고 象이 있으면 數가 있게 마련이다. 그러므로 철학의 연구에 있어서 '物·象·數'와 '數·象·物'의 위치는 대단히 중요한 것이다. 그렇다면 철학의 방법은 연역적 방법이냐 혹은 귀납적 방법이냐 하는 것이 문제가 될 것이 아니며, 또는 경험적 방법이냐 관념적 방법이냐 하는 것도 문제가 될 수는 없다. 오직 정당한 방법은 물·상·수의 관찰에 정통할 수 있는 방법만이 참된 방법일 것이다.

그 다음에 동식물계를 살펴보면 인(鱗: 어류)·모(毛: 털짐승)·우(羽: 조류)·나(裸: 영장류)·개갑(介甲: 갑각류) 등이 각각 그의 형체에 五行의 象을 띠고 生한다든가 또는 모든 식물들이 각각 오행적인 특징을 띠고 생화(生化)하는 것들을 연구해 보면 흥미도 진진하지만 그것들이 자연법칙인 오행원리대로 변하고 있는 것을 생각하여 보면 변화의 판도가 점점 좁아지는 것 같은 것을 느끼지 않을 수가 없는 것이다.

제2절 자연수(自然數)

1. 수(數)의 개념

數라는 것은 일반적인 의미에서 보면 사물의 질량을 계산하며 측정하는 수단과 방법일 것이다. 그러나 이것을 철학적으로 고찰해 보면 '數는 사물의 기미(機微)이며 또한 有와 無의 변화하는 象이며 단(單)과 다(多)의 운동현상'인 것이다.

다시 말하면 우리가 우주간에서 변화하는 사물의 象을 살펴보면 그의 변화원리가 미묘막측(微妙莫測)하여서 그의 유서(由緒)를 찾아낼 수가 없는 것이다. 그러나 상세하게 고찰하면 여기에는 우리가 알아낼 수 있는 기미가 반드시 잠복하고 있는 것인즉 이것이 바로 數의 本源, 즉 數의 창조점이며, 또한 만물의 창조점인 것이다. 그러므로 數를 事物의 기미라고 하는 것이다. 진실로 우주변화의 주체인 有와 無(陰陽)의 分合이나 單과 多의 투쟁은 모두 數의 본원인 기미에서 일어나는 조화다.

그러므로 우주간에 존재하는 모든 사물의 변화하는 그 象을 살펴보면 어느 하나 할 것 없이 形(有)과 象(無)의 분합이 아닌 것이 없고 單과 多의 투쟁이 아닌 것이 없다. 그러나 이것이 한번 형화(形化)하여서 현상계에 현실적인 존재로서 등장하게 되면 無는 벌써 한 개 관념의 미신적 혹은 공상적 대상으로 몰리게 되고 有만이 실존하는 철학의 대상인 줄 알게 되는 것이다.

이러한 근거에서 대두하기 시작한 것이 단다론(單多論)이다. 그런데 서양에 있어서의 단다론은 象을 무시하고 形에서만 單多의 현상을 보려고 하였기 대문에 單과 多의 사이에서 일어나는 모순을 조절하지 못하고 또는 單多의 통일을 설명할 수 없었던 것이다. 그러나 동양철학은 單의 기원을 '無'에 두고 있기 때문에 거기서 물질의 형성을 설명할 수 있으며 또한 물질이 아닌 정신이나 생명을 말할 수 있는 것이다. 따라서 단다작용의 현상을 물질로서만 설명대상으로 하는 것이 아니라 無에서 일어나는 單多의 象도 아울러 설명하는 것이다. 그런즉 상수학은 '水'를 一이라고 하고 木火土金을 水의 분산과 통일의 계기(契機)라고 하는 바 만일 이것을 서양철학의 개념을 빌어서 말하면 바로 단다론인 것이다. 그러므로 오행설은 바로 동양의 단다론이라고 할 수 있다.

數라는 것은 위에서 말한 바와 같은 사물의 기미가 有와 無, 單과 多의 운동하는 모습 자체인 것이다. 그러므로 「字典」에서 '數'자의 의미를 살펴보면 '數'자에는 '기미(幾微)'라는 의미와 '계산(計算)'이라는 의미와 또는 '세밀(細密)'이라는 뜻이 있은즉 이것은 모두 징조(徵兆)의 계수(計數)를 말하는 것이다.

다시 말하면 징조라는 것은 있는 것 같기는 하나 알 수 없는 것을 말하는 것인즉 이것이 바로 기미이며 또한 세밀인 것이다. 즉, 그 기미를 알 수 없는 것은 사물의 내용을 너무 세분하였기 때문이므로 너무 세분된 곳, 즉 기미에서는 실상을 파악하기 어렵다.

그 다음으로 '計'자의 의미를 살펴보면 '計'라는 것은 발전과 통일의 종합점을 말하는 것이다. 다시 말하면 '言'자의 뜻은 생장의 발전을 의미하는 것이고 '十'자의 뜻은 통일의 시초, 즉 未土의 象인즉 '計'라는 것은 발전에서 통일로 반복하는 단계를 말하는 것이니 이것이 바로 계수인 것이다.

그 다음으로 세밀이란 의미를 생각해 보면 一點水가 세분화될 때에 나중에는 그의 形마저 상실하게 되어서 유형이 무형으로 비약되는 그 象이 바로 세밀의 종점이다.

우리가 無라고 하는 것은 바로 이것을 말하는 것이니 곧 통일을 시작하는 점이며 또한 數가 나타나는 본원을 의미하는 것이다.

이상에 논한 바와 같이 數는 사물의 기미이며 또한 유무와 단다가 작용하는 象인 것이 틀림없다. 뿐만 아니라 수는 이와 같은 기미에서부터 시작하여서 象을 파악할 수 있는 기본을 만드는 것이다. 그러면 수가 어떻게 하여 象을 파악할 수 있는 기본이 되는가 하면 象은 無이므로 알기 어렵다고 할지라도 수는 자연의 변화 자체이므로 그 법칙이 명확하고 정직하여서 거짓이 없기 때문이다.

자연수가 이와 같이 철학의 기본을 이루는 것은 사물은 그의 창조점인 시공간의 일점(一點) 기미인 無에서부터 발했기 때문인 것이다.

다시 말하면 시공간이란 의미는 "時의 조절과 空의 수장작용이 間이라는 '十'자의 교차점의 작용에 의하여 비약할 수도 있으며 또는 변화할 수도 있는 것"을 말하는 것이다. 이와 같이 사물의 象과 數는 동일점에서 출발한 것이므로 數의 정직성과 명확성은 사물의 象을 발굴하며 또한 증명하는 데 충분한 것은 말할 것도 없다. 그러므로 數의 본원인 기미에서 출발한 역상수(曆象數)와 물상수(物象數)는 변화의 현상과 또는 미래까지도 말할 수 있는 것이니 이것은 실로 數가 자연법칙과 함께 운행하고 있기 때문이다.

2. 수(數)의 성립(成立)

象이란 것은 物이 자체의 내용을 기미로써 표현하는 것이요, 數란 것은 象의 내용을 표현하며 또는 증명하는 것이다. 이와 같이 數는 象의 거울[鏡]이므로 象이 비록 우리의 감관(感官)에 잘 영사되지 않는다고 할지라도 그 象의 근저에 흐르는 數로 인하여 그것을 능히 포착할 수가 있는 것이다. 좀더 자세히 말하면 자연수의 數列은 一二三四五六七八九十으로 구성되는 것인 바 그것은 인위적인 구성이 아니고 자연질서 자체의 표현이기 때문에 여기에 거짓이란 있을 수가 없는 것이다. 가령 하나 둘 셋 하는 數는 옛적부터 그렇게 정(定)한 것이기 때문에 인간은 그러한 관례에 의하여서 이것을 계산의 표준으로 하는 것은 아니다. 만일 그렇다고 한다면, 즉 옛적부터 하나 셋 다섯 하고 계수(計數)하였다고 하면 우리는 습관상의 數를 정당한 數의 개념으로 인정할 수도 있다는 말이 되는 것이다.

그러나 그것은 진리가 아니므로 그렇게 될 수도 없거니와 또한 수열(數列)이 그와 같이 임의로(아무런 진리도 없이) 성립될 수도 없는 것이다. 그런즉 자연수는 자연법칙이 움직이는 그대로 성립된 것이므로 자연의 분합(分合)과 동정(動靜)하는 象이 數 속에서 흐르고 있는 것이다. 그렇다면 數는 어떠한 象에 의하여 표시하게 되었는가 하는 것을 연구하여야 할 것이다. 그런데 그것은 하도(河圖)에 의하여 연구하여야 한다.

위에서 말한 바와 같이 數는 하도가 내포하고 있는 바의 象에서 그 象 자체가 발전과 통일을 반복하는 모습의 반증으로써 나타났던 것이다.

다시 말하면 복희(伏羲) 때에 용마(龍馬) 등에 지고 나온 그림의 象을 상찰(詳察)한 결과 그 그림의 뜻을 알아내고 또 정리해 놓은 것이 바로 하도다. 그렇다면 數의 象이 하도에는 어떻게 나타나 있는가 하는 것을 연구하여야 한다.

하도를 잘 살펴보면 첫째로 눈에 띄는 것이 一二三四五라고 하는 생수(生數)가 전부 속에 내포되어 있고 六七八九十이라는 성수(成數)가 전부 표면에서 생수를 포위하고 있은즉 이것이 바로 우주를 생성하는 생성작용이 數의 생성수로써 그의 저의(底意)를 표현하고 있는 象이다. 좀더 자세히 말하면 우주의 목적은 無目的的인 목적이다.

무목적적인 목적이란 말은 공욕이 있을 뿐이고 사욕이 없는 것을 말하는 것이다. 그것은 바로 一水가 二火로 발전하였다가는 다시 一水로 귀장(歸藏)하고 一水는 또다시 二火로 발전하는 일을 반복하는 지공무사(至公無私)한 자연의 목적을 말하는 것이다.

우주는 이와 같은 목적을 수행함에 있어서 一과 二로써 주체를 이루는 것이니 이것은 바로 水와 火로써 주체를 이룬다는 말과 동일하다. 그러므로 여기서 數의 성립이란 것은 바로 수화운동(水火運動)의 성립과 동일하다는 결론이 되는 것이다.

이와 같이 一과 二의 반복운동이란 것은 바로 水와 火의 반복운동이므로 水火의 象과 一二의 數는 동일치로서 평가되는 것이다.

그러므로 數의 연구란 것은 바로 五行의 연구이며 五行의 연구란 것은 또한 하락(河洛)의 연구인 것이다. 그런즉 數의 성립을 연구한다는 것은 곧 하도의 성립을 연구한다는 것과 같은 것이다.

그러므로 하도란 것은 一水의 통일과 二火의 분열을 연구하는 것이라고 할 수 있는 것이다.

그렇기 때문에 이와 같은 근거에서 數가 성립하는 모습을 연구해 보기로 하겠다.

一은 陽이고 陽은 一이다. 그런데 그 一이라는 것은 전체를 의미하며 또한 통일을 뜻하는 것이다. 다시 말하면 통일의 본체가 바로 一이다. 二란 것은 통일의 방조자이며 또한 분산의 주체인데 이것은 그의 작용하는 면에서 볼 때에는 전체의 半面에 불과하다. 그러나 一과 二라는 것은 다만 동일한 주체의 兩面이므로 본질적으로는 하등의 차이가 없다. 그런즉 二라는 것은 다만 통일의 본체인 一이 분열하여서 二가 되고 二가 통일하면 一이 되는 중간과정인즉 一은 二의 목적이고 二는 一의 목적인 것뿐이다. 그러므로 一과 二는 우주조화의 공동주체인즉 주체가 아닌 여하한 것도 一의 차위(次位)에 올 수 있는 자격이 없는 것이다(그러나 一과 二 두 개로서만 보면 一이 주체가 되고 二는 객체가 되는 것이다).

이것이 바로 二火가 一水를 만드는 작용의 본원이므로 자연수의 서열은 一 다음에 二가 놓이게 되는 것이니 一二를 우주작용의 부모라고 하는 것도 이 때문이다.

그러나 一이 二로 발전하려면 三의 협조가 절대로 필요하다. 왜 그런가 하면 三이란 것은 一과 二의 합성체이기 때문이다. 다시 말하면 一은 순수한 陽이지만 三은 一에다가 二를 가(加)한 것이므로 이것은 一과는 달라서 음양(陰陽)의 혼성체다. 그러므로 그 내용을 잘 검사해 보면 三이란 것은 陰으로써 動하는 一을 유폐(幽閉)한 數이다. 그런즉 一과 三의 차이를 말한다면 一은 순수한 陽인 반면에 三은 음양의 혼성으로써 이루어진 陽(假陽)이라는 점이 다른 것이다.

그런데 三을 가리켜 一이 二를 生하는 방조자가 된다고 하는 것은 무슨 까닭일까? 一이 순수하다고 하는 것은 독양(獨陽)이라는 뜻이다. 독양은 그 작용면에서 보면 陰을 얻지 못하는 陽이므로 발전할 수가 없다. 다시 말하면 陽의 분열이란 것은 절대적으로 陰의 통일적인 압력 아래에서만이 자기의 성질을 발휘할 수 있는 것이다. 그런데 우주발전, 즉 一의 발전이란 것은 '1+2=3'이라는 음양합성으로써 이루어지는 것이다.

그런즉 음양합성을 이루지 못하는 독양은 반드시 혼성체인 三을 얻음으로써만이 우주변화의 목적을 달성할 수가 있는 것이다. 그러므로 三은 一이 二로 발전하는 데 있어서의 방조자가 되는 것이다. 그런 까닭에 자연수는 二의 次位에 三이 오게 마련이다.

이와 같이 二의 작용을 협조한 것은 三이었던 바 이것은 분산작용을 돕기 위한 것이었다. 자연운동에서 분산작용이 끝나면 그 다음으로는 통일작용이 시작하는 것인데 통일이란 것은 一로 돌아가는 작용이다. 그러나 一도 역시 二에서와 같이 어떠한 방조를 필요로 한다. 그러므로 그 때에 一의 통일작용을 도와서 통일을 완성시키는 것이 四다. 四는 五行의 金이므로 당연히 水로 통일하게 하는 의무가 있는 것이다. 이와 같이 二는 三의 방조를 얻고 一은 四의 방조를 얻음으로써 순환작용이 이루어지므로 一二三四의 서열이 결정된 것인즉 이것이 바로 水(一)·火(二)·木(三)·金(四)의 서열(序列)이다. 여기서 우주의 목적은 水火(一二)의 반복인데 이것을 방조하는 것이 木金(三四)이라는 원리가 성립되는 것이다. 그러므로 자연수는 이러한 순서로 배열되지 않을 수가 없다는 것을 알 수 있게 되는 것이다.

그런즉 하도가 동서남북의 내부에 이러한 數를 내포하고 있는 것은 우주운동의 四大原質의 기본인 生數의 발전순서가 이러하다는 것을 계시하기 위함이다.

그렇다면 五는 어떻게 하여서 五位에 놓이게 되었는가 하는 것을 연구하여야 할 것이니 그것은 五가 土化作用을 하는 중성적 존재이기 때문이다. 위에서 一二三四의 발전을 설명하였지만 그것만으로써 변화가 이루어지는 것은 아니다. 우주운동의 실질적인 변화는 발전과 통일작용에서 일어나는 모순을 조절하는 작용이 절대로 필요한 것이므로 土(五)가 들어오는 것이다. 土는 그밖에 직접 통일도 매개하는데 그것은 五(土)가 아니고 十(土)인 바 그러한 十(土)은 여기에서 五가 자화(自化)된 것이다.

그런데 土는 위에서 말한 바의 사원질처럼 독립된 것이 아니고 다만 一二三四의 十數(一二三四의 합數가 十이다) 자체에서 일어나는 순수정기(純粹精氣)이다. 그러므로 이것을 일부(一夫)는 '무무위(無無位)'라고 하였다. 다시 말하면 '無無位 60數는 九九中에 배열(排列)'이라고 한 바 그것이 바로 土化作用의 60수는 九九中 즉, 자연수가 一에서 九까지 운행하는 사이에서 생겨난 것이라는 의미인 것이다.

五라는 것은 이와 같이 생겨난 것이므로 하도(河圖) 자체에도 그와 같은 象이 잠복하고 있다. 만일 이것을 생수에서 보면 또한 二와 그것을 방조하는 三을 합하면 五가 되고 一을 방조하는 四를 합하여도 五가 된다. 또 성수에 있어서는 七과 七을 방조하는 八을 합하면 十五가 되고 또는 六과 六을 방조하는 九를 합하면 15가 되는 것이니 이것은 모두 生成數의 사원질(四元質) 속에 각각 土의 의미를 내포하고 있기 때문이다. 그런즉 土라는 것은 바로 四元質의 순수정기로써 이루어진다는 것을 알 수 있는 것이다. 이와 같은 하도 자체의 象에 의해서 볼 때에 一二三四의 다음에 五가 올 것은 명약관화(明若觀火)한 것이다.

이와 같이 구성된 생수는 만물의 명수(命數)이다. 그러나 만물의 명수란 것은 만물이 生할 수 있는 기본, 즉 核이나 精의 명수인 것뿐이고 그것만으로써 만물 자체가 될 수는 없으므로 자연은 이와 같은(생수와 같은 기본이) 生數가 생기게 한 다음에는 물수(物數)가 거기에서 자화(自化)하도록 되어 있는 것이다. 그런즉 다음에는 물수, 즉 六七八九十의 成數가 어떻게 성립되는가 하는 것을 연구하기로 하자.

모든 물(物)은 생수(生數)와 성수(成數), 즉 명수(命數)와 형수(形數)가 합하여서 이루어지는 것이다. 그러므로 위에서 말한 바와 같이 생수가 성립되면 거기에서 형수가 자화되기 마련이다. 이것을 바꿔서 말하면 모든 생명력은 形을 이룰 수 있는 조건에서 생기는 것이므로 그 생명력의 화생(化生)은 바로 形의 화생과 함께 이루어진다는 것을 의미한다. 그러므로 발전에 있어서도 각각 形을 생화(生化)할 수 있는 조건을 갖추고 이루어졌던 것이다. 다시 말하면 생수가 一三(陽)·二四(陰)의 이질적인 성질로 이루어진 것은 바로 그 때문이다.

그러므로 생수는 성수(形)로 발전하는 것인 바 그 발전의 기본은 이질적인 木火金水의 數에 있는 것이 아니고 순수정기인 五土에 있는 것이다. 그런즉 五는 생수(生數)의 종점인 동시에 성수의 시점이며 또한 만물의 中인 것이다. 그러므로 中의 개념을 만물이 종시(終始)하는 절대경계의 일점이라고 하는 것도 바로 여기에 있는 것이다.

그렇다면 만물의 形을 상징하는 성수는 五(土)에서 어떻게 자화되는 것일까? 五는 모든 생수(生數)의 순수정기다. 정기라는 개념은 생명과 정신을 얽어매는 요인을 말하는 것이다.

그러므로 모든 생수는 또다시 五에 얽어맬 수밖에 없다. 그런즉 소위 성수라는 것은 생수의 대표(즉 순수정기)인 五(土)에 의하여 유폐당한 생수의 상태다. 그렇기 때문에 성수의 구성은 5+1=6, 5+2=7, 5+3=8, 5+4=9, 5+5=10의 순서로 이루어지는 것이다.

그러므로 만물의 정신은 여기에서 생기는 것이거니와 (7장 '정신론'에서 상술) 진실로 모든 변화는 이와 같은 생성수의 변화 자체에 있는 것이다. 그런즉 數가 성립된 이유에 밝으면 밝을수록 그의 변화에 밝을 것이고 또한 만물의 변화를 잘 알게 될 것이다. 그런즉 상수원리가 바로 변화원리라고 하는 것도 역시 저변(這邊)의 소식(消息)을 말하는 것이다.

3. 수(數)의 변화(變化)와 중(中)

數의 변화란 말은, 즉 물상(物象)의 변화라는 말과 같다. 왜 그런가 하면 물상이 변화하면 數는 따라서 변화하기 때문이다. 우리는 이것을 物이 변화하는 과정에서 엿볼 수 있는 것이다. 만물이 생장(生長)하는 춘하(春夏)에 物이 역향(逆向)하면서 자라기 때문에 數도 역수(逆數)를 하면서 자라고 만물이 수장(收藏)하는 추동(秋冬)에는 物이 순행하기 때문에 數도 순수(順數)를 하면서 여물게 되는 것이다. 그러므로 상수학은 이것을 가리켜서 數의 역순(逆順)이라고 하거니와 이것을 좀더 풀어 말하면 만물이 생장한다는 말은 속에 있는 陽이 표면에 있는 음형(陰形)을 확장하면서 자라는 것이다. 그런즉 이것은 서로 투쟁상태하에서 생장하는 것이므로 物의 역향이라고 한다. 그러므로 이것을 數의 발전상태에서 보면 만물의 발전(生長)이 바로 數의 발전, 즉 一二三四五六七八九가 역향(늘어나가는 것)하는 것과 동일한 것이다. 반면으로 物이 순향한다는 것은 物이 생장과정에 있어서처럼 투쟁상태로 발전하는 것이 아니라 陽의 수축작용에 순응(順應)하면서 여물기 때문에 이것을 物의 순행이라고 하는 바 數도 역시 이 과정에서는 만물이 순행(順行)하는 모습을 따라서 九八七六五四三二一의 順으로 압축되는 바 이것은 순수(順數)라고 한다. 그런즉 數는 만물이 생장수장하는 象 그대로 변화하는 것이므로 數의 운동상태를 파악하게 되면 그것으로써 만물의 변화상태를 알 수가 있으며 또한 이성적으로 인식한 변화이론을 검증할 수도 있는 것이다.
  그러므로 변화원리를 연구함에 있어서 象數의 역순을 연구하는 것은 실로 중요한 기초를 이루는 것이다. 그런즉 그 다음은 數와 中의 관계를 연구하여야 한다. 즉, 數가 中에서 이루어지며 또는 中을 얻음으로써 변화할 수 있다는 것을 연구하는 것은 더욱 중요한 일이다. 그러면 中이란 것은 어떠한 것일까? 中에 있어서 본중말의 中은 어디에 있을까?
  그러나 여기에서 논하려는 바의 中은 천하지중(天下之中)을 말하려는 것이다. 다시 말하면 만물을 生하는 中과 만물을 통일하는 中이 바로 천하지중이다.
  그것을 가리켜서 五와 十이라고 하는 바 五는 物을 生하는 中이고 十은 物을 통일하는 中이다. 그러므로 五(土)를 一의 원시점(原始點)인 中이라고 하고 十을 多의 요종점(要終點)인 中이라고 하는 것이니 이것을 易에서 原始要(反)終이라고 한 것이다. 다시 말하면 우주의 변화작용에 있어서 五를 中으로 한 1 2 3 4 ⑤ 6 7 8 9의 수상(數象)은 변화의 생장면을 나타내는 것이므로 여기에 있는 바의 성수는 생장과정에서 形을 조성하려는 목적으로 존재하는 것이다. 그러나 1 2 3 4 5 6 7 8 9 ⑩ 11 12 13 14 15 16 17 18 19의 中인 十을 中으로 하는 것은 상수변화의 수장(收藏)을 나타내는 것이므로 여기에 있는 十 이상의 數는 수장과정에 있어서 형기(形氣)를 통일하려는 존재인 것이다.
  그런즉 우주의 변화는 이 두 개 中 어느 하나를 결여하여도 안 되는 것이다. 五와 十을 천하지중이라고 하는 것은 실로 이 때문이다.
  다음에 그린 두 개의 도표는 중수(中數)의 생성관계를 설명하기 위한 약도를 그려놓은 것이다.
  80數 생성도라는 것은 五를 중수로 한 경우에 數가 과연 생성변화를 할 수 있는가 하는 문제를 연구해 보기 위하여 그려놓은 약도인 것뿐이

고 실제로 이러한 그림이 성립될 수는 없는 것이다. 왜 그런가 하면 통일의 기본수인 十이 없기 때문이다.

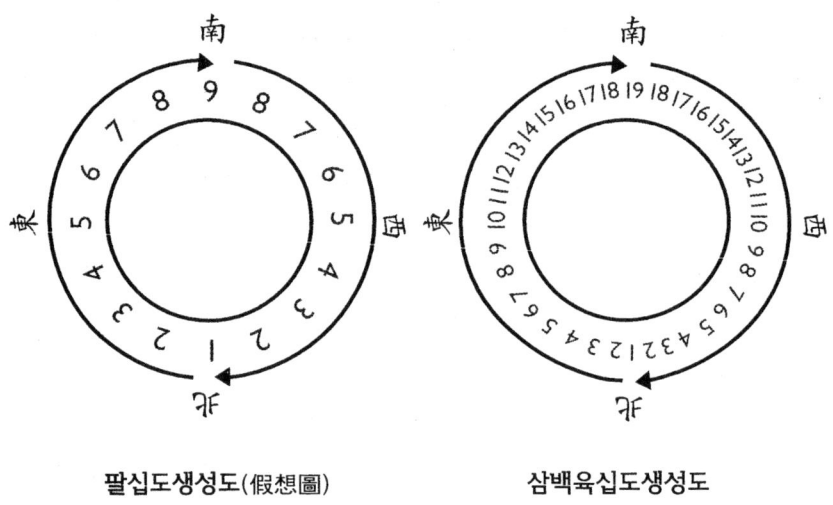

팔십도생성도(假想圖)   삼백육십도생성도

이 그림을 그려놓은 목적은 자연수의 수열에 있어서는 一二三四五는 生數요, 六七八九는 成數인즉 여기에는 생성수가 구비되어 있으므로 이것으로써 物이 생성할 수 있는 것으로 오해하기 쉽기 때문에 이것을 밝히려는 데 목적이 있는 것이다. 五土는 생장을 조절하기 위한 中數인데 이 그림이 五土를 中으로 하고 있으므로 혹 생장을 하는 象으로 될 수 있을는지 모른다. 그러나 여기에는 十數가 없은즉 이것으로써 만물을 결실할 수가 없는 것이다. 그러므로 이것만을 가지고는 헤겔이 말한 바와 같은 변증법적인 설명은 될 수 있을는지 모르지만 우주변화를 설명할 수는 없는 것이다.

만일 이 그림을 변화도로 가상하고 살펴보면 동남방의 九까지는 만물의 생장과정인 바 그것은 45수이고 서북방의 八에서부터 二까지는 수장과정인 바 이것은 35수인즉 합하면 80수다. 그런데 우주의 변화운동은 그의 일주기가 360도인즉 이와 같이 80도밖에 안 되는 그림을 가지고 우주의 운행도라고 할 수는 없다. 왜냐하면 이 그림에는 成數의 기본인 十土의 작용이 없으므로 이러한 결과가 일어나게 된 것이다.

　그러나 360度生成圖에서 고찰해 보면 여기에는 우주변화의 象이 유루(遺漏) 없이 담겨 있다. 동남방에 있는 一에서부터 九까지의 45數는 우주발전의 기본인 동시에 여기에는 생장의 象이 있는 것이다. 그러나 이것만 가지고 실제로 생장작용을 할 수가 없다. 왜 그런가 하면 一에서부터 九까지의 수는 수의 작용을 하는 기본수인 것뿐이다(모든 수가 비록 수억조(數億兆)를 산(算)한다고 하더라도 모두 이것으로써 이루어지는 것이다).

　그런데 위에서 설명한 바와 같은 변화작용은 運과 氣의 자화작용과 대화작용에 의해서 이루어지는 것인즉 十의 통일수가 없이는 자화작용과 對化作用을 할 수가 없다. 왜냐하면 변화를 계속하는 金水는 十이 통일(統一)의 기본을 만든 후에라야 이루어지고 그것이 이루어진 다음에라야 자기생성을 하면서 자·대화작용을 하는 것이다. 그런데 一에서부터 九까지 사이에는 十이 없은즉 다만 이것은 생성의 뜻을 머금고 있지만, 즉 형이상(形而上)적인 작용은 할 수 있어도 형화작용(形化作用)은 할 수 없는 것이다. 그러므로 만물은 이 과정에서는 地下에서 새로운 싹을 내기 위한 기화작용만을 하고 있는 것이다.

　그러나 동방에서 남방에 이르면 形이 발전하는 것이니 이것이 바로 十에서부터 19까지의 사이에 일어나는 145數의 작용이다. 그런데 여기서부터 형화작용이 생기는 것은 十이라는 통일의 기본수가 작용하고 있기 때문이다. 다시 말하면 여기에서부터 대·자화작용이 생기므로 形은 분열하면서 통일의 준비를 하는 것이다. 그런데 數가 19位까지 이르면 一에서부터 19位까지는 190인즉 만물은 여기에 와서 최대분열을 하고 수장의 길에 접어들게 된다. 동시에 수의 역수작용도 여기에서 끝나고 순수(順數)의 길로 들어가게 된다.

그러므로 19數 다음에는 18 17 16 15 14 13 12 11 10의 순서로 순행(順行)하면서 통일하게 되는 바 이것이 126수인즉 그것은 바로 남에서부터 서방에까지 오게 되면 126수만큼 종합된다는 것을 의미하는 것이다. 그러나 이 과정에 있어서도 十土가 작용하고 있으므로 여기에서는 形을 성숙시키는 것이다.

그러나 서방의 九에서부터 북방의 一까지 수축하면 그 동안의 수는 45수로서 一까지 귀장하게 되는 것이다. 이와 같이 하여서 190까지 분산되었던 수는 출발점인 一로 돌아왔다가 다시 그 작용을 반복하는 것이다. 그런데 통일과정인 18에서부터 一까지는 126+45=171 이었은즉 생장과정의 수 190+171=361이 된다. 그렇다면 우주변화의 일주기수는 360인데 왜 이것은 361이 되는가 하는 것이 문제된다. 그러나 이것은 一이 중복되기 때문이다. 좀더 자세히 말하면 수장과정은 18에서부터 一까지로 돌아오는 것이니 一이 환원된 그곳에는 통일체로서의 一이 이미 도사리고 있기 때문에 一은 거기에 합일되어 버리므로 수장과정의 171은 170으로 될 수밖에 없다. 이와 같이 하여서 360도의 일주기(一週期)가 성립되는 바 여기에서 모든 數는 五와 十을 '中'으로 하고 이루어지며 또한 기본수열은 九에서 끝나지만 사물의 변화수는 19에서 끝난다는 것을 살펴보았다. 뿐만 아니라 표리관계에 있는 數와 象도 여기에서 이루어지는 것을 알았다.

우주변화는 이와 같이 十으로 대절(大節: 통일의 기본)을 삼고 五로써 소절(小節: 생장의 기본)을 이루면서 변화하는 바 그것은 전혀 中이라는 자연질서의 주체가 아니면 이루어질 수가 없다.

　왜 그런가 하면 만물의 모든 대소변화는 數에 나타나므로 자연수는 그의 수열 자체부터 中을 중심으로 상수합일(象數合一)의 현상을 나타내고 있기 때문이다.

　그러므로 다음에 수열의 조직에서 數와 中의 관계를 고찰해 보기로 하겠다. 數의 一二三四五六七八九十이라는 기본수는 각각 자기의 중수(中數)에 의하여 발전하고 있다는 것을 알 수가 있다. 양수열(陽數列)의 중수는 二四六八十이요, 음수열(陰數列)의 중수는 一三五七九다. 그런데 자연수의 서열은 一二三四五六七八九十인즉 결국 수의 기본수열은 전부 중수로써 조직되어 있다는 것을 알 수가 있다. 그러므로 모든 數는 자체가 中이므로 여하한 수열이라 할지라도 中에서 이루어진다는 결론이 나오게 되는 것이다. 이와 같이 수열이 中을 이루면서 변화하는 모습을 살펴보면 一二三은 六이다. 그런데 수는 중수를 기본으로 하고 발전하는 것이므로 一二三의 중수인 二를 기본으로 하는 것이다. 그런즉 本(一)·中(二)·末(三)의 數는 中을 주체로 하므로 그 중수에다가 位數를 승(乘)하면 수열 전체의 數가 계산(計算)되는 것이니, 즉 2×3=6 이라는 계산이 나오게 된다.

　하나 더 계산하여 보면 一二三四五의 중수는 3이다. 그러므로 중수인 三에다가 위수인 五를 승하면 3×5=15 가 되는 것이다. 자연수의 수열이 이와 같이 중수에 의하여서 계산된다는 것은 바로 그 조직의 본체가 中이란 것을 의미하는 것이다.

　그런데 一二三의 합계를 2×3=6 의 방식으로 계산할 수 있다는 말은 一과 三의 수치가 동등하기 때문에 중수로 계정(計定)된다는 의미가 있는 것이다. 여기에서 一과 三을 동등한 수치로서 평가하는 것은 물론 철학적인 가치평가인 것이다. 왜 그런가 하면 三은 一의 확장에 불과하므로 一과 三은 양적으로 다를 뿐이고 질적으로는 동일하기 때문이다. 그런즉 一二三의 수열에 있어서 一과 三도 각각 그와 동일치가 되는 것이다. 그렇기 때문에 모든 수열은 중수에 의해서 이루어지고 또한 중수에 의해서 계정되는 것이다.

그런데 이와 같은 中, 즉 대소변화의 주체인 中은 그 자체가 바로 개개의 數이며 또한 物과 象 자체의 영사기(映寫機)인 바 이것이 또한 五와 十을 기본으로 하고 이루어진 것인즉 우주 창조의 본체는 五와 十이라는 中에 있는 것을 알 수 있는 것이다(詳細는 8장 '우주의 본체'에서).

이상에서 말한 바는 다만 數의 逆順작용과 수의 본체인 中의 작용에 대해서 논했다. 그렇다면 이러한 수는 어떻게 변화를 시작했으며 또는 변화하는가 하는 것을 연구해야 한다.

數의 성립에 있어서 64괘의 생성은 65에서 본체수 一을 공제함으로써 64가 된다는 것을 말한 바 있다. 그러나 수가 변화하는 면에서 보면 亥子丑은 十이요, 寅卯辰은 七이요, 巳午未는 25요, 申酉戌은 22인즉 이것을 합하면 64가 된다('육기운행도' 참조).

그런즉 우리는 여기에서 자연수의 성립은 65로 되지만 자연수의 변화는 64가 된다는 것을 알 수가 있는 것이다.

이것이 바로 一의 본체는 변화에 참가하지 않는다는 것을 의미하는 것인즉 亥子丑이 十數가 되는 것은 子(一)의 작용 가치는 一이면서 十이라는 것을 의미하는 것이다. 이것을 양적으로 보면 亥子丑은 10/64의 작용을 한다는 의미가 있지만 질적(철학적)으로 보면 亥子丑은 그 목적이 十土를 창조하는 데 있다는 것을 암시하는 것이다. 자연수의 발전원리를 이와 같이 밝혀놓은 것은 正易이거니와 좀더 자세히 말하면 이것을 지축이 경사진 바의 현실적인 조건에서 보면 亥子丑의 목적은 火를 만들려는 데 있다. 그러나 辰戌丑未가 四正中을 이룰 때는 우주가 北에서 子丑寅運動을 하게 되므로 그때의 北方水는 十土를 만드는 데 목적이 있게 되는 것이다. 그러므로 亥子丑運動을 하는 때에 이미 十乾天의 의미를 내포하고 있는 것은 후천작용을 예시하는 것이니 이것은 복희도에 벌써 문왕도가 생성하려는 의미가 내포되어 있는 것과 동일한 것인즉 자연수의 변화는 이와 같이 용의주도한 것이다.

그 다음 寅卯辰은 七數로 변화하는 것인즉 이것을 양적으로 보면 7/64로 확장하는 것을 뜻하는 것이지만 질적으로 보면 寅卯辰은 君火(七)를 형성하려는 의미를 내포하고 있는 것이다(君火라는 것은 木에서 계승되는 초기이므로 발산이 극히 작은 火인 것이다).

그 다음 巳午未는 양적으로 보면 25/64인즉 가장 많은 분열을 하는 때이다. 그러나 이것을 질적인 면에서 보면 오히려 통일해서 다시 발전하려는 뜻을 품고 있는 것이다. 즉, 亥子丑이 품었던 뜻인 十土를 여기서 완성하여 가지고 丑土의 작용을 다시 하려는 것이다.

그 다음 申酉戌은 양적으로 보면 22/64로 늘어나고 있는 것이다. 그러나 이것을 질적으로 보면 확장하려는 목적에서 그러한 것이 아니고 수축하려는 과정에 있어서의 일시적인 반발인 것이다. 이 과정을 거쳐서 亥子丑에 다시 들어감으로써 巳午未가 25/64로 분열하였던 것이 다시 十으로 되돌아가려는 것인즉 이것이 바로 우주 본체의 귀장이다.

다시 말하면 우주의 본체란 것은 창조하는 면에서 보면 十이 본체이고 작용하는 면에서 보면 五가 본체다. 그런즉 亥子丑은 巳午未의 뜻을 머금고 巳午未는 亥子丑의 뜻을 머금는 것이므로 亥子丑에는 十의 뜻이 있고 巳午未에는 또한 五의 뜻이 있는 것이다. 이와 같이 고찰하여 보면 변화와 상수에 대한 흥미는 실로 진진(津津)한 것이다.

상술(上述)한 바와 같이 자연수의 변화는 우주의 질서가 표상하는 바와 동일한 변화를 하므로 우리는 수열 자체가 철학이라고 주장하는 것이다. 그러므로 삼각형·사각형·원형 등의 象에 있어서도 이것을 상수적으로 따져보면 상수의 원리에서 벗어나는 것이 없는 것이다.

　서양의 유명한 천문학자가 제자들에 의해 "선생은 어찌하여서 천문학에 그렇게도 능합니까?" 라는 질문을 받았을 때 "나는 날 때부터 삼각형과 사각형과 원형에 대해 선천적으로 알고 나왔다."고 대답하였다는 것은 진실로 저간의 소식을 말하는 것이며, 또한 피타고라스가 '수열이나 수식은 사물발전의 모방이므로 數는 만물의 존재원리'라고 갈파한 것 등은 진실로 경탄할 만한 일이다. 이것은 수의 구성을 인위적으로 본 것이 아니고 자연적으로 보았기 때문에 터득한 진리인 것이다. 그런즉 진리는 어디에나 있으며 또 누구나 차지할 수 있는 공유성을 지닌 것이라고 하겠다.

후편 변화론(後編 變化論)

제5장 우주의 변화와 그의 요인

    우주운동이라고 하는 것은 우주의 변화작용을 지칭하는 것이요, 우주의 변화라고 하는 것은 水火(坎離)정신의 동정상태를 말하는 것이다. 그런즉 그것은 어떠한 요인에 의하여 이루어지는가? 즉, 무엇이 우주를 動靜하게 하는가 하는 것을 연구하여야 한다. 그러므로 이것을 한마디로 말한다면 '우주운동의 요인은 土化作用이 相火를 거쳐서 金火交易을 완성하려는 운동'이라고 말할 수 있다.
    그러나 이 점에 대해서는 동서양에 있어서 다만 의두(疑竇)로서 남겨 놓았을 뿐이었다. 그러나 동양에서는 이미 태극설과 음양오행설로써 우주변화의 원인을 설명할 수 있는 계기를 마련하여 놓았던 것이다. 그렇지만 그 운동의 요인, 즉 무엇이 어떻게 조화를 창조하는가 하는 점에 대해서는 명확한 해설을 가한 자가 거의 없었던 것 같다. 물론 지난날에는 거유석학(巨儒碩學)들이 나와서 도통지원(道統之源: 우주변화의 주체가 되는 통일의 本源)과 화생지리(化生之理)를 밝혀 놓았지만 그것은 다만 변화원리에 대한 골간(骨幹)이 되었을 뿐이고 구체적인 설명이 부수되지 못하였기 때문에 이것으로써 진리를 대중화시킬 수는 없었다.
    눈을 서양에 돌이켜 보면 그들은 다만 우주는 단원운동을 하는가, 또는 다원운동을 하는가 하는 논쟁이 아니면 혹은 유심운동이냐 유물운동이냐

하는 갑론을박(甲論乙駁) 정도의 논쟁으로 시종(始終)하였던 것이다.

이와 같이 함으로써 동서양의 학계에 있어서는 설혹 수세기에 한 번씩 지도지사(知道之士)가 나왔다고 할지라도 그 때의 학풍과 시세의 조류 때문에 '지자서의(知者逝矣)'라 하면 그만이었던 것이다.

그럼에도 불구하고 필자가 당돌함을 무릅쓰고 감히 여기에서 우주운동의 요인을 논하려는 것이다. 그런즉 여기에서 잠깐 언급할 골자를 한 마디로 말한다면, 우주의 변화란 것은 土化作用으로써 본체가 되고 相火作用으로써 객체를 이루고 金火交易作用에 의하여 완성된다고 대답할 것이다. 그러므로 다음에 土化作用과 相火作用과 金火交易을 논함으로써 우주변화의 요인을 논술하려는 것이다.

그러나 필자는 채찍질을 해야 만이 달릴 수 있는 둔마(鈍馬)다. 그러므로 그 논지가 과연 사도(斯道)의 발전에 이바지할 수 있을는지 어떨는지는 모르겠다. 그렇지만 이 글을 발표함으로써 선배유지의 만분의 일이라도 후세에 전하였으면 하는 희망과 욕심으로 이 글을 초(抄)하는 바이다. 그러므로 이 글이 만일 암야형등(暗夜螢燈)이나 심연석교(深淵石橋)는 못 된다고 할지라도 도통(道統)의 연원(淵源)을 찾으려는 꿈[夢]을 일으켜 놓기만이라도 하면 필자는 만족이다.

제1절 토화작용(土化作用)

1. 토화작용(土化作用)의 삼원운동(三元運動)

土化作用이란 것은 우주변화의 황파(黃婆)를 말하는 것이다. 즉, 인신상화(寅申相火)의 작용과 금화교역(金火交易)을 거쳐서 변화를 통일하는 기시(起始)를 말하는 것이다. 그런데 여기에 또 한두 개의 목적이 있다. 즉, 분열과정에서 일어나는 모순을 조화하며 발전을 선도하는 土와 또는 통일과정에서 모순을 조절하며 통일을 매개하는 土가 있는 바 전자를 미완성의 土라고 하고 후자를 완성된 土라고 한다. 다시 말하면 전자는 陽土이므로 丑辰土라고 하고 후자는 陰土이므로 未戌土라고 한다. 그런데 이것이 본중말의 삼원운동을 하면서 변화의 본원을 조성하는 것이므로 그것을 연구하기 위해서는 土의 배치상태와 그 작용을 연구해야 한다.

즉, 陽方에는 丑辰土가 있는 바 丑土는 東北維位에 位하면서 소위 土化작용을 한다. 다시 말하면 丑土는 一陽의 化生作用을 보호하는 것이다. 그것은 바로 陽이 子水 속에서 나올 수 있도록 조화하며 또는 陽의 발전과정에서 일어나는 모순(즉, 申의 對化的 모순과 또는 寅의 自化的 모순)을 조절하는 것을 의미한다.

이와 같이 丑土는 子丑寅運動의 中의 역할을 하며 또는 卯辰巳의 기본을 이루어 놓는 것이다(丑土뿐만 아니라 辰未戌土도 동일한 작용을 한다). 이것은 다만 위치적으로만 中의 역할을 하는 것이 아니며 또 본질적으로도 중용의 덕을 발휘하는 것이다. 그러므로 이것(丑)이 바로 일년 四大節 中에 있어서 제1절(즉, 봄)의 조화작용(造化作用)인 것이다.

이와 같이 子丑寅運動이 丑土 중심의 보호를 받으면서 끝나면 다음은 辰土 중심의 夏節運動이 시작되는 것이다.

辰土가 활동하는 방위는 東南維位이다. 이 방위는 만물이 생장하는 位이므로 辰土는 生과 長을 다같이 보호하여야만 한다. 그러므로 그 직책도 좀더 복잡하고 그 성격도 다소간 丑土와는 다른 점이 있다. 첫째로, 辰土의 본인 卯木은 대화적(對化的)으로 酉의 제어를 받으면서 形

이 生하고 또 자체적으로도 四金 八木의 투쟁을 일으키면서 자기를 生하는 것이므로 辰土는 이것을 융화(融和)하면서 발전시키는 중요한 역할을 하여야 하고, 둘째로, 이때는 만물을 길러야 하므로 종전의 形 그대로는 신축성이 적어서 기르기에 부적당하다. 그러므로 어떠한 신축성이 강한 물질을 필요로 할 수밖에 도리가 없는 것이다. 그렇다면 丑土와 같이 조화하고 보호만 하면 되는 그런 성격만으로써는 적격이 되지 못한다. 그러므로 천연(天然)은 一面土 一面水의 이중성격을 辰土로 하여금 가지게 한 것이다. 그래야만 土로서는 조화 보호하여서 살을 찌우고 水로서는 무성(茂盛)에 대비해서 형질의 보장을 하게 되는 것인즉 자연은 이와 같이 용의주도한 것이다. 우리가 만일 어린애들의 자라는 과정을 자세히 관찰한다면 한동안은 길이가 자라고 또 한동안은 옆으로 자라는 것을 발견하는 것이니 이것이 바로 자라는 과정에 있어서 辰土의 二面性이 작용하는 까닭이다. 그런데 만일 길이만 자라고 살이 찌지 않는다고 하면 그것은 辰의 작용이 木便에 너무 치우쳐서 土化性의 결핍을 가져왔다는 증거인 것이다.

　이것이 소위 卯辰巳의 본중말작용인 것이다. 그러므로 辰土의 성질 역시 중용의 덕을 발휘하는 것이다. 그러나 우리가 여기에서 또 하나 생각하여야 할 것은 위에서 '천연(天然)은 이와 같은 辰土의 덕을 東南維位에 배치'했다고 했는데 그 천연이란 것은 어떠한 인격을 부여한 것을 지칭하는 것인가, 그렇지 않으면 자연 그대로의 자연을 말하는 것인가 하는 것이 문제되는 것이다. 그러나 이것은 순수자연을 말하는 것이다. 그렇다면 순수한 자연이 어떻게 그런 능력을 소유하는가 하는 것이 문제되는데 그것에 대한 해답은 다음과 같다.

　우주의 활동은 一者의 태원(太原), 즉 水에서 시작되는 것이다. 그러므로 만물의 활동이란 엄격한 의미에서 水의 활동인 것이다. 다만 子丑

寅運動은 午未申의 對化作用으로 인하여 水中에서 양화(陽化)하여 가지고 팽창해서 올라가는 상태였으나 卯辰巳의 운동은 西方의 酉戌亥가 對化作用을 일으킴으로써 形을 만들어 주는 것이다. 그런데 그 形이란 것은 바로 북방 一水의 물 덩어리인 것이다. 이것을 좀더 자세하게 말하면 子丑寅運動에서 發한 陽이라는 것은 불변성이 아니다. 陽과 陰이란 개념은 다만 연구나 인식의 대상을 위해서 구별해 놓은 개념인 것뿐이고 결코 별개의 본체를 의미하는 것은 아니다. 그러므로 陽陰이란 것은 엄격한 의미에서 보면 두 개가 다 '물'이라면 '물'이고 '불'이라면 '불'이다. 다만 그것이 응고하면 물이 되고 분열하면 불이 되는 것뿐이다.

그러므로 子丑寅에서 발한 陽이 卯辰巳의 과정에 들어오게 되면 酉戌亥의 對化作用으로 인하여 들어오는 바의 金水之氣와 부딪혀서 形을 만드는 것이다. 그런즉 形이란 것은 곧 물(酉戌亥의 對化作用으로 이루어진)에 의하여 이루어진 것이다. 그러므로 동남방에 있어서 戌의 대화(對化)를 받고 있는 辰은 순수한 토화작용을 할 수가 없으므로 여기에서 반은 土, 반은 水의 성질로 변하는 것인즉 이것을 가리켜서 수토동덕(水土同德)한 土라고 하는 것이다. 그렇기 때문에 천연은 이 방위에 진(辰)과 같은 이중성격을 띤 土를 배치한 것이다(여기에서 말한 바의 천연이란 것은 五行의 자연운동을 말한 것이고 결코 어떠한 인격적인 의미의 天然은 아닌 것이다). 이상에서 말한 바가 생장의 제2절임과 동시에 辰土의 작용이다. 그 다음은 午未申運動을 하는 未土에 대해서 논하기로 하겠다.

未土란 것은 위에서 말한 바와 같은 통일(統一)의 매개역(媒介役)으로서의 土를 말하는 것이다. 돌이켜 생각하여 보면 丑土는 未土의 對化作用에 의해서 子를 發하고 寅을 조절했으며 辰土는 戌의 대화작용을 받아서 卯木을 발하면서 巳를 조절했던 것이다. 그러나 이것들(丑辰土)은 통일하는 능력이 없었다. 그러므로 만일 여기에 대해서 가치를 평가

한다면 丑辰土는 未土의 반의 가치밖에는 없다. 그런즉 이것은 未土의 '十'에 비하면 丑土의 가치는 五에 불과한 것이다. 그러므로 이것들을 五土라고 하는 것이다.

'十'자는 본래 종횡이선(縱橫二線)을 교차함으로써 중앙에 중심점을 이룬 것인즉 그 작용은 사방에 동일하게 미쳐진다. 다시 말하면 '十'자의 정신은 중앙의 교차점에 있은즉 이것은 四正方의 中이기 때문에 절대공평성을 지니고 있다. 그러므로 만물이 생장할 때에는 丑과 辰을 도와서 생장에 알맞게 하고 성수(成遂)할 때는 수렴하기에 적당하게 하여 주는 것이다. 그러나 현실의 未土는 제 구실을 하기는 너무나 벅차다. 다시 말하면 지금과 같은 지구의 조건으로서는 未土가 '十'의 가치를 제대로 발휘할 수 없게 되었다는 말이다. 왜 그런가 하면 '十'자의 象은 사정방(四正方)이 丑未辰戌을 똑바르게 가리켜야만 할 것임에도 불구하고 子午卯酉를 가리키고 있기 때문이다.

좀더 자세하게 말하면 지금은 지구가 경사됨으로써 지축이 丑未로 정립하지 못하고 오히려 子午로 경도되었기 때문에 未는 거기에서 오는 필요 이상의 부담, 즉 많은 火의 저항을 받아야 할 입장에 놓여 있다는 말이다.

이와 같은 관계는 문왕괘도(文王卦圖)에 잘 표시되어 있다. 문왕괘도를 보면 未의 위에 二(火)가 놓여 있다. 그것은 바로 未가 十의 작용을 하여야 할 곳에서 二火의 작용을 하고 있다는 것을 의미하는 것이다. 무엇 때문에 그렇게 되는가 하면 午火는 동남에 있어야 할 것인데도 불구하고 정남에 와 있으므로 여기서 우주 본래의 의도보다도 많은 화력을 발하고 있다. 그러므로 未로 돌아가면 이미 음방위임에도 불구하고 여기서 오히려 화력을 발하고 있는 것이다. 그렇기 때문에 문왕괘도는 이와 같은 현상을 그대로 표시한 것인즉 未方에 二(火)가 놓이게 되는 것은 현상으로 보아서 당연한 것이다.

그러나 未土가 이러한 位에 놓여지는 것은 과연 불운한 성직(聖職)이라고 할 것이나 만에 하나라도 여기에 未土마저 없으면 통일작용에 크나큰 지장을 가져올 것이다. 그런데 이것을 달관한 것이 석가여래였다. 불경에는 '만(萬)'자의 고자(古字)를 '만(卍)'자로 표시하였다. 이것이 바로 '萬'자인데 이제 그 뜻을 살펴보면 '시(是)'를 '여(如)'하는 부위의 象이 '卍'자의 象인 것이다. 다시 말하면 '如是'라는 말은 시(是)를 통일하여서 인간의 마음을 거울[鏡]과 같이 만들려는 것인데 '是'의 象이 '卍'자의 象과 같으므로 정신의 귀공(歸空)이 진실로 어려운 것을 의미하는 것이다.

그런즉 이것은 바로 전술한 바와 같이 未土의 곤경과 '시(是)' 象의 萬(卍) 수(殊)함을 갈파하고 취상(取象)한 것이라고 할 것이다. 그렇다면 '卍'자의 象 가운데 어디에 그러한 象이 있는가 하면 '卍'자의 象은 '十'자가 모두 머리를 들지 못하고 있는 것을 표시하는 것이다. 그런즉 그것은 '十'자의 작용이 완전하지 못한 것을 표시하는 것이다. 진실로 未土의 작용이 불완전할 때는 거기에 '卍'자의 象이 있는 것이다. 그러므로 석가도 현실세계에서 시(是)를 여(如)하는 일을 그처럼 어렵게 여겼던 것이다. 오호라 불도(佛道) 심연을 깊숙이 파헤쳐 보고 싶은 마음 간절한 것을!

각설하고 이와 같이 未土는 五에서 왕성하였던 陽을 다시 陰 속으로 귀장시켜야 할 성직(聖職)을 띠고 있는 바 현실(지축이 경사된 현실)에서는 많은 곤경이 있다.

첫째로, 未土는 午未申의 中으로써 작용하는 것이므로 丑을 中으로 하는 子丑寅의 對化作用을 받아야 하는데 子丑寅이 정북 중심으로 位하지 못하고 동북에 기울어져 있기 때문에 그것으로써 午未申의 未土작용을 도와주는 데 있어서 도움보다도 오히려 해로운 편이 많다는 사실이다. 왜냐하면 午未申의 未土를 도울 수 있는 것은, 즉 통일작용을 도울 수 있는 것은 子와 丑 정도이고 寅은 전적으로 반대되는 입장이다. 더욱이 이것들은 동북방으로 기울어져 있은즉 그러한 작용이 더욱 심한 것이다.

둘째로는, 자화작용과 방위사이에서 일어나는 모순이다. 방위로서는 午未申은 火土金인데 변화로서 보면 火土火의 작용을 하는 것이다. 그런즉 여기(變化作用)에는 土의 종합작용을 도울 수 있는 요인이 없은즉 이것은 이화제화(以火濟火)하려는 象에 불과하다.

이것을 先天未土(지축이 경사진 때의 未土)의 작용상태라고 하거니와 그럼에도 불구하고 이것이 능히 통일의 기본을 이룰 수 있는 것은 土가 비록 정위(正位)를 유지하지 못하고 있다 할지라도 자기 자체가 中이므로 능히 中의 작용을 할 수 있는 능력이 있다는 점과 또는 自化작용인 24/64와 방위의 26/64과의 사이에는 불과 二數의 차이밖에는 없다고 할지라도 차이는 차이이므로 결과적으로 통일되고야 마는 것이다. 그런즉 先天未土는 이와 같은 작용으로써 後天運行, 즉 통일의 제1절을 이루는 것이다.

그 다음에 戌土가 酉와 亥를 본말로 하는 酉戌亥의 변화과정으로 들어서게 된다. 이 운동은 午未申運動이 완성되는 곳인데, 즉 천도의 통일적인 변화가 끝나는 곳으로 여기에서 생각해야 할 것은 卯辰巳의 辰土 中心運動은 水土同德作用을 하였는데 그것이 여기에 와서는 水土合德 작용을 한다는 사실이다.

다시 말하면 卯辰巳의 辰土는 木(卯)·火(巳)의 中을 이루고 一面土 一面水의 작용을 하면서 확장하는 때에 처해 있는 존재이므로 水土同德 작용을 하였지만 酉戌亥의 中을 이루는 戌土는 一面水 一面土의 작용을 하는 것이기는 하지만 이것은 酉(金)·亥(水)의 中을 이루는 존재이므로, 또는 수축의 종점인 서북위에 처해 있기 때문에 卯辰巳 때의 동덕이 여기에 와서는 합덕(그 작용이 종합을 이루는 것)을 하게 되는 것이다. 그런 즉 수토동덕(水土同德)과 합덕(合德)이란 것은 다만 水가 부침(浮沈)하는 현상인 것뿐이다.

戌土란 것은 이와 같이 하면서 감중(坎中)에서 핵과 생명을 보호하기 위한 것인 바 이것을 방위와 변화의 관계에서 보아도 합덕하지 않을 수가 없는 象이 있는 것이다. 즉 방위로서는 酉戌亥는 金土水였는데 변화로서 보면 金水木이다. 그런즉 서방에 있어서의 金水木이라는 것은 통일하는 象인 것이다.

그런데 이와 같은 감중지토(坎中之土)를 공(空)이라고 하는 바 공과 영(零)은 그 개념이 서로 다르다.

〇(零)이라는 것은 만물의 작용이 끝난 것을 표시하는 것이다. 가령 아라비아 數字에서 '十'을 '10'으로 표시하는 것은 一의 작용이 九에서 끝나므로 '十'의 位에서는 一의 작용이 모두 끝나고 다만 一이 〇(空)의 상태로 되어 있는 것을 의미하는 것이다.

그러나 〇(空)이라는 것은 어떤 사물이 작용면에서 보아 零 상태로 놓였다고 할지라도 그것을 본질적인 면으로 보면 공(空)이라고 보는 것을 의미하는 것이다.

그런즉 空이라는 것은 사물이 비록 작용을 중지하여서 零 상태에 있다고 할지라도 그 본체마저 零이 된 것이 아니고 다만 안정상태에 놓여 있기 때문에 그렇게 보이는 것인즉 이것을 空이라고 함으로써 零과 空을 구별하는 것이다. 그러므로 이것을 요약해서 말하면 空과 零은 모두 一의 통일상태(직선의 延長이 空을 이룬 것을 통일이라고 함)로서 그 통일이 완성된 점이 바로 空이다. 그것을 작용으로 보면 零이고 본체로 보면 空

인즉 空과 零은 '戌'을 체용양면으로 표현하는 개념이다(零이란 것은 기운이 떨어졌다는 것을 의미하는 것이다). 상술한 바와 같이 空은 酉戌亥에서 통일되는 바 이것이 만물의 핵이며 정신의 본체인 것이다. 그러므로 모든 핵과 정신은 여기에 있는 戌空을 바탕으로 하고 발전하는 것인즉 만일 이와 같은 한 점, 즉 戌空이 없다고 하면 생명도 정신도 있을 수가 없는 것이다. 그러므로 四土 中에서 戌土는 未土의 도움을 받으면서 정신과 생명을 창조하는 완수점(完遂點)인 것이다.

반면으로 戌土가 位한 곳을 살펴보면 서북의 유위(維位)에 깊숙이 유폐되어 있으므로 세상의 이목이 미치지 못하는 곳이며 또한 감위(坎位)에 있으므로 그 位가 지하지천(至下至賤)한 것이다. 그러나 이것이 변화의 기간(基幹)이며 또한 생명과 정신의 요람인즉 그 누가 이것을 경시할 수가 있을 것인가? 인간사회에 만일 戌土와 같이 명예와 지위를 버리고 초야에 묻혀서 萬物의 生長收藏과 萬事의 합천도(合天道)만을 위하는 聖者가 있다고 한다면 이것은 바로 戌土의 덕을 그냥 받은 사람이라고 할 것이다. 그런즉「주역」의 지산겸괘(地山謙卦 ䷝)는 이 象을 그린 것이요, 불교정신의 정수인 空도 바로 이와 같은 空을 말하는 것이다.

이상에서 논한 바는 우주운행의 三元運動이 土를 중심으로 이루어지는 것을 말한 것이다.

다시 말하면 辰戌丑未의 土의 운동은 각각 삼원으로써 일체를 삼고 일기(一期)의 四大변화를 이루는 주체가 되는 것이므로 각 개의 土는 그 성질의 특징을 나타낸다는 것을 설명한 것이다.

2. 토화작용(土化作用)의 오원운동(五元運動)

위에서 土化作用이 삼원운동을 하기 때문에 모든 변화작용이 차질(蹉

跌)을 가져온다는 이야기를 한 바 있다. 그것은 지축이 傾斜졌기 때문에 丑未의 방향도 따라서 경사지게 됨으로 인하여 12支의 방위가 전부 변하게 된 데에 그 원인이 있었던 것이다. 그러므로 지축이 만일 正立하게 된다면 12支의 방위도는 丑未辰戌이 四正으로 변하게 된다.

아래 그림에 표시한 바와 같이 지축이 바로 서게 되면, 수토동덕(水土同德)과 합덕작용이 正東과 正西에서 이루어지게 되므로 모든 모순은 지양(止揚)된다. 다시 말하면 우주가 삼원운동을 할 때에는 辰水가 東南에서 분열했던 것이다.

동남은 火의 방위이므로 辰水의 분열이 너무 과도하기 때문에 동덕작용이 너무 지나쳐서, 즉 土쪽에 치우쳐서 오히려 형불급(形不及)의 위험이 있었던 것이다.

◉ 凡例

1. 내부의 地支는 지축경사도
2. 외부의 地支는 지축정립도
3. 巳午未申酉와 亥子丑寅卯 (외부)는 오원운동
4. 亥子丑 寅卯辰 巳午未 申酉戌 (내부)은 三元圖다.

토화작용의 삼원오원도

반면으로 戌水는 서북에 位하고 있기 때문에 水쪽에 너무 치우치게 되어서 응고작용이 과도하게 됨으로써 합덕작용이 도를 지나치게 되었던 것이다.

그 때문에 이러한 조건 아래에서 生化作用을 하려면 丑土가 그다지 큰 노력을 하지 않아도 성공할 수 있었던 것이다. 그러므로 여기에서는 相克작용이 심하게 되고 따라서 陰陽의 투쟁은 더욱 심하게 되었던 것이다. 그런즉 이런 조건 아래서는 火化작용이 극도에 이르게 되므로 未土가 이것을 수렴하는 것은 실로 난중지난(難中之難)이다. 그러므로 선천의 삼원운동은 우주운동으로써 볼 때에 항상 위험하였던 것이다.

그러나 후천의 오원운동, 즉 지축이 바로 섬으로써 丑未辰戌이 정위하는 운동은 위에서 말한 바와 같은 삼원운동의 폐단을 지양하게 되는 것이다. 그러므로 오원운동의 실현으로써 모든 문제들이 해결되는 것이다.

첫째로, 土가 전부 정방형의 十字를 이루고 있기 때문이다. 다시 말하면 선천의 삼원운동은 그림이 內部에 표시된 것과 같이 丑未辰戌이 ×形으로 놓여서 작용하였지만 後天의 五元運動은 그림의 표면과 같이 土가 전부 사정방에 놓이게 되므로 土가 十字의 形을 이루게 되어 있은 즉 이런 조건하에서는 모든 모순은 지양되는 것이다.

둘째로, 對化作用이 만전을 기하고 있으므로 삼원운동 때의 폐단이 없어지게 되는 것이다. 다시 말하면 삼원운동을 하던 때에는 午未申의 대화(對化)는 子丑寅이었으므로(그것마저 동북쪽으로 기울어진) 午未申의 未土작용을 거의 방조해 주지 못하였던 것인데 오원운동을 하게 될 때는 그러한 폐단이 없어지게 되므로 우주의 운동은 정상화하게 되는 것이다.

셋째, 삼원운동(三元運動)은 單數의 본중말작용만을 하기 때문에 陰陽의 배합을 이루지 못하므로 모든 모순이 일어났던 것이다. 좀더 자세하게 말하면 우주의 운동은 陰陽이 본중말운동을 할 때에 그 운동이 정상화(正常化)되는 것이다. 그런데 삼원운동은, 즉 예를 들면 子(水)·丑(土)·寅(木)운동은 陽水(子)와 陽木(寅)이 土를 中으로 하는 본중말운동이므로 水木이 각각 陰을 얻지 못한 단수로서의 본중말운동이었다. 그런즉, 이것들이 복수로서의 본중말운동을 하려면 子水는 亥水와 배합되고 寅木은 卯木과 배합된 연후에 中을 얻어야만 복수의 본중말운동, 즉 음양이 배합된 본중말운동을 할 수 있게 되는 것이다. 그러므로 이러한 운동만이 우주의 모순을 지양할 수 있는 것이다.

이상을 종합하여 보면, 오원운동을 하게 되면 四土가 모두 正十字形으로 位하게 되고 따라서 對化作用도 바르게 되며, 또한 본중말이 복수운동을 하는 오원운동을 하게 되므로 우주의 운동에서 파생되는 모순과 대립은 정상적인 지양을 하게 된다는 것을 말하였다. 그런즉 오원운동이라는 것은 어떠한 것인가 하는 것을 살펴보아야 한다.

그림에서 보는 바와 같이 오원운동이란 것은 亥子丑寅卯와 巳午未申酉의 운동을 말하는 것이다. 우주운동의 목적은 수화(水火)의 호혜작용에 있다. 즉, 水[물]로서 보면 火를 만들려는 것이 목적이고 火로서 보면 水를 만들려는 것이 또한 목적이다. 그러므로 이것을 수화일체운동(水火一體運動)이라고도 한다.

그런즉 삼원운동에서 보면 수화운동의 교량과도 같은 金木運動을 표시하는 데는 충분하지만 陰陽配合으로서의 본중말운동을 표시하기에는 너무나 불충분하였다.

그러므로 삼원운동은 五行의 운동원리만을 표현하는 데는 족하지만 그것으로써 오행운동의 목적인 수화운동의 완전한 모습을 표시할 수는 없었던 것이다. 그런즉 오원운동은 궁극의 목적을 실현하는 象을 나타내는 것이다. 그런데 우주가 삼원운동을 하거나 오원운동을 하는 것은 지축의 정경립관계(正傾立關係)에서 이루어지는 것이고 결코 우주운동의 임의소작(任意所作)이 아니다.

그러므로 亥子丑寅卯와 巳午未申酉의 오원운동은 그림과 같이 복수적인 陰陽運動을 하므로 대화적(對化的)으로 보나 본중말운동의 원리로서 보나 가장 합리적인 象을 나타내는 것이다. 그런즉 다음은 그것을 잠깐 연구해 보기로 하겠다.

첫째로 이것(후천오원운동)을 대화작용에서 보면 丑未가 종중선(縱中線)에 있으므로 土化作用에 소호(少毫)의 차질도 없다는 사실이다(제5장 '토화작용의 삼원운동' '토화작용의 오원운동'를 참조). 다시 말하면 丑未의 작용은 발산(丑)과 통일(未)의 기본을 이루는 것인데 土가 만일 동북에 와 있게 되면 丑化작용이 용이하게 되므로 子의 용출운동이 쉽게 될 것이고 未가 만일 서남에 있게 되면 午의 발산작용이 심하게 되므로 未의 수렴작용이 어렵게 되는 것인즉 이것이 바로 선천이 삼원운동을 하던 때의 모습이었다. 그러나 후천이 오원운동을 하게 되면 이러한 모든 폐단이 없어지게 됨으로써 分合작용이 정상화될 것인즉 모든 과불급의 여폐(餘弊)가 없어지게 된다.

따라서 辰戌運動이 水土同德과 合德運動을 함에 있어서도 변화의 기점과 종점이 바르게 되는 것이다. 모든 변화의 현상은 횡중선(橫中線)의 종말에서 이루어져야만 그 변화한 바에 과불급이 없게 된다. 그러므로 후천의 辰戌이 정위에 있으면서 모든 변화작용을 잘 조절하게 되는 것이다. 그런데 선천운동은 辰戌이 횡중선으로 경사졌기 때문에 수토(水土)의 합동덕운동에 만전을 기하지 못하였던 것이다.

그런데 후천운동은 모든 位가 바르기 때문에 對自化작용이 알맞게 되어서 그 운동도 또한 적당하게 되는 것이다. 즉, 辰은 正東에서 化하기 시작하고 戌은 正西에서 變하기 시작하는 것이니 그렇게 될 때에 辰六水(작용면에서 본 數)와 戌一水(작용면에서 본 數)는 확장과 통일을 알맞게 하는 것이다(이상에서 丑未辰戌에 대해서만 말했거니와 子午卯酉와 寅申巳亥도 여기에 따라서 바르게 되므로 생략한다).

　둘째로 후천의 오원운동은 본중말운동에 유감(遺憾)됨이 없다는 점이다. 본중말운동이 음양배합을 이룸으로써 변화의 완벽을 기한다는 것은 위에서 말한 바이므로 생략하기로 하고 여기서는 사정위에서 일어나는 본중말운동을 논하기로 하겠다.

　철학이 변화를 보는 관점이 두 가지가 있다. 통일과 분산을 본체면에서 보면 통일은 未에서 시작하고 분산은 丑에서 시작한다. 그러나 이것을 작용면에서 보면 통일현상은 戌에서 나타나고 분산현상은 辰에서 나타나는 것이다. 그러므로 이것을 변화의 體用작용이라고 하며, 그와 같이 보는 관점을 體用觀이라고 하는 것이다. 그런즉 체로써 보면 辰戌은 中이고 丑未는 본말이다. 반면으로 용에서 보면 丑未가 中이고 辰戌이 본말이 되는 것이다. 체와 용은 이와 같이 보면 그것은 본중말이 교호(交互)작용을 하고 있는 것을 알 수 있는 것이다.

　그런즉 이것이 우주변화의 기본임은 말할 것도 없거니와 이와 같이 중요한 기본인 본중말운동이 오원운동을 하기 어려웠던 선천(先天)에 있어서는 지축의 경사 때문에 그 位가 ×선을 이룸으로써 우주변화의 기본을 흔들어 놓았지만 후천운동은 이러한 폐단이 없게 된다는 것을 말하는 것이다.

　오원운동은 우주변화에 있어서 이와 같이 중요한 것이거니와 다만 좀 더 생각하여 보아야 할 것은 지축의 경사는 무엇 때문에 오원운동을 방해하는가 하는 점이다. 그러나 그 이유는 지극히 단순하다. 선천은 子丑寅이 동북쪽으로 기울어져 있기 때문이다. 東北은 양생지방(陽生之方)인즉 동북에 기울어진 丑과 寅은 木氣의 발생을 너무 강하게 촉진하게 되므로 亥와 卯의 陰들이 수반할 겨를이 없는 것이다. 다시 말하면 水中

의 陽이 발할 때에 그의 발하는 속도가 적당하면 子가 적당하게 발한다. 그런데 子는 亥의 形氣를 쓰고 나가는 것인 바 만일 子가 너무 빨리 나가게 되면 亥는 形이 될 수 있는 陰氣를 수반할 여유가 없게 되므로 子는 獨陽상태로서 탈출하여 버리게 된다. 또한 寅이 발할 때에는 卯金이 자화작용을 하면서 形을 만드는 것인데 탈양상태(脫陽狀態)의 寅은 卯金의 自化작용을 기다릴 여유가 없이 분출하게 되는 것이다.

그런데 후천은 지축이 바르게 서 있으므로 이러한 중대한 점에 만전을 기할 수 있지만 선천작용은 이와 같이 중요한 오원운동(위에서 말한 바와 같은 이유 때문에)이 항상 불완전하게 되는 것이다(일반적으로 선천은 삼원운동을 하고 후천은 오원운동을 한다고 하는 바 그것은 선천에서는 오원운동을 전혀 할 수 없다는 것을 의미하는 것이 아니라, 그 운동이 삼원운동에 종속되어 있는 데 불과하므로 이와 같이 말하는 것이다).

이상에 본 바와 같이 丑未辰戌의 작용이 정상화되지 못하는 이유는 바로 지축의 경사에 있는 것이거니와 요는 土化作用의 궁극의 목적은 무극의 象을 이루어서 空을 만드는 데 있는 것이다. 그런데 무극의 象인 未土의 位가 中이 못 될 때 辰丑戌도 따라서 中이 될 수 없는 것은 물론이고 이것이 돈부(敦阜)나 비감(卑監)의 상태(15분기를 참조)가 됨으로써 水火作用의 승부를 잘 조절할 수 없게 된다. 그러므로 모든 변화작용은 투쟁과 모순의 독 안에 빠지게 되는 것이며 따라서 완전한 무극을 만들 수도 없으므로 거기에서 明이나 空을 창조하기는 진실로 어려운 것이다.

그러므로 일부(一夫) 선생은 오원운동을 하는 우주를 상찬(賞讚)하는 노래를 읊었던 것이다. '삼원오원혜(三元五元兮)여 상원(上元)이 원원(元元)이로다' 한 것이 바로 그 노래인데 이것은 삼원운동이 지양되고 오원운동이 들어오는 후천 上元世界를 찬미한 것이다. 더욱이 이와 같은 공(功)이 전혀 무극의 작용에 있음을 깨닫고서는 '삼절위편(三絶韋

編) 오부자(吾夫子)는 불언무극유의존(不言無極有意存)'이라고 하는 노래로써 공자를 찬양하였던 것이니, 이것은 공자가 무극을 말하지는 않았지만 「주역(周易)」의 십익(十翼)에 그가 무극을 알았다는 모든 흔적이 나타나는 것을 말하는 것이다.

3. 토화작용(土化作用)에 대한 현대적 고찰

1) 단자론적 고찰(單子論的 考察)

상수학(象數學)은 조화의 주체를 土化作用이라고 한다. 그런데 여기에서는 서양철학이 말하는 단자론에서 논하는 바를 살펴봄으로써 (이것이 비록 부분적이기는 하지만) 土化作用을 재음미하면서 우주조화의 본체가 土라는 점을 재고찰하려는 것이다. 더욱이 현대의 교육이 서양일변도로 치우쳐 있는 이 때에 상수학과 같은 관념적 이론이나 성리적인 논증과 같은 것은 거의 무비판적으로 거부하려고 하는 것이다. 그러므로 이것을 서양철학의 단자론과 대조하면서 土化作用을 논하는 것은 어느 면으로 보나 흥미 있는 것이다.

土化作用이란 것은 물질이 극도로 분화하여서 물(物) 자체의 형태를 무형의 상태로 전환하는 계기를 만드는 작용을 말하는 것이다. 그런데 그것이 과연 어떻게 실현되는가 하는 문제를 연구하기 위해서는 단자론(Monadologie)을 고찰해 보는 것이 좋을 것이다.

브루노(Bruno; 1548~1600)의 단자론 같은 것은 거기에 대한 적절한 한 예일 것이다. 그는 우주의 본체를 단자로 보고 단자의 실체와 운동상태를 다음과 같이 말했다.

神은 하나이므로 그 神에서 변화한 바의 만물은 一이라는 존재의 兩面에 불과하다. 그러므로 만물의 생명은 神이 주재하는 것이다. 따라서 만물은 분열에 분열을 가하여서 극미(極微)의 것이 되면 여기에서 물심양면성(物心兩面性)을 띠게 되는 것이니 이것이 바로 단자다. 단자(單子)는 그 상태에서 神을 나타내는 것인즉 단자란 것은 바로 우주 자체의 영사경(映寫鏡)이다.

브루노는 우주의 본체작용을 이렇게 보았다. 이제 여기에서 이것을 다시 고찰해 보면 우주의 본체는 一이며, 一은 바로 주재(主宰)의 神이라고 함으로써 문제의 기본점을 확립해 놓고 그 다음은 만물의 분열이 극(極)에 이르면 물심양면성을 띤 존재로 화(化)하는데 그것이 바로 단자라고 함으로써 一의 분열상태를 설명했고, 그 다음은 一의 분열상태인 단자는 곧 神을 나타낸다고 한 것이니 이것은 바로 단자는 神을 창조하는 기본이라고 보았다는 것을 의미하는 것이다.

그의 단자론을 고찰해 보면 이것은 동양철학의 오행설, 즉 상수학과 꼭 같은 것이다. 더욱이 필자가 말한 바 一이 분화하면 무극(无極)을 이루고 그 무극은 통일작용의 기본을 이루어서 一(水)에 귀장하게 하고 거기서 다시 一의 재분열을 실현하게 되는 바 우주는 통일과정에서는 정신과 생명을 창조하고 분화과정에서는 정신과 생명을 소모하면서 발전한다고 하는 것과 꼭 같은 것이다.

이 점에 대해서는 단자론자들은 물론 찬성할 것이거니와 아니 단자론에 반기를 들던 사람들이라고 할지라도 반대하지 않을 것으로 생각하는 바이다.

필자가 여기서 브루노의 단자론을 소개하는 바는 그의 단자론이 비록 우주운동의 전반을 설명한 것은 못 된다고 할지라도 우주운동의 본체적인 이론을 확립하여 놓았던 것은 사실이다. 더욱이 一이 분열한 것을 단자로 보고 단자가 神을 나타낸다고 한 점은 바로 우주의 본체를 확립시

컸다고 보는 것이다(물론 그가 단자론에서 통일이 神을 창조한다고 명확히 말하였더라면 이것은 금상첨화겠지만!). 그뿐만 아니라 '一'자체를 神으로 보고 만물의 움직임을 神의 운동양식으로 보았다고 하는 점은 우리가 말하는 바 一은 水이고 水는 神의 포장체이므로 만물의 움직임은 神의 운동현상인즉 이것은 바로 물[水]의 변형이라고 보는 것과 동일한 것이다(제7장 '정신론'을 참조).

브루노의 단자론은 이와 같이 단자를 우주창조의 본체로 인정하면서 一의 분열과 多의 종합을 설명하려는 의도인 것 같다. 그러므로 폼人은 이것을 전폭적으로 지지하며 찬양하는 것이다. 그런데 그가 단자를 우주의 '거울'이라고 한 것은 더욱 흥미 있는 것이다. 더구나 단자가 정신이라고 하고, 또 그 단자를 우주의 거울이라고 한 것은 마치 불교가 明의 거울을 말한 것이나, 묵자(墨子)가 천체의 작용을 거울의 작용으로 본 것과 같은 것이다. 그러나 이것은 '寅申相火論(제5장 2절)'에서 논할 것이므로 여기서는 생략한다.

2) 원자론적 고찰(原子論的 考察)

그 다음은 土化作用을 원자론적 입장에서 고찰해 보기로 하겠다. 1905년에 아인슈타인(Einstein)은 다음과 같은 방정식을 발표한 바 있다.

$$E = mc^2$$

이 식에서 E는 에너지를 말하는 것이고, m은 질량이고, c는 속도(진공 중의)이고, c^2은 평방 혹은 자승(自乘)을 의미하는 것이다. 그는 광속($2.988 \times 10^8 ms^{-1}$)의 자승에 질량을 곱한 값이 에너지가 된다고 했다. 그런즉 이것은 물질 속에 포함되어 있는 극소량의 에너지라 할지라도 이와 같은 막대한 힘을 가지고 있다는 것을 말한 것이다. 그리고 그는 또한 이 공식을 발표하고 난 다음에 다음과 같이 술회하였다.

"물질과 에너지는 본래 동일한 것이었는데 그것이 다만 형상을 바꾼 것뿐이다. 그러므로 물질이 소멸할 때는 눈에 보이지 않는 에너지로 변화하는 것이다."

그가 이와 같이 갈파한 것은 그의 독특한 과학적이며 철학적인 두뇌에 의한 것이거니와 여기서 에너지에 대해서 좀더 고찰할 필요가 있는 것이다. 일반적으로 에너지를 운동 에너지와 열 에너지로 구분하기도 하나 모든 에너지는 사실상 운동 에너지인 것이다. 왜냐하면 열 에너지라는 것은 물체를 조직하는 분자의 운동 에너지에 불과하기 때문이다.

물질에는 고체·액체·기체의 세 가지가 있는데 가령 금속고체 같은 것은 분자의 진동이 용이하게 전달되지만 木石과 같은 것은 조금밖에 전도하지 못한다. 그런즉 이것은 전혀 분자 가운데 있는 에너지의 차이에서 오는 현상인 것이다. 그런데 액체는 금속고체보다도 진동이 더 빠르다. 그러므로 액체를 조직한 원자의 입자는 액체의 분자와 충돌하면서 온도가 상승하게 되고 온도가 상승하게 되면 그때에 기체로 변화하는 것이다.

이와 같이 고찰하여 보면 물질의 운동이란 것은 입자와 분자간에 충돌하는 운동인데 그 운동은 금속이 열을 전도하게 되면 그 전도의 반응이 진동으로 나타나고 그 진동에 의하여 액체로 변화하고 액체는 다시 기체로 변화하는 것이니 이것이 바로 고체가 기체로까지 무한분열하는 상태인 것이다. 그런즉 이것을 좀 더 부연하면 원자 에너지의 운동이란 것은 물질과 충돌함으로써 일어나는 우주(원자)운동인 것이다.

그러므로 소위 열 에너지라는 것은 바로 운동 에너지에 불과한 것이거니와 이와 같은 입자와 분자간의 충돌에서 일어나는 分化작용이란 것은 오행원리로써 말한다면 그것은 바로 土를 생화(生化)하는 방법이며, 또한 수단인 것이다. 왜 그런가 하면 입자와 분자의 충돌이 나중에 기체로까지 化하게 된다는 말은 바로 우리들이 말하는 바의 土化作用의 과정을 과학적으로 분석해 놓은 것에 불과하기 때문이다.

　우주의 모든 변화에서 일어나는 현상을 한 마디로 말한다면 이것은 물[水]의 변화인 것이다. 그런데 이것을 과학적 입장에서 보면 이상하게도 물의 원자의 하나인 수소원자는 한 개의 양자와 한 개의 전자로써 조직되어 있는 것이다. 그러므로 이것이 우주 가운데 있는 92원소의 기본을 이루는 것이라고 생각되거니와 이러한 수소에 중성자가 한 개가 가해지면 중수소가 되고 두 개 가해지면 이중수소가 되는 것이다. 그런데 중성자가 가해진 수소는 다만 그만큼의 중량이 증가될 뿐이고 거기에서 일어나는 과학적 반응은 전혀 동일한 것이다. 다시 말하면 중성자라는 물질이 첨가되었는데도 불구하고 수소와 중수소와 삼중수소간에는 아무런 과학적인 차이를 발견할 수가 없다는 말이다. 이것을 동위원소라고 하거니와 그것을 우리로 하여금 말하라고 한다면 다음과 같이 말할 것이다.

　중성자(中性子)란 것은 바로 土인데 그것도 양토(陽土), 즉 丑土나 辰土와 같은 작용을 하는 것으로 사료되는 것이다. 그것이 土라는 중화성(中和性)을 가진 것이기 때문에 수소원자에 들어가게 되면 다른 입자와 동화하면서 충돌하는 것일 것이다. 그러므로 에너지의 운동을 일으키는 작용이 생기게 되나 거기에서 중성자의 과학적 반응을 발견할 수 없다는 것은 중성자에는 전자나 양자와 같은 편파적인 성질이 없다는 것을 의미하는 것이다.

　그런데 변화의 현상이란 것은 진실로 이질적인 (양자(陽子)나 전자(電子)와 같이) 형기간(形氣間)에 일어나는 충돌인 것이다. 다시 말하면 음양의 충돌, 즉 五行의 승부인 것이다. 그러나 五行 가운데는 이러한 충돌을 일으키지 않는 중성의 소유자가 있는 바 그것이 바로 土다. 네 개의 土 가운데서 성(性)을 가진 土는 두 개인데, 그것이 바로 丑土와 辰土인 것이다. 성을 가졌다는 말은 질량은 있으면서도 그 성이 中인 것을 말하는 것이다. 그러므로 丑辰土의 작용을 五土라고 하는 바 그것이 음양의 충돌을 조화시키면서 만물로 하여금 無化작용을 하게 하는 未土에까지 분열유도하는 것이다.

그렇다면 원자의 중성자가 모든 원자를 분열시킨다는 것과 五行의 양토(陽土)가 만물을 분화한다는 것과의 사이에는 아무런 차이도 없는 것이다. 더욱이 丑辰土는 五土이며, 또한 질량이 있다는 사실과 아울러서 고찰한다면 중성자의 작용이란 바로 陽土의 작용이라고 규정할 수 있는 것이다.

그런즉 水[물]가 우주변화의 기본이라고 한다면 수소는 원자의 기본이 될 것이고, 중성자가 원자분열의 기본이라고 한다면 丑辰土는 사물분화의 기본일 것이므로 丑辰土의 土化作用은 바로 중성자의 분화작용이라고 생각되는 것이다.

이와 같이 土化作用으로써 중성자를 생각해 볼 때 아인슈타인이 말한 바 '에너지와 물질의 차는 다만 형상을 바꾼 동일체'라고 한 것은 바로 과학적으로 말하면 중성자의 작용현상을 예견한 것이고 상수학적으로 말하면 土化作用을 포함한 변화를 말한 것이라고 할 수 있는 것이다.

이와 같이 생각해 보면 통일의 기본을 이루는 未土의 작용은 상수학적으로 보아서 丑土와 辰土가 분화작용을 한 결과이고, 원자과학적으로 보면 이것은 중성자의 분화작용에 있다고 볼 것이다. 왜 그런가 하면 원자운동에서 未土와 꼭 같은 작용을 하는 것은 탄소인 바 수소원자의 융합반응이 탄소의 융합작용에 의해서 이루어지는 것은 곧 未土의 융합작용이 陽인 핵을 합하려는 것이기 때문이다(상세한 것은 제7장 1절 '정신과 에너지'에서).

이와 같이 우주에 핵의 분열과 통일이 있는 것과 같이 원자에도 분열과 통일이 있다. 그러나 원자학계에서는 아직까지 수소핵의 융합이 다만 융합반응을 일으킨다는 것뿐이고 그 융합이 통일(統一)을 완성하는 것을 실험해 내지 못했기 때문에 원자 세계에서는 통일이 없는 것처럼 생각하는 것 같으나 앞으로 중성자의 충돌에 의한 분열작용이라고 생각하던 것을 분화작용에 의한 분열이라고 생각하게 되는 때는 곧 이어서 중성자는 탄소원자의 융합성을 이루는 기본이 된다는 것을 알게 될 것이고 따라서 수소원자가 헬륨 원자와 힘을 합함으로써 원자 세계에서 통일이 완성될 수 있다는 것도 알 수 있게 될 것이다.

각설하고 이 같은 견지에 우리는 土化作用의 원리가 과학적으로 충분히 반증된다는 것을 알 수 있는 것이다.

제2절 인신상화론(寅申相火論)

1. 인신상화(寅申相火)의 성립

우주가 造化작용을 하는 주체를 土라고 하고 그 객체를 상화(相火)라고 하는 바 그것은 바로 金火交易作用(즉, 조화의 완성) 의 과도기적인 존재양식인 것이다. 따라서 모든 조화는 이것을 수단으로 하여 이루어진다. 그런데 육기중에서 다른 것들은 五行의 기반을 가지고 있는데 이것만은 기반이 없다. 그런즉 그것을 연구함으로써 조화(造化)가 실현하는 바를 탐구하는 것이 본론이다.

다시 말하면 亥水는 巳火를, 子水는 午火를, 寅木은 申金을, 卯木은

酉金을, 丑未土는 辰戌土를 본체로 한다.

　이와 같이 五行은 반드시 互根(巳가 亥를, 午가 子를 본체로 하는 것을 말함)적인 본체를 가지나 相火는 그것이 없다. 그러므로 이것을 무근지화(無根之火)라고 하는 것이다. 그렇기 때문에 여기에서 바로 그 무근(無根)한 이유를 연구함으로써 그와 같은 무근지화가 성립된 바의 근거를 밝혀내려는 것이다.

　相火가 성립된 이유를 한마디로 말한다면 지구의 축이 경사졌기 때문이라고 말할 수 있다. 그러므로 만일 지축이 경사지지 않았다면 寅申相火는 성립될 수가 없는 것이다. 그렇다면 지구의 축이 경사졌다는 사실과 인신상화의 성립에 어떠한 관계가 있는가 하는 것을 연구하여야 할 것이다.

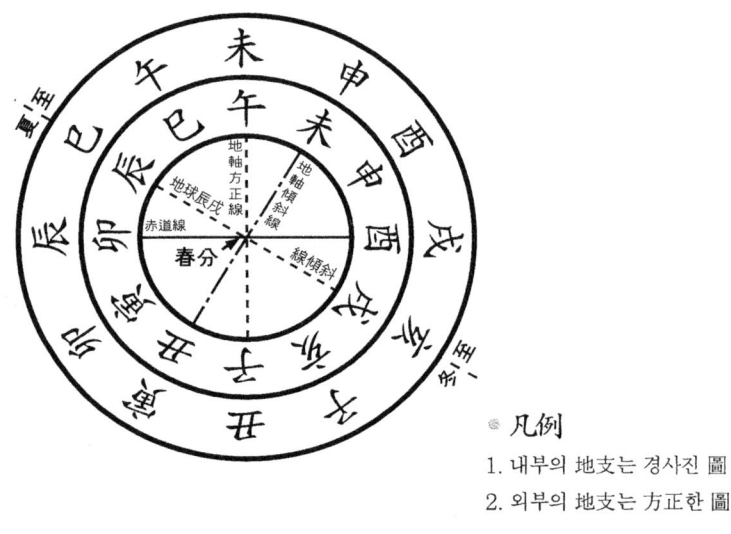

◎ 凡例
1. 내부의 地支는 경사진 圖
2. 외부의 地支는 方正한 圖

인신상화성립도

아래 그림에 나타난 바와 같이 만일 지축이 경사지지 않았다면 태양의 운행은 적도선인 辰戌로 왕복할 것이다. 그러나 현실적으로는 내부도(內部圖)의 卯酉線으로 왕래하게 된다. 왜 그런가 하면 지축의 경사 때문에 지축의 辰戌方位가 그림과 같이 경사졌기 때문이다. 그러므로 태양은 항상(지구로 볼 때) 지구의 卯酉線으로 왕래할 수밖에 없게 된다. 여기서 동지·춘분·하지·추분의 차가 생기게 됨으로써 주야(晝夜)의 장단과 한서(寒暑) 온량(溫凉)의 구별이 생기고 따라서 寅申相火가 생기게 된다. 즉, 지축이 경사지지 않았다면 우주는 辰戌丑未가 정위운동을 할 것인데 지축의 경사 때문에 子午卯酉의 운동을 할 수밖에 없다. 이것은 十字의 象에서 보나 地支의 개념을 설정한 의도에서 보나 辰戌丑未의 운동이 정당하다는 것을 알 수 있는 것이다. 왜냐하면 위에서도 말한 바이지만 우주의 변화란 물의 변화요, 그의 주재자는 土인 것이다. 그러므로 변화의 작용인 辰戌은 적도의 正東西에서 운동하고 변화의 주체인 丑未土가 正南北에서 작용하는 것은 천도본연의 사정지도(四正之道)에서 보나 辰戌丑未의 개념을 설정한 의도에서 보더라도 정당한 것이다.

왜 그런가 하면 辰戌丑未는 본질적으로 土다. 土는 중용지덕을 가진 것인즉 天下四正의 책임자로서 이것보다 더 훌륭한 적격자가 없을 것은 물론이거니와 더욱이 순수한 土인 丑未가 종정위(縱正位)에서 주재하고 그보다 조금 하위에 있는(水土兩面性을 지닌 바의) 辰戌土가 正東西에 있으면서 이것을 보좌하고 있는 것은 진실로 이상적인 우주정치라고 할 것이다.

그럼에도 불구하고 현재의 우주는 지축이 경사졌기 때문에 子午卯酉가 四正中을 이루고 있으므로 우주는 자기의 이상을 실현하지 못하고 있는 것이다. 다시 말하면 올바른 우주운동이란 것은 우주 주재의 位에

丑未가 있고 절대 보좌의 位(正東西)에 대신격(大臣格)과도 같은 辰戌이 있어야 할 것임에도 불구하고 子午卯酉가 사정위(辰戌丑未가 있어야 할 곳)에 와 있으므로 그것(子午卯酉)으로써 모순과 분열을 조화시키기에는 너무나 벅찼던 것이다. 왜 그런가 하면 선천에 있어서는 子午火가 正中位까지 넘어와 있기 때문에 火氣가 너무 치열하게 되므로 位를 잃은 未土만으로써 종합해 낼 수 없은즉 여기에서 未土의 보좌역이 반드시 필요하게 된다. 그렇기 때문에 우주운동은 이러한 조건 아래서는 자동적으로 자기(未土)의 보조자를 生하게 되었던 것이다.

다시 말하면 午火의 치열작용(熾熱作用)은 그의 항룡지폐(亢龍之弊)를 막기 위해서 이미 巳(陰)를 대동하였고 또 子水의 對化作用을 받으면서 왕성하는 것이므로 시간의 경과와 함께 土(未)를 생산하였던 것이다. 그렇게 성립된 土이기 때문에 그 土는 또한 자동적으로 상화를 생산하였던 것이니, 이것은 子午卯酉가 四正에서 활동하는 데에 있어서 필연적으로 일어나는 자위(自衛)적인 현상인 것이다. 그런즉 만일 지축이 경사지지 않았더라면 이러한 현상, 즉 상화는 일어나지 않을 것이다.

이것을 좀 더 구체적으로 설명하기 위하여서 인신상화의 성립도를 보면서 연구해 보기로 하자.

제일 먼저 그림의 외부에 표시한 바의 후천도를 참고해 보면 巳午火가 동남에서 작용하고 未土는 정남에서 用事하고 있다. 이러한 때(지축이 정립된 때)에는 巳午火의 세력이 정상적이므로 未土의 힘[力]만으로써도 火를 포위하는 일에 있어서 그 실력이 충분하다. 그런즉 상화와 같은 未土의 보조자는 그다지 필요하지 않다. 다시 말하면 土 다음에 상화가 들어오지 않더라도(辰戌丑未의 四正 때는 물론 상화의 작용이 微小함) 酉金만으로써 능히 처리해 낼 수 있는 것이다. 그러므로 여기서 상화의 작용은 그다지 필요 없게 된다.

그 다음에 그림의 내부에 표시되어 있는 선천도를 살펴보면 巳午가 정남에서 작용하고 있기 때문에 염열(炎熱)의 작금(灼金)을 피할 수가 없다. 그러므로 부득이 서남방에 있는 상화(申)의 힘을 빌릴 수밖에 없다. 그런데 여기에서 고찰해야 할 것은 후천도에는 南쪽 가까운 곳에 申이 位하고 있으므로 申이 본래의 金性을 잘 발휘해 낼 수가 없지만 선천도에서는 申이 西方에 치우쳐 있기 때문에 금성을 발휘하기에 족한 실력을 가지고 있는 것이다. 그뿐만 아니라 申은 세력에 잘 아부하는 성질이 있다. 그러므로 시세(時勢)가 이미 경도된 것을 아는 先天申은 未土를 조력하는 일에 주저하지 않는다(申을 원숭이라고 하는 것은 그 때문이다).

이와 같은 조건 때문에 선천운동(子午卯酉의 주재운동)에서는 寅申相火가 득세하게 되므로 여기에서는 酉金은 큰 노력을 하지 않고서도 다만 상화의 공으로써 자기의 位를 유지하는 것이다(상화는 位가 없기 때문에). 그러나 이 때에 만일 그가 몸부림치는 일을 하지 않았거나 또는 할 수 없는 位에 있었다고 한다면 그 일은 酉金이 하여야 할 것이다(후천에서는 물론 그렇게 된다).

相火는 이렇게 성립되었거니와 이것을 相이라고 하는 것은 우주의 주재란 四正位에서 일하는 것을 말하는 것인 바 선천은 子午卯酉가 四正이고 후천은 丑未辰戌이 사정인즉 후천에서는 子午卯酉가 상(相)이 되고 선천에서는 寅申巳亥가 상(相)이 되는 것이다. 왜 그런가 하면 선천에서는 그림에 표시된 것과 같이 子午卯酉의 밑에서 寅은 卯를 돕고 巳는 午를 돕고 申은 酉를 돕고 亥는 子를 돕고 있다. 그러므로 선후천을 막론하고 이 位가 相位인 것이다[그런데 寅申을 相火라고 한 것은 寅申은 무근지화(無根之火)의 본말이기 때문이다]. 그러므로 후천에서 丑未辰戌이 주재할 때는 子午卯酉가 상(相)이 된다. 그러나 여기서 인신상화가 작용하는 것은 지금 선천이 운행하는 때이기 때문이다. 그러므로 상(相)이란 것은 정승이라는 의미와 돕는다는 의미가 있다. 그런즉 군주의 보필자를 相(정승)이라고 하는 것은 바로 여기에서 연유하는 것이다.

선천의 子午卯酉運動은 이와 같은 상화(相火)를 창조하며, 또는 작용함으로써 변화하는 것인바 이 과정에서는 寅申이 상위(相位)에 있게 되고 卯酉는 상위에서부터 오히려 그보다 더 높은 位에 올라가 있는 것이다. 이와 같은 현상은 丑未辰戌과 같은 성덕군자를 배반하고 子午卯酉와 같은 편벽된 소인배가 등극하고 있으므로 天道에는 모순과 대립을 일으킬 요인이 있고 人道에서는 사치와 타락의 時運이 흐르게 되는 것이니 이것은 천체운동의 불완전에서 오는 결과인 것이다.

오호라! 천도도 이러하거늘 천지에서 정신과 육체를 받았고, 또한 그 기운에서 호흡하고 살아가는 인간이 어찌 천운의 지배를 받지 않을 것인가? 아마도 봉건제정의 부패나 현대문명의 핵심을 잃은 타락은 이러한 시운의 영향이리라.

이상에서 寅申相火가 성립하는 바의 개요를 살펴보았다. 그러므로 이것을 한마디로 말한다면 인신상화의 성립이란 것은 지축의 경사 때문에 지구가 자전하는 과정에서 卯辰巳午未方에 많은 열을 복사(輻射)하게 되는 것이다. 따라서 未土의 부담이 커지므로 그 때문에 相火라는 과도기적인 단계는 할 수 없이 이루어진 것이며 또한 그와 같은 과정이 생겨나지 않고서는 子午卯酉運動은 붕괴되고 만다는 것을 논하려는 데에 본론의 목적이 있는 것이다.

2. 인신상화(寅申相火)의 실현

1) 인신상화(寅申相火)란 렌즈 작용이다

위에서 相火의 성립에 대해서 논했다. 그러나 그것은 상수적이며, 또한 개념적인 이야기였다. 그러므로 독자 제현은 좀 더 구체적인 설명을 요구할 것이다. 그러한 이유에서 만일 이것을 한마디로 대답한다면 相火란 것은 '宇宙라는 렌즈'의 반사 작용이라고 말할 것이다. 좀더 풀어서 이야기한다면 우주의 운동은 최초에 그의 태원(太原)인 一의 운동을 시작할 때부터 미리 상화운동을 할 수 있는 준비를 갖추어 가지고 시작했던 것이다.

우주의 운동은 본래 그 목적이 수화(水火)의 운동인 바 그것을 또한 감리작용(坎離作用)이라고도 한다. 그런데 그 운동이 영원성과 음양반복성을 가지려면 인신상화가 필요하게 되는 바 소위 상화라고 하는 것은 한개의 렌즈 작용에 불과한 것이다.

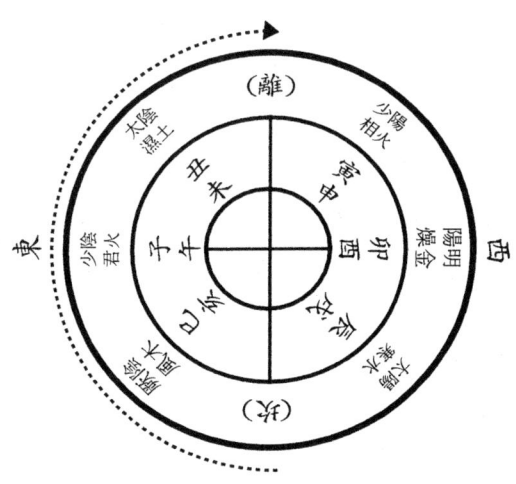

육기운행도

동방은 陽이 발생하는 방위이고, 서방은 陰이 수장(收藏)하는 방위다. 그럼에도 불구하고 육기운행도를 상찰하면 동방에서는 궐음(厥陰)·소음(少陰)·태음(太陰)의 三陰이 상승하고 서방에서는 소양(少陽)·양명(陽明)·태양(太陽)의 三陽이 하강하는 것을 표시해 놓았던 것이다. 그러면 이것은 무슨 까닭일까 하는 것이 문제된다.

또 한 가지는 동방에는 삼음(三陰)을 표시해 놓고도 五行의 개념으로서는 木火土가 배열되었고 서방에는 삼양을 표시했지만 相火·金水가 배열된 것인즉 이것이 또한 한개의 문제다.

그러나 여기에 대한 대답은 간단하다. 위에서 말한 바와 같이 동방에 삼음이 배열된 것은 그 나타나는 바의 현상에 중점을 둔 것이고 서방에 삼양이 배치된 것도 역시 그러하다.

다시 말하면 모든 변화는 東方에 있어서처럼 木火土의 작용을 하는 바가 우리 눈에는 보이지 않는 것이고 그의 표면에 나타나는 것만 볼 수 있는 것이다. 그러므로 三陰이란 개념은 눈에 보이는 形의 발전에 대한 것을 표시하기 위한 것인 바 그 三陰이라는 개념 속에 내포된 바가 바로 삼음운동의 내용인즉 그것이 바로 木火土의 운동인 것이다. 그런즉 모든 변화란 표면이 음작용을 하면 그의 내용은 반드시 양작용을 하고, 표면이 양작용을 하면 그의 내용은 반드시 음작용을 하는 것이다. 그러므로 이와 같이 이중성격을 띤 개념을 만들었던 것이다.

그런즉 이상은 동방에서 예를 들어 설명했거니와 서방에 있어서의 삼양의 개념도 물론 마찬가지다. 다만 다른 점은 동방과 반대라고 생각하면 되는 것이므로 略하거니와 상세는 '동무오행론(제2장 1절 3)'과 '육기론(제3장)'을 참작하면 될 것이다.

그런데 여기에서 연구하려는 바는 삼음삼양의 개념을 만들 때에 왜 이와 같이 이중성격을 띠게 만들었으며, 또한 우주변화의 현상이 왜 이와 같이 표리부동(表裏不同)할까 하는 점이다.

  개념을 그와 같이 만든 것은 우주변화의 현상이 그와 같기 때문에 그렇게 하지 않을 수가 없었지만 그보다 더 중요한 것은 우주변화가 표리부동하여야만 한다는 이유에 있는 것이다.

  우주의 변화란 것은 물의 변화이므로 표면으로만 보면 율동하는 물의 춤추는 모습에 지나지 않지만 그러나 무엇이 물을 그와 같이 운동하게 하는가 하면 그것은 바로 木火土가 이면(裏面)에서 작용하기 때문이다. 그런즉 그와 같은 물의 이중작용은 첫째는 形을 만들기 위함이다. 다시 말하면 물의 量은 표면에서는 形을 만들고 이면에서는 質을 養하는 것이다. 둘째로는 공중에서 렌즈 작용을 만들어서 통일사업을 완수하려는 것이다. 좀더 자세하게 말한다면 물질의 양(量)은 물로써 구성되는 것이므로 물질의 분열이라는 것은 바로 물의 분열이다. 그러므로 물질이 분화의 극에 달하게 되면 이것이 기화하여서 허공에 도피하였다가 지구의 공전운동이 180도를 지나게 되면 차차 서늘[凉]하게 되는 바 그것은 금수지기(金水之氣)가 들어오기 때문이다. 금수지기가 들어온다는 말은 도피하였던 바의 음기(즉, 물(物)의 형기(形氣))가 차차 압축을 시작한다는 말이다.

  그런데 이것이 압축하게 되면 그 때의 금수지기는 거울[鏡]을 형성하게 된다. 상수원리로써 보면 이 거울이 바로 렌즈 작용을 함으로써 寅申相火가 형성된다. 그런데 그것이 어떻게 렌즈 작용을 하는가 하면 어떠한 물체라 할지라도 절대평면이라는 것은 없다. 그런즉 공중에서 형성된 금수지기도 물질인 한 평면이 될 수는 없는즉 거기에 태양광선이 던져지게 됨으로써 렌즈 작용이 일어나게 되는 것이다. 그런즉 그 작용은 태양광선을 지구 위에 복사하게 됨으로써 이 단계에서 염열(炎熱)이 심하게 되는바 그 심한 바의 열은 다만 이와 같은 렌즈 작용에 의해서 생긴 열이고 火(君火) 자체의 실력은 아니다. 그러므로 이것을 무근지화(無根之火)라고 하거니와 요는 이와 같은 무근지화는 통일을 위한 과정에서 한 개의 통일수단으로써 일어나는 것뿐이다. 그런데 상수원리로서는 이것은 寅申相火라고 하는 바 그 상화의 작용이 바로 렌즈의 작용이라는 것을 말하는 것이다.

이와 같이 寅申相火를 렌즈 작용이라고 논하는 바는 결코 필자의 창작이 아니다. 대성 공부자(孔夫子)도 '술이부작(述而不作)'이라고 하였거늘 필자가 어찌 이와 같은 과감한 모험을 할 수 있으리요. 그렇다면 이와 같은 위대한 현상을 진술한 분은 누구일 것인가?

이것이 바로 2500년 전의 묵자(墨子)였던 것이다. 묵자의 경(經)은 지극히 적은 글이지만 그 내용은 실로 풍부하여서 물리학·광학·역학 등 현대과학도 감탄할 만한 내용들이 실려 있는 것이다. 더욱이 그 중에서도 묵자가 상화를 렌즈 작용으로 본 우주관은 대단히 놀라운 것이다. 그러므로 필자는 다음에 묵자의 상화관(相火觀)을 소개하기로 하겠다(본론에서 렌즈 작용을 약술하고 만 것도 「묵경(墨經)」에서 다시 설명할 것이므로 略한 것이다).

2) 묵자(墨子)의 우주관(宇宙觀)

다음에 묵자(墨子)가 그의 경(經)에 표시한 상화관을 本文대로 옮겨놓고 해설하면서 그 내용을 설명하기로 하겠다. 그런데 근대에 와서 묵자가 그 시대에 벌써 과학지식에 이만큼 특출하였다는 것을 인정하고 있을 뿐이고, 이것이 바로 묵자의 우주관이란 것을 아는 이는 드문 것 같다. 그러므로 이것을 밝혀놓는 것은 대단히 중요한 일이라 하겠다.

墨子經下曰 "二臨鑑而立에 景到할새 多而若少하나니 說在寡區니라."
묵자경하왈   이 임 감 이 립   경 도   다 이 약 소   설 재 과 구

이것을 해석하여 보면 '二'라는 것은 '偶'나 '形'이라는 뜻이다. 그런데 이것을 '二'라고 한 것은 우(偶)나 形의 대표수가 二(巳火)이기 때문에 그렇게 표시한 것이다. 약소(若少)라는 말은 통일한다는 말이다. '若'자의 뜻은 불경에 '승거난야(僧居蘭若)'라는 말을 상징한 것이다. 蘭은 일지일화(一枝一花)인데 이것은 외도(外道)에 무루(無累)하고 전심(傳心) 통일(統一)하는 것을 상징하는 것이다. '若' 자는 ㅆ艹ㅆ右하는 象을 취하였은즉 '艹' 자의 뜻은 시초라는 뜻이고 '右' 자의 뜻은 음도(陰道)의 방향을 의미하는 것이다. 그러므로 若자의 象은 우행(右行)하기 시작한다는 말인즉 통일하기 시작한다는 뜻이다. 그런데 '난야(蘭若)'라는 말은 난(蘭)처럼 통일한다는 의미인 것이 분명하다. 그런즉 '약소(若少)'라는 말은 少를 통일하기 시작한다는 말이다. '少' 자의 의미는 모든 물상(物象)의 시초의 형상을 '少'라고 한다. 그러므로 陰이 초생(初生)하는 象을 소음(少陰)이라고 하고 陽이 초생(初生)하는 象을 소양(少陽)이라고 하는 것이다.

'說' 자의 뜻은 까닭이라는 뜻이다. '區' 자의 뜻은 구역이라는 뜻인 바 구역이란 것은 공간적으로 확대한 一水의 흔적인 것이다.

그러므로 '구(區)' 자의 象을 ㅆ匚ㅆ品하는 데서 취한 것을 의미하는 것이다. '과(寡)' 자의 뜻은 적다는 뜻이다. 그런즉 다음에 다시 이 문장의 의미를 해석하여 보기로 하겠다. '二'라고 하는 巳火가 일변으로는 形을 분화하고 일변으로는 천경(天鏡)을 만드는 작용을 하는 바 이것이 申의 位까지 이르러서 자기자세를 확립하게 될 때에, 즉 '二'의 작용이 천경을 만들 때에는 반드시 많은 경(景: 光)이 이르게 되는 바 그것은 경(景)의 역량이 많기 때문이 아니고 다만 다수의 경(景)을 통일(統一)하게 됨으로써 열량이 커지는 것이다. 그렇다면 그것은 무엇 때문인가 하면 천경이 생겨날 때에 적은 구역들이 이루어지는 까닭이다. 묵자는 그의 우주관을 설명함에 있어서 이와 같은 판단으로써 시작했던 것이다. 이 것을 좀더 자세하게 이야기하면 천경(렌즈)이 성립되면 태양광선이 비록 다방면으로 들어온다고 할지라도 반드시 통일되어서 일선(一線)을 이루게 되는 것이다. 그러므로 '경도(景到) 다이약소(多而若少)'라고 한 것이다. 이것은 무슨 까닭인가 하면 천경(天鏡)에 많은 과구(寡區)가 있기 때문에 광선(光線)이 거울[鏡]에 반사될 때에 통가다리로 반사되는 것이 아니고 수많은 선을 이루면서 반사하는 것이 그 과구에 의해서 통일을 이루기 때문이라고 설명하고 있다.

묵자는 이와 같은 판단을 다시 추리함으로써, 즉 천경에 과구가 있는데 왜 경(景)이 통일되는가 하는 것을 부연했던 것이다.

鑑에 位景 할새 一少而易하고 一大而㐌하나니
감   위경   일소이역   일대이정
說在 中之內外라 鑑團景一이니라.
설재 중지내외   감단경일

이것을 풀어보면 '역(易)'자의 뜻은 사야(斜也: 횡사(橫斜)의 의미다), '㐌'자의 뜻은 '正'자와 동일한 字다(이 字는 後世 所作이라고도 하나 필자의 생각으로는 묵자의 自作이 아닌가 생각된다).

그런데 여기에서 왜 이러한 '㐌'자를 사용하였는가 하는 것이 문제다. 그것은 '正'자와 '㐌'자는 개념에 약간의 차이가 있기 때문이다.

'正'자의 뜻은 辰戌丑未가 똑바른 位에 서는 것을 말하는 것이고 '㐌'자는 정위(正位)가 아닌 곳에서 통일운동을 하는 것을 표시하기 위해 만든 것이다. 왜 그런가 하면 '正'자는 从一从止하였으니 이것은 一水의 작용이 일단 정지하는 곳에서 작용하는 것을 말하는 것인즉 그곳이 바로 辰戌丑未인 것이다. 그러나 '㐌'자는 从千从山 하였은즉 '千'자는 陰이 통일을 목적으로 분화하는 것을 의미하는 것이고 '山'자의 뜻은 간(艮)이므로 통일을 위해서 부풀어오른 것을 상징하는 것이다. 그러므로 '舌'자는 상화(相火)라는 렌즈 작용에 의하여 통일을 바르게 하려는 것을 의미하는 것이다.

이제 다음에 문장 전체를 해석해 보기로 하겠다. 감(鑑), 즉 光이 천경에 임(臨)할 때에 작은 광선은 횡사(橫斜)하고 큰 것은 직사(直射)하는 것인 바 이것은 천경에 과구(寡區)가 있는데 광선이 이 과구에 맞을 때에 과구의 中에 맞는 것과 內外에 맞는 것과의 차이 때문이라고 말한 것이다. 또 그뿐만이 아니라 천경은 본래 둥글어서 이와 같은 과구작용과 함께(과구도 둥그렇다) 光을 통일하는 작용을 하게 된다고 한 것이다.

이것을 좀더 풀어서 말하면 광선이 거울에 비칠 때에 작은 광선은 횡사하고 큰 광선은 직사하는 바 이것은 무슨 까닭인가 하면 광선이 천경의 과구의 중심점에 맞은 것은 광선의 반사가 크게 직사하지만 중심점

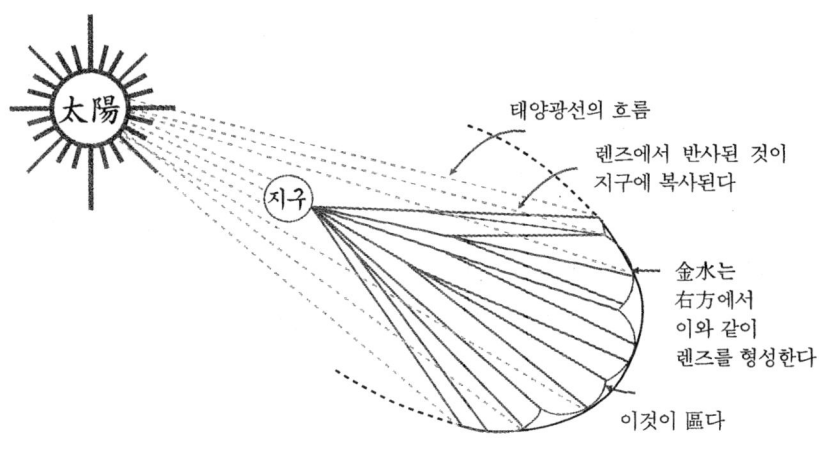

천체렌즈의 작용도

의 내외에 맞은 것은 광선의 반사도 작고 또 횡사하는 것이다. 그런데 光의 작용은 이와 같이 鏡 자체나 또는 區가 둥글어서 이와 같은 현상(즉, 통일현상)을 나타내는 것이다.

그런데 이것은 물론 위대한 광학의 원리다. 그러나 묵자는 이것을 그러한 좁은 범위에서만 본 것이 아니라 우주변화의 통일원리가 여기에서 이루어진다는 것을 보았다는 점이 중요한 것이다. 그러므로 천경에 과 구가 있어서 빛이 혹은 직사하고 혹은 사사(斜射)하는데 왜 光이 통일되는가 하는 것을 연구하기로 하겠다(앞 도표에 의해서).

위 그림에 표시된 바와 같이 태양광선은 西北에서 형성되는 바의 金水의 거울에 부딪치게 되는바 천경은 그 자체가 원형일 뿐 아니라 그 거울에 형성되어 있는 구(區)도 또한 원(圓)이다. 그러므로 광선이 이 형원(形圓)의 구(區)에 맞으면 그 중앙에 맞은 것은 긴 직선을 이루게 되고 반면 가장자리 즉, 內外에 맞은 것은 사선(斜線)을 이루면서 반사하게 되므로 길이가 짧게 되어서 반드시 중앙선에 합류하게 된다. 그런즉 감단경일(鑑團鏡一)이라고 하는 것은 이것을 말하는 것이다.

태양광선은 천경에 부딪치면서 이러한 형태의 작용을 무수히 하고 있는데 이것들이 모두 지구에 폭주(輻湊)하게 된다. 그러므로 金水之氣가 거울을 형성하기 시작하는 7, 8월에 염서(炎署)가 들어오게 된다. 그리하여 이와 같은 염서는 그 실력으로 따지면 군화(君火)에 비해서 아주 무실력자이다. 그러나 천체가 이와 같이 렌즈의 작용을 하기 때문에 이때에 있어서는 무실력자가 오히려 실력을 나타내는 것이니 이것을 寅申相火의 작용이라고 하는 것이다.

여기에서는 위에서 말한 바의 「묵경(墨經)」의 경문(經文)을 상세하게 풀어놓은 것이다. 「묵경」에는 이것을 해설하는 經設이 있으나 그 내용이 너무 호탕하기 때문에 여기서는 약한다.

이제 여기에서 묵자의 경과 그의 과학적 소양을 생각해 보면 시대적으로 보아 얼마나 탁월했던가 하는 데도 감탄할 것이지만 또한 그의 웅대한 세계관 앞에서는 머리가 저절로 수그러지는 것이다. 뿐만 아니라 그의 논리적인 사고방식도 그러하다. 그는 언제나 개념을 설정하면 반드시 그 다음에는 판단을 앞세우고서 추리를 하였던 것이다.

오호라! 이와 같은 위대한 정신과 사상이 20여 세기 동안이나 매몰하게 되다니 시변(時變)의 무상은 진실로 측정할 바 없다.

제3절 금화교역론(金火交易論)

1. 금화교역(金火交易)의 선후천적(先後天的) 고찰

위에서는 土化作用과 寅申相火가 합세하여서 천체가 일대(一大) 거울을 형성하면서 태양광선을 지구에 복사(輻射)한다는 것을 말한 바 있다. 그러나 이것은 우주변화의 완성이 아니고 실현방법이며 수단이었던 것이다. 우주의 목적은 태극의 형성에 있다. 그런즉 그것을 형성하기 위하여서는 火를 다시 金水 속에 포위하는 일이 필요하므로 相火로 하여금 그 준비를 하게 한 것뿐이다.

실제로 金水가 직접 불을 포위하려 하여도 현실적인 지구의 조건이 그것을 허락하지 않으므로 잠시 相火라는 無根之火의 과정을 경과한 것뿐이다. 그런즉 이것은 바로 金火交易을 위한 수단이었던 것이고 목적은 아니었다. 이와 같이 하여 금화교역이 실현되는 것인즉 다음에 그 모습을 살펴보기로 하겠다.

　금화교역은 본래 낙서(洛書)에서 그 象이 나타났던 것이다. 하도(河圖)에서는 生하는 象만을 나타냈는데 낙서의 출현에 의해서 상극의 象이 제시되면서부터 원리로서의 기본이 생긴 것이다.

　좀더 자세히 말하면 낙서에 4·9金이 남방에 와 있고 2·7火가 서방에 가 있는 것은 金이 불[火]을 싸기 위하여 位를 바꿔서 있는 것이다. 그러나 이러한 그림은 사람이 얼마든지 그릴 수 있는 것이니 이것이 바로 진리가 될 수는 없는 것이며 이 그림이 생기게 된 어떤 정당한 이론적 근거가 있어야 할 것이다. 다음의 도표에 의해서 연구해 보기로 하자.

　그림에 표시된 바와 같이 십간원도는 木火의 氣를 통일하려는 그림이요, 방위도는 金水의 氣를 분산시키려는 그림이다. 金水를 분화하려는 것은 생장의 과정이요, 木火를 통일하려는 것은 생장을 정지시키려는

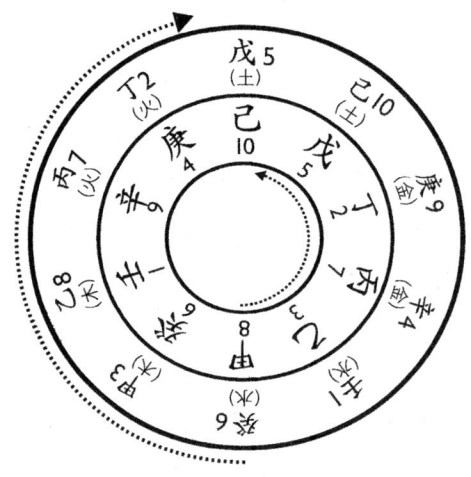

● 凡例
1. 내부의 것은 十干元圖(一夫所作)
2. 외부의 것은 十干方位圖

십간도

것인즉 이것은 成의 과정이다. 그런데 生의 운행은 좌에서 우로 운행하고 成의 운행은 우에서 좌로 하게 마련이니 그것은 바로 生이란 확장하려는 것이요, 成이란 통일을 의미하는 것이기 때문이다. 왜 그림을 이렇게 그리는가 하면 우주의 운행은 모순과 대립의 운행이기 때문이다.

여기에서 그림의 내용을 다시 검토하여 보면 생장이 甲乙丙丁戊에서 그 세력을 발휘하려고 할 때에 수장(收藏)하는 成의 운행은(己庚辛壬癸) 裏面에서 은근히 포위작전을 하려 하고 있는 것이다. 그러므로 일부(一夫)는 甲八·乙三·庚四·辛九로서 표시하였으니 그것은 방위의 정수(正數)를 바꿔놓은 것이다. 왜 그렇게 하였는가 하면(原圖란 개념부터가 一太原(太極)으로 돌아간다는 의미의 개념인 것이다) 방위도는 生을 대표하는 그림이기 때문에 陽에 양수를 붙이고 陰에 음수를 붙여서 음양이 서로 자기본연의 象을 나타내는 것을 표시한 것이지만, 원도(原圖)는 成을 대표하는 그림이기 때문에 甲陽木에 음수를 붙여서 발생의 정지를 표시했고 乙陰木에 양수를 붙여서 陰속에 陽을 머금은 象(임신 같은)을 표시하였다. 그러므로 일부(一夫)는 이 象을 가리켜 '포오(包五) 함육(含六) 일진인퇴(一進一退)'라고 하였다.

또 庚金에 음수를 붙인 것은 庚陽이 음수를 가지면 수렴에 지장이 없고 辛陰에 양수를 붙인 것은 辛陰이 포양(抱陽)하는 象을 나타내는 것이다. 그런즉 일부(一夫) 선생이 숫자를 이와 같이 배치한 것도 임의로 한 것이 아니고 우주의 후천운동이 이와 같이 운행하는 것을 그대로 象에 표시한 것뿐이다.

'십일귀체(十一歸體) 공덕무량(功德無量)'이라고 한 일부(一夫) 선생의 詩를 감상하는 이들은 가끔 엉뚱한 신선화(神仙化) 관념에 사로잡히기도 하지만 진정한 이 글의 뜻은 水土合德하는 금화교역, 즉 辰戌이 일월지정(日月之政)을 하는 금화교역을 하게 되면 多元世界의 공덕은 아랑곳없이 무량세계(无量世界)인 單元世界로 들어간다는 뜻인 것이다.

그러므로 후천운동이란 것은 통일을 주체로 하는 운동이고 분열을 주체로 하는 것을 선천운동이라고 한다. 그러나 선천운동에 있어서도 위에서 말한 바와 같이 이미 후천운동을 할 수 있는 요인이 마련되어 있었다. 다시 말하면 六氣의 개념이 그 작용에 있어서 이중성을 띠고 있는 것은 바로 그것을 의미하는 것이다.

그러므로 일부가 천간운행도를 선천과 반대방향으로 그리게 된 것이니 이것은 바로 우주운동이 통일하는 법칙이며, 따라서 조화작용이 선후천합덕을 하는 상태이기도 한 것이다. 그런즉 지지(地支)도 또한 그러하다. 그러므로 그것은 약하기로 하고 다음은 五運과 六氣가 교역함으로써 조화를 완성하는 바를 고찰하겠다.

2. 금화교역(金火交易)의 운기론적(運氣論的) 고찰

五運과 六氣가 교역한다는 말은 바로 五運과 六氣가 합류함으로써 교역작용이 완성되는 것을 말하는 것인 바, 이것이 바로 우주에서 일어나는 모든 변화의 기본이 되는 것이다. 다시 말하면 오운론이나 육기론에서 변화에 대한 것을 논한 바 있지만 엄밀한 의미에서 볼 때에 그것은 正位와 대위간(對位間)에 일어나는 관념적인 것을 논한 것이고 구체적으로 事物의 변위(變位)를 이야기 할 수 있는 것은 아니었다.

運이라는 것은 우주나 인간에 있어서 작용하는 운동주체이고 氣라는 것은 그 운동을 통일하는 주재(主宰)인 것이다. 그러므로 이와 같이 이질적인 運과 氣가 교합하면서 일으키는 바의 변화는 그것이 바로 사물 자체의 변화인 것을 의미한다.

다시 말하면 運이란 것은 생명의 운동주체이고 氣란 것은 형질의 통일주체이다. 그러므로 자기를 자기가 자영하는 생명체, 즉 인간 등은 運의 작용이 主가 되고 초목과 같이 외기(外氣)에 의지하여서 生을 유지하는 것은 氣의 작용이 主體가 되는 것이다. 그러므로 『내경(內經)』에 이것을 밝혀 놓았는 바 '神機와 氣立'이라는 개념으로 논했던 것이다.

우주의 변화는 이와 같이 五運과 六氣의 교합에 의하여서 실제적으로 이루어지는 것이다. 그런즉 金火가 교역하는 모습이 運과 氣가 교역하는 象에서 나타나지 않을 수 없다. 그러므로 五行의 작용만을 표시한 낙서에 있어서마저 교역하는 象이 나타나고 있었는데 하물며 오운육기가 실제적인 운동을 함에 있어서랴!

運은 五이고 氣는 六이기 때문에 언제든지 어긋나면서 운행하게 마련

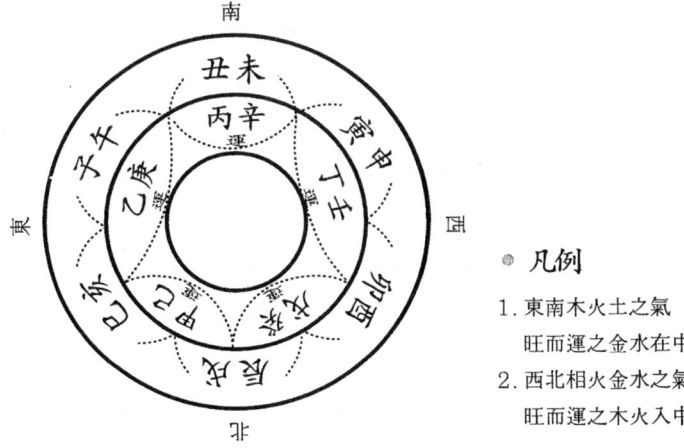

오육교역도

이다. 변화란 바로 여기에서 일어나는 것이다. 만일 運과 氣가 同數라면 변화는커녕 아주 무변화상태에 빠지고 말 것이다. 예를 들면 작년 1월 1일과 금년 1월 1일과 명년 1월 1일 등은 언제나 기후의 온도나 日月의 출입시간이나 기타 모든 변화의 조건들이 동일하게 될 것이다. 그런데 運과 氣의 數가 서로 다르므로 여기에 변화가 있다.

그렇기 때문에 이것을 연구하는 것을 운기학(運氣學)이라고 한다. 그런즉 운기학은 運과 氣의 변화를 연구함으로써 삼라만상의 성쇠(盛衰)를 미리 알아 낼 수 있으며 세(歲)의 흉풍(凶豊)이나 질병의 유행(전염병)이나 기운이 인체나 만물에 미치는 영향 등을 연구하는 것이니, 실로 인간생활에 있어서 중대한 부문인 것이다. 그러나 이것은 별것이 아니라 위에서 말한 五運과 六氣의 교합운동을 연구하는 데서 나오는 것이다. 그런즉 五六운동의 진가가 실로 이러하다는 것을 미리 알고 연구하는 것이 도움이 될 것이다. 이제 그림을 검토해 보면 동남방에서는 현실로서는 巳亥木 · 子午火 · 丑未土가 운행하고 있지만 그 내부에서는 乙庚金과 丙辛水가 은근히 작용하고 있는 것이니 그것은 무엇 때문일까?

첫째로, 여기에는 외부에 염열(炎熱)이 심할 때는 내부에서 한기(寒氣)가 生하여야만 그의 염열을 방지할 수 있다는 생리적인 문제가 있다. 예를 들면 더울 때 냉수를 많이 먹게 되는 것은 바로 이 때문이다. 그러므로 속이 항상 冷한 사람은 여름에 더욱 냉하게 되는 것이니(교역도의 동남과 같이) 이것은 바로 運과 氣의 운행이 서로 어긋나는 운동을 하기 때문인 것이다.

둘째로, 하절(夏節)에 염열이 심할 때에 동남방은(그림을 보면서 연구할 것) 내부에서 金水運이 작용하고 있는 것은 장차 서북에서 丁壬木運과 戊癸火運을 자기의 품속에 포위하려는 의도 때문이다. 다시 말하면 이와 같은 상태를 금화교역이라고 하는 것이다.

그 다음 서북방을 살펴보면 寅申相火·卯酉金·辰戌水가 표면에서 작용하는 바 그것은, 즉 金水之氣가 표면에서 작용하는 것이다. 그러나 반면, 내부에서는 丁壬木運과 戊癸火運이 작용하고 있으니 이것은 외부에서 작용하고 있는 금수지기가 내부에 있는 木火運을 포위하고 있는 象이다. 천도가 이러하므로 사람도 겨울은 내부, 즉 속은 덥고 외부, 즉 피부는 차갑게 되는 것인즉 이것은 천인(天人)이 합일한 원리로 변화하기 때문이다. 그런데 서북에서 이러한 象이 나타나는 것은 동방에서 金水運이 교역하려고 하던 의도가 여기에 와서 나타난 것이다. 다시 말하면 그것이 여기에 와서 교역을 완성한 것이다.

그러나 이것은 다만 그림이므로 그 그림의 타당성, 즉 金水運이 動할 때는 木火之氣로서 나타나고 木火運이 靜할 때는 金水之氣로써 포위한다는 원리에 대한 기본 이유를 설명하여야 한다. 그런즉 그 이유는 다음과 같다.

우주의 변화는 運과 氣가 합일함으로써 이루어지는 것인 바 여기에서 그것이 합일하는 모습을 살펴보면 運과 氣의 동정작용에는 반드시 기본적인 법칙이 있다는 사실이다. 좀더 자세히 말하면 동남에서는(그림과 같이) 運이 主動的 작용을 하고 서북에서는 氣가 主宰的 작용을 하는 것이니 이것을 운기의 交互작용이라고 한다. 그러므로 동남에서 木火之氣가 나타나고 있는 것은 金水運이 動하면서 이루어지는 변화상태에 불과하고 서북에서 木火運이 잠복하는 것은 금수지기가 靜함으로써 이루어지는 주재작용의 변태(變態)에 불과한 것이다.

運과 氣는 이와 같이 動할 때에는 運이 主動하고 靜할 때는 氣가 主宰하면서 만물을 생성하는 바 그것은 바로 運은 氣를 生하고 氣는 運을 生하려는 교호작용이기도 한 것이다. 그것을 바꿔서 말하면 運은 形을 生하기 위함이요, 氣는 정신을 生하기 위해서 그러한 작용을 하는 것이다(자세한 것은 제7장 '정신론' 참조). 위에서 말한 바의 運은 생명의 主動體요, 氣는 통일의 主宰者라고 한 것은 바로 이 때문인 것이다.

이와 같이 運이 氣를 生하고 氣가 運을 生하는 음양작용은 바로 형신(形神)이 교호생사(交互生死)하는 작용인 바 形은 金水로서 이루어지고 神은 木火로서 이루어지는 것인즉 금화교역이란 것은 바로 형신의 교역이며 刑神의 交易은 또한 五運과 六氣에서 이루어지는 것이다. 그러므로 이와 같은 그림이 한 개의 象으로서 나타날 수 있는 것이다(生死問題는 제7장 ''정신론' 참조).

3. 일부(一夫)의 교역관(交易觀)

위에서는 선후천의 변화요인과 五運 六氣 운동이 교역하면서 우주조화를 완성하는 바를 논술했다. 그것은 바로 數와 象의 변화에 의해서 조화상태를 고찰하는 방법이었다. 그런데 일부(一夫)는 정역괘도를 만듦으로써 그것이 교역하는 이유를 밝혀놓았던 것이다. 그러나 우리들이 그것을 이해하기는 어렵다. 그러므로 일부(一夫)는 별도로 금화정역도(金火正易圖)를 만들었다.

그러므로 여기에서 우리가 금화교역의 완전한 모습을 파악하려면 금화정역도를 참고로 하지 않을 수가 없고, 또한 금화정역도를 이해하려면 정역(正易)의 내용을 알지 못하면 안 된다. 왜 그런가 하면 정역은 금화교역의 원리를 주(主)로 하는 역(易)이기 때문이다. 필자가 '금화교역도'를 그려놓고 일부(一夫)의 교역관을 설명하려는 것도 실로 여기에 의미가 있는 것이다.

그런데 一夫의 정역은 易과 象數의 극치다. 그러므로 이것을 이해하

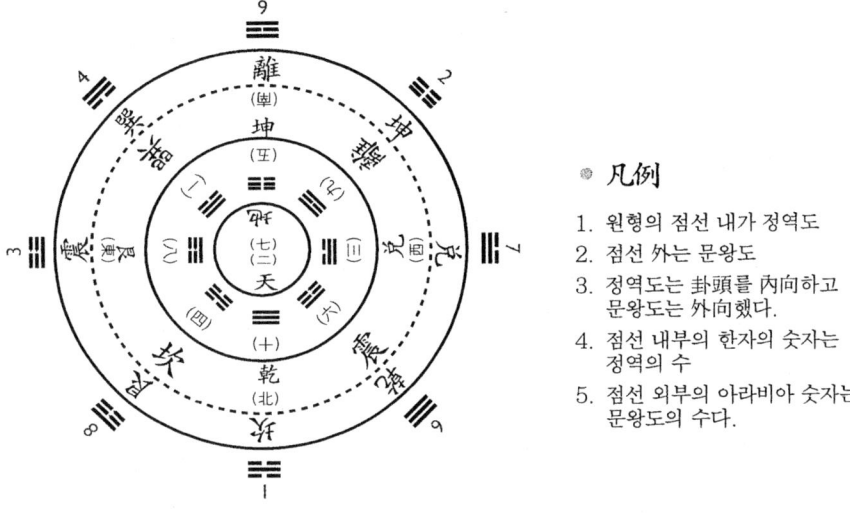

● 凡例
1. 원형의 점선 내가 정역도
2. 점선 外는 문왕도
3. 정역도는 卦頭를 內向하고 문왕도는 外向했다.
4. 점선 내부의 한자의 숫자는 정역의 수
5. 점선 외부의 아라비아 숫자는 문왕도의 수다.

금화교역도

려면 氣와 運의 변화를 알아야 할 것은 물론이고 또한 주역(周易)의 기본이 되는 象(卦象)만이라도 알아야 한다. 그러나 여기에서 역상(易象)의 변화까지를 논할 수는 없다. 그러므로 이것을 연구하려고 하는 사람은 별도로 그것을 연구하여야 한다. 만일 그것을 게을리 하면 一夫의 교역관, 즉 우주운동이 완결되는 이유를 이해하지 못한다(제4장 1절 '괘상' 참조). 우선 다음의 그림에서 정역도와 문왕도의 차이점을 비교하면서 金火가 교역하는 象을 연구하자.

첫째, 문왕도를 살펴보면 右에서 左로 향하는 단순히 상극하는 운동만을 하면서 남에서 金火가 교역하는 象을 나타내고 있는데 정역도를 보면 괘(卦)의 방위마다 金火가 교역하는 象을 나타내고 있는 것이다. 이것을 자세히 말하면 문왕도는 남과 서에서 2·7火와 4·9金이 서로 교환됨으로서 火가 金에 의하여 포위되는 象을 나타내고 있다. 그런데 정역도는 동북에 四金 八木이 있는 바 金이 밑에 있고 木이 위에 있는 것은 木은 金을 쓰고서야 木(나무)을 이룰 수 있는 존재이므로 그러한 괘상(卦象)을 표시한 것임은 물론이거니와 이른바 木이 金에 뿌리를 박는 象을 표시하였다는 말은 그것이 바로 금화교역의 준비를 하고 있는 象을 표시하고 있는 것을 말하는 것이다.

그 다음 동남에는 一水 七火가 있는 바 이것은 一水에 七火가 뿌리를 박고 있는 象이다. 이것을 뒤집어 말하면 七火의 분열이 항룡(亢龍)이 되지 않도록 一水로써 제한하는 象이다. 그런즉 여기에도 또한 金火가 교역하려는 준비를 하고 있는 象이 있다. 그런데 다만 여기서 한 가지 이채로운 것은 정남에 五坤地, 즉 곤토(坤土)가 있는 것인데 이것은 一水가 七火를 포위하려고 하는 바 그것은 五坤地의 작용이 선행되어야 이루어지는 것을 의미하는 것이다. 더욱이 오행도 같으면 土작용을 독립시켜서 표현할 것이지만 역(易)은 팔괘(즉, 팔방)로써 변화를 표시하는 것이므로 이렇게 표현하는 것이다. 그뿐만 아니라 사실 七火는 정남에서는 아직 十土(순수한 土)가 이루어지지 못한 五土의 자격으로서 조화하고 있는 것이다.

그 다음은 서남에서는 九數와 三數가 작용하고 있는 바 이것은 동북에서 四數와 八數가 작용했던 것과 비슷하나 다른 점이 있다. 동북의 八木은 四金을 근저로 했지만 여기에서는 九金이 三木을 위에서 포위하는 象이다. 그런즉 이것은 동북에 있어서처럼 金을 바탕으로 하여 木이 生하는 象이 아니고 반대로 木을 포위하면서 木의 생명을 만드는 象이다. 그렇다면 이것은 분명히 금화교역이 이루어진 象인 것이다.

그 다음 서북에서는 六水와 二火가 작용하고 있는 바 이것은 六水로써 二火를 포위한 象이다. 癸火란 것은 陰火인즉 수중지화(水中之火)를 말하는 것이므로 이것을 坎(문왕도)의 象이라고 한다. 그러므로 여기에서 金火가 완전교역을 하고 또다시 木을 生하려는 것이다. 그런데 여기에 있어서도 남방의 一水 七火가 작용할 때에 있어서처럼 土가 정좌하고 있는데 一水가 七火를 이룰 때에 土가 필요했던 것처럼 六水가 二火를 포위할 때에도 역시 土가 필요한 것이다. 그런데 여기에서 十土가 작용한다는 말은 완성된 土가 작용하는 것을 의미하는 것이다. 그렇다면 완성된 土라는 것은 어떠한 것일까. 그것이 바로 일반적인 오행원리로서 말하는 戌土인 것이다. 戌土는 원래 감(坎)을 형성하는 土였다. 그렇다면 이른바 乾十土라는 것은 태극을 형성하는 土인즉 이것은 동일한 의미가 되는 것이다. 그런즉 우리는 여기에서 정역원리는 상수학의 극치를 이룬다는 것을 알 수 있는 것이다.

  이상에서 논한 바는 정역도 자체가 구체적인 교역상을 지니고 있다는 것을 논했다. 그러나 그것은 다만 문왕괘도의 象과 數로써 정역(正易)의 교역상을 논했을 뿐이고 정역의 數와 象 자체를 논한 것은 아니었다. 예컨대 정역은 동북에 坎水와 艮土의 象이 있는데 거기에다가 문왕괘도의 상수를 붙여서 논한 것이다. 그런즉 여기에서 응당 정역 자체의 변화를 논해야 할 것이다. 그러나 그것은 정역의 연구분야이므로 여기에서는 약한다.

  둘째, 정역괘도는 복희괘도처럼 변역상태(變易狀態)로서 대대(待對)작용을 하고 있다. 예를 들면 리(離 ☲)와 감(坎 ☵), 간(艮 ☶)과 태(兌 ☱), 손(巽 ☴)과 진(震 ☳), 곤(坤 ☷)과 건(乾 ☰) 등의 서로 변역(變易)하는 것끼리 대대(待對)하고 있다. 이것은 마치 복희괘도의 경우와 같다. 그러나 문왕괘도는 바로 오행상극도의 순(順)으로 되었다. 그런데 정역괘도가 이와 같이 변역상태로서 대대하고 있다는 말은 金火가 교역하는 象을 내포하고 있다는 말이다. 왜냐하면 변역한다는 말은 자기 본체를 변화함으로써 마치 전혀 다른 것 같이 형상을 바꾸는 것을 말하는 것인 바 그와 같이 변한다 할지라도 그 본질은 동일불변하다는 것을 의미한다. 가령 리괘(離卦)가 변하여서 감괘(坎卦)가 된 것은 다만 金火가 교역된 것뿐이고 리감(離坎)은 동질이란 것을 의미하는 것이다. 또 하나 예를 더 든다고 하면 艮과 兌는 형상은 변화하였지만 그 본질로 보면 兌라는 것은 艮이 변역된 것임에 불과하다는 것을 의미하는 것이다. 그런즉 정역괘도는 이와 같이 교역의 象이 그의 변역괘체(變易卦體)로서 나타나고 있는데 문왕괘도는 다만 남방에서 四九・二七이 교역되는 象밖에는 없다는 것을 말하는 것이다.

셋째, 정역괘도는 진감간(震坎艮)이 乾을 주체로 하고 陰方에 있고 손리태(巽離兌)는 坤의 주재하에 陽方에서 작용하는 바 이와 같은 배열은 금화교역의 의도를 가지고 있다는 것을 표현하는 것이다. 그러므로 진감간(震坎艮)은 양괘(삼획괘(三劃卦)중에 양획(陽劃)이 하나이고 음획(陰劃)이 둘인 것을 양괘(陽卦)라고 하고 음획이 하나이고 양획이 둘인 것을 음괘라고 한다)인데 음방에 있고 손리태(巽離兌)는 음괘인데 양방에 있는 것이다. 이것은 바로 六氣의 운행에 있어서 양방에는 三陰이 있고 음방에는 三陽이 있는 것과 같은 것인데 다만 여기에서 이것을 괘도(卦圖)로써 옮겨 놓은 것뿐이다. 그런즉 이것은 음양이 각각 본중말을 이루면서 질서정연하게 金火가 교역하는 象을 나타낸 것이다.

넷째, 이번에는 문왕괘도와 정역괘도가 서로 다른 점, 즉 문왕괘도가 정역괘도로 되지 않을 수 없는 점을 연구함으로써 금화교역의 필연성을 연구해 보기로 하겠다. 문왕괘도는 지축이 경사진 象에서 취한 것이고 정역괘도는 지축이 정립된다는 입장에서 취상한 것이다. 그러므로 문왕괘도시대, 즉 현실의 금화교역은 불완전한 교역이므로 변화가 불측하지만 정역괘도시대는 변화가 정상으로 되므로 불측지변(不測之變)이 없는 평화시대가 온다고 보는 것이다.

　이런 것을 우선 전제로 해놓고 다음은 그 괘상(卦象)의 연유를 연구해 보기로 하겠다.

　우리가 만일 지축이 바로 선다고 생각하고 괘도를 살펴보면 문왕도의 건(乾)은 마땅히 정역도의 건(乾) 자리로, 문왕도의 감(坎)은 정역도의 감(坎) 자리로, 문왕도의 간(艮)은 정역도의 간(艮) 자리로 올 수밖에 없는 것이다.

　그런데 이것은 괘도를 일부러 이렇게 변경하는 것이 아니고 지축정사(地軸正斜)의 관계 때문에 그렇게 옮겨질 수밖에 없다. 그런데 여기에서 한 마디 더 이야기 할 것은 정역도의 震乾坎艮이 비록 이와 같이 한 자리씩 부위를 옮긴다고 할지라도 그 본질에는 하등의 변화가 없다는 것을 말하려는 것이다. 왜냐하면 이 부위는 변화의 본체가 位하는 자리이기 때문이다. 다시 말하면 북방본체지위(北方本體之位)는 모든 변화작용이 정(靜)하는 곳이기 때문이다.

　그러나 정역(正易)의 艮 이상의 자리들은 본질적으로 변화하는 位인 것이다. 왜냐하면 우주란 것은 본래 一水의 변화인 바 간(艮) 이상 손(巽)·곤(坤)·리(離)·태(兌)의 位에서는 변화가 작용하는 位이기 때문이다. 그러므로 문왕도의 艮이 정역도의 艮 자리까지 오게 된즉 문왕도의 진(震)은 당연히 정역도의 손(巽) 자리로 옮겨가야 할 것이다. 그런즉 문왕도의 진(震)이 손(巽) 자리로 가야 할 것인데 곤란한 것은 그 자리는 震이 자기 자체의 象을 유지할 수가 없는 자리이기 때문이다. 왜 그런가 하면 거기에는 동남방인즉 震木과 같이 통가다리를 내는 것을 사명(使命)으로 하는 것이 거처할 수 없는 자리이다. 다시 말하면 震과 같은 성질이라 할지라도 이 자리에 오게 되면 손(巽)으로 변하고야 마는 자리이기 때문이다. 다시 말하면 진장남(震長男)이 손장녀(巽長女)에게 녹아서 손녀(巽女)와 동서(同棲)하는 자리인 것이다. 그러므로 문왕도의 진(震)이 이행순서에 따라서 동남에 옮겨지고 보면 벌써 손(巽)으로 화(化)해 버리고 마는 것이다.

그 다음은 문왕도의 손(巽)이 순서에 따라서 정역도의 곤(坤) 자리로 가야만 한다. 그러나 자리를 옮겨놓고 보면 南方午火의 位이므로 巽이 도저히 자기의 象을 유지할 수가 없는 자리이다. 그러므로 문왕도의 巽은 이 자리에 오게 되면 화토동덕(火土同德)을 함으로써 坤으로 변하고 마는 것이다. 화토동덕한다는 말은 坤이 五土 七地의 자리에 있기 때문이다.

그 다음은 문왕도의 리(離)가 다음의 서남방으로 옮겨가야 할 차례이다. 그러나 거기는 서남인데다가 위에서는 (정역도의) 巽·坤이 포위하고 있으므로 염열은 여기에서 최고조에 달하게 되는 것이다. 그러므로 여기에서 火가 본격적으로 작용하게 되는 것이다. 그런즉 이때의 리화(離火)는 문왕도의 離火와는 성격이 다르다. 왜냐하면 문왕도의 離火는 그 뜻을 자기로써 이루지 못하고 相火로써 대행하게 하였지만 여기에서는 離 자신이 火의 작용을 제대로 하는 것이다. 그런즉 우리는 여기에서 일반적인 오행원리란 것은 '문왕도의 象대로 나타나는 원리'란 것도 겸해서 알 수 있게 되는 것이다.

다음은 문왕도의 곤(坤)이 정역도의 태(兌) 자리로 가야 할 차례이다. 그런데 문왕도의 坤은 리곤(離坤)이 합덕하면서 상화(相火)를 만들던 坤이다. 그러므로 이것이 한 방위만 더 옮기게 되면 태금(兌金)으로 변할 것은 당연한 것이다.

이와 같이 하여 양방에서 상승하던 木火는 완전히 金의 포위망 속에 들어가게 된 것이다. 이와 같은 순서로써 兌가 한 걸음만 더 가게 되면 물 속에 들어가게 된다는 것은 상수학의 일반적인 상식이다. 그러므로

兌는 변화의 본체가 시작되는 震六水로 들어가서 진(震)으로 변하게 되는 것이니 이것이 바로 변화작용의 종점이다.

그런즉 여기가 바로 천문(天門)이며 정신의 부고이며, 또한 생명의 본체인 것이다.

정역(正易)의 금화교역이란 것은 문왕괘도가 방위를 옮기게 됨으로써 금화교역이 만전을 기하게 된 것이다. 그러나 현재와 같은 불완전한 교역, 즉 문왕도의 교역은 혼란과 투쟁을 가져오게 하는 것이기는 하지만 반면 문물의 발달은 물론이고 상수학의 대상도 실로 이 때에 있는 것이다. 왜냐하면 이러한 조건하에서만이 불측지변이 일어나는 것인 즉 철학연구의 목적은 실로 여기에 있기 때문이다.

위에서 논한 바의 우주변화의 요인을 회고해 보면 현실세계에서 일어나는 금화교역은 土化作用과 寅申相火의 도움을 얻음으로써 이루어진 것이지만 후천의 교역작용은 평화하고도 규칙적인 교역, 즉 불측지변이 없는 교역이 이루어진다는 것을 알 수 있는 것이다.

제4절 우주운동(宇宙運動)과 원자운동(原子運動)

위에서 우주운동이라는 것은 水와 火의 산합운동(散合運動)이라고 했다. 이것을 좀 부연하면 土와 相火가 합덕하여서 금화교역을 완성함으로써 이루어지는 것인 바 그것은 궁극적으로는 水를 창조하였다가 또다시 火로 분열하는 수화운동(水火運動)을 하려는 목적에 있었던 것이다.

철학적인 진리는 과학적 진리와는 다르다. 즉 어떠한 전제에서만 진리이고(과학적 진리) 그 전제가 달라지면 진리도 공각(空殼)이 되고 마는 그러한 진리를 철학의 진리로 한다면 그 철학의 생명은 벌써 멍들기 시작한 생명이 될 것이다.

그러므로 여기에서 우주운동과 원자운동을 비교하면서 고찰해 보는 것도 무익한 일은 아닐 것이다. 원자란 물질을 극세분(極細分)해서 자체의 형체가 소멸될 때까지 세분한 그 단위가 바로 원자인데(물론 이것은 원자의 파괴장치를 써서 세분할 수 있는 정도까지 세분한 것이다) 이와 같이 미세하게 된 바의 원자는 전자·양자·중성자라는 세 개의 입자로서 조직된 것이다. 그러나 그 성질은 각각 다르다. 첫째로, 전자는 극소량의 전기를 가지고 있는데 이것은 마이너스(-) 전기이다. 뿐만 아니라 그 중량도 극히 적어서 그의 100만 개 분을 수백만 개 모은다고 하더라도 1파운드가 되지 못하는 정도라고 한다.

둘째로, 양자도 역시 전기를 가지고 있는데 이것은 플러스(+) 전기인 즉 그 성질이 전자와 정반대일 뿐이다. 그러나 양자의 중량은 전자중량의 1840배나 된다고 한다.

셋째로, 중성자의 중량은 거의 양자와 같으나 전기가 전혀 없으므로 그런 점에서 중성이라고 하는 것이다.

그런데 제일 간단한 것이 수소원자다. 수소는 원자번호가 1이다. 원자번호가 1이란 말은 수소의 핵에 양자의 수가 한 개뿐이란 말이다. 뿐만 아니라 여기에는 중성자가 없다. 그러므로 여기에 중성자를 투입하면 중수소라는 동위원소로 변한다는 사실이다. 그렇게 되면 원자량은 거의 배로 증가하지만 화학반응은 수소와 동일한 것이다.

그러면 이와 같은 수소원자는 어떠한 운동을 하는가? 즉 양자핵은 복판에 있고 전자는 주위를 돌고 있는데 이것을 만일 그 크기로써 비교한다면 양자와 전자의 간격은 태양과 지구 거리의 비례가 된다고 한다.

여기에서 우리가 생각하여 볼 것은 첫째로, 마이너스(-) 작용을 하는 전자가 외곽을 돌고 플러스(+) 작용을 하는 양자가 속에 있다는 사실이다. 이것을 상수학적으로 고찰해 보면 우주발전의 모습이 三陰은 언제든지 외곽을 돌고 있는 것이다. 다시 말하면 삼음은 생장과정에서 形을 만들기 위하여 표면에서 陽의 명령대로 확장하고 있지만 수장(收藏)할 때는 裏面의 陽을 수축(收縮)하기 위하여 표면에서 수렴작용을 하는 것이다. 이와 같이 볼 때 陰은 언제나 주위만을 돌고 있다는 점에서 兩者는 동일한 것이다. 또한 + 작용을 하는 양자는 언제나 이면에서만 운동한다는 점은 바로 상수의 주동력인 陽은 항상 陰의 象을 쓰고 상승하였다가는(陰의 象을 쓰고) 다시 하강한다는 점과 동일한 것이다(상승과 하강이란 것은 회환(廻還)하는 상태). 그런데 중성자도 또한 양자와 같이 속에서 운동한다는 말은 土가 중앙에서 작용한다는 말과 꼭 같은 것이다. 좀 더 자세히 말하면 중성자는 양자나 전자와 같이 +, -의 작용이 없다. 그러므로 이것은 음양의 투쟁에 가담하지 않는다. 그런즉 木火金水는 투쟁의 직접적인 당사자들이지만 거기에 대해서 조절을 가하면서 발전을 도모하고 또 분열시키는 五土的인 中이 바로 중성자인 것이다. 그런즉 한 개의 원자의 구성요소란 것은 陽·中·陰의 본중말인 양자·중성자·전자에 불과하다는 것을 알 수 있는 것이다.

둘째로, 양자와 전자의 질량에 대한 차이점이다. 다시 말하면 양자와 전자의 질량의 차이는 전자는 양자의 1/1840이라고 한다. 그런데 이것은 상수작용의 분화현상과 동일하다는 점이다. 즉 一水가 세분화된 상태는 未土의 象인데 그것은 곧 一水가 1/1840만큼 분화된 것이 세분화의 극점인 未土라는 것과 양자와 전자의 질량의 차가 1/1840이라는 점과 동일하다는 것을 의미하는 것이다. 그렇다면 象數學은 一水의 분열이 十에서 끝난다고 하였는데 여기에서는 1/1840까지 분열된다는 것은 무슨 까닭인가 하는 것을 고찰하여야 한다. 十이란 것은 기본수의 극이며, 또한 기본분열의 종점을 상징하는 것이고 계수(計數)상의 종점은 아니다. 그런즉 자연수가 十에서 끝난다는 의미는 우주운동의 象이 十의 象을 나타낼 때에 분열이 끝난다는 말이며, 결코 十의 數를 의미하는 것은 아니다. 그러므로 실제로 분열상태를 계수(計數)한다면 1/1840에서 끝나는 것이다. 그 근거는 모든 분열작용은 지구가 공전하는 도수의 반분부위(半分部位), 즉 未土의 位에서 끝나는데, 다시 말하면 未土의 부위는 지구가 공전하는 도수의 182.5도수인 점인 것이다. 그런데 우주운동의 도수는 천체운동의 십배인 것이다. 왜 그런가 하면 천간(天干)의 1日은 우주의 10日이기 때문이다. 그런즉 182.5×10=1825 가 우주운동의 도수다. 그런데 우주의 운동은 그의 요인으로서의 15도가 첨가된다. 이것은 五土와 十土가 기본작용을 하는 도수인즉 여기에 가하여야 한다(이 說은 정역 소재). 그러므로 1825+15=1840 도수(度數)가 되는 것이다.

이와 같이 볼 때에 전자와 양자의 소위 거리, 즉 질량의 차란 것은 상수원리에서 나타난 바의 水火間에 일어나는 질량의 차와 동일한 것이다. 그런데 水는 物로서 보면 陰인데 그 본질로 보면 陽(太陽)이고 火는 物로서 보면 陽이지만 그 본질로 보면 陰(少陰)이다. 그런즉 陽子란 것은 성질로 보면 陽이지만 물질 자체는 陰인 것이요, 전자는 그 성질로 보면 陰이지만 물질로서는 陽인 것이다. 그러므로 전자가 양자의 주위에서 호상견제작용을 하면서 돌고 있을 수 있는 것은 이것도 역시 수화일체원리에서 기인되는 것이라고 생각하는 바이다.

셋째로, 수소는 원자번호가 1이라는 점이다. 상수학은 水의 본체를 1이라고 하는 바 1은 우주운동의 본체이다. 그런데 원자로서 제일 간단한 것이 수소라면 象으로서 제일 간단한 것도 水(이것은 물을 말하는 것이 아니다)인 것이다. 이와 같이 보면 수소가 원자의 바탕이 된다고 하는 것은 水가 우주의 본체가 된다는 말과 동일한 것이다.

상술한 바에 의해서 원자운동과 우주운동을 비교해 보면 우주운동은 원자의 집합운동이고 원자는 우주의 최소단위에 불과한 것이다. 그럼에도 불구하고 고대 희랍의 원자론자들은 우주의 운동을 원자의 운동으로 보면서도 이것을 독립된 것으로 보았기 때문에 에레아 학파가 주장했던 유일한 존재로서의 본체를 인정할 수가 없었던 것이다. 그들은 다만 원자는 대소의 차와 중량의 차이로 인하여 서로 충돌하면서 운동을 일으킨다고 하는 과학적인 면을 볼뿐이고 그 대소의 차와 중량의 속도 때문에 일어나는 운동이 어떻게 규칙적인 변화를 일으킬 수 있는가 하는 점에는 몽매하였던 것이다. 그런즉 그들은 이와 같이 우주를 무질서한 것으로 보았기 때문에 여기에서 인과관계를 설명할 도리가 없었던 것이다. 그러므로 이것으로써 水를 본체로 하는 우주가 분열과 통일을 반복할 수 있다는 것을 설명할 수가 없을 것은 말할 것도 없다.

　그러나 20세기의 원자과학은 그의 경이적인 발달로 인하여 오늘에 와서는 상수원리와 원자원리는 전혀 동일하다는 점까지 논할 수 있게 된 것이다. 비록 그렇다고 할지라도 동양의 상수원리와 원자과학과의 사이에는 아직 거리가 있다. 과학은 아직까지 원자 자체의 운동요인, 즉, '동일한 성질을 지닌 무차별의 세계'가 무극의 象을 바탕으로 하고 태극을 이루는 자연운동이 됨으로만이 원자가 우주의 운동을 할 수 있다는 요인을 구명(究明)하지 못하고 있는 것이다. 그러므로 원자과학은 상수철학의 뒷받침을 얻음으로써만이 대성하게 될 것이다(제5장 '우주의 변화와 그의 요인'과 제8장 '우주의 본체' 참조).

제6장 우주의 운동과 변화

　우주의 운동은 음양상태로서 나타나는 바 그것이 분열과 통일을 반복하면서 사(事)와 물(物)의 변화를 일으키는 것이다. 그러므로 우주의 변화가 질서정연하면 사물의 변화도 그 질서를 따라서 일어날 것이지만 만일 우주가 질서를 잃게 된다면 모든 변화가 무질서상태에 빠지게 되므로 우주에 일대 혼란이 일어날 것은 물론이거니와 우리가 또한 그 변화상태를 알아낼 수가 없을 것이다. 그러나 우주에는 무질서가 없다. 즉 그와 반대로 질서정연한 운동을 하고 있는 것이 오히려 우주인 것이다.
　그렇지만 우주운동은 규칙적인 가운데 불규칙이 있고 질서적인 속에 무질서가 있다. 이것을 運의 태과부족(太過不足)이라고도 하며 氣의 승부(勝負)라고도 한다. 그런데 운의 태과부족과 氣의 승부는 지축의 경사 때문에 일어나는 것인즉 이것은 현실세계에만 있는 것이다. 그러므로 현실의 변화는 정상성(正常性)이 어느 정도 침해를 받게 되는 것이니 이것을 변고(變故)라고 한다. 변고라는 개념은 즉 우주의 본질이 변한다는 말이다. 다시 말하면 우주의 목적은 변화하려는 데 있는 것인 바 소위 변화란 것은 정상적인 陰陽運動을 의미하는 것인데, 氣의 승부와 運의 태과부족 때문에 그 정상운동의 바탕인 음양작용에 고장이 생기게 된 것을 변고라고 하는 것이다.

이와 같이 우주운동의 변화가 변고로 된다고 할지라도 이것을 대우주의 규모나 성능으로 보면 극히 경미한 것이다. 그런데 이처럼 경미한 우주의 변고가 그 영향을 지구 위에 미칠 때에는 그 반응은 너무나 크게 일어난다. 왜 그런가 하면 그것은 바로 현실세계는 천체에 비하면 구우일모(九牛一毛)도 안 되는 존재인 까닭이다. 다시 말하면 가장 작은 한 개의 수소원자 정도의 비례밖에는 안 되는 존재이기 때문이다.

그렇기 때문에 여기에서 생사(生死)와 강약이 생기며, 또한 선악과 애욕(愛慾)이 일어나게 되는 것이다.

이와 같이 현실세계는 선악과 생사간에 일어나는 욕심의 투쟁장으로 변해 가게 되는 것이다. 그러나 현실적인 우주의 운동은 이와 같은 현상을 일으키지 않고는 변화할 수가 없는 것이다. 그러므로 우주운동과 사물의 변화관계는 절실한 철학적 요구로서 등장하게 되는 것이다.

제1절 인사(人事)와 변화

1. 인간의 본질과 모순

인간을 만물 중에서 영장(靈長)이라고 한다. 이것은 틀림없이 인간의 이성이 가장 잘 발달되어 있기 때문에 칭하는 애칭일 것이다. 그러나 이 문제를 좀더 따져보면 인간은 자동적인 생리기능을 소유했기 때문에 만물의 영장이 되었을 것이다. 인간이란 것은 그 象과 數가 우주의 상수(象數)와 합일되어 있는 소우주이므로 이성이 발달할 수 있었던 것이다.

다시 말하면 우주가 陰陽運動을 하면서 태극과 무극을 반복 창조하는 것처럼 인간도 꼭 이와 같은 운동을 하고 있기 때문에 여기에서 우주가 우주정신을 창조하는 것처럼 인간은 인간정신을 창조하고 있는 것이다.(제7장 '정신론' 참조)

이와 같이 하여서 정신이 작용하는 곳에는 반드시 이성(理性)이 있는 것이다. 그런데 이성의 가치는 그의 정신가치와 정비례로 평가된다. 정신가치란 것은 기억력만을 말하는 것이 아니고 정신의 순수성을 말하는 것이다. 좀더 자세히 말하면 정(精)은 통일(統一)에서 이루어지고 신(神)은 분화(分化)에서 생기는 것인 바 이 두 개가 合함으로써 정신으로 완성되는 것이다. 그런데 정신생성의 바탕이 불완전하면 정신도 완전할 수가 없는 것이다. 그 바탕이란 것은 바로 土다. 인간은 날 때부터 土를 바탕으로 하고 탄생하였기 때문에 정신을 소유할 수가 있었고 따라서 이성작용을 할 수도 있었다.

그러나 인간이 타고난 바의 정신의 바탕은 완전한 것이 아니다. 왜냐하면 우주정신은 본래 완전무결한 것인 바 이것은 우주운동이 丑未辰戌의 사정위운동을 할 때에만 있을 수 있는 문제인 것이다. 그런즉 현실세계를 움직이는 우주운동이 불완전한 것인 한 인간정신은 그의 영향하에서 생겨난 것이므로 불완전한 것임은 말할 것도 없다. 여기에서 인간정신과 이성은 제한적인 것이 된다.

그러므로 이와 같은 인간정신의 제한성을 선천적 제한성이라고 한다. 다시 말하면 인간은 본래 土를 본질로 하고 탄생한 것이지만 그 土는 천인(天人)을 막론하고 形을 만드는 기본이 되는 것이다. 그런데 천체는 광막무한(廣漠無限)한 것이지만 인간의 形이란 것은 척촌지구(尺寸之軀)에 불과하다. 그런즉 이것은 진실로 구우일모(九牛一毛)와 같은 비례가 되는 것이므로 우주운동 과정에서 일어나는 바의 사소한 변고도 인간에게 미치는 영향은 큰 것이다. 인간은 이와 같이 선천적인 제한을 받고 났던 것이므로 그의 소우주운동이 우주에 비해서 비례가 안 될 정도로 불완전한 것이다.

　이것을 좀더 구체적으로 말하면 인간의 우주는 형체라는 극히 작은 곳에서 변화를 일으키는 것이므로 形이 만일 고장이 나면 소우주(人間)는 멸망하고 마는 것이다. 그런데 그것은 우주운동이라는 선천성에 의해서 이루어진 것이지만 이것을 우주운동에 비하면 그의 운동작용의 기본인 土化作用이 훨씬 미약하다. 土化作用이 미약한 원인을 따져보면 그것은 形(陰)의 세력권이 너무 접근되어 있기 때문이다. 다시 말하면 인간의 본질은 생명과 정신인 바 그것은 운동하는 무대인 체구가 너무 좁으므로 이와 같은 운동조건에서 土化作用이 행해지기에는 너무도 불편이 많은 것이다. 그런데 토화작용이란 것은 역시 이성이 정상화하는 기본이며, 또한 수명이나 선애작용(善愛作用)의 주체이기도 한 것이다. 그러므로 土化作用의 가치평가는 곧 그 사람에 대한 가치평가로서 나타나는 것이다.

　그럼에도 불구하고 인간이란 소우주는 극히 제한적인 우주에서 운동하고 변화하여야 하므로 여기에서 모든 모순과 대립이 일어나게 된다. 다시 말하면 生은 死와 싸워야 하며 善은 惡과 對立하여야 하고 사랑(박애)은 사욕의 포로가 되는 것과 같은 모순과 대립 속에서 살아야만 하는 것이다.

　그 결과는 다만 인간을 공포의 도가니로 몰아넣는 것뿐만 아니라 인간으로 하여금 점점 사욕을 유발시키게 함으로써 인간사회를 죄악의 함정으로 만드는 것이다.

　그러므로 여기에서 죄악이 판을 치고 善愛는 점점 궁지로 몰려들어가게 되는 것인 바 이것을 가깝게 보면 그 원인이 인간이란 우주가 너무

궁협(窮狹)한 데 있고 멀리 보면 지축의 경사로 인한 선천적인 변고에 있는 것이다. 그런즉 이러한 조건에서 生을 영위하는 인체에서 일어나는 모든 변화, 즉 인사의 변화인 생사나 선악이나 칠정육욕 등은 어떻게 하여서 일어나는가 하는 것을 연구하지 않으면 안 된다. 그것은 다음의 '인간의 생활과 변화'에서 연구하여 보기로 하겠다.

2. 인간의 생활(生活)과 변화(變化)

인간이란 상술한 바와 같은 존재이므로 우주의 변화는 바로 인간의 변화로 직결되는 것이다. 그 위에 인간은 소우주이므로 우주의 변화과정에서 일어나는 사소한 변화도 인간에 있어서는 그 영향이 더욱 큰 것이다.

그러므로 인간생활에서 일어나는 모든 변화는 우리의 눈에 쉽게 띄는 것이다. 우리가 자연의 움직임을 연구하는 데 있어서 인간을 기본으로 하는 것은 실로 이 때문이다.

그런데 인간생활에서 일어나는 변화는 두 가지로 구별할 수 있다. 개체적 변화와 사회적 변화다. 즉, 인간이란 생리체에서 일어나는 변화와 사회적 변화, 즉 인간의 생활관계에서 일어나는 변화의 두 가지가 있는 것이다. 그러므로 다음에는 그 두 가지에 대해 논하기로 하겠다.

1) 개체적 변화와 토화작용(土化作用)

인간생활에서 일어나는 변화 가운데서 개체적 변화라고 하는 것은 인간이 구성된 바의 육체와 정신 관계에서 일어나는 변화를 말하는 것이다. 인간의 정신과 육체는 陰陽의 호근관계로써 조직되어 있는 것이므로 만일 육체의 생리적 조건이 불완전하여도 정신과 생명에 영향을 미치게 되고 정신의 활동 상태가 불규칙적으로 되어도 그 영향은 육체에 미치는 것이다. 그러므로 정신과 육체는 불가분리(不可分離)의 것일 뿐만 아니라 또한 여기에는 존비(尊卑) 귀천(貴賤)의 차이가 없는 것이다. 다만 육체와 정신은 운동하는 면에서 볼 때에 정신이 主가 되고 육체는 從이 되는 것이니 이것은 음양운동에서 보는 주체와 객체의 주종관계와 같은 것이다.

각설하고 이와 같은 인간이 만일 육체와 정신을 보호하지 못한다면 여기에서 사(死)가 최촉(催促)하게 되고 육체와 정신이 병들게 되면 박애심(博愛心)은 정욕(情慾)의 포로가 되어 버리는 것이다. 그렇다면 육체와 정신을 가장 잘 보호하는 방법이 무엇인가 하는 문제는 개인적인 문제일 뿐만 아니라 사회적·국가적·세계적인 문제인 것이다.

또한 개인적으로도 이것을 바라지 않는 사람은 한 사람도 없을 것이다. 그러나 이것은 진실로 난중지난사(難中之難事)라 하겠다. 그러므로 다음에 인간생활을 어떻게 조절함으로써 정신과 육체를 보호할 수 있는가 하는 문제를 논해 보기로 하겠다.

인간의 생명이란 것은 건전한 정신과 이것을 잘 보호하며 또는 그의 운동을 자유로이 할 수 있는 조건을 보장할 수 있는 육체를 소유하고 있을 때에 한하여 장수할 수 있으며, 또는 건강하게 되는 것이다. 그렇다면 그와 같은 육체란 것은 과연 어떠한 육체인가 하는 것이 문제되는 것인 바 이것을 한마디로 말하면 토화작용이 잘 이루어지는 육체라야 한다고 할 것이다.

土化作用이란 것은 丑土는 간(肝: 木)이 작용하는 기초를 이루고, 辰土는 심(心: 火)이 작용하는 기반이 되고, 未土는 폐(肺: 金)가 작용하는 기본이 되고, 戌土는 신(腎: 水)이 작용하는 기원을 이루는 것이다. 이와 같이 土化作用이 각각 간심폐신(肝心肺腎)에 파부(播敷)되어서 이질적인 木火金水(肝心肺腎) 간에 일어나는 투쟁상태를 잘 조절하여 준다고 하면 이것은 바로 정신을 담는 좋은 그릇(육체)을 이룰 수 있는 것이다.(제5장 1절 '토화작용'을 참조)

그렇다면 土化作用을 잘하게 할 수 있는 방법은 무엇인가? 여기에는 두 가지 방법이 있다.

한 가지는 생리적인 조절을 잘하는 것이요, 또 한 가지는 정신적인 조절을 잘하는 것이다. 그러므로 다음에 생리적인 조절방법부터 논하기로 하겠다. 첫째로, 인간이 아무리 일하고 먹는 존재라고 할지라도 그 노력하는 방법은 항상 순천시(順天時)하여야 하는 것이다. 좀더 자세히 말하면 春夏에는 조기만와(早起晚臥)하고 秋冬에는 만기조와(晚起早臥)하는 것은 기거생활(起居生活)에 있어서 順天時하는 방법이다. 왜 그렇게 하여야 하는가 하면 봄 여름은 陽이 발생하는 때이므로 일찍 일어남으로써 흥양(興陽)작용을 도와주고 늦게 잠으로써 陽이 작용하는 시간을 많이 가지도록 하여 주어야만 순천시가 되는 것이다.

가을 겨울은 만기조와(晚起早臥)함으로써 될 수 있는 대로 陽을 귀숙(歸宿)하게 하려는 것이니 이것이 또한 순천시인 것이다. 그런즉 왜 이것이 순천시인가 하면 春夏의 생장(生長)과 秋冬의 성수(成遂)는 분열과 통일을 반복하는 것인즉, 이와 같이 木火金水가 반복하는 과정에서 자화(自化)하는 것이 土이기 때문이다. 그런즉 인간이 만일 위에서 말한 바와 같은 기거(起居)작용을 지키지 않는다고 하면 이것은 바로 일종의 과로에 속하는 것이다.

그러므로 노동에 있어서도 야업(夜業) 같은 것은 더욱 좋지 못한 것이다. 왜냐하면 밤은 본래 陽을 귀숙(歸宿)시켜야 할 때인데도 불구하고 도리어 활동을 한다는 것은 분명히 역천(逆天)인 것이다. 혹자는 말하기를 수면이란 것은 노동의 피로를 풀기 위한 휴식이므로 언제든지 휴식하기만 하면 된다고 할지도 모른다. 그러나 이것은 과학적인 천견(淺見)이고 철학적인 천도원리(天道原理)를 모르기 때문에 하는 말이다.

그런즉 이것은 바로 하루에 열 시간 이상 노동생활을 하면서 살아가는 것과 같이 과로에 속하는 것이다.

그렇다면 이와 같은 과로는 왜 土化作用을 방해하는가 하는 것을 연구해야 할 것이다. 인간은 과로하게 되면 陽氣가 소모하게 됨으로써 결국에는 土가 비감지토(卑監之土)가 된다. 土가 만일 위축되어서 비감(卑監)이 되면 사장(四藏: 木火金水)의 투쟁을 조절할 수 있는 기능을 상실하게 되는 것이므로 이동원(李東垣)은 이와 같은 과로에 의한 작용의 위축을 구제(救濟)하기 위하여 보중익기탕(補中益氣湯)을 만들었던 것이다. 우리는 위에서 논한 바와 같이 인간생활에 있어서 과로가 얼마나 정신의 그릇인 육체의 토화작용에 해를 주는가 하는 것을 연구하였다.

둘째로, 식생활이 토화작용에 영향을 미치는 바를 연구하기로 하겠다. 근래에 와서 사람들은 영양가치설에 몹시 매력을 느끼고 있는 것 같다. 그러나 실제로 영양가치가 있는 것은 어떠한 것인가, 또는 영양가치의 표준을 어디에 두는가 하는 것이 문제다. 오늘에 있어서 영양가치라고 하는 것은 과학적 분석에 의한 영양가치를 말하는 것이다. 과학적으로 분석할 수 있는 것은 물질인 바 인체가 물질(육체)과 정신의 2대 요인으로써 이루어지고 있는 한 물질만을 가지고 영양가치를 규정하려는 것은 인체생리의 한 개 요인(육체)만을 양(養)하고 또 다른 한 개의 요인(精神)은 방기(放棄)하는 결과가 된다.

그런즉 영양가치의 규정은 육체와 정신을 함께 양(養)할 수 있는 영양소로써 규정지어야 하는 것이다. 그러므로 이것은 기계적·과학적 방법으로 규정할 것이 아니라 관념적이며 철학적인 기능을 활용함으로써 터득하여야 하는 것이다.

다시 말하면 자기의 건강에 알맞은 영양소라는 것은 기계적으로 추출한 물질적인 원소에만 있는 것이 아니고 정신적인 인소(필자는 물질의 최소단위를 원소(元素)라고 하는 것과 같이 정신의 최저단위들은 인소(因素)라고 正名한다)에도 있는 것이다. 그런데 이것은 기계적으로 추출할 수는 없다고 할지라도 인간이 식생활에서 언제나 섭취하고 있는 것만은 사실이다. 그렇다면 인간의 영양생활을 위하여서는 이 兩者의 영양소를 함께 취하여야 할 것이다. 그렇다면 즉 정신을 봉양할 수 있는 인소는 어떻게 취할 것인가 하는 것이 일대문제다.

정신이란 것은 본래 관념적인 존재이므로 기계적인 방법으로 포착할 수가 없는 것과 같이 정신을 봉양하는 인소도 또한 관념적인 방법으로 찾을 수밖에는 도리가 없는 것이다. 다시 말하면 인간의 생리적인 영양소의 요구는 인간 자신이 자신에게 요구하는 그대로 순응하여야 하는 것이다.

인간의 위장(胃腸)은 언제나 인간에게 자기가 필요로 하는 것을 요구하며, 또한 불필요한 것은 거부하는 것이다.

그러므로 기계적으로 분석한 결과 그것이 영양가치가 없는 물질이라고 판단했다고 할지라도 만일 그것을 섭취한 결과 그것이 자기의 생리와 부합되었다고 하면 그것은 바로 기계적 검출방법으로서는 찾아낼 수가 없는 어떠한 영양소가 또한 있다고 하는 것을 반증하는 것이 아닐 수가 없다. 의학에 있어서도 마찬가지다. 인삼이나 녹용에는 과학적 성분 이외의 성분, 즉 인소(因素)가 사실상 있는 것이다. 그러므로 자고로 동양의학은 이 문제를 해결하며, 또한 인간이라는 이중성질적인 소유자에 대한 영양문제를 해결하는 방법으로 동식물(약재)의 생리작용을 철학적으로 연구함으로써 거기에서 물심양면의 象을 포착하고 이것으로써 인간의 생리적인 변화에 부응하도록 한 것이 의학인 것이다. 이와 같은 관념적이며 철학적인 방법을 이용한 것은 물질과 정신에 대한 보편적인 영양소를 획득하려는 데 있었던 것이다.

그렇다면 식생활과 의료에 있어서 이와 같이 물심양면에 치중하는 목적은 무엇인가? 이것을 궁극적으로 말하면 전체 건강을 위함이지만 그 원인부터 이야기한다면 토화작용을 돕기 위한 것이다. 왜냐하면 인체에 있어서 토화작용은 모든 모순을 조절함으로써 육체와 정신을 봉양하려는 데에 목적이 있는 것인 바 그것을 실현할 수 있는 가장 중요한 요인은 음양(정신과 육체)작용의 균등에 있는 것이다. 음양작용의 균등은 토화작용을 돕고 토화작용은 또한 음양작용을 도와주는 호혜적 작용을 하는 것인 즉 그 경중의 차를 논할 수 없는 것이다. 그러나 土가 우주생성의 본체인즉 소우주인 인체에 있어서도 그 본체인 토화작용에서부터 건강의 기본이 이루어지기 때문에 이와 같이 토화작용을 중시하는 것이다.

그러므로 식생활에 있어서도 노동생활에 있어서와 같이 토화작용을 방해하는 것은 일체 배제하여야 하는 것이다. 예를 들면 저육(猪肉)을 먹으면 설사가 난다든지, 계란을 먹으면 소화가 좋지 못하든지 하는 것은 여기에 지방질이나 단백질이 없기 때문이 아니고 이것이 토화작용을 방해하기 때문인 것이다. 그런즉 사람이 만일 자기자신과 문답할 줄을 모르면 자기에게 적합한 영양소를 고를 수가 없는 것이다. 다시 말하면 어떠한 것을 먹었을 때에 그것이 기분도 좋고 소화도 잘 된다고 하면 이것은 바로 인체가 자기에게 이러한 것을 좀더 공급해 달라는 요구인 것이요, 반대로 어떤 것을 섭취하면 구미(口味)나 소화상태가 나쁘다고 하면 이것은 위장에 필요없다고 말하고 있는 것이나 다름없다는 말이다. 그러므로 인간은 마땅히 이와 같은 자기와의 대화에 능통하여야 한다.

인간은 이처럼 그의 개체가 순천시(順天時: 기거생활을 順天道하는 것)

종지리(從地理: 기거생활을 從地道하는 것)하는 기거생활을 함으로써만이 자기 일대(一代)에 일어나는 모든 변화가 순서를 유지할 수 있지만, 만일에 기거생활에서 역천도하면 정상적이어야 할 변화는 비정상적인 변고로 나타나서 인체라는 소우주는 모순과 대립의 투쟁장으로 변하고 마는 것이다.

위에서 말한 바는 인간의 개체적 변화, 즉 생리적 변화가 土化作用을 도와주는가 못 도와주는가 하는 데서 인체 변화의 성패가 결정된다는 것을 말했다. 그러면 다음은 정신면에서 일어나는 변화현상을 살펴보기로 하겠다. 정신은 항상 정욕과 탐욕을 상대로 투쟁하고 있다. 정욕이란 것은 감정지욕(感情之慾)이요 탐욕이란 것은 흑심지욕(黑心之慾)이다.

그런데 이것들은 生을 소모하면서 죽음[死]의 길로 뛰어드는 행위이며, 또한 善을 버리고 惡을 조장하려는 무지한 소위인 것이다. 그러나 人間은 이 길[道]에서 벗어나지 못하고 하루살이와도 같은 생활을 하고 있는 것이다. 그러므로 욕심과 죄악은 인간을 死와 惡의 구렁텅이에 몰아 넣는 것이다. 왜냐하면 그것은 바로 土化作用을 해치기 때문이다.

위에서 말한 바의 생리적 조절은 인간의 힘으로 가능하다. 그러나 이것은 인간의 능력으로 거의 불가능한 영역에 속해 있다. 왜 그런가 하면 인간생활이란 것을 한마디로 말하면 욕심의 생활이기 때문이다. 더욱이 근대사회에 이르러서는 인구의 팽창과 생활양식의 복잡화 때문에 오히려 사리와 사욕을 정당한 생활양식인 것처럼 생각하며, 혹은 이것이 입행수시(立行隨時)하는 데 있어서의 당연한 무기인 것처럼 생각하기도 하는 것이다. 우리는 이러한 환경에서 살아야만 하는 인간이므로 이것을 연구하여야 할 인간적인 의무가 있는 것이다.

다시 말하면 욕심은 어디에서 어떻게 생겨났으며, 또한 이것은 어떠한 변화 때문에 土化作用을 방해하며 인생일대로 하여금 죄악과 사멸의 길을 걸어가게 하는 것일까 하는 것을 알아내야 할 의무가 있다. 그러므로 다음은 욕심의 기원부터 연구해 보기로 하겠다.

욕심에는 공욕(公慾)과 사욕(私慾)의 두 가지가 있는데 일반적으로는 국가나 민족이나 인류를 위하는 것을 공욕이라고 하고 개인이나 가족만을 위하는 것을 사욕이라고 한다.

그렇다면 이와 같은 어원은 어디에서 유래된 것일까? 대체로 이 세상에 공욕만 있고 사욕이 없는 존재란 있을 수가 있을까 하는 문제에 대답한다고 하면, 공욕만 있고 사욕이 없는 존재는 우주뿐이라고 대답할 것이다. 우주운동은 진실로 사리사욕을 위한 운동이 아니고 다만 만물을 생장하게 하고 또한 수장하게 하는 변화의 반복인 것뿐이다. 그러므로 일반적으로 말하는 공욕이란 것은 여기에서 유래된 것이다.

그러나 사욕이란 것은 어떠한 목적의식에서 출발한 욕심이다. 예를 들면 부귀나 명예나 지위를 탐낸다든지 하는 것과 같은 것은 모두 그와 같은 것을 쟁취하려는 목적의식에서부터 출발하는 것이다. 그러므로 인간에게 만일 목적이 없다든지, 또는 목적의 대상이 없다고 한다면 욕심이 유발되지 않을는지도 모른다.

그런즉 이와 같은 사욕은 전부 이기적인 목적에서부터 유발되는 것이다. 그러므로 인간적인 목적과 우주적인 목적은 서로 다르다. 인간의 목적은 사리나 사욕에 얽매이는 목적이지만 우주의 목적은 공리와 공욕을 위하는 목적이므로 이것을 가리켜 무목적적(無目的的)인 목적이라고 하는 것이다. 다시 말하면 우주의 목적과 인간의 목적은 그 개념이 서로 다르므로 인간의 목적을 목적이라고 한다면 우주의 목적은 목적이 아니라는 말이다.

서양의 철인 칸트가 "자연계는 인과율(因果律)대로 변화하지만 정신계(精神界)는 목적율(目的律)에 의해서 변화한다"고 본 것은 진실로 이것을 간파한 것이라고 하겠다.

이와 같이 모든 욕심은 목적의식의 소산인 바 여기에는 두 가지의 종류가 있다.

하나는 정욕(情慾)이고 또 하나는 탐욕(貪慾)이다. 정욕이란 것은 흔히 청소년기에 일어나는 것인데 정욕의 성격은 욕심 반에 감정 반인 것을 의미하는 것이다. 예를 들면 미색(美色)을 탐한다든지 승리를 욕구한다든지 또는 어떠한 특출한 존재를 흠모한다든지 하는 것은 모두 정욕에 속하는 것이다.

탐욕이라는 것은 흔히 노장기(老壯期)에 일어나는 것인 바 이것은 부귀나 명예나 지위와 같은 것을 탐내는 것을 말하는 것이다. 그런즉 인간의 토화작용을 방해하고, 또한 죄악과 사멸의 구렁텅이로 몰아넣는 것은 바로 이것이다. 이와 같이 인간의 정신적 활동은 기거생활과 같이 자기 변화에 절대적인 영향을 미치는 열쇠가 되는 것이다.

2) 사회적 변화와 성(性)의 선악

인간의 본질은 선(善)하다. 그러므로 비록 죄인이라 할지라도 악(惡)을 미워하고 선을 좋아하는 심경(心境)에는 변함이 없다. 이것은 무엇 때문일까? 인간이 본질적으로 선하기 때문이다. 그럼에도 불구하고 오늘의 인간은 그 본질인 선을 유지해 내지 못하고 점점 악쪽으로 기울어져 가고 있는 것이니 이것은 인간이 타고난 바의 협착(狹窄)한 형체에 있어서의 토화작용이 점점 위축하여 가기 때문에 이루어지는 후천적인 결과이다. 좀더 자세히 말하면 사람이 모체에서 태아로 길러질 때는 순수한 토화작용으로부터 시작된다. 이때에 있어서 토화작용이라는 것은 기화(氣化)작용이 형화(形化)작용으로 전환하기 위한 중계점이다. 그러므로 형화하기 시작할 때의 모든 물질은 연(軟)하기가 솜[綿]과 같은 것이니 이와 같이 연하다는 말은 아직 응고하려는 기운보다는 확장하려는 기운을 더 많이 내포하고 있다는 말이다.

그러므로 태아의 체구는 부드럽다. 그러나 한 개의 인간으로서 이 세상에 태어나게 되면 형체는 점점 굳어져 가는 것이다. 우리는 이것을 보고 자란다고 한다. 그러나 사실은 죽어가고 있는 것이다. 자란다는 것은 形을 확장하는 상태를 의미하는 것인 바 이 때에 있어서 음양의 승부작용을 보면 形은 늘어나지 않으려고 애쓰고 陽은 확장하려고 애쓰고 있는 것인데 그러면서도 陰은 늘어나리만큼 늘어나고야 마는 것이다.

이와 같이 늘어나는 기간이 청년기인데 이 때까지의 생장과정에 있어서도 형체는 굳어져 가면서 자라나는 것이다. 왜 그런가 하면 形의 확장에서 자기(形)를 방조(幇助)하기 위한 對化작용과 自化작용(제2장 '오행론'과 제3장 '육기론' 참조)을 받기 때문이다. 그런데 이때에 받아들이는 對化작용과 自化작용이란 것은 모두 금수지기(金水之氣)인 것이다. 그러므로 형체는 굳어지게 된다. 이와 같이 자라난 形은 성숙의 과정으로 전환하게 된다. 이때 형체는 음작용, 즉 굳어지는 작용이 陽의 발양(發揚)하려는 작용보다 더 커지므로 생장은 정지되고 다만 완숙의 과정으로 접어들게 되는 것인즉 그 종말이 死인 것이다.

이와 같이 함으로써 순수한 토화작용으로서 출발했던 인간은 종말을 고하게 되거니와 이제 여기에서 회고해 보면 영아는 다만 천사(天使)와도 같은 순진성뿐이다. 이것은 물론 토화작용이 왕성하기 때문인데 그것이 생장(生長)하기 위한 첨형작용(添形作用) 때문에 점점 악 쪽으로 기울어지게 되는 것이다.

여기서 우리는 영아의 출발점, 즉 본질이 土라는 일점 성역(聖域)에서 생겼다는 것을 연구하여 보았다. 그렇다면 인간의 본질이 선인 것은 틀림없다. 그럼에도 불구하고 인간의 성(性)은 왜 악으로 타락하게 되는가 하는 것을 연구하여야 한다.

  인간은 비록 소우주로서 우주의 변화를 그대로 본받고 있는 존재이기는 하지만 우주가 운행하는 것과 꼭 같은 우주운동을 해 낼 수는 없는 것이다. 왜 그런가 하면 인간이란 소우주는 形, 즉 육체로서 이루어진 것이므로 천체라는 대우주에 비하면 너무나 협착(狹窄)하며 또한 군색(窘塞)한 것이다. 그러므로 여기에서는 土化作用이 마음대로 행해질 수가 없다. 그 이유는 우주운동의 두 요소인 음양작용, 즉 陰이 응고하여서 形을 이루고 陽이 분열하여서 神을 이루는 작용이 육체라는 그릇이 너무나 작으므로 陰陽의 분합작용이 제 한도 만큼 행해지지 못한다. 음양의 분열과 통일이 제대로 행해지지 못하고 이루어지는 土는 비감지토(卑監之土: 불급)나 돈부지토(敦阜之土: 태과)밖에는 될 수 없다. 그러므로 인간에 있어서는 중용적인 土化作用이 천체만큼 이루어 질 수 없는 것이다.

  그런즉 이와 같은 조건 아래서는 陽인 바의 정신은 항상 과항상태(過亢狀態)나 위굴상태(萎屈狀態)에서 운동하게 되는 것이다.

  그런데 음양은 각각 균등한 세력으로 교체할 때에 건전한 운동과 정상적인 변화가 행해지는 것인데 인간에 있어서 形이 이처럼 협착하다는 말은 陽에 비하여 陰이 너무 위축되었다는 말이다. 그런즉 욕심이란 것은 음형이 陽을 위축하려는 그 상태를 말하는 것이다. 다시 말하면 이것은 인간의 심리작용에서 본다고 할지라도 내가 무엇을 독점하고 싶다든지 혹은 다른 사람의 이해(利害)는 상관할 것 없이 나만 좋으면 그만이라고 생각하는 행동과 같은 것을 표현하는 것을 욕심이라고 한다.

  그러므로 천도에 있어서는 金水가 수장하는 과정에서는 공욕(公慾)이 생기고 木火가 발양하는 과정에서는 공욕(公慾)마저 소모되는 것이다. 그러나 인간에 있어서는 인간은 形이 협착하기 때문에 그 도(度)가 더욱 심하므로 金水의 과정인 40~50대 이후는 탐욕이 생기고 木火가 발양하는 과정인 20~30대에 있어서 마저, 즉 천운이 공욕을 발양하는 과정임에도 불구하고 반욕반정(半慾半情)인 정욕이 생기는 것이니 이것은 전혀 체구인 形이 협소한 데서 오는 것이다.

또 한 가지는 사회적 조건이 욕심을 더욱 조장하고 있다는 말이다. 인간이 비록 이와 같은 조건에서 생활하는 존재라고 할지라도 만일 사회적인 모든 조건이 윤택하다고 하면 陽氣가 서신(舒伸)되어서 善으로 향하려고 하지만 빈한(貧寒)에서 허덕이고 있을 때에는 선애(善愛)의 마음이란 일어날 수가 없는 것이다. 왜 그런가 하면 사람은 곤궁에 빠질수록 마음이 위축되는 것이니 마음이 위축된다는 말은 陽氣가 위축되는 것을 의미하는 것이기 때문이다. 위축이란 것은 陰의 작용을 말하는 것이므로 여기에서 죄악이 반발하게 되고 서신(舒伸)이란 陽의 작용을 의미하는 것이므로 여기에서는 선애지심(善愛之心)이 일어나는 것이지만 形이라는 조건과 생활환경의 불리라는 조건은 항상 인간으로 하여금 죄악의 구렁텅이로 향하게 하는 것이다.

그런즉 인간이 악한 것은 욕심이 지나칠 때에 일어나는 것이다. 욕심은 목적의식에서 일어나는 것이고 목적은 形을 養하려는 데서 일어난다는 것을 알 수 있는 것이다. 따라서 이러한 목적은 죄악(罪惡)의 기본이 되며, 또한 선애(善愛)의 무덤인 동시에 인간이 자기자신을 파묻는 분묘이기도 한 것이다. 그런즉 이것이 바로 인간생활에 있어서 자기자신에서 일어나는 바의 개체적인 변화인 것이다. 물론 인간 자체에서 일어나는 변화는 수없이 많을 것이지만 비록 그렇다고 하더라도 위에서 말한 바와 같은 조건 때문에 일어나는 욕심과 죄악에서 연유되지 않는 것은 하나도 없다. 그런데 이와 같은 변화가 사회적으로 나타날 때에 사회악으로 나타나는 것이다. 다시 말하면 善한 본질로 탄생했던 인간은 악한

성(性)과 교류하면서 인간을 형성하였다는 말이다.

　이 문제를 좀더 자세히 밝히기 위하여서 질(質)과 성(性)의 개념적 차이점을 명백히 하여 둘 필요가 있다. 질(質)이라는 것은 만물조시(萬物肇始)의 바탕, 즉 본질을 의미하는 것이다. 그러나 성(性)이란 것은 그 본질에서 계승(繼承)한 바의 성물지심(成物之心)을 말한다. 그러므로 질(質)은 무형에서 유형으로 발현(發現)하는 내용이고 성(性)이란 것은 그와 같은 발현이 현상으로 나타나는 현실성을 말하는 것이다. 그렇기 때문에 인간은 그 질(質)은 선(善)이었지만 성(性)은, 즉 유형으로 전환하면서부터 나타나는 것이므로 金水의 대화(對化)와 자화(自化)로 인하여 악(惡)으로 변해가게 되는 것이다. 그렇지만 모든 성(性)은 그의 이면에 陽을 포장하고 있는 것이므로 陰(形)·陽(神)의 승부에서 陽이 이기면 善으로 나타나고 陰이 이기면 惡으로 나타나는 것이다. 그러므로 인성(人性)이 때로는 선하고 때로는 악하게 되는 것이다. 그렇다면 건(乾: 天)에 있어서는 어떠한가? 건(乾)은 이(理)와 성(性)을 주재하는 것이므로 乾에 있어서는 理는 性의 의미를 내포한 理인 것이요, 性은 理의 의미를 내포한 性이다. 그러므로 乾은 건곤(乾坤)을 포장하는 통일체가 되는 것이다.

　그런즉 다음은 선(善)한 본질이 악(惡)한 성(性)과 교류하면서 이루어진 인간이 그의 소우주에서 어떻게 변화를 하는가 하는 것을 고찰해 보기로 하자. 우주의 생장성수(生長成遂)는 무목적인 목적에서 이루어지는 공리공성(公理公性)이지만 인간의 生長成遂는 이기적인 목적에서 이루어지는 정욕적(感情과 貪慾)인 야성(野性)이 작용하는 것이다. 다시 말하면 인간은 욕심 때문에 천품(天稟)으로 받은 바의 공리(公理)를 무시하고 정욕(情慾)의 야성적 변화를 일으킴으로써 죄악을 생산하고 있는 것이다.

좀더 자세히 말하면 인간의 모든 감정은 희노사비공(喜怒思悲恐)의 다섯 가지로 나타나는 것인데 심(心: 火)의 작용이 지나치면 희(喜)로 나타나고, 간(肝: 木)의 작용이 지나치면 노(怒)로 나타나고, 폐(肺: 金)의 작용이 지나치면 비(悲)로 나타나고, 신(腎: 水)의 작용이 지나치면 공(恐)으로 나타나는 것이다(지나치다는 것은 과불급을 말하는 것이다). 그런데 이러한 경우에 중앙비토(中央脾土)의 작용은 사(思)로서 나타난다. 사(思)라는 것은 의불결(意不決)의 표현이지만 그러나 사(思)는 결국 려(慮: 謨)를 낳고 마는 존재중의 존재자(存在者)인 것이다(여기에 우경(憂驚)을 합하면 칠정(七情)이 되는 것인 바 본론을 서술하는 데는 상기한 바의 五情만으로도 족하므로 略한다).

그렇다면 이와 같은 五情은 인체에서 어떻게 작용하는가 하는 것을 연구하여야 한다.

인신(人身)은 소우주다. 그러므로 소우주의 운동은 우주와 같다. 우주운동에 있어서 木이 발하려고 할 때에 만일 金氣가 과함으로써 木을 발하지 못하게 한다고 할지라도 이면에 있는 陽은 반드시 이것을 폭발시키고야 마는 것이다. 천운(天運)이 이와 같이 폭발시키는 象을 怒라고 하고, 만일 폭발시키지 못하고 위축하게 되면 그 모습을 悲라고 한다. 또 火가 산(散)하려고 할 때에 천운이 만일 이것을 散하게 되면 그 象을 喜라고 하고, 水氣가 과하여서 散하여 내지 못하면 恐이라고 하는 것이다.

그런즉 이와 같은 희노비공(喜怒悲恐)은 무사무욕(無私無慾)한 천지의 감정인데 그 감정이 인간에게 발할 때에는 사리사욕(私利私慾)적인 죄악의 감정으로 나타나는 것이니 그것은 바로 이기적인 감정과 협착한 형구(形軀) 때문이다.

그러면 다음은 인간에서는 왜 이욕(利慾)이 사(私)와 결부하면서 발전하는가 하는 것을 연구하여야 한다. 이것을 한마디로 말하면 천지지심

(天地之心)은 생물지심(生物之心)인데 인간의 심(心)은 성물지심(成物之心)이기 때문이다. 생물지심(生物之心)은 무형의 심(心)이지만 성물지심(成物之心)은 유형의 심(心)인 것이다. 그러므로 복괘(復卦: 地雷復 ䷗)에서는 천지지심(天地之心)이 나타나지만 구괘(姤卦: 天風姤 ䷫)에서는 벌써 음도(陰道)와 감응하는 象이 나오게 되는 것이다. 다시 말하면 복괘의 상사(象辭)에 "복(復)에 기견천지지심호(其見天地之心乎)인저" 한 것은 복괘의 象은 천지무형지심(天地無形之心)이 발하는 것을 표현하는 象이기 때문이요, 구괘(姤卦)의 象에서 '천지상우(天地相遇)에 품물(品物)이 성장야(成章也)'라 고 한 것은 구괘의 象에는 만물유형지심(萬物有形之心)이 산(散)하는 모습이 있기 때문이다. 그러므로 만물이 장(章)에 감(感)한다고 한 것이니 그것은 바로 만물이 핵에 감(感)한다는 의미이다.

다시 말하면 心에는 천지지심(天地之心)과 인물지심(人物之心)의 두 가지가 있는 바 천지지심(無形之心)이 발하는 情은 바로 인간의 情을 발하는 기본이 되므로 이것을 인간적인 정(喜怒思悲恐)으로 볼 때, 천지에도 역시 이와 같은 情이 있는 것으로 느껴지는 것은 사실이나 천지의 情은 공리공욕지정(公利公慾之情)이기 때문에 인간적인 情과는 엄연히 구별되는 것이다. 왜 그런가 하면 인간도 그 본질은 土에서 받은 것은 사실이지만 협착한 形의 압박 때문에 陰인 바의 죄악의 편벽을 막을 길이 없게 됨으로써 결국은 인간적인 사리와 사욕으로 기울어지고 마는 것이다.

그러므로 「주역(周易)」 계사(繫辭)에서는 "계지자선(繼之者善)이요 성지자성(成之者性)"이라고 말했던 것이다. 이것을 해석하면 '계지자선(繼之者善)'이란 말은 인성(人性)이 발한 바탕, 즉 사람의 본질은 선(善)하다는 뜻이다. '계(繼)'라는 것은 무형에서 유형으로 계승해 준 것이라는 뜻이니 무형에서 유형으로 계승해 준 것은 정신과 생명이다. 그런즉 이것은 바로 본질(정신과 생명)이 선(善)하다는 말인 것이다.

그런데 그 다음에 '성지자성(成之者性)'이라는 말은 그렇게 함으로써 물(物)로 형성되면 거기서 비로소 性이 생긴다는 말이다. '성(成)'의 뜻은 사물의 완성을 말하는 것인 바 정신인 陽은 자체 소멸을 방지하여야 하는 것이므로 形의 포위를 받을 때에 비로소 그 목적이 달성되는 것이다. 그것은 바로 천지생물지심(天地生物之心)이 성물지심(成物之心)으로 전환되는 것을 말하는 것이다. 그런즉 성물지심, 즉 무형지심(無形之心)이 유형지심(有形之心)으로 전환된 때가 바로 性인 것이다.

그러므로 이것을 통일하여 말하면 우주는 理와 性 전체의 주재자이지만 갈라서 말하면 천(天)은 이(理)를 주재하고 人物은 性의 활동을 실현하는 것이다.

이와 같이 인물은 性에 의하여 활동하는 존재이고 性은 陰을 얻음으로써 이루어지는 것이므로 인간사회에는 선악의 투쟁과 부패와 타락이 유발되게 마련인 것이다. 그렇지만 만일 인간이 사회생활을 하지 않는다고 하면 비록 인간에게 이러한 요인이 있다고 하더라도 소위 사회악이란 것은 일어날 수가 없다. 인간사회에서 일어나는 이와 같은 현상이 바로 사회적 변화인 것이다. 그런즉 사회적 변화의 주체를 이루는 것이 사회악 자체인 것은 말할 것도 없거니와 사회악은 또한 인성(人性)의 저열(低劣)에서 증대하여 가는 것이다.

다시 말하면 인성(人性)은 그 본질은 본래 선하였지만 그것이 性으로 전환될 때에 벌써 '善+惡'이라는 공식에 의하여 이루어졌던 것이다. 인성 자체는 이러한 것이므로 그것이 만일 약간만 선한 쪽에 치우치게 되면 선행을 좋아하게 되고 반대로 약간만 악 쪽에 치우치게 되면 악행을 좋아하게 되는 것이다. 그러므로 사회의 정화(淨化)와 교육의 필요성은 인류문화의 발전과 사회생활의 복잡화와 더불어 일대요구로서 등장하게 되었던 것이다.

그런데 문화사의 조류를 살펴보면 정신문명이 발전됐던 시대에는 윤리와 도덕이 성행하였고 반면으로 물질문명이 발달됐던 때는 투쟁과 부패가 판을 치게 됐던 것이다. 인류사는 대체로 3단계로 구분할 수 있는바 동양에서 볼 때에(中國 中心으로) 정신문화(精神文化)를 창조기(創造期)와 성행기(盛行期)와 수면기(睡眠期)로 구분할 수 있다. 그런데 현시점은 바로 수면기에서 다시 창조기에 접어드는 시점인 것이다. 동양문명이 수면기에 처했을 때에 서양의 물질문명은 최성기(最盛期)를 맞이했던 것인즉 오늘의 세계문명은 바로 그것이다.

물질문명이란 말은 물건을 생산하는 기술이 발달된 것을 말하는 것인바 그밖에 또한 다른 의미가 있다.

'질(質)' 의 뜻에는 쪼갠다는 의미가 있는즉 물질문명이란 개념에는 물(物)을 세분화, 즉 분석하는 문명이란 의미가 있는 것이다. 오늘의 문명이야말로 물질을 양자나 전자로까지 분석하는 문명이다. 그런데 이것은 우주의 운동과정에서 만물이 가장 세분화되는 때는 未土運이 과기(過期)를 맞는 때인 것이다.

상수원리(象數原理)는 運의 주기를 象과 數의 법칙에 의하여 계산하는 것이다. 그러나 상수(象數)의 인식방법이나 추리(推理)는 관념적이다. 그런즉 이 현상을 사물의 변화에서 포착하여야 한다.

가령 우주의 운(運)에 土運이 들었다고 하자. 그럴 때에는 모든 사(事)나 물(物)은 분열에 분열을 가(加)하는 현상을 나타내는 때이므로 문화는 그러한 형태의 것이 발전하는 것이다. 따라서 사회적인 암투와 부패는 걷잡을 수가 없게 되고 윤리와 도덕은 거의 형태를 감추게 되며 인구의 증가는 하루살이가 무색할 정도로 늘어나고 여성의 고자세(高姿勢)

는 점점 남성을 능가해 가며 사치와 방종은 절정에 달하게 되는 것이니 이것은 바로 상수원리가 사(事)나 물(物)에 반영된 것이다.

그런즉 이것은 물질문명이 최고에 달하는 시대의 사회적인 변화현상을 말하는 것이다. 그런데 이 시대가 끝나게 되면 다음은 수면기에서 잠자던 정신문명이 대두하게 되는 동시에 위에서 말한 바의 모든 현상은 점점 반대방향으로 옮겨지게 되는 것이다. 왜 그런가 하면 이것이 바로 우주운동이 화(化)에서 변(變)으로 전환하는 때이기 때문이다. 따라서 악 쪽으로 기울어만 지던 인성은 선 쪽으로 돌아오게 되는 것이다.

그런즉 이와 같은 때의 철인들은 아마도 人性이 선하다고 할 것이다.

그러나 철학은 때(時代)가 변할 때마다 진리가 변한다는 사고방식부터 먼저 버려야 한다. 인성이 그의 본질에서 계승될 때에는 역수(逆數)하는 때, 즉 陽이 陰을 확장하는 때이므로 그 시대의 성(性)은 악(惡)으로 흐르는 경향이 많지만 반대로 순수(順數)하는 때는 陰과 陽의 투쟁은 종식되고 토화세계(土化世界)가 많은 陽을 포용하는 때이므로 인성은 풍부한 土化作用으로 인하여 점점 선화(善化)하게 마련인 것이다. 또한 다른 면으로 보면 生長運이 작용하는 때는 인성은 五土의 작용밖에 못 받으므로 土不及 때문에 악으로 기울어들지만 收藏運이 작용할 때는 十土의 작용을 받게 되므로 인성은 선화(善化)하게 되는 것이다.

인성은 이와 같이 시운의 변화에 따라서 선악을 반복하는 것인즉 만일 이것을 시공간을 초월하고 본다면 인성은 악도 아니고 선도 아닌 중성인 것에 틀림없다.

따라서 오늘날 같은 사회상도 반복하는 시운의 일점에 불과한 것이므로 인간은 인간이 할 수 있는 최대의 노력으로써 시운의 향배(向背)에 적응하면 되는 것이다.

제2절 물질(物質)의 변화(變化)

1. 물질(物質)의 화생(化生)

　물질이라는 것은 모든 유형체(有形體)의 총칭이다. 다시 말하면 水土合德작용은 종(種)을 만들고 水土同德작용은 물(物)을 생산하는 것인즉 물(物)이라는 것은 바로 수토정신(水土精神)의 외현(外現)인 것이다. 그렇다면 物은 어떻게 화생하는가 하는 문제를 연구해 보기로 하자.
　이것을 만일 과학자에게 묻는다면, 태양의 에너지가 광합성작용에 의해서 공중에서는 탄산가스를 흡수하고 지중(地中)에서는 수분이나 광물질 등을 섭취함으로써 물질의 형체를 만들고 그 체중(體中)에 에너지를 축적하는 것이라고 대답할 것이다. 그러나 이것은 과학적인 해답인 것뿐이고 철학적인 해답이 될 수는 없다.
　왜 그런가 하면 인간이나 동물도 잠깐 볼 때는 한 개의 물질이다. 그러나 이것들은 자기의 獨宇宙를 가지고 있다. 그러므로 식물에 있어서처럼 과학적 합성작용의 단순한 결합만으로써 이루어질 수는 없는 것이다. 다시 말하면 태양 에너지가 제 마음대로 사람을 지배할 수는 없는 것이다. 그러므로 우리는 이것을 상수원리로써 고찰해 보려는 것이다.
　우주의 기원을 이루는 원질(元質)은 만물의 본체를 이루는 물[水]이라고 보는 것이 우리의 입장이다. 이것이 바로 탈레스가 말한 바와 같은 물, 즉 영원성과 변화성과 운동성을 가지고 있는 물이요, 또한 우리들이 말하는 바의 응고성과 유동성과 조화성을 가진 물인 것이다.
　그러므로 물을 변화의 본체라고 하며, 또한 그 數를 一(數의 基本)이라고 하는 것이다.

그렇다면 一인 水가 어떻게 그러한 운동을 하는가? 위에서 논한 바의 五運이나 六氣란 것은 다만 물이 그 본성을 변화하는 운동현상과 그의 법칙을 논한 것에 불과하다. 다시 말하면 '水火金木土'라는 것은 水의 이명(異名)에 불과하다. 그런데 그것들의 운동양상이 각각 다르기 때문에 그의 특징적인 운동형태를 종합분석하여서 각각 상부(相符)한 개념을 설정해 놓았던 것이다. '木火土金水'란 것은 이와 같이 동질이성적(同質異性的)인 존재이므로 때가 이르게 되면 언제든지 본질점인 水에로 합류(또는 還元)하는 것이다.

　이러한 성질을 가진 五運과 六氣의 변화가 바로 우주의 변화인즉 이것들은 바로 우주변화의 본체인 물의 사역자(使役者)에 불과한 것이다. 그러므로 木火土金은 언제 어떠한 장소에서 운동을 하든지 陰과 陽의 象을 나타내면서 운동하다가 결국은 그들의 본원(本元)인 물로 되돌아가고야마는 것이다. 이것을 음양(陰陽)의 오행운동이라고 하거니와 五運과 六氣는 그 서열을 一陰一陽으로 구성하는 것이며, 또한 자연수도 그 법칙을 어기지 않는 것이다. 음양운동이란 것은 이와 같은 조건과 목적에 의하여 이루어지는 것이기 때문에 이른바 五運과 六氣의 자화작용이나 대화작용이란 것도 따지고 보면 음양운동의 연속에서 일어나는 호혜적인 방조작용에 불과한 것이다. 그런데 이와 같은 방조작용이란 것은 바로 만물의 산합(散合)을 방조(幫助)하는 작용, 즉 음양작용이다.

　그런즉 物은 어떻게 이루어지는 것인가? 이것을 한 마디로 대답한다고 하면 물(物)이란 것은 음양의 산합운동(散合運動)에서 일어나는 부산물이라고 할 것이다. 다시 말하면 陽이 산(散)하는 과정에서는 생명이 소모되고 陰이 합(合)하는 과정에서는 생명이 창조되는 것이다. 그러므로 우주운동에서 一陰一陽작용이 조화를 잃는다면 物은 사멸하게 될 것이고 반대로 조절이 物에 부합된다면 物은 무성하게 되며 또 완숙하게

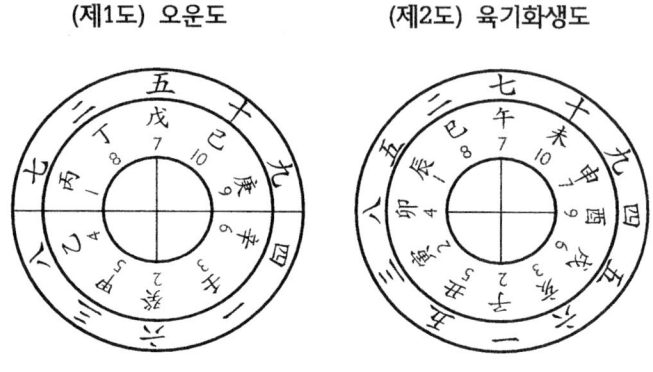

운기화생도

된다.

　물질의 화생(化生)을 논하려면 먼저 금화교역에서 그 원인을 알아야 한다. 천체의 거울이 렌즈의 작용을 하면서 陽을 축적하는 운동을 하는 것은 지구 위에 있는 모든 생명 있는 물질의 핵을 완숙시키려는 데에 그 목적이 있는 것이다. 핵이란 것은 바로 에너지가 최대공약수를 이루어서 축적된 것이다(상수학은 이 원리를 율려의 통일형태라고 한다). 그런즉 소위 광합성작용이란 것은 진실로 이 목적을 달성하려는 작용인 것이다. 이것이 바로 천지운동(天地運動)이 子水를 창조하려는 작용, 즉 水를 본원(本元)으로 돌려보내려는 운동인 것이다.

　子에 돌아간 물은 다시 지구의 자전도수를 따라서 분열하게 마련인즉 그것을 가리켜서 木이 生한다고 한다. 그러면 木의 기원을 이루는 水란 것은 과연 무엇일까? 이것이 바로 相火가 작용하던 때부터 시작하여 핵을 포장한 '水'다. 그 핵이란 것은 소위 과학용어로 말하는 에너지의 축적인즉 그것이 바로 陽의 축적, 즉 율려(律呂)의 종합인 것이다. 그러므로 그 속이 곧 생명의 부고(府庫)이기도 한 것이다. 그런즉 木이 發한다고 하는 것은 율려가 動하는 모습, 즉 에너지가 분화하기 시작하는 일이다. 그러나 木(氣)이 실제로 나무나 혹은 풀로 될 때까지는 아직 많은 변화를 기다려야만 한다.

첫째로, 제1도에서 보는 바와 같이 三甲木이 발하려고 하면 五甲土의 자화작용이 필요한 것이며 따라서 十己土의 對化作用도 여기에 가세하여 주어야만 한다. 그렇게 함으로써 三甲木이 발할 수 있는 甲運의 소지(素地)가 이루어진다. 그 다음은 乙八木의 화생과정(化生過程)으로 접어들게 되는 바 우주의 운행(지구의 자전)은 乙八木의 位에 이르게 되면 乙金의 자화작용과 庚金의 대화작용으로 인하여 乙八木이 발할 수 있는 乙金運의 소지를 만드는 것이다. 그 다음은 丙七火의 단계로 접어드는 바 여기에서는 丙一水의 자화작용과 辛六水의 대화작용이 가세함으로써 丙七火가 발할 수 있는 소지가 마련되는 것이다.

이상에서 논한 바를 다시 고찰하면 甲乙木의 화생(化生)은 甲乙丙의 3단계를 거쳐서 이루어지는 것인 바 이른바 三단계를 거친다는 말은, 즉 甲土·乙金·丙水運의 3단계인 운(運)의 자화작용과 己土·庚金·辛水運의 3단계인 運의 對化作用으로 인하여 甲乙木이라는 木氣가 形인 나무로 화한다는 말이다. 그러나 이것으로써 실제적인 木(나무)이 이루어지는 것을 의미하는 것은 아니고 다만 木氣가 운행할 수 있는 인소(因素), 즉 運이 이루어졌다는 말이다. 그렇다면 이와 같이 木運을 이룬 인소가 목형을 이룰 수 있는 요소를 얻음으로써, 즉 木의 인소인 運과 요소인 氣가 결부됨으로써 완전한 木이 生하게 되는 것이다.

그렇다면 목형(木形)을 완성시킬 수 있는 요소인 氣는 과연 어떠한 작용을 하는 것이며, 또는 어떻게 운(運)과 결합되는 것일까 하는 것을 연구하여야 한다. 그런데 六氣의 변화작용도 또한 運과 같다. 즉, 寅三木은 寅二火와 申七火의 自對化작용을 받고, 卯八木은 卯四金과 酉九金의 자대화작용을 받고, 辰五土는 辰一水와 戌六水의 자대화작용을 받음으로써 여기에서 氣가 寅(相火)·卯(金)·辰(水)의 形을 이루는 것이다(자대화관계는 運과 氣가 동일하다). 그런데 이와 같이 변화한 氣는 形을 이루는 요소가 되므로 여기에서 氣는 運으로 성상(成象)한 인소(因素)를 내포하고 내외결합함으로써 비로소 완전한 물(物)로 형성하게 되는 것이다. 그러므로 이와 같이 物이 화성(化成)하는 것을 五六合德運動이라고 한다. 그렇다면 그 다음에 三八木은 왜 이와 같이 土金水合德으로써 이루어져야만 하는가 하는 것을 연구하여야 한다.

天干의 甲乙木이라고 하는 것은 木의 인소인 陽이 터져나가는 것을 의미하는 것이므로 처음에 甲土로써 화(化)하게 하고 그 다음은 金水로써 陽이 산실(散失)하지 않도록 運의 자체 준비를 하기 위함이요, 地支의 寅卯木은 천간인 甲乙木(위에서 말한 바와 같이 자체 준비를 하는 甲乙木)을 포용하려는 것이므로 寅(相火)·卯(金)·辰(水)으로써 이것을 포위하는 것이다.

木이 한 개의 나무로서 생겨나는 것은 실로 이와 같은 運과 氣의 合德작용으로써 이루어지는 것이다. 우주의 운동과정에서 만일 甲乙木이 生하려고 할 때에 甲乙丙의 자화(自化)하는 요인과 寅卯辰의 자화하는 요인이 없었다고 하면 物이 형성될 수는 없는 것이다. 그 위에 己庚辛과 申酉戌의 대화작용이 또한 만일에 대비하고 있은즉 이것으로써 가히 만전이라고 할 것이다.

그런즉 物의 化生作用이 에너지를 흡수하며, 또는 수분이나 광물질을 섭취할 수 있는 것은 物 자체가 이러한 변화요인을 가지고 있기 때문에 가능한 것이다. 만일 物 자체에 이러한 요인이 없다고 하면 아무리 많은 에너지나 수분이나 광물질이 있다고 하더라도 흡수할 수는 없는 것이다. 그 요인이란 것은 바로 위에서 말한 바의 土金水(天干)·火金水(地支)의 변화로써 木을 형성한 요인을 말하는 것인즉 소위 金水의 포용력이란 것은 흡수기능을 말하는 것이기 때문이다.

그렇다면 物이 이와 같이 음양공제작용(陰陽共濟作用)을 하면서 이루어진 것은 무엇이 그것으로 하여금 그렇게 하게 하였는가 하는 점을 연구하여야 한다. 우주간에 미만(彌滿)하고 있는 대기는 木火土金水의 오원질(五元質)로 이루어진 것이다. 그런데 그것들은 반드시 규칙적인 운동을 하는 존재이므로 物의 변화작용, 즉 자화작용이나 대화작용이 규칙적으로 일어나게 되는 것이다.

그렇다면 이와 같이 변화작용이 규칙적으로 행해지는 것은 무엇 때문일까? 즉 天地日月이 규칙적인 운행을 하기 때문인 것이다(이것은 제8장 '우주의 본체'에서 참조).

위에서 말한 바는 物의 生化作用(즉, 木의 작용)에 대해서 논했다. 그러나 火의 장(長)하는 운동이나 土의 조화운동(調和運動)이나 金의 수렴운동(收斂運動)이나 水의 응고운동(凝固運動) 등도 위에서(즉, 木에서) 논한 바와 같은 방법과 원칙에 의해서 이루어지는 것이므로 약(略)하거니와 위의 제1도와 제2도를 대조하면서 생각해 보면 자연히 이해될 것이다.

2. 물질의 변화

우리는 환경(環境)이 물질을 지배하는 것을 얼마든지 볼 수 있다. 다시 말하면 고산지대에는 거기에 알맞은 동식물들이 있으며, 야산지대에는 또한 거기에 알맞은 것들이 있다. 그런즉 온대나 열대나 한대와 같은 데에는 역시 그곳에 적합한 동식물이 있을 것임은 더 말할 것도 없다.

　예를 든다면 코끼리[象]는 열대에 살며 백곰[白熊]은 한대에서만 서식한다든지, 남방에는 야자수나 고무나무와 같은 것이 있지만 북방에는 박달이나 봇나무 같은 것이 生하고 있는 것이다. 그런즉 이것은 모두 자기 생리에 알맞은 기후에서 살고자 하며, 또는 살지 않을 수가 없는 것이다. 왜 그런가 하면 우주간에 있는 모든 것들은 환경의 적응을 거부하고서는 살 수가 없기 때문이다. 다시 말하면 만물이 환경을 거부하면 그 수명을 최촉(催促)하거나, 또는 변질을 강요하는 것과 같은 결과가 되기 때문이다. 이와 같은 것을 역천(逆天)이라고 하는 바 우리는 역천하는 식물이 이변(異變)작용을 하는 것을 얼마든지 보고 있는 것이다.

　열대식물이 한대에서 살 수 없다든지 한대식물이 열대에서는 살 수가 없다는 것과 같은 예나, 코끼리가 한대에서 살 수 없다든지 백곰이 열대에서는 살 수가 없다는 것과 같은 예는 모두 기후와 동물의 적응성을 반증하여 주는 것이다. 그밖에 한대식물의 씨를 열대에서 재배(栽培)한다든지 열대식물을 한대에서 재배하면 수삼년내에 변종(變種)이 된다든지 또한 동물도 한열대산(寒熱帶産)을 서로 교환하여서 양육(養育)하게 되면 생리적 특징이 변화한다는 사실은 얼마든지 경험하는 것이다. 그런데 이와 같은 것은 소변화를 의미하는 것이다.

　그 다음 또한 만물이 돌연적으로 변화하는 것도 볼 수가 있다. 예를 들면 日本의 히로시마[廣島]에 원자폭탄을 던졌을 때에 기후가 급작스럽게 변화하게 됨으로써 부근의 식물들이 돌연한 이변(異變)을 일으켰다든지 또는 태평양 고도(孤島)에서 미국이 원폭실험을 한 뒤에 많은 동식물들이 몰살하였지만 재빨리 지중(地中)으로 도피한 거북이나 자라 같은 것은 살아날 수 있었다는 사실과 같은 것은 기후가 돌연 이변을 할 때에 만물도 돌연 이변을 한다는 것을 나타낸 좋은 예인 것이다. 그런즉 대기의 돌연 이변이 왜 만물을 이와 같이 변화시키는가?

소위 만물의 환경적응이라고 하는 것은 예컨대 금수지기(金水之氣)가 많은 곳에서는 거기에서 적응할 수 있는 것만이 생존할 수 있는 것이고, 또한 목화지기(木火之氣)가 많은 곳에서는 거기에서 생존할 만한 저항력이 있는 것만이 살 수 있는 것을 말하는 것이다. 그런즉 원자폭탄을 폭발한 지방은 金水之氣가 木火之氣로 변질되었을 것이므로 거기에 적응할 수가 없는 것들은 生存할 수 없는 것은 물론이다.

그런데 지하에 도피한 것들은 무엇 때문에 생존할 수 있었을까 하는 것을 연구해 볼 필요가 있다. 지(地)는 곤(坤)이요, 坤은 十土다. 그러므로 火氣를 수렴(收斂)하는 데에는 곤(坤)보다 더 좋은 요건은 없는 것이다. 이 문제에 만일 의혹이 생긴다면 우주운동이 火氣를 수렴(收斂)할 때에 未土로써 시작한다는 원리를 상기해 보면 잘 알 수가 있을 것이다. 우리는 이상에서 기후의 돌연 이변이 만물을 돌연 변화하게 한다는 것을 논하였다. 그런즉 다음은 그 원리를 연구해 볼 필요가 있다. 그 원리라는 것은 만물이 변화하는 모습을 살피고 거기서 무엇 때문에 그와 같은 변화가 일어나는가 하는 것을 연구하려는 것이다. 그런데 그것을 관찰하는 방법은 두 가지가 있다. 그러므로 다음에서 그 두 가지 방법으로 연구하기로 하겠다.

1) 근취저신(近取諸身)

공자(孔子)가 역계사(易繫辭)에 "근취저신(近取諸身) 원취저물(遠取諸物)"하라고 말한 바 있다. 이것은 우주의 변화를 연구하는 방법을 말한 것인 바 그렇게 교시(敎示)한 이유는 첫째로, 모든 물질의 변화현상은 천변만화하는 것이므로 거의 갈피를 잡을 수가 없는 것이다. 그런즉 이것은 자기 자체에서 관찰하는 것만큼 더 빠른 길은 없다.

그러므로 '近取諸身'하라 했고 이와 같이 하면서 근취저신하는 방법에 정통(精通)하게 되면 만물의 변화가 비록 천태만상으로 변화한다고 할지라도 여기에서 관찰할 수 있는 소지가 생긴다는 말이다. 그러므로 그 다음에 '遠取諸物'하라고 했던 것이다. 둘째로, 陽의 발현상태(發現狀態), 즉 정신의 활동상태를 파악하는 데는 인간의 象이 적당하고 陰의 운동현상, 즉 만물이 율동하는 모습을 파악하는 데는 만물의 形에서 보는 것이 적당한 것을 가리킨 것이다.

공자가 이와 같이 교시한 것은 인간으로 하여금 사물의 진상을 정확하게 파악할 수 있게 하려는 데 있는 것이다. 돌이켜 인간이 만물을 관찰하는 태도를 일반적으로 살펴보면 편파적인 주관적 인식으로 관찰하고 판단하며 추리하기 때문에 다만 만물의 운동하는 모습을 자기 감정대로 관찰할 뿐이고 만물의 이면에서 움직이는 실존재를 공정하게 관찰해 내지 못하는 것이다. 우리가 만일 사물의 진실한 모습을 옳게 인식하고 정확히 판단하려면 외현(外現)된 형태적(形態的)인 운동에서는 인식이나 판단의 자료만을 취하고 내장된 상태적(狀態的)인 모습에서는 형이상적인 운동의 본원을 찾아내야만 하는 것이다.

그런데 인간은 우주와 같은 소우주의 운동을 할 뿐만 아니라 우주에 비해서 천지[形神]가 작으므로 그 우주 안에서 動하는 정신의 운동상태가 그의 육체나 육체적 행동에서 명백히 나타나게 되는 것이다. 그러므로 천지지간(天地之間) 만물지중(萬物之中)에서 철학의 연구대상으로써 이것만큼 더 적합한 것은 없는 것인즉 이왕 주관적인 인간에 있어서 취할 만한 대상은 역시 그러한 인간이라야 적합할 것이다.

인간이 자기를 가리켜서 나[我]라고 하는 것은 인간의 주재자가 바로 나이기 때문이다. 그런즉 나라는 것은 육체를 지칭하는 것이 아니고 자기의 정신을 말하는 것이므로 이것을 '자아(自我)'라고 한다. 또한 '我'자를 ㅆ手ㅆ戈하는 象에서 취한 것도 이 때문이다. 그럼에도 불구하고 인간은 나의 말을 들을 줄도 모르며, 또한 나의 행동을 볼 줄도 모른다.

다시 말하면 나의 모든 조직(간심비폐신(肝心脾肺腎)이나 기타의 모든 조직)은 항상 나에게 무엇인가를 고발(告發)하거나 호소(呼訴)하고 있는데도 불구하고 나는 이것을 알지 못한다. 예를 들면 내가 만일 육(肉)을 먹으려는 충동을 느낀다는 것은 바로 나에게 육(肉)을 공급해 달라는 호소인 것이다. 또 반면으로 이것을 많이 먹고 난 후 물렸다는 말은 내가 그것의 불필요를 통고하는 것이다. 그러나 육체적인 인간은 아(我)의 이와 같은 요구를 알지 못하고 다만 육(肉)은 영양가치가 많으니 먹어야 한다고 생각하며 또 먹는 것이다. 그런즉 이것이 바로 육체적인 아(我)는 정신적인 아(我)와의 사이에 이와 같은 차이가 있다는 것을 말하는 것이다.

이와 같이 생각해 볼 때에 사물의 피상적인 현상에서만 그의 실상을 찾으려고 하는 것은 마치 육체적인 나로써만 정신의 실상을 알려고 하는 것과 같은 것이다. 그러므로 사물의 참된 모습을 연구하려고 하면 그 근저에서 흐르는 법칙을 먼저 알아야 한다. 따라서 그 법칙을 알 수 있는 유일 최적한 대상은 육체적인 인간이다. 그러므로 인간의 희노애락이 용모와 행동에 나타나고 소호소오(所好所惡)나 선애탐욕(善愛貪慾)이 모두 인상(印象)되지 않는 것이 없는 것이다. 그러므로 우주운행의 법칙을 알고 이것을 기초로 하여 정신에서 일어나는 모든 변화를 육체의 현상에서 살펴보면 만무일실(萬無一失)인 것이다. 그러나 이와 같은 기본법칙에 의하여 사물의 변화를 판단하고 추리한다고 할지라도 그 주체는 나다. 그런데 인간은 그의 순수 자아인 내가 육체의 사적(邪的)인 압박 때문에 마음대로 활동할 수가 없게 된다. 여기에서 인간정신은 육체적인 자아로 변하게 되는 것이므로 사물의 판단을 그르치게 되는 것이다. 비록 그렇지만 인간은 土化作用에 의해서 소생한 것이므로 제1절에서 논한 바와 같이 토화작용을 돕는 방향으로 노력하면서 연구력과 관찰력을 기른다고 하면 인간이 자기를 관찰할 수 있는 능력을 충분히 기를 수 있는 것이며, 동시에 인체에서 일어나는 모든 변화를 자유로이 살릴 수 있을 것이다.

2) 원취저물(遠取諸物)

물질에서 그의 변화를 알아내는 것은 인간의 象에서 알아내는 것보다 더욱 어렵다. 왜 그런가 하면 인간은 신기지작용(神機之作用)을 하는 것이므로 그 象이 육체에 잘 나타나지만 만물은 기립지물(氣立之物)이므로 이면에서 陽이 작용하지 못하는 것이기 때문에 그 象을 파악하기는 진실로 어려운 것이다. 그러나 만물도 우주운동의 일환이므로 예외적인 법칙에 의존하는 것은 아니다. 다만 이것은 기후의 변화가 크면 클수록, 작으면 작은 것만큼의 대소이변(大小異變)의 차가 있는 것뿐이다.

가령 이것을 일년 중에서 본다고 하면 해마다 그 주동하는 운기(運氣)의 특징에 따라서 다르게 된다. 예를 들면 금년은 乙運과 巳木의 氣運에 의하여서 기후의 특징을 결정하는 해라고 하자. 그런즉 변화를 관찰하는 데에 유능한 사람은 금년의 모든 변화를 예견할 수 있는 것이다. 그러므로 이러한 運과 氣의 특징을 연구하는 것은 진실로 중요한 문제이다. 그러나 여기서는 그 기운이 변화하는 세부인 바의 원리를 상술할 수 없는 것이 유감이지만(기초원리는 제2장 '오운론'과 제3장 '육기론'과 제5장 '우주운동과 원자운동'에서 논했다) 생략하기로 하고 다음은 그와 같은 기운이 만물을 어떻게 변화시키는가 하는 현상을 연구하여 보기로 하겠다. 황제소문오상정대론(黃帝素問五常政大論)에서는 그것을 다음과 같이 설명하고 있다.

厥陰司天 궐음사천	毛蟲靜 모충정	羽蟲育 우충육	介蟲不成 개충불성
厥陰在泉 궐음재천	毛蟲育 모충육	倮蟲耗 나충모	羽蟲不育 우충불육
少陰司天 소음사천	羽蟲靜 우충정	介蟲育 개충육	毛蟲不成 모충불성
少陰在泉 소음재천	羽蟲育 우충육	介蟲耗不育 개충모불육	
太陰司天 태음사천	倮蟲靜 나충정	鱗蟲育 인충육	羽蟲不成 우충불성
太陰在泉 태음재천	倮蟲育 나충육	鱗蟲不成 인충불성	
少陽司天 소양사천	羽蟲靜 우충정	毛蟲育 모충육	倮蟲不成 나충불성
少陽在泉 소양재천	羽蟲育 우충육	介蟲耗 개충모	毛蟲不育 모충불육
陽明司天 양명사천	介蟲靜 개충정	羽蟲育 우충육	介蟲不成 개충불성
陽明在泉 양명재천	介蟲育 개충육	毛蟲耗 모충모	羽蟲不成 우충불성
太陽司天 태양사천	鱗蟲靜 인충정	倮蟲育 나충육	
太陽在泉 태양재천	鱗蟲耗 인충모	倮蟲不育 나충불육	

【註】이것을 설명하기 위하여 그 준비로서 먼저 설명하여 두어야 할 것이 있다. 모든 동물은 五種으로 구별하는데 목운소생지물(木運所生之物)은 모충(毛蟲)이고, 화운소생지물(火運所生之物)은 우충(羽蟲)이고, 토운소생지물(土運所生之物)은 나충(倮蟲)이고, 금운소생지물(金運所生之物)은 개충(介蟲)이고, 수운소생지물(水運所生之物)은 인충(鱗蟲)으로 定함으로써 오종류(五種類)를 구분하였다. 또 한 가지는 사천(司天)과 재천(在泉)에 대한 것을 잠깐 설명하여야 하겠다. 운기

(運氣)가 운행하는 법칙이 전반기는 사천주재하(司天主宰下)에 놓이고 후반기는 재천주재하(在泉主宰下)에 놓인다는 것을 기억하여야 한다. 그러나 재천(在泉)은 또한 사천(司天)의 주재하(主宰下)에 있는 것이니 이것은 마치 곤(坤)은 건(乾)에 종속(從屬)되면서도 또한 반경(半徑)의 주재자(主宰者)가 되는 것과 같은 것이다. 또 한 가지 여기서 말하는 충이라는 것은 충류에서부터 모든 동물에 이르기까지를 총칭하는 것이다. 그런데 충(虫)字로써 표시하지 않고 충(蟲)字를 쓴 것은 모든 동물이 生하는 초기의 형태, 즉 균(菌)의 상태에서부터 완성한 동물의 상태까지를 총칭하기 위한 것이다. 그런즉 이것을 인간에서 보면 정자(精子)나 난자(卵子)와 같은 것도 여기에 포함되는 것이다. 또 한가지 더 이야기하여야 할 것은 충(蟲)이란 것은 동물의 총칭인 동시에 재천(在泉), 즉 지구와 직접적인 관계가 있다. 그러므로 이것들이 재천과 합덕(合德)하면 길(吉)하고, 만일 합덕하지 못하면 흉(凶)하다고 하는 것을 잘 기억해야 한다.

다음에는 궐음(厥陰)부터 연구해 보기로 하자. 궐음이 사천(司天)하는 해는 소양(少陽)이 재천(在泉)하게 된다. 그런즉 모충류는 木에 속하여서 화모목(火母木)을 당하게 됨으로써 불길하다. 그러나 사천의 厥陰木이 도와주고 있으므로 모충이 안정할 수 있다. 그 다음 우충은 상화(相火)와 합덕하게 되므로 육(育)한다. 그 다음 개충은 재천에서는 火克金을 당하는데 사천의 木은 목모금(木侮金)을 하게 됨으로써 불성(不成)한다. 그런데 만일 궐음이 재천하면 兩木이 합덕함으로써 모충이 육(育)하고, 나충은 木克土를 당하기 때문에 모(耗)하고, 우충은 목모화(木侮火)를 당함으로써 불육(不育)이 된다. 그런데 재천이 木이면 우충은 木生火를 받아서 유리할 것인데 도리어 목모화(木侮火)를 당한다는 말은 바로 재천지목(在泉之木)은 水와 같기 때문이다.

그 다음 소음(少陰)이 사천(司天)하는 해는 양명(陽明)이 재천(在泉)함으로써 우충은 금모화(金侮火)를 당하게 되어서 불길한 것이나, 사천소음(司天少陰)의 응원이 있기 때문에 우충은 정(靜)하고, 개충은 兩金이 합덕하기 때문에 육(育)하고, 모충은 재천의 金克木을 당하는데다가 사천의 소음이 또한 화모목(火母木)을 하므로 불육(不育)이 된다. 그런데 만일 소음이 재천하게 되면 우충은 양화합덕(兩火合德)하므로 육(育)하고 개충은 화극금(火克金)을 당하게 되므로 불육(不育)하게 된다. 그러나 소음이 재천에 있으므로 火가 미약하다. 그러므로 모불육(耗不育)이라고 한 것이다.

그 다음은 태음(太陰)이 사천(司天)하는 해는 태양(太陽)이 재천(在泉)하게 됨으로써 나충은 수모토(水侮土)를 당하지만 사천 태음이 도와주므로 정(靜)하게 되고, 인충은 兩水가 합덕하므로 육(育)하고, 우충은 水克火를 당하는데다가 사천의 태음마저 도와주지 못하므로 불성(不成)이 된다. 그런데 만일 태음이 재천하게 되면 나충은 양토합덕(兩土合德)하므로 육(育)하고 인충은 土克水를 당하게 되므로 불성(不成)한다.

이상에서 삼음이 사천하거나 혹은 재천하는 경우를 논했다. 그런즉 그 다음에는 당연히 삼양에 대해서 논하여야 할 것이다. 그러나 그것도 역시 삼음과 같이 해석하면 된다.

그러므로 여기에서는 그것을 약하기로 한다. 그런데 여기에서 특별히 연구하여야 할 점이 있으니, 첫째로, 양명사천(陽明司天)에 개충이 靜, 우충이 育, 개충이 不成이라고 한 점이다. 그런데 이것은 오기(誤記)가 아닌가 한다. 왜 그런가 하면 개충이 靜하고, 또 不成이란 있을 수가 없는 일이며, 또는 양명이 사천하는 해는 소음이 재천하는 해와 그 항목이 동일하여야 할 것인데 그것과 서로 다르기 때문이다. 즉 소음재천(少陰在泉)에는 우충이 育하고 개충이 모불육(耗不育)이라고 하였은즉 당연히 양명사천의 경우에 있어서도 그것과 같이 그 항목이 두 개여야 할 것인데 세 개가 있는 것은 이론상 타당하지 못하다. 그런즉 이상 두 개 조건으로써 고찰해 볼 때에 '介蟲이 不成'이라고 한 것은 연문(衍文)이 아닌가 하는 것이다.

그 다음 또 한 가지는 '태양재천(太陽在泉) 인충모(鱗蟲耗) 나충불육(倮蟲不育)'이라고 한 점이다. 첫째로, 태양재천에는 당연히 인충은 育이라야 하고 우충이 모(耗)라고 하여야 한다. 왜 그런가 하면 인충은 양수합덕(兩水合德)하기 때문에 그러하고 우충은 水克火를 받고 있기는 하지만 태음이 사천하는 경우에 있어서처럼 토모화(土侮火)를 받지 않기 때문이다. 그뿐만 아니라 태음사천(太陰司天)에서 이것을 검토하여 보면 거기에서는 세 개 항목(項目)인데 유독 태양재천(太陽在泉)에 한(限)하여 두 개 항목이 될 수는 없는 것이다. 그러므로 필자는 '태양재천(太陽在泉) 인충육(鱗蟲育) 우충모(羽蟲耗) 나충불육(倮蟲不育)'이었던 것이 '育羽蟲' 세 자가 탈락된 것이라고 생각하는 바이다.

이상에서는 동물에서 변화하는 모습을 살펴보았거니와 식물에 있어서도 마찬가지다. 그런데 이것은 「내경(內經)」 오상정대론(五常政大論)에 상술되어 있는 바 본고는 다만 변화의 원리만을 논하는 것이 목적이므로 약하거니와 여기서 한 마디 더한다면 이른바 운기지물(運氣之物)에 차별이 있다는 점이다.

다시 말하면 만물에는 자기 運에 의하여 생화(生化)하는 것과 외기(外氣)에 의하여 화생(化生)하는 것과의 구별이 있다는 말이다. 예를 들면 인간과 같이 자기 運에 의해서 사는 것과 식물에 있어서처럼 日月의 光을 받는 것만으로써 화생(化生)하는 것이 있다는 말이다. 그러므로 「황제소문(黃帝素問)」에는 이것을 다음과 같이 논하였다. "근어중자(根於中者)를 명왈신기(命曰神機)니 신거즉기식(神去則機息)"이라 하고 "근어외자(根於外者)를 명왈기립(命曰氣立)이니 기지즉화절(氣止則化絶)"이라고 하였다.

이것을 좀더 풀어서 말하면 '根於中'이라는 것은 인간이나 동물과 같이 생명의 근원을 몸 가운데 가지고 있는 것을 말하는 것이니 이것은 神

(정신)과 機(육체)로써 구성된 바의 자기정신(自己精神)이 활동할 수 있는 기능을 가졌다는 것을 의미하는 것이다. 그러므로 정신이 만일 육체에서 나가게 되면 신기(神機)는 움직일 수 없게 되는 것이다. '根於外'라는 것은 식물에 있어서처럼 생명의 근원을 외부, 즉 일월지광(日月之光)에 맡기고 있는 것을 말하는 것이다. 그런즉 이것은 단순히 외기(外氣)의 지배 여하에 의하여 생사(生死)가 결정되는 것이므로 기립(氣立)이라고 하는 것이다.

「소문(素問)」에 논한 바의 신기와 기립이란 것은 바로 運에 의해서 살 수 있는 것과 氣에 의해서 살 수 있는 것을 구별해 놓은 것이다.

그러므로 위에서 말한 바 대기가 만물에 미치는 영향이 인간과 동식물에 있어서 각각 상이하다는 것을 말하는 것이다. 그런즉 이것은 또한 모든 변화를 연구하는 방법이 혹은 정신(精神)에 주점(主點)을 두고 혹은 기자체(氣自體)에 주점을 두고 연구하여야 한다는 의미도 내포하고 있는 것이니 이것은 소위 근취저신(近取諸身)할 것과 원취저물(遠取諸物)할 것이 다르다는 것을 말하는 것이다.

상술한 바는 다만 한 해 동안에 일어나는 기후의 변화가 만물을 변화시킨다는 것을 말한 것이다.

그런즉 이와 같은 것은 변화중(變化中)의 소변화(小變化)다. 그러나 이것이 360일의 일주기에서 일어나는 소변화가 360년 만에 한 번씩 일어나는 일운(一運)으로서의 변화를 일으키는 기본이 되는 것이다. 그것이 또한 360배로 늘어나게 되면, 즉 일운의 변화가 360번 되풀이하게 되면 129,600년의 최대변화인 일원(一元)으로서의 변화를 일으킴으로써 우주운동은 새로운 차원으로 변한다는 말이다.

다시 말하면 이것이 소위 소강절(邵康節)의 원회운세법칙(元會運世法則)에서 나타난 천지개벽수(天地開闢數)인 것이다(자세한 것은 제3장 2절

'육기의 변화' 참조). 그런즉 우리는 소자(邵子)의 이와 같은 계산이 얼마나 정확하냐 하는 것은 숙제로서 보류하기로 하더라도, 다만 여기에서 확실히 믿을 수 있는 것은 일세(一歲)를 주기(週期)로 하는 소변화는 비록 사소한 기운의 변화로 인하여 일어나는 것이지만 그것은 결코 거기에서만 그치는 것이 아니고 이와 같은 변화가 점점 축적되면 나중에는 우리가 상상할 수 없는 대변화가 일어날 수 있다는 사실이다.

그러므로 吾人이 우주의 변화를 관찰할 수 있는 방법을 기르려면 먼저 近取諸身 遠取諸物하는 방법에서부터 시작하여야 할 것은 물론이다.

제3절 변화(變化)와 종(種)

위에서 物이란 것은 五運과 六氣가 自化作用과 對化作用을 하면서 화생(化生)하는 것이라는 것을 논한 바 있다. 그러나 이와 같은 대화작용과 자화작용을 하면서 화생(化生)하는 物은 그 본질을 구명하여 보면 '物이란 것은 수토정신(水土精神)의 외현(外顯)이다' 라고 말할 수 있는 것이다. 그런데 수토정신의 외현으로서의 物에 여러 가지 種이 있는 것은 무슨 까닭인가 하는 점은 물을 연구하는 입장에서 볼 때에 간과할 수 없는 일대 중요 문제이다.

그런데 物의 種을 연구하기 위하여서는 우선 物의 품별부터 구별할 필요가 있다. 첫째로, 이것을 형태적(形態的)인 면에서 관찰하여 보면 物에는 고체, 액체, 기체의 세 가지가 있다. 그러나 이것을 동정(動靜)하는 면에서 보면 동물류와 식물류와 광물류로 구별할 수 있다. 그런즉 이상의 두 가지는 형태면(形態面)에서 관찰한 분류이다. 둘째로 이것을 본질적인 면에서 구별한다면 木火土金水의 五種의 원질(元質)로서 구별되는 것이다.

그런즉 위에서 말한 바의 種을 연구하기 위하여서는 그의 연구재료로써 동식물을 택하는 것이 제일 적합할 것이다. 왜 그런가 하면 종은 동정(動靜), 즉 음양이종(陰陽二種)의 범주에 속해 있는 것이 확실하기 때문이다. 그 뿐만 아니라 적자생존의 원칙에 의하여 생화(生化)하는 것도 따지고 보면 陰(식물)·陽(동물)의 이종(二種)에 불과한즉 物의 진화(進化)라는 것은 결국 物이 이변(異變)을 일으키는 점진상태인 것뿐이다. 그런즉 다윈이 말한 바의 物의 진화라는 것도 결과적으로는 物의 발전과정에서 일어나는 바의 변화상태인 것뿐이고 種의 생성에 대한 명확한 대답은 될 수가 없었던 것이다.

그러므로 物의 種을 연구하는 데 있어서 그 기본을 陰陽과 五行의 운동법칙에 두는 것이 가장 적당할 것이다.

그렇다면 種이란 것은 무엇일까? 이것을 한 마디로 말한다면 변화성(變化性)의 본체인 항존성(恒存性)을 말하는 것이다. 항존성이란 것은 예를 들면 한알〔一粒〕의 보리나 인간의 정자(精子)가 지니고 있는 생명력의 영원성(永遠性)이나 또는 변화성(變化性)을 통일한 개념이다. 그런즉 이와 같은 항존성을 지닌 종의 본체는 무엇이며, 또는 그것이 어떻게 항존하는 것일까 하는 것을 연구하여야 한다.

현실세계란 것은 種들이 서로 자기 변화를 과시하는 전람회와도 같은 것이다. 그러나 이들의 모든 변화는 태극의 음양운동이 五元質(木火土金水)의 종으로 구분되어 있는 데 불과한 것이다. 그러므로 우주의 변화가 제아무리 복잡미묘하다고 할지라도 이것을 五行의 범주로써 따져보면 다섯 가지밖에는 없다. 다시 말하면 동식물이 각각 다섯 가지의 종으로 형성되어 있다는 말이다.

 그렇다면 종이라는 것은 자체의 특징을 반영하는 반사체인 바 어떻게 하여서 그와 같은 특징을 이룰 수 있는가 하는 것이다. 다시 말하면 첫째로 식물의 種은 物의 생성과정에서 일어났던 모든 요소를 통일(統一)하여 놓은 탄환(彈丸)이다. 그러므로 그 탄환이 발산(發散)하면 物이 되고 통일되면 種이 되는 것이다. 종은 이와 같은 변화의 반복으로 인하여 생기는 것인데 종의 형성이 전혀 기후의 지배를 벗어나지 못하는 것을 기립지물(氣立之物)이라고 하는 것이니 이와 같은 식물의 종을 '핵(核)'이라고 한다.

 둘째, 인간의 種은 어떠한가 하는 것을 고찰해 보기로 하겠다. 인간의 種도 또한 식물의 종과 동일한 법칙과 원리에 의해서 이루어진다. 그런데 다만 다른 것은 인간은 육체와 정신의 연쇄작용으로 인하여 이루어지는 신기(神機)라는 점이 식물과 다르다. 즉 인간은 운(運)의 자율적인 기능에 의하여 생존(生存)하고 있는 것이므로 그 생리작용의 기본이 자기 자체의 내부에 있는 것이다. 이것은 식물처럼 그 생명의 지배권을 外氣에 전적으로 맡기는 것이 아니다.

 그런데 種의 생성과정을 좀더 구체적으로 고찰해 보면 우주 안에 있는 만물의 생장(生長)은 자기자신을 반영하면서 이루어지는 것이다. 얼핏 보면 만물이 제멋대로 생장하는 것 같지만 사실은 그의 생장형태를 모사(模寫)한 엄밀한 설계대로 생장하고 있는 것이다. 다시 말하면 만물의 형태를 규정한 정밀한 통일체(統一體)가 바로 종이므로 그의 생장은 반드시 그의 설계인 통일체대로 이루어지는 것이다. 그러므로 보리의 씨앗은 보리를 生하고 사람은 사람을 生하게 된다.

 그렇다면 이와 같은 설계는 어떻게 이루어지는가? 만물의 생성은 오행법칙로 이루어지는 것이기 때문에 오행중에서 수성(水性)을 주체로 하고 이루어진 것이라면 그 특징을 그대로 나타내고, 목성(木性)을 주체로 하고 이루어진 것이라면 그 특징을 그대로 나타내면서 생성하는 것이다. 예를 들면 인간은 토성(土性)을 특징으로 하고 生한 종(種)이요, 말[馬]이나 원숭이[猿] 같은 것은 火를 특징으로 한 종이요, 쥐[鼠]나 거북 같은 것은 水氣를 특징으로 한 종인 것이다. 식물에 있어서 삼[麻]이나 소나무[松] 같은 것은 木氣를 상징한 종이요, 호초(胡椒)나 백개자(白芥子)같은 것은 火氣를 상징한 종이요, 나락[稻]이나 의이인(薏苡仁) 같은 것은 金氣를 상징한 종인 것이다. 이와 같이 만물의 생장상태의 특징을 최소한도로 통일요약함으로써 이루어진 것을 종이라고 하는 바 그것은 오행적인 특징을 벗어나서 이루어질 수는 결코 없는 것이다.

그런즉 인간이나 동물과 같은 태생물(胎生物)에 있어서의 정자(精子)라는 것은 바로 위에서 말한 바와 같이 자기의 형상을 그대로 통일요약한 것이다. 즉 태생물의 종인 정자는 그 정자를 생성한 체질적 특징대로 정액이 이루어지고 그러한 조건으로 이루어진 정액 속에서 정자가 생성되므로 그 정자는 또한 자기를 모사(模寫)할 수 있는 생명체를 生하게 되는 것이다. 만물의 種은 이와 같이 이루어지는 것인즉 이것은 곧 우주변화를 그대로 복사한 것에 불과한 것이다.

그러므로 문왕(文王)은 그의 괘도(卦圖)에 정신을 창조하는 象을 표시해 놓았던 것이니 乾西北·坤西南이 바로 그것이다. 이것은 坤母로써 천지지정(天地之精)을 기르고 乾父로써 천지지신(天地之神)을 수장(收藏)하는 원리를 표시한 것이다.

그런데 이와 같은 天地之精과 神이 만물에서 그 특징을 발할 때에 이것이 種이 되는 것이다.

제7장 정신론(精神論)

　정신(精神)이란 무엇이며 또한 어떠한 작용을 하는 것인가? 조물주(造物主)란 과연 인격적인 존재일까, 그렇지 않으면 우주를 움직이는 자연 자체일까 하는 것과 같은 문제는 인류문화에 있어서 최대 최고의 숙제인 것이다. 그런데 문화의 추축(樞軸)을 이루는 철학의 연구에 있어서 마치 이 문제는 神의 분야로 양도하여 버리고 말았던 것이다. 다시 말하면 이 문제는 유일한 神(즉, 하나님과 같은 것)만이 알 수 있으며, 또한 주재(主宰)할 수 있는 것으로 생각함으로써 인간정신의 연구 분야에서 분리시켜 버렸던 것이다.
　그러므로 정신을 전제로 하고 연구하는 것이 오늘날의 철학의 경향이다. 물론 과거나 현재에 있어서 이 문제에 대해서 매력을 느끼지 않고 지나간 철인은 아마 한 사람도 없었을 것이다. 그렇지만 그 매력의 문을 열어낸 사람은 아주 적었던 것 같다. 물론 이것은 역대의 성철들이 유의이불언(有意而不言)하였거나 또는 유술이요간(有述而要簡)하였던 곳이므로 다만 우주의 신비로서 전해졌을 뿐이었다.
　그럼에도 불구하고 필자가 감히 이 문제를 다루려는 것은 실로 당돌한 감이 없지 않다. 그러나 우주에는 일월과 지구가 있고 陰陽과 五行이 있어서 이것으로써 만물을 기르고 있는 것이다. 이러한 환경에서 살고 있는 것이 바로 나(自我)다. 그러므로 나[我]는 나를 믿고 있으며, 또한 나를 의심하지 않는다. 그런즉 인간인 나(精神)는 내(精神)가 무엇인지를 알 수 있어야 하며 또 알아야만 할 것이다. 지금 신비의 문고리를 어루만지기만 하고 있는 내(筆者)가 나(精神)를 찾고 또 그의 정체를 논해 보려는 것은 다만 이와 같은 나로서의 욕구에서 출발한 것이다. 그런즉 이것은 구름 속에서 튀어나오는 번개를 붙잡으려는 우도(愚圖)일지도 모른다. 그러나 번개가 엄연히 있기 때문에 이러한 우도도 존재할 수 있는 것이다. 그러므로 나는 나를 찾으려는 것이 분수를 넘는 우도인 줄을 알면서도 이것을 포기하지 못하는 것이다.

제1절 우주 정신(宇宙精神)

1. 우주 정신(宇宙精神)의 생성(生成)

우주정신은 어떻게 발생하였으며, 또는 어떻게 운동할까 하는 것을 연구하려면 우선 우주의 창조 모습부터 대략 고찰하여야만 한다. 우주가 태역(太易)·태초(太初)·태시(太始)의 발전과정을 거쳐서 음양운동을 할 수 있는 象을 나타내던 때를 태소(太素)라고 한다. 다시 말하면 태소라는 것은 혼돈상태(混沌狀態)에서 음양운동이 분리되기 시작한 때를 말하는 것이다. 이와 같은 음양(陰陽)의 분리란 것은 바로 天地 日月이 이루어지는 상(象)이다. 그렇다면 천지 일월이 어떻게 발생했는가 하는 것부터 고찰하여야 한다.

생각컨대 우주정신은 日月로써 대행하고 일월정신은 水火를 변화시킴으로써 감리운동(坎離運動)을 하며, 또한 만물이 生하게 되는 것이다. 그런즉 일월정신이 어떻게 수화정신을 형성하는가 하는 것을 연구하여야만 우주정신의 발생연혁(發生沿革)을 고찰하는 데에 편리할 것이다. 그러므로 다음에는 일월정신에서 수화정신으로 변화하는 운동과정부터 연구하여 보기로 하겠다. 태소(太素)에 음양(陰陽)이 갈라져서 日月을 형성한 후에 일월은 차츰 자기운동(自己運動), 즉 일음일양(一陰一陽) 운동을 하기 시작하였던 것이다.

다시 말하면 해(日)는 양광(陽光)을 발할 수 있게 되고 달은 음광(陰光)을 발할 수 있으리 만큼 정비되었다는 것을 말하는 것이다. 그리하여 지구 중심의 태양계에서는 이 때부터 음양운동이 완전한 모습을 나타내게 되었다. 이와 같이 日月이 제 모습을 나타내게 되면서부터 지구는 그들의 光을 받으면서 화생작용(化生作用)을 하기 시작하였다. 그 때부터 태양은 지구에 열을 퍼부었고 달은 이것을 냉각(冷却)하기 시작하였다. 이렇게 됨으로써 지구에서는 냉열(冷熱)의 二大작용이 교호운동(交互運動)을 하게 되었던 것이다.

이와 같은 陰陽의 교호운동이 반복하는 동안에 지구에서는 삼음삼양(三陰三陽)의 氣가 발하기 시작하였으니 그것이 바로 풍(風: 木)·화(火: 君火)·습(濕: 土)·열(熱: 相火)·조(燥: 金)·한(寒: 水)의 六氣인 것이다. 이와 같은 氣들은 서로 반복교류하는 동안에 풍화습(風火濕)은 열(熱)로 발전하고 열(熱)과 조(燥)는 한(寒)으로 퇴장(退藏)하면서 열기(熱氣)는 물을 만들고 한기(寒氣)는 불을 만들었던 것이다. 그런데 이와 같은 작용은 日月의 광선에 의한 결과인즉 물과 불은 日月이 만든 것이라는 결론이 되는 것이다. 따라서 수화(水火)의 형질(形質)은 日月의 형질 그대로일 것도 물론이다.

그렇다면 日月이 던진 한열(寒熱)의 기운이 어떻게 水火를 만들었는가 하는 것을 연구하여 보기로 하자. 지구에 日月의 한열이 교류하게 된 즉 여기서는 습기(濕氣)가 발생하게 된다. 습기가 발생한 후에도 日月은 계속하여서 한열지기(寒熱之氣)를 퍼붓게 되므로 (습기(濕氣)는 形이 성립되는 최초의 응결체(凝結體)인 만큼) 한열의 교류를 받으면서 차츰 물이 되었던 것이다. 이와 같이 하여 물은 드디어 하해(河海)를 이루기까지에 이르렀다.

따라서 물이 많으면 많을수록 습기(濕氣)가 그 비례로 불어나게 되고 습기는 다시 구름을 만드는데 이것이 공중에서 한냉지기(寒冷之氣)와 충돌함으로써 비(雨)가 되는 것이다. 그런데 습기가 공중에서 엉키면서 태양광선이 지구에 복사한 열(熱)을 압축하게 되므로 지구에는 장하(長夏)가 들어오게 되는 것이니 소위 5, 6월 염천(炎天)이란 것은 이렇게 하여서 이루어지는 것이다. 더욱이 日月의 음양교류(陰陽交流)는 지축의 경사 때문에 한열(寒熱)의 차를 심하게 하는 것인즉 여기에서 사시(四時)가 생기게 된다.

日月이 던지는 한열지기(寒熱之氣)는 이와 같이 하여 수화(水火)를 형성하는 바 이것은 다만 한열지기로써 수화를 이루었다는 것뿐이고 그것이 바로 정신이라는 말은 아니다. 다시 말하면 수화 자체 속에서 만물의 정신이 어떻게 이루어지는가 하는 문제에 대한 해답은 될 수 없다. 생각컨대 만일에 日月의 교류작용에 의하여 던져진 냉열작용이 서로 교류(交流)되지 못하고 각각 유리(遊離)한다고 하면 음양(陰陽)은 배합작용을 이루지 못하고 다만 독음독양(獨陰獨陽)의 상태로써 유리하게 될 것이다. 만일 그렇게 된다면 우주는 만물도 변화도 없는 공허한 우주가 되고 말 것은 물론이며, 따라서 우주정신도 형성될 수가 없다.

그러므로 우주는 위에서 말한 바 한열(寒熱)의 교류과정에서 그 최초의 현상으로 土化作用(濕氣의 발생)이 시작되었던 것이다. 土化作用은 물질적인 교류로서 보면 습기(濕氣)를 발하여 구름을 만드는 것이었지만 그것을 기화(氣化)하는 象으로 보면 陽을 포위하여서 물을 만드는 己土의 작용과 陰을 확장하여서 불을 만드는 甲土의 작용을 하는 것이다. 그런즉 土化作用이 甲己土運動을 한다는 말은 음양을 교류시켜서 우주의 변화를 일으키려는 것이다. 그런데 土는 또한 우주운동의 영원성을 창조하려는 데 목적이 있다. 다시 말하면 영원성이란 것은 우주운동의 연면불갈(連綿不竭)을 의미하는 것인즉 그것은 바로 자동적이며 규칙적인 운동체에만 있을 수 있다. 그러므로 이와 같은 요건을 갖춘 운동체의 영원성인 바의 요인을 가리켜서 정신(精神)이라고 하는 것이다. 돌이켜 생각컨대 우주운동은 日月의 운동으로서 표시되는 것인데 그것이 자기의 영원성을 창조할 수 있는 것은 곤토(坤土)의 작용이 지구 중심으로 이루어지기 때문이다.

　그러므로 이것을 요약하여 한 마디로 말하면 우주정신은 日月이 발한 精과 神이 土를 발생함으로 인하여 그것과 합덕(合德)하게 됨으로써 이루어지는 것이라고 할 수 있는 것이다. 그러므로 다음은 곤(坤: 土)이 日月과 합덕하여 정신을 생성하는 모습을 고찰하여 보기로 하겠다.

　土가 통일을 매개함으로써 만물의 정신이 이루어진다는 것은 위에서 말했다. 그렇다면 지구를 중심으로 하고 생식하는 만물은 土의 통일작용의 영향을 받지 않는 것은 하나도 없다. 그런즉 만물은 금수초목(禽獸草木)에 이르기까지 모두 정신이 있어야만 할 것인데도 불구하고 우주와 인간 이외에는 정신이 없다. 그것은 무슨 까닭인가 하면 자기 자신(自身)으로 감리운동(坎離運動)을 할 수 있는 것은, 즉 우주나 인간과 같은 것은 그 운동과정에서 土를 자화(自化)시킬 수가 있지만 금수초목과 같은 것은 그 自己土를 생산할 수가 없으므로 다만 외기(外氣)의 작용에 의하여 수렴(收斂)하고 생장(生長)하는 것이다. 다시 말하면 봄에 대기가 丑土氣運을 발하면 싹[芽]이 틀 수가 있고 여름철에 未土 기운을 발하면 성숙을 준비하게 되는 것이다. 그러므로 이것을 기립(氣立)이라고 하거니와 이것들은 水火에서 일어나는 精과 神을 받아들이는 데 있어서 내부로부터 받지 못하고 다만 외부로부터 받기 때문에 자화력(自化力)을 배양하지 못하는 것이다. 그러나 우주나 인간은 일월의 精과 神을 자기 내부에서 받아들임으로써 거기서 土를 자화(自化)하는 신기(神機)를 이루는 것인즉 이것이 바로 정신을 생성할 수 있는 유일한 요인인 것이다.

위에서 말한 바 '일월이 발한 精과 神이 自己土를 자화(自化)함으로써 이루어지는 것을 만물의 정신이다'라고 한 것은 이것을 말한 것이다. 그렇다면 土가 자기의 내부에서 자화할 때에 한하여 정신을 생성할 수 있는 것은 무슨 까닭일까?

정신이란 것은 자동적(自動的)이며 규칙적인 운동체(運動體)에서 일어나는 영원성(永遠性)의 요인을 말하는 것인즉 이러한 요인은 土化作用이 土의 自化를 바탕으로 하고 감리운동(坎離運動)을 조화하는 데서만이 일어날 수 있기 때문이다.

인간과 만물의 정신은 이와 같이 하여서 생긴 것이다. 그러나 만일 소급하여서 인간의 정신을 화생(化生)하게 한 본원을 구명하지 않는다고 하면 우주정신이 무엇인지도 알 수 없게 될 것이다. 다시 말하면 만물의 정신은 일월이 곤덕(坤德은 土에 의해서 행해진다)의 조절을 받음으로써 이루어진 것인데 그 바탕이 바로 우주정신인 것이다. 그러므로 人間精神의 본체는 일월이지만 우주정신의 본체는 건곤인 것이다. 일월은 형체를 상징할 수 있지만 건곤은 형체 이전을 상징하는 관념적인 존재이다. 그런즉 우주정신인 건곤의 象에서는 만물 정신과 같은 구체적인 표상을 찾을 수는 없는 것이다. 그러므로 우주정신은 아직 음양이 분리운동을 시작하기 이전의 象인 무극을 바탕으로 한 정적상태(靜的狀態)이지만 인간정신은 음양운동을 시작한 형상인 태극을 바탕으로 하는 것이다.

우주정신과 인간정신은 이와 같은 본질적인 구별이 있는 것이나 그 근원을 찾아보면 인간정신의 본체인 바의 태극도 우주정신의 본체인 무극에 기인된 것이다.

다시 말하면 인간정신의 본원인 일월과 지구도 우주정신의 본원인 무극에서 이루어졌던 것이다.

그러므로 무극을 乾(天)·坤(地)의 본체라고 하고 태극을 일월의 본체라고 하거니와 이것을 더욱 요약해서 말하면 무극은 우주와 만물의 본체이며, 또한 우주정신과 인간정신의 본체이기도 한 것이다.

2. 우주정신(宇宙精神)의 본체(本體)

1) 우주정신(宇宙精神)과 율려(律呂)

위에서는 우주정신의 생성은 무극인 건곤에서 이루어지고 인간정신은 태극인 日月로써 이루어진다는 것을 논했다. 그러나 그것이 바로 본체는 아니다. 모든 사물은 본말과 시종이 있는 것인즉 그것은 또한 본말과 시종의 의존처가 있다는 것을 암시하는 것이기도 하다. 그러므로 그 의존처를 中이라고 하는 바 그 中은 바로 우주정신의 본체이다. 그런즉 정신은 우주나 인간에 있어서의 中인 것이다.

그런데 우주의 中인 바의 정신은 본체면에서 보면 中이지만 작용면에서 보면 이것을 율려작용(律呂作用)이라고 한다. 그렇다면 율려라는 것은 무엇인가 하는 것부터 먼저 연구하여야 한다.

율려란 것은 만일 한마디로 말한다면 운동하는 음양의 순수핵심(純粹核心)을 말하는 것이다. 다시 말하면 우리가 일반적으로 말하는 바의 음양이란 것은 음양의 혼성체(混成體)로 이루어진 음양을 지칭하는 것이다. 우주의 운동은 이러한 혼성체로 이루어졌으므로 변화를 조성할 수 있는 것인즉 이것은 우주운동을 위한 필연적인 현상이다. 그러나 이러한 필연적인 현상이 일어나는 그 근저에는 반드시 어떠한 본체가 있는 것인즉 바로 율려가 그의 혼성체인 음양운동의 본체로서 군림(君臨)하고 있는 바 이것이야말로 음양의 본체인 동시에 또한 정신운동(精神運動)의 순수본체(純粹本體)인 것이다.

그렇다면 율려란 것은 어떠한 것이며, 또는 어떠한 작용을 하는 것일까 하는 것을 연구하기로 하자.

지구가 하루에 360度의 자전운동을 하는 것을 分으로 따지면 1,440분이다. 그런데 지구가 1,440分 동안 자전운동을 하는 것을 다시 따져본다면 1,440分 동안은 혼성음양(混成陰陽)의 운동, 즉 변화의 현상을 나타내는 바 그 중에서 36分 동안은 변화의 본체, 즉 순수음양(純粹陰陽)인 율려의 분수(分數)가 되는 것이다.

그런즉 그 36分의 작용이 음양운동의 본체이며 또한 순수정신(純粹精神)인 것이다.

우주에 이러한 정신이 있는 이상 소우주를 이루는 형체들도 또한 이러한 정신이 있어야 할 것은 물론이다(그러나 소우주의 율려작용은 이와 똑같은 작용을 하지 못한다). 그러므로 여기서 우주가 운동하는 象을 살펴보면 36度 운동을 하는 우주는 구궁팔풍운동(九宮八風運動)을 하고 있다. 다시 말하면 宮은 구궁(九宮)인데도 불구하고 그 운동은 팔위(八位)에서 이루어진다는 말이다.

그렇다면 우주가 이와 같은 운동을 하는 이유는 무엇일까 하는 것부터 연구하여야 한다. 모든 자율운동체(自律運動體)들은 율려를 순수정신(純粹精神)의 바탕으로 하고 있다. 그런데 율려라는 것은 六陽의 운동본질을 율(律)이라고 하고 六陰의 운동본체를 여(呂)라고 하는 바 그것을 合하여서 율려라고 하는 것이다. 후일 이것으로써 악기의 기본을 삼았거니와 그의 본원을 캐어보면 우주의 운동정신에서 취상작악(取象作樂)한 것뿐이다.

그러므로 다음에는 율려의 구궁팔풍운동을 고찰하여 보기로 하겠다. 모든 사물의 운동이란 것은 한마디로 말하면 율려의 운동이다. 다시 말하면 사물을 동하게 하는 것은 율(律)이고 정하게 하는 것은 려(呂)다. 그런데 율려의 운동을 자세히 살펴보면 사정위(四正位)에 운동의 位를 두고 있으니 이것은 율려(精神)라는 운동본질이 가장 正中한 것이기 때문이다. 그 다음은 사유(四維)에 율려운동의 사정위를 보좌할 유위(維位)를 두어서 율려의 음양작용을 매개 보좌하는 것이다. 이와 같이 하여서 팔위, 즉 팔풍지위(八風之位)가 성립되었던 것이다. 그러나 팔풍지위라는 것은 다만 율려가 운동하는 방위, 즉 방향의 位인 것이고 결코 여기에 자율성(自律性)이나 자려성(自呂性)이 있는 것은 아니다.

그러므로 팔위(八位)에서 운동하는 율려는 자기운동의 중심을 가지고 있는 것이니 이것이 바로 '十'자의 중심점인 것이다(제4장 '수의 개념'을 참조). 위에서 말한 바의 율려의 4본질(木火金水)이 중정지위(中正之位)에 位한다고 한 것도 또한 '十'자의 四正方을 말한 것이다. 다시 말하면 '十'의 중심교차점이 율려운동(律呂運動)의 中, 즉 팔풍(八風)의 주재처인 것이다.

그러므로 「역계사(易繫辭)」에 '역유태극(易有太極) 태극생양의(太極生兩儀) 양의생사상(兩儀生四象) 사상생팔괘(四象生八卦)'라고 하였던 것이니 팔괘(八卦)라는 것은 팔풍지위(八風之位)의 운동을 하는 象을 표시한 것이고, 사상(四象)이란 것은 사정중(四正中)의 象을 계시한 것이며, 양의란 것은 팔풍(八風)의 象들이 각각 律과 呂의 범주, 즉 음양의 범주에 계류(繫留)되는 것을 말하는 것이고 태극이란 것은 양의의 통일점을 말하는 것이다. 그런즉 이것은 공자가 한편으로는 극(極)의 조생(肇生)한 바를 귀납적으로 밝힌 것이고, 다른 한편으로는 구궁팔풍과 태극의 핵심처가 '十'자의 中인 것을 밝혀놓은 것이다.

이와 같이 구궁(九宮)의 中인 '十'자의 중심점은 태극의 정신이므로 이것이 팔방에서 운동하는 율려의 주재지위(主宰之位)가 되는 것이다. 그런데 이것을 좀더 부연하여 보면 주재지위인 '十'자의 중심일점, 즉 율려의 운동본체인 태극의 핵심처는 과연 어디에서 어떻게 생겼는가 하는 것을 계고해 보면 그것이 바로 무극인 것이다. 무극이란 것은 태극이 음양으로 갈라지기 이전의 象을 말하는 것인 바 그것은 바로 승부와 모순이 없는 십일합덕지토성(十一合德之土性)인 곤덕(坤德)을 말하는 것이다. 그런데 태극의 핵심을 이룬 '十'자의 中도 그 기원을 여기서 얻음으로써 율려의 핵을 이루게 된 것이다. 다시 말하면 문왕괘도의 곤(坤)의 位가 바로 무극의 位인즉 이것이 노자가 말한 바의 無인 것이다. 또한 건(乾)의 位가 바로 태극이니 이것은 불교가 말하는 바의 空인 것이며, 또한 '十'자의 中이다. 그런즉 이러한 태극은 어떻게 율려운동을 하는가?

1日의 360도(度) 운동을 분(分)으로 따지면 1440분이다. 율려는 그 중에서 36분의 운동을 하는 것이다(河心夫의 「正易」을 참조). 그런즉 이것은 36/1440=1/40, 즉 1日의 운동분수의 1/40만큼 율려가 작용한다는 것을 의미하는 것이다. 복희괘도나 문왕괘도에 표시된 우주의 운동수는 40數를 지나지 못하고 팔풍(八風)의 水火金木의 작용수도 40을 지나지 못하는 것인즉 율려의 數가 그의 1/40이라는 말은 곧 1이 우주운동의

본원이며, 또한 그것이 곧 율려라는 말이 된다. 그런즉 율려는 그의 창조적 기본에서 보면 1이지만 운동하는 현상에서 보면 36인 것뿐이므로 그 기본을 태극이라고 하는 것이다.

이와 같이 생각해 보면 1이라는 우주의 창조적인 본원은 바로 그것을 바탕으로 소우주를 창조할 때에 1이 수토동덕(水土同德)을 하면 36이 되고 수토합덕(水土合德)을 하면 1이 되는 것이니 이것이 바로 태극은 무극으로 변하고 무극은 다시 태극으로 화(化)하는 작용의 반복인 것이다.

그런즉 36은 운동하는 음양의 순수성을 의미하는 것이고 1은 36의 귀장(歸藏), 즉 순수음양의 통일을 말하는 것이다.

그러므로 일부(一夫)는 이것을 찬양하여 다음과 같은 시를 읊었다. 즉 '이회본원(理會本源) 원시성(原是性) 건곤천지(乾坤天地) 뇌풍중(雷風中)'이라고 노래했던 것이다. 이것을 해석해 보면 '理가 회동(會同)하는 본원을 시성(是性)에서 찾아보니 건곤천지(乾坤天地) 뇌풍궁(雷風宮)에 있었던 것을'인데 이와 같이 자기의 득도과정을 회고한 노래를 불렀던 것이다. 시성(是性)이라는 것은 불교의 '如是'와 같은 것인데 이것은 율려 36분의 시성(是性)을 말하는 것이다. 다시 말하면 理가 회동(會同)하는 것은 수토(水土)가 동덕(同德)하여 곤토(坤土)를 환원(還元)하는 곳에서 찾을 수 있는 것인데, 그것은 건곤(乾坤)이 日月에게 대행시키지 않고 직접 천지운동(天地運動)을 하는 象을 뇌풍궁(雷風宮) 중에서만이 찾을 수 있다는 말이다.

그런즉 그러한 象은 바로 복희괘도의 象으로써 선천 기본을 이루었고 정역금화도로써 후천 기본을 이루어 놓은 것을 말하는 것이다.

이제 여기서 이상을 요약해 보면 우주정신(宇宙精神)이라는 것은 순수음양(純粹陰陽)을 말하는 것인데 그것은 창조의 본원인 무극과 작용의 본체인 태극 사이에서 왕래하는 율려작용에 의해서 창조되는 것이라는 것을 말하는 것이다. 그런즉 율려 36이 一로 환원될 때는 정신이 완성되는 때이며 一이 36으로 분화(分化)하는 때는 정신이 발전하는 때인 것이다. 그러므로 이것을 정신의 운동본체라고 하는 것이다.

2) 정신(精神)과 에너지

필자는 위에서 원자란 한 개의 '우주의 최저단위'라고 말한 바 만일 그렇다면 원자에도 우주와 같이 정신이 있어야 할 것인즉 원자의 정신은 과연 어떠한 것일까 하는 것은 상당히 흥미 있는 문제라고 하겠다. 그런데 이 문제에 있어서 얼른 생각하여 본다고 하더라도 그것은 에너지가 아닐까 하는 생각이 떠오를 것이다. 그러므로 다음은 이것을 검토하면서 정신과 대조 연구해 보기로 하겠다.

과학자는 태양이 내부에서 그의 최고열상태가 부단히 원자핵 전환을 하고 있다는 사실을 밝혀냄으로써 태양이 그의 에너지를 우주에 방사하고 있는 바의 과정을 알아내게 되었다.

그 뒤에 과학자들은 수소원자의 핵이 모여서 헬륨 원자로 전환할 때에 거기서 거대한 에너지를 방출한다는 것도 알게 되었다. 이것을 좀더 자세히 말하면 네 개의 수소원자의 핵이 헬륨 원자로 전환할 때에 6단계의 과정을 거치게 되는 바 이 때에 수소원자의 핵은 연료의 작용을 하게 되고 헬륨 원자핵은 재[灰]가 되는 것이다. 이러한 단계를 거쳐서 이루어지는 원자핵이 일단 전환한 뒤에는 탄소원자는 다시 자기 본래의 자태(姿態)로 환원되어서 그 다음의 반응을 매개하는 것이다. 좀더 자세하게 말하면 탄소가 전체 순환의 기본이 되는 바 이것이 헬륨의 핵 전환 후에 탄소가 본래의 질량이던 12의 질량으로 환원하게 되면 또다시 양자를 흡수하여 가지고 새로운 전환을 시작하게 되는 것이다.

탄소는 이와 같이 화학반응의 중매를 하는 바 그 자체는 없어지지 않는다. 따라서 원자의 이와 같은 화학반응은 따지고 보면 태양에서 일어나는 핵의 물리적 반응에 불과한 것이다. 에너지란 것은 수소원자가 헬륨으로 전환하는 과정에서 방출한다는 사실은 과학적 실험에 의해서 밝혀졌던 것이다. 그러나 그것은 과학이 그러한 면에서 에너지를 발견하였다는 것뿐이다. 에너지의 발견은 그밖에 여러 가지 방법에 의할 수도 있을 것이다. 그렇지만 우리는 이와 같은 발견하는 방법에 대해서는 흥미를 느끼지 않는다. 다만 우리들이 흥미롭게 생각하는 것은 태양에서 발사하는 에너지나 만물의 기본단위인 원자의 에너지는 바로 우주의 정신이라고 하는 점에 있는 것이다.

그러므로 다음에 그 점을 고찰해 보기로 하겠다. 첫째로, 위에서 말한 바 핵반응에 참가했던 네 개의 수소원자가 핵반응을 일으킨 후에 그의 중량을 조사해 보면 에너지를 방출하기 이전의 질량과 비교해서 그 중량에 극소의 차가 생긴다는 점이다. 그런즉 그 소량의 차가 바로 에너지인 것이다. 그런데 이것은 우리가 말하는 바의 음양운동 과정에서 생성되는 율려의 순수성과 극소성을 말하는 것인 바 이것은 원자물리학의 술어를 빌어서 말한다면 에너지에 해당된다고 하는 점이다.

다시 말하면 과학은 헬륨 핵의 전환반응이 부단히 반복되는 점만을 포착한 것이므로 무반응상태에서 일어나는 원자의 융합, 즉 에너지의 통일을 인정할 수 없는 것이다. 그것은 과학이 분석면에만 너무 치중한 결점이거니와 과학자들이 만일 눈을 크게 떠서 무수한 원자운동의 집단작용인 우주의 임관작용(臨觀作用)을 관찰한다고 하면 핵반응의 무수한 반복은 결과적으로 무반응의 통일상태(統一狀態)를 나타내고 있다는 것을 알 수 있게 될 것이다.

그런즉 우리가 말하는 인신상화(寅申相火)라는 과정은 부분적으로 보면 핵의 융합반응(핵융합이 실패한 현상)이지만 전체적으로 보면 이것은 핵의 융합을 성공하는 象인 것이다. 천도는 이 원리의 반복으로 인하여 율려와 정신을 창조하고 있는 것인즉 소우주인 원자가 이 원리를 반복하고 있다는 것은 다시 말할 것도 없다. 그런데 여기서 또 한 가지 문제되는 것은 원자에서 방출된 에너지는 극소량인데 비하여 율려는 36/1440이라는 큰 양인즉 이 점을 어떻게 설명하는가 하는 점이다.

율려는 우주정신이다. 더욱이 36/1440이란 數는 丑未辰戌을 사정중(四正中)으로 한 우주정신을 표시한 수이므로 오늘의 우주정신에 비하면 더욱 큰 것이다. 그런데 원자핵의 실험반응에서 얻은 에너지(율려)는 소우주도 못 되는 물질(원자)에서 얻은 것이므로 그와 같은 극소의 양밖에 없는 것이다.

다시 말하면 소우주, 즉 신기(神機)가 아닌 기립지물(氣立之物)에는 정신이 없다고 말한 바 있는데 이것은 율려의 양(量)이 너무 적기 때문에 자존활동(自存活動)을 할 수 없는 점을 한계로 하고 그 유무를 표시한 것에 불과한 것이다. 그러므로 엄격히 말한다면 만물에는 모두 율려가 작용하고 있지만 그 율려량의 다소에 의하여 정신의 유무를 표시하는 것뿐이다. 그런즉 원자 에너지와 율려수의 차는 역시 클 수밖에 없다.

둘째로는, 수소원자핵이 전환반응을 일으킬 때에 6단계를 거쳐서 이루어진다는 점이다. 이것은 바로 음양의 모든 작용은 반드시 인묘진사오미(寅卯辰巳午未)의 6단계를 거쳐서 한 번씩 분합반응을 나타내는 것과 같은 것인즉 원자핵의 융합반응과 천도의 통일반응은 우주의 운행법칙과 동일하다는 점이다.

셋째로, 탄소가 헬륨 원자핵 전환반응의 기본을 이루는 중매적인 결합작용을 한다는 점이다. 이것은 마치 十土가 통일작용의 기본이 되는 것과 같은 것이다. 十土가 陽을 결합시키는 것처럼 탄소도 양자핵을 결합하고 있으며 土의 중화작용(中和作用)이 끝나면 자기 본체로 환원하는 것처럼 탄소도 또한 자기의 임무가 끝나면 다시 본연의 자세로 돌아가게 되는 것이니 이와 같은 것은 十土의 작용과 전혀 동일한 것이다.

이와 같이 보면 탄소가 에너지를 만드는 최초의 결합작용을 하는 것과 未土의 결합에 의해서 정신을 창조하는 과정은 동일하다는 것을 알 수 있는 것이다. 그런데 여기에서 핵융합 반응에서 에너지가 방출되는 것을 실험해 낸 과학적인 결론에 대해서 필자가 에너지를 만든다고 말한 것은 다음과 같은 이유에 의한 것이다. 즉, 핵융합 반응이 일어나는 것은 상화(相火)의 과정에서 일어나는 현상과 똑같은데 과학은 이것을 부분적으로만 보았기 때문에 핵융합의 반응, 즉 융합이 이루어지면 폭발하여 버리는 면만을 발견했지만 사실은 이것이 완전융합을 하기 위한 과도적인 상화(相火)의 현상이기 때문에 이것을 가리켜서 핵융합 작용이 에너지를 만든다고 말한 것이다.

이상에서 논한 바와 같이 원자세계의 운동에서 에너지를 창조하는 과정을 살펴보면 우주가 정신을 창조하는 과정과 아주 같은 것이다. 거기에서 우리들은 원자가 우주의 최소단위이기 때문에 그의 운동 전모(全貌)가 우주와 꼭 같다고 하는 것을 알 수 있는 것이다. 공자는 천도운행의 원리를 '근취저신(近取諸身)' 하라고 했지만 오늘에 와서는 '近取原子' 하라고 하는 것이 더욱 타당하다고 할만도 한 것이다.

논지 외이기는 하지만 여기에서 한마디 첨부하여 두고 싶은 것은 원자핵을 분열시킬 때에는 중성자에 의하여 이루어진다는 점이니 이것을 상수학(象數學)으로 보면 양토(陽土)의 작용인 것이다. 그러나 핵융합 반응은 탄소에 의해 결합됨으로써 이루어지는 것이니 이것을 상수원리(象數原理)에서 보면 음토(陰土)에 의해서 이루어지는 것이다. 그런즉 중성자와 탄소는 음양이토(陰陽二土)에 불과한 것이다. 따라서 헬륨 핵의 융합이 상화(相火)와 동일한 것인즉 만일 이후로 원자물리학이 이 방면에 대한 실험과 아울러 동양철학의 상수원리에서 그의 철학적인 발판을 얻으면서 발전한다고 하면 수소핵의 융합반응에 의해서 수소폭탄을 만드는 데에만 그칠 것이 아니라 에너지를 완전융합시키게 됨으로써 수명의 연장이나 무한동력과 같은 것을 발견하게 될 것은 어려운 일이 아니라고 생각하는 바이다.

3) 헤겔의 정신론 비판

헤겔은 그의 독특한 변증법(辨證法)으로 모든 사물에서 일어나는 모순과 대립관계(對立關係)를 설명했고 정신의 발전양상도 또한 그것으로써 설명했다. 그러므로 다음에 그의 논지를 열거하면서 이것을 변화원리와 비교연구해 보기로 하겠다. 그는 말하기를 여하한 개념이든지 반드시 대립되는 개념을 가지고 있다. 다시 말하면 개념(Thesis)은 대립개념(Antithesis)을 가지고 있기 때문에 모순을 면할 수가 없다. 그러나 모순이나 대립은 영원한 것이 아니므로 종합개념(Synthesis)에 의하여서 조화하게 된다. 이와 같이 개념과 대립개념간에 야기되는 모순은 종합개념에 의하여 지양되면서 사물이 발전하게 된다.

그런데 이와 같은 반복은 전개념(前槪念)으로 반복하는 것이 아니고 오히려 전개념을 보호하면서 다시 더 고차적인 개념을 향해서 변증법적 발전을 하는 것이다. 그리하여 절대적인 동일성과 전체적인 보편성으로 발전하게 되면 그것이 바로 '이념(理念)'이라고 말했다.

개념은 이와 같이 하여 이념의 성립을 보게 됨으로써 완결하게 되는데 그것이 바로 절대정신(絶對精神)인즉 이른바 절대정신도 또한 개념의 자기발전(自己發展)에 불과한 것이다.

그러므로 정신의 자기발현도 또한 순수한 상태에서 상대적인 상태로 변하게 되는 것이니 그렇기 때문에 정신은 주관적이며 실현적인 상태로 발전하는 것이다. 따라서 순수하고 추상적이던 정신은 구체적이며 보편적이고 객관적인 정신이 된다고 하였으니 이것이 바로 그가 말하는 절대정신(絶對精神)인 것이다.

이제 여기에서 그의 변증법을 검토해 보면 물질의 발전이나 인간의 정신적 발전은 동일한 원리에 속한다고 한 점이다.

그것이 비록 정신을 발전하는 면에서만 볼 뿐이고 통일(統一)하는 면에 대한 언급이 없는 논지라고 할지라도 이것은 서양철학사상에 있어서 획기적인 대사실이 아닐 수가 없는 것이다. 더욱이 그가 사물의 발전을 모순대립(변증법적인)의 과정으로 본 것은 더욱 훌륭한 것이다. 왜 그런가 하면 이것을 만일 발전하는 면에서만 본다면 상수원리(象數原理)와 완전히 일치하기 때문이다. 그러므로 이것을 다음의 '오운육기도(五運六氣圖)'에 의해 연구하기로 하자.

'오운육기도'는 헤겔의 입장에서 보면 또한 '변증법 발전도'로도 될 것이다. 왜 그런가 하는 것은 도(圖)를 자세히 봄으로써 알 수 있다. 圖의 북방에 亥(木)·子(火)·丑(土)이 있는 바 이것은 水가 木을 生하는 象인데(방위로 보면 亥子水가 五土로써 조화(調和)되면서) 그것은 바로 亥子의 木火가 水에 항거하면서 투쟁하다가 丑土의 조화를 얻음으로써 투쟁을 지양하고 종합개념으로 발전하는 象이다.

그 다음은 寅(相火)·卯(金)·辰(水)이 木을 형성하는 과정인데 여기에는 상화(相火)와 金水가 들어와서 방해하기 때문에 木과 투쟁이 일어난다(제2장 '오운론과 제3장 육기론'를 참조). 그러나 辰土의 조화를 얻음으로써 투쟁은 지양되고 또한 새로운 종합개념을 이루면서 발전하는 것이니 이것은 그가 '구개념(舊概念)으로의 환원이 아니고 오히려 구개념을 보호하면서 새로운 개념으로 발전한다'고 말한 바와 동일한 象을 표시하고 있는 것이다.

그 다음은 巳(木)·午(火)·未(土)가 들어옴으로써 火로 발전하게 되는 바 위에서 본 바의 水와 木이 발전하던 때에 비하면 모순이 거의 없다(主氣와 客氣간에). 다만 객기(客氣)의 木이 사소한 방해를 하고 있을 뿐이다. 그 위에 또 未土라는 토중지왕(土中之王)이 이것을 조절하고 있은즉 여기서 모순이 완전히 지양되고 가장 고차적인 발전의 매개작용을 하는 단계다.

우주만물은 이와 같은 3단계를 거쳐서 모순대립은 지양되고 다시 새로운 전체적 통일을 이루게 됨으로써 또다시 차대(次代)의 발전요인을 창조하는 것이다. 그런데 헤겔은 이러한 과정이 무수히 반복한 다음에 절대적인 동일성(同一性)과 전체적(全體的)인 보편성(普遍性)인 이념(理念)의 완결을 실현한다고 생각하였던 것이다. 물론 위에서 말한 것은 헤겔의 변증법과 대조하기 위해서 상수원리의 발전 부분만을 설명한 것이다. 그렇다면 그와 같은 변증법적 발전이 어떻게 통일하는가 하는 것을 밝히는 것이 상수원리(象數原理)의 임무다.

우주만물은 火의 과정에서 모순이 끝나게 되면 그 다음은 申(相火)·酉(金)·戌(水)이 들어와서 통일을 이루게 되는 바 이것을 방위로 보면 西方金이 작용하는 방위인데 여기에 相火(申은 완성된 상화)와 金水(酉戌은 완성된 金水)가 들어오게 되므로 통일을 완성하게 되는 것이다. 돌이켜 생각컨대 木이 生하던 때에도 寅卯辰이라는 相火와 金水가 들어와 투쟁을 일으켰지만 寅卯辰은 申酉戌의 시초, 즉 申酉戌의 미완성품이었기 때문에 木이 生하는 과정에서 모순을 일으킬 뿐이고 결국은 동화하면서 지양되고 말았지만 申酉戌은 金의 통일과정인 데다가 또한 완성된 相火와 金水가 가세하게 되는 것인즉 여기에서는 모순이 일어날 수가 없는 것이다.

그런즉 헤겔이 말한 바의 '이념(理念)의 완결처' 란 것은 바로 여기인

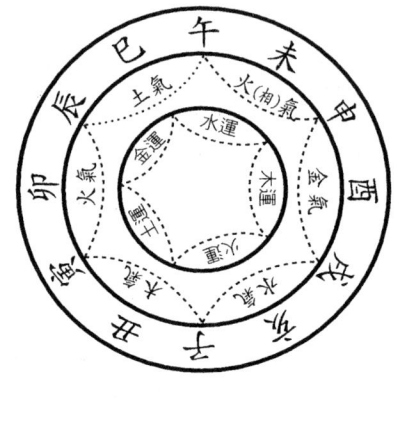

※ 凡例

1. 내부의 運은 각 72도의 간격으로 됨.
2. 외부의 地支는 각 30도의 간격임.
3. 중부의 六氣는 60도의 간격임.

오운육기도

것이다. 다시 말하면 절대정신(絶對精神)은 여기서 완성되며 절대적인 동일성과 전체적인 보편성도 또한 여기에서 이루어지는 것이다. 그런즉 이것은 亥子丑·寅卯辰에서 이루어졌던 모순을 巳午未에서 매개하여 가지고 申酉戌에서 완성하는 것인즉 우주는 여기에서 통일되어 가지고 또다시 亥子丑의 모순대립이 반복되는 것이다.

> 註 방위로 보면 寅卯辰·巳午未는 모순의 기간이고 申酉戌·亥子丑은 統一의 기간이지만 변화로 보면 위와 같이 되는 것이니 이것은 주객(主客)의 체용적(體用的) 관점이다. 그러므로 독자가 만일 이와 같은 체용적 관점을 이해하지 못하면 이 원리는 전혀 이해(理解)하지 못하는 것인즉 이 점에 유의 숙고하여야 한다.

그 다음은 도(圖)의 내부에 표시한 바의 五運의 경우도 또한 동일한 것이다. 이것을 간단히 요약하여 말하면 木火의 모순은 甲土의 조화로 인하여 조화발전(調和發展)하고 金水의 統一은 己土의 조화로 인하여 이루어지는 것이다. 그러므로 여기에서 약한다(제2장 2절 '오운론' 참조).

우주정신이나 인간정신은 상술한 바와 같이 본중말의 운동을 하면서,

즉 모순대립을 지양하면서 발전하였다가는 퇴장하는 것인 바 여기에서 말하는 바의 퇴장은 발전을 위한 퇴장이며, 발전은 퇴장을 위한 발전인 것이다. 그것은 대체로 1년을 주기로 하고 일어나는 바 四時의 교역이 바로 그것이다. 그런즉 이와 같은 최저단위의 본중말운동, 즉 개념·대립개념·종합개념의 운동은 우주운동의 명수(命數)에 의하여 진퇴(進退)의 대주기가 결정되는 것이다('皇極經世' 참조).

그럼에도 불구하고 그는 모든 정신을 무한발전하는 것으로 보았던 것이다. 따라서 인간정신도 발전만을 거듭하는 것으로 생각하였던 것이다. 우리가 만일 문화의 조류를 살펴본다면 그것은 2대 조류로서 흐르고 있는 바, 즉 정신문명이 발달할 때에는 물질문명이 쇠퇴했고 물질문명이 발전할 때에는 정신문명이 쇠퇴했던 것이다. 그런즉 정신이 발달하는 때와 육체가 발전하는 때가 서로 교대하면서 인류의 역사는 흐르는 것이다.

눈을 크게 뜨고 오늘의 역사를 살펴보면 물질문명은 최고조에 달하고 있다. 그러나 정신문명은 쇠퇴일로(衰退一路)를 걷고 있는 것이다. 그렇지만 천 년 전만 하더라도 모든 문화는 윤리나 도의(道義)정신만이 문명의 대상이었던 것이 아닌가? 물론 문화를 재는 척도를 물질에만 둔다면 오늘 문명이 사상 최대의 문명일지 모르지만 그 척도를 반대로 정신에만 둔다고 하면 오늘의 인류는 암흑세계를 걷고 있는 것이다.

그럼에도 불구하고 헤겔이 '인간정신은 발전만을 계속한다'고 한 것은 대저 인간정신의 발전을 재는 표준을 어디에다 두고 하는 말인지를 알 수 없는 것이다. 우리들은 그의 활동이 무사무악(無邪無惡)한 공도를 행할 때를 가리켜서 최고도로 발전된 정신이라고 규정할 수 있는 것인즉 그것이 바로 '이념(理念)의 완결처(完結處)'이며, 또한 절대정신이어야 할 것이다. 그렇다면 20세기의 인간정신을 그러한 정신이라고 할 수 있을 것인가? 오늘날 만일 헤겔이 생존하고 있었다고 가정한다면 아마도 그의 역사철학은 고쳐 쓰거나 혹은 불에 태워 버리거나 하였을 것이다.

우주에는 청년과 노쇠가 있으며 건강과 질병이 있으며 부귀와 빈천이 있고 선악과 생사가 있는 것이니 이것을 가리켜서 일월(日月)의 진퇴(進退)와 음양(陰陽)의 굴신(屈伸)이라고 하는 것이다. 그러므로 상수원리(象數原理)는 모든 만물의 무한발전이라는 것은 인정할 수 없고 다만 이것을 일진일퇴(一進一退)하는 물의 파동으로 보는 것이다.

그런즉 그가 만일 우주의 모든 현상을 관찰함에 있어서 사물을 발전하는 면에서만 고찰할 것이 아니라 통일하는 면에도 눈을 돌렸다면 그의 철학은 진리의 새 경지를 개척할 수 있었을 것이다. 만일 그렇게 됐다면 그의 변증법과 동양의 상수원리는 표리상응(表裏相應)하면서 인류문화의 차원을 높여 놓았을 것이다.

제2절 인간정신(人間精神)

1. 인간정신(人間精神)의 형성

1) 인간은 물 속에서

사람은 왜 물 속(羊水: 필자는 養水로 표기)에서 잉태되는가? 또는 반드시 물 속에서 잉태되어야 할 이유는 어디에 있는가 하는 문제는 비단 의학의 분야에서만이 아니고 철학에 있어서도 또한 중대한 문제인 것이다. 이것을 일반적으로는 다음과 같이 말하는 수가 많다.

인간이 물 속에서 탄생해야 할 이유로서 첫째로는, 임신중의 태아를 잘 보호하기 위함이요, 둘째로는, 양수(羊水)의 활성(滑性)을 이용함으로써 분만을 쉽게 하기 위함이라고 한다. 이와 같은 말을 하는 사람은 범부뿐만이 아니고 이른바 사계(斯界)의 전문가들마저 그렇게 말한다. 그러나 이것은 얼핏 생각하여 보아도 사리(事理)에 맞지 않는다. 왜 그런가 하면 만일 그러한 이유 때문에 태아를 양수 속에서 길러야 한다고 하면, 첫째로, 양수라는 개념 자체부터 비합리적인 것으로 된다. 양수라는 개념은 태아를 '기르는 물'이라는 말인즉 양수의 개념은 태아를 양육하는 데 있어야만 한다. 그럼에도 불구하고 단순히 보호하기 위한 것이라고 한다면 양수라는 개념은 필요하지 않았을 것인즉 보호수(保護水)라고 해도 좋았을 것이다. 둘째로는, 양수(羊水)가 만일 태아의 보호나 출산만을 위하는 것이라면 물보다는 오히려 공기편이 더 좋았을는지도 모른다. 왜 그런가 하면 공기는 태아로 하여금 외부로부터 오는 장해(障害)를 막는 일에 있어서 물보다 더욱 편리할 것이고, 또한 분만에 있어서도 배출력이 더욱 강력할 것이다.

그럼에도 불구하고 조물주(造物主)는 '물'을 택한즉 거기에는 중대한 이유가 있을 것이다. 그러므로 여기서 태아의 잉태과정을 한번 살펴볼 필요가 있다. 첫째로, 남자의 정자가 모체의 난자와 접촉하는 것은 다만 태아가 생명을 탈 수 있는 계기가 되는 것뿐이다. 인간이란 것은 形과 神이 합일함으로써 비로소 이루어지는 것인데 만일 양수가 아닌 다른 물질로서는 부모에게서 받은 형신(形神)을(정자와 난자에서) 받아들일 수가 없을 뿐만 아니라 또한 기를 수도 없을 것이다.

눈을 크게 뜨고 우주가 만물을 生하는 모습을 바라보면 어느 것 하나 할 것 없이 물로써 이루어지지 않은 것이 없거늘 이왕 인간의 生에 있어서랴. 미물인 동물들도 물 속에서 태아를 기르고 있으며, 날짐승들도 알

[卵]속에 있는 한 점 배아(胚芽)로써 새끼를 기르며, 초목의 싹[芽]들마저 물덩어리가 아닌 것이 없는즉 이것은 바로 '모든 생명력을 가진 形은 반드시 물 속에서 기른다' 는 것을 예증하는 것이다.

둘째로는, 임신이라는 것은 남자의 정(精)이 포위하고 있는 양핵(陽核), 즉 정자를 여자의 혈(血)로써 조화하는 것이니, 즉 난자로써 통일하려는 작용인 것이다. 다시 말하면 정자라고 하는 양핵을 土化作用으로 이루어진 여자의 피[血]의 핵인 난자로써(제1단계로써) 포위하는 것을 말하는 것이다. 이와 같이 정자가 난자에 의해서 포위되면 태아는 인신상화(寅申相火)의 상태, 즉 정자 속에 있는 양핵이 形을(陰作用을) 거부하려는 상태에 빠지게 된다. 그런즉 모체가 이와 같은 난관을 돌파하기 위하여서 육체내에 있는 금수지기(金水之氣)를 동원할 수밖에 도리가 없는 것이다. 그러나 인간이라는 소우주를 창조하는 중대한 작업에 있어서 미연의 준비가 없이 임기응변적인 대책만으로써는 위험천만이다. 그러므로 천연(天然)은 임신(姙娠)이 되기 시작하기 이전에 벌써 양수의 준비를 게을리 하지 않았던 것이니, 그렇게 함으로써 태아를 寅申相火의 상태에서 金水의 상태로 전환시키면서 形을 창조하였던 것이다.

그런즉 이것은 우주가 陽을 통일하는 작용과 꼭 같은 것이다. 그러므로 여기서 우주가 陽을 포위할 때의 象을 회고해 보면 土와 상화(相火)가 합세하여서 陽을 포위하면 그 다음은 금수지기(金水之氣)가 들어와서 재포위를 하였던 것이다.

그런즉 인체의 경우에 있어서도 제1단계로서 피가 포위를 시작하는 것이다. 왜 그렇게 하여야 하는가 하면 피라는 것은 土와 상화(相火)가 합세하여 이루어놓은 것이다. 그러므로 피의 질량은 물보다 가볍다. 이것은 그 다음에 피보다 무거운 물로써 재포위를 하려는 준비인 것이니 바로 우주의 통일운동과 꼭 같은 것이다. 그런즉 사람이 반드시 물 속에서 길러져야만 하는 이유는 곧 여기에 있다.

 셋째로, 사람은 形이 있기 때문에 사람인 것이다. 만일 인간이 形이 없다면 생명이 정식(停息)할 곳과 정신이 부착(附着)할 곳이 없을 것인즉 이것은 벌써 인간이 아니다. 설혹 이것을 인간이라고 가정한다고 할지라도 여기에서는 생리작용이 일어날 수가 없는 것이다. 그런즉 인간의 形이란 것은 양핵인 생명과 정신을 포위한 존재를 지칭하는 것이다. 노자가 '무형무환(無形無患)'이라고 한 것은 形을 중시하고 한 말이다. 좀더 자세히 말하면 '환(患)' 자의 뜻은 걱정이란 말인데 어떠한 걱정을 患이라고 하는가 하면 중심이 병들기 시작하는 것을 患이라고 하는 것이다. 중심이란 것은 土心인데 이것은 통일의 주체이다. 그러나 만물이 발생할 때에는 중심이 확대변질하면서 이루어지는 것이니 이것은 形을 확대소모하는 운동인즉 이 과정에서는 陽을 상실할 우려가 있고 반대로 수장과정에서는 陽을 과축(過縮)할 우려가 있는 것이다. 그러므로 노자(老子)는 무형무환(無形無患)이라고 한 것이다. 그런데 '환(患)' 자는 '충(忠)' 자에 비하여 'ㅁ'가 하나 더 있는 것으로써 취상한 것이다. 즉 甲土의 象을 취하기 위한 것이니 甲土는 形을 무화(無化)하는 것이기 때문에 患이 생기게 되는 것이다. 따라서 己土가 공각(空殼)을 수축(收縮)하여도 역시 患이 될 것이다. 그런즉 形을 어떻게 보존하느냐 하는 것은 선천적인 문제인 것뿐만 아니라 후천적으로도 중대한 문제가 된다. 그러므로 천연(天然)은 태아를 물 속에서 기름으로써 장차 그의 생장과정에서 미칠 바의 화환(火患)에 미리 대비했던 것이다. 다시 말하면 사람은 그의 생명과 정신을 보존하는 데에 목적이 있다. 따라서 건강과 총명도 역시 여기에 달려 있다. 그러나 인간은 칠정육욕의 火를 항상 발하기 쉬운 인간적인 본질도 가지고 있는 것인즉 이것을 방지하기 위하여서는 형체처럼 필요한 것은 없다. 그러므로 형체를 이와 같이 물 속에서 길러냈던 것이다. 넷째로, 정신과 생명이 물 속에서 이루어지는 이유를 논하여야 할 것이나 이것은 '우주정신'에서 논할 것이므로 약한다.

그런즉 이상의 소론으로써 사람은 왜 물 속에서 자라야만 하는가 하는 것을 알 수 있는 것이며, 또한 우리가 물덩어리로서 태어난 데 대하여 무한히 감사하여야 할 것이다. 동시에 인간은 날 때부터 소우주로서 탄생한 것도 알았다.

2) 인간정신(人間精神)과 자유(自由)

위에서 말한 바와 같이 인간이란 물 속에서 태어난 물덩어리 자체인 것이다. 그런데 그의 형질(肉體와 精神)은 토화작용에 의해서 이루어졌던 것이므로 인간정신은 자유로워야 할 것이다. 왜 그런가 하면 토화작용이란 본래 자유의 본체이기 때문이다. 인간이 소우주인즉 인간정신은 대우주의 정신을 그냥 받아서 타고난 것은 틀림없다. 그럼에도 불구하고 우주정신과 인간정신과의 사이에는 차이가 있다. 다시 말하면 우주정신은 자유로운 것임에도 불구하고 인간정신은 부자유하다. 그런즉 그것이 왜 그러한가 하는 것을 연구하는 것이 본론의 목적이다. 자유라는 개념은 자기의 소위(所爲)를 수행(遂行)함에 있어서 아무런 방해도 받지 않으며 또한 방해가 있다고 할지라도 이것을 능히 화해(和解)하면서 나아갈 수 있는 힘을 말하는 것이다. 그러므로 자기의 소위를 방해 때문에 수행할 수 없게 된다는 것은 바로 부자유한 상태인 것이다. 그런즉 이것을 오행법칙에서 찾아보면 木火金水는 다 자기 욕망에 사로잡힌 것들이므로 자유가 없다. 다시 말하면 자기 욕망은 자기가 지닌 바의 극기심(克己心) 때문에 자유를 지닐 수가 없는 것이다. 그러나 그 중에서도 土만은 욕망도 없고 편벽되지도 않는 중화성(中和性)을 가진 것이므로 자유로운 것이다.

우주의 운동이란 것은 이러한 편벽(偏僻)된 것들(木火金水)을 통솔(統率)하는 것이므로 이것을 자유자재(自由自在)로 구사하면서 변화시킬 수 있는 주체가 필요한 것이니 그것이 바로 土인 것이다. 그렇다면 土라는 것은 과연 자유로울 수가 있는 존재일까 하는 것을 연구하여야 한다.

土의 성질은 너무 강한 것은 약하게 하고 너무 약한 것은 강하게 하는 것이다. 예를 들면 丑土가 감수(坎水)의 과강(過强)을 연(軟)하게 하여 주고 未土가 이화(離火)의 과항(過亢)을 통일하여 주는 것과 같은 바로 그것을 말하는 것이다. 그런데 土가 이와 같은 작용을 하려면 그 성질이 中(中正)이 아니면 안 된다. 그러므로 완성된 土인 未土, 즉 十土만이 무소불위(無所不爲)하는 자유의 본질을 소유할 수 있는 것이므로 여기서 土에 대한 자유의 개념이 설정되는 것이다. 그런즉 자유라는 것은 자기의 소욕(所慾)을 마음대로 완수하려는 능력이 아니고 자기의 소위, 즉 무사무욕(無私無慾)한 公道로서의 소위를 마음대로 완수할 수 있는 능력을 말하는 것이다.

그러므로 옛날에 자유(自由)를 정명(正名)할 때에 '自' 자를 ㅆノㅆ目 한 두 字의 象에서 취한 것은 'ノ'자는 양생지력(陽生之力)이 다했다는 뜻이요, '目' 자는 木(目)이 生하는 象을 의미하는 것인즉 이것은 바로 木氣가 진(盡)한 것을 의미하는 것이다. 그 다음 '由' 자의 象을 상찰하면 '田' 자의 속에 있는 '十' 자가 포위망 위로 불룩 철출(凸出)한 象을 표시한 것이다. '田' 자는 본래 ㅆ十ㅆ口한 象을 취한 것인 바 이것은 十土가 아직 口(古字의 圍字다)字 속에 밀폐되어서 十 자체의 실력을 발휘하지 못하는 것을 의미하는 것이므로, '역건괘(易乾卦)'에 '현룡재전(見龍在田)'이라고 한 것은 이것을 말하는 것이다. 그런데 '由' 자는 '田' 자가 위로 철출(凸出)한 象인즉 이것은 十이 완성된 것을 의미하는 것이다. 이와 같이 자유를 정명한 것은 그 象에서 보아도 자유란 것은 十土의 작용임을 말하는 것이 분명하다.

　그러므로 천도의 운행은 이와 같은 자유를 주체로 하고 모든 변화를 일으키는 것으로써 그의 본체를 삼는 것이다. 그러나 子午卯酉가 사정운동(四正運動)을 하는 우주는 우주 자체의 운동에 있어서 약간의 부자유가 있는 것이다. 그러므로 칸트가 말한 바의 인과율도 이러한 우주에서는 완전한 모습을 나타내지 못하는 것이다. 그런즉 우주가 辰戌丑未의 사정운동을 할 때라야만 인과율이 제대로 적용될 것은 말할 것도 없다. 그런데 인간에 있어서는, 즉 오늘날의 인간은 이러한 선천적인 조건에서 태어났으며 또한 형구(形軀)의 협착(狹窄)으로 인해서 토화작용이 너무나 많은 제한을 받게 되는 것이다(제6장 1절 2. '사회적 변화와 성의 선악' 참조). 그러므로 인간의 자유는 인체에서 일어나는 木火金水의 승부를 조화시켜 낼 능력이 없게 되는 것이다.

　따라서 자유는 인간의 욕구적 대상인 것뿐이고 실현되지는 못하는 것이다.

　눈을 크게 떠서 오늘의 도덕사회나 정치사회를 바라볼 때 표면으로 보면 자유사회이지만 내용으로 보면 오늘 이상으로 부자유한 사회는 없는 것이다. 도덕은 권력의 노복(奴僕)이 되어 버렸고 자유는 물질과 기술 앞에 굴복하고 말았던 것이다. 극단적인 한 예로써 생각해 볼 때에 돈 많고 과학이 발전한 나라의 수소폭탄 한 개면 몇 억만 인구의 도덕이나 자유도 단 일순간에 매몰시킬 수 있는 입장에 놓인 것이 오늘의 자유인 것이다. 만일 그렇다면 그것이 과연 자유일까?

　이것은 자유가 아니라 방종(放縱)인 것이다. 다시 말하면 오늘의 소위 자유는 물질과 기술이 풍부하면 적극적인 방종으로 흐르고 세약빈천(勢弱貧賤)하면 소극적인 방종, 즉 살기 위해서 난폭을 감행하는 방종으로 흐르고 있는 것뿐이다.

그러나 우주는 土化作用이 만전을 기하고 있으므로 절대적인 자유를 누릴 수 있는 것이다. 다시 말하면 우주는 우주의 소욕(所慾)인 생장성수(生長成遂)의 목적을 마음대로 완수할 수 있는 자유가 있는 것이다. 그러나 인간은 자기의 생장노사(生長老死)를 제 마음대로 완성할 수 있는 자유가 없다. 이것은 인간도 역시 우주와 같이 무극에서 태극의 율려수(律呂數)를 받은 존재이기는 하지만 土化作用의 활동요인을 우주보다 적게 타고 탄생하였을 뿐만 아니라 또한 후천적인 인간생활이 이것(土化機能)을 소모일로(消耗一路)로 이끌고 가는 것이다. 그러므로 인간은 자유의 본원을 점점 상실하여 버리고 말게 된다.

그렇다면 인간의 진정한 자유란 것은 자기의 생장노사를 마음대로 조절할 수 있는 자유로써 기본을 삼아야 할 것이다. 그럼에도 불구하고 오늘의 인간은 인간 자체가 최대한의 정력을 기울여서 길러내야 할 자신의 생명과 정신의 본원이며 또한 자유의 부고인 토화기능(土化機能)을 무시하거나 혹은 무엇인지조차 알지도 못하고 있는 것이다. 그런즉 이러한 곳에서는 인간의 기본자유이며, 또한 정신의 자유로서만이 이루어낼 수 있는 생장노사에 대한 자유로운 조절을 실현할 수는 도저히 없는 것이다. 그럼에도 불구하고 오늘날처럼 자유를 갈망하는 때는 없다.

또는 사실상으로 자유로운 시대인지도 모른다. 그러나 이것은 물위에 거품과 같은 자유이며 바람 아래 등불과 같은 자유인 것이다. 집권자가 만인의 입을 막기 위하여서 또는 자기의 정치생명을 연장하기 위하여서 주는 자유가 아니었던가?

그렇지 않으면 개인이나 집단의 이익을 위하여 또는 인간적인 방종성을 유지하기 위하여서 요구하는 자유가 아니었던가? 이 문제들에 대하여서 만일 'No'라고 자신 있게 대답하고 거리낌없이 행동할 수 있는 사람이 있다면 그것은 바로 그 자신 속에 있는 토화기능(土化機能)이 우주와 같이 충실한 사람일 것이다.

그러므로 오늘날처럼 인지(人智)가 물질로 흘러가고 정신이 인간 본연의 자세에서 이탈되어 있는 때에는 진정한 자유가 있을 수 없는 것이다. 그런데 금일의 말세적인 사회상은 후천적인 정신의 정화(淨化)를 위한 전야제의 등불의 명멸(明滅)과도 같은 것이다.

3) 인간정신(人間精神)의 성립

인간정신도 그 본질이 우주정신과 동일하므로 우주정신의 생성원리에 의해서 생성되는 것이다. 그러나 다만 다른 점은 우주정신은 건곤(乾坤), 즉 天地의 정신으로 이루어진 것이지만 인간이나 만물의 정신은 건곤(乾坤)의 대행자인 일월(日月)의 정신, 즉 감리정신(坎離精神)에 의해서 이루어진다고 하는 점뿐인 것이다. 감리정신은 태극운동에서부터 이루어지는 것인 바 최초에 음양이 서로 분리하여 응결되는 데서부터 시작되었던 것이다. 그런데 만물의 정신은 혼돈된 음양 속에서 갈라진 精과 神인즉 이러한 정과 신은 일월이 분리되던 과정에서 이루어진 것이다. 다시 말하면 陰이 점점 응고하여서 달[月]이 된 때에 精이 이루어졌고 陽이 점점 응취(凝聚)되어서 날[日]이 될 때에 신(神)이 이루어졌던 것인데 이것이 바로 만물정신의 기원인 것이다.

그런데 천지정신과 일월정신이 서로 다른 점은 천지(天地)는 그 정신이 순음순양(純陰純陽)이기 때문에 음양이 서로 견인하는 힘이 대국적이며 통일적이었지만 일월은 그 정신에 혼합성(混合性)을 띠고 있기 때문에, 즉 감리(坎離)의 象으로 운동하는 것이기 때문에 음양의 견인력이 부분적이면서도 산합적(散合的)인 것이다. 그런즉 일월정신(日月精神)의 이러한 성질은 그가 분합작용을 하는 과정에서 소우주를 형성할 수 있는 것이다. 그러므로 인간정신이 坎의 통일로써 이루어진 것을 精이라고 하고 離의 분열과정에서 일어나는 것을 神이라고 하는 것이다. 그런즉 인간정신은 감정리신(坎精離神)이며, 또한 월정일신(月精日神)·수정화신(水精火神)인 것이다.

그렇다면 이와 같은 일월정신이 어떻게 인간정신으로 되는가 하는 것을 고찰하여야 한다. 인간은 다른 동물들과 전혀 다른 점이 있다. 그것은 日月이 감리운동(坎離運動)을 할 때에 日月(水火)의 상극성(相克性)을 조절하는 곤덕(坤德)에 의지하여서 통일됐던 것처럼 인간도 또한 곤덕(坤德)에 의해서 자기정신(自己精神)을 배양하고 있다는 점이다. 다시 말하면 태시(太始)에 천지가 갈라질 때에 건곤은 음양의 본질이었던 것이다. 그러므로 건곤(乾坤)은 그 덕이 中인데 中이라는 것은 水火金木의 어느 쪽에도 치우치기를 원하지 않는 것을 말하는 것이므로 이것을 순수음양(純粹陰陽)이라고 한다. 그러나 일월은 그 성질이 음양의 극단을 이루고 있으므로 항상 곤덕(坤德)으로 생성된 지구의 조절에 의해서 그 성질을 조화해 가면서 만물을 생성했던 것이다.

그러므로 우주에서 운동하는 만물은 모두 이와 같은 일월과 지구의 운동을 바탕으로 하고 생성되는 것이다. 그러나 인간은 만물에 있어서처럼 일월의 외부적인 영향으로써만 生을 영위하는 것은 아니고 자기의 소우주를 이루고 있는 것이다. 다시 말하면 우주에서 일월이 운동하는 것처럼 인간 자체에서도 心(日)·腎(月)이 日月을 대행하고 있는 것이다. 이것은 마치 우주에서 日月이 건곤(乾坤: 天地)을 대행하는 것처럼 인체에서도 심신(心腎)이 日月을 대행하고 있는 것이다. 우주의 일월이 陰陽을 교류하고 있는 것처럼 심신(心腎)인 일월도 음양을 교류시키고 있는 것이다. 일월이 坤德에 의해서 그 성질이 조절되는 것처럼 心腎도 坤德(脾土)에 의해서 心腎의 상극성을 조절하고 있는 것이다. 일월이 지구의 坤德으로 인해서 土를 자화(自化)했던 것처럼 인체도 비장(脾臟)의 곤덕(坤德)에 의해서 土를 自化하고 있는 것이다.

이와 같이 우주와 人身은 그 기능과 작용이 동일하므로 인간은 독립된 우주로서 존재하는 것인즉 우주의 일월정신은 바로 인간정신일 수밖에 없는 것이다. 그러나 인간에게는 일월에 비교할 수 없는 약점이 있다. 일월은 乾坤(天地)의 지배하에 운동하고 있는 것이지만 인간은 坎離(日月)의 영향에서 운동하고 있는 것이다. 이것은 마치 乾坤이 만일 한순간만 휴식하여도 일월의 기능이 소멸되는 것과 같이 일월이 만약 잠깐 동안만 없다고 하더라도 인간은 살 수가 없는 것이다. 이것은 바로 일월정신이 인간정신이기 때문이다.

여기에서 인간정신의 명수(命數)가 생기게 되는 것이거니와 이러한 조건 아래서 살아가는 인간이 그 명수를 잘 보호하려면 심신(心腎)의 교류과정에서 일어나는 상극을 잘 조절할 수 있는 자기의 土를 잘 보호하며, 또한 土가 잘 自化될 수 있도록 하여야 하는 것이다. 우주의 최대 목적이 토화기능(土化機能)의 화생(化生)과 그 작용의 만전에 있으므로 소우주의 유일한 목적도 또한 토화기능을 자화하는 일 외에 다른 목적이 있을 수가 없다. 그러나 인간의 목적은 그 본질을 상실하고 있는 것이 현실이다. 그러므로 인간일대의 무수한 변화와 수요생사(壽夭生死)가 이와 같은 기회를 타고 봉기하는 것인 바 그것은 바로 인간의 본체인 정신의 생성과정에서 일어나는 부산물인 것이다(제7장 1절 '우주정신의 생성' 참조).

2. 정신(精神)의 운동과 기혈(氣血)의 동정(動靜)

정신이란 본래 우주가 동정(動靜)하는 과정에서 자연적으로 생성하는 순수한 음양(陰陽), 즉 율려(律呂)를 말하는 것이다. 이것을 좀더 자세히 말하면 우주의 운동은 一宇(늘어나는 것) · 一宙(줄어드는 것)하는 운동이므로 亥子丑寅卯辰의 변화과정에서는 精이 활동하고 巳午未申酉戌의 과정에서는 神이 활동하는 것이다. 精의 활동이란 것은 만물이 수장에서 다시 발전할 수 있는 계기를 만드는 것을 말하는 것이요, 神의 활동이라는 것은 만물이 발전과정에서 다시 수장할 수 있는 계기를 만드는 것을 의미하는 것이다.

그런데 이와 같은 계기를 형성하는 원인을 따져보면 우주의 一宇 · 一宙 運動이라는 것은 천지의 분합작용에서 이어받은 것이므로 이것은 乾坤이라는 우주의 본체에서 계승한 것임은 말할 것도 없다. 그러므로 건곤이 우주운동의 계기를 창조한즉 무극상태(無極狀態)에서 태극의 상태로 변화하게 되어 여기에서 지구와 일월이 생겨나게 되었던 것이다. 그러므로 지구는 艮土의 덕으로써 생기게 되었고 日은 '리(離)'를 상징하고 月은 '감(坎)'을 상징하게 됨으로써 모든 변화의 기본이 이루어지게 되었는데 유독 '건곤(乾坤)'만은 자체를 상징하는 아무런 물체도 형성하지 않고 다만 형상계를 창조할 때에 기본을 이루었던 건곤의 상태에서 이질적인 방향으로 파생한 일월을 창조하여 놓고 건곤 자체는 초연한 입장에서 그들의 운동을 관망하면서 그 운동의 소질에 원동력을 부여하고 있는 것이다.

그런즉 우주운동의 근본을 따져보면 그 본체는 '건곤'인 것이다. 그런데 '건곤'이 상술한 바와 같이 지구와 일월을 창조함으로써 우주는 음양운동을 시작하게 되었은즉 여기에서 陰(坤)은 精을 生하고 陽(乾)은 神을 生하게 되었던 것이다. 그런즉 亥子丑 · 寅卯辰이라는 것은 陽이 精을 生하는 방위를 말하는 것이요, 巳午未申酉戌이라는 것은 陰이 神을 生하는 방위를 말하는 것이다('六氣의 方位圖'를 참조). 다시 말하면 陰이 精

을 生한다는 말은 月이 精을 生한다는 것을 의미하는 것이요, 陽이 神을 生한다는 말은 日이 神을 生하는 것을 의미하는 것이다. 그런즉 우주정신은 최초에는 건곤 본연의 작용에 의해서 생성한 것이지만 건곤이 지구와 일월을 창조한 뒤에는 일월이 이것을 대행하게 되었다. 그러므로 인간정신은 감리정신(坎離精神)을 받아서 이루어지게 된 것이다.

위에서 말한 바와 같이 일월은 순수한 음양이 아니고 혼탁(混濁)한 음양으로써 이루어진 것이므로 일월로서 이루어진 정신은, 즉 인간의 정신은 우주의 정신에 비하여 순수하지 못할 것은 말할 것도 없으며, 따라서 形을 소우주로 하지 않고는 정신이 우거(寓居)할 수 없는 것은 물론이다. 인간정신은 이와 같은 조건에서 이루어지는 것이므로 인간의 육체는 정욕(情慾)을 파생하게 되고(제6장 1절 1. '인간의 본질과 모순'을 참조) 정신은 정욕의 포로가 되어 버리게 된다. 여기에서 인간정신이 몽매하게 되지 않을 수 없는 선천적인 조건을 엿볼 수 있거니와 그밖에 또한 후천적인 조건이 따르고 있으니 이것이 소위 인간의 기혈운동(氣血運動)이다.

인간은 우주에서 일월이 발하는 精과 神을 받아서 자기정신(自己精神)을 이루었지만 우주에서 받은 정신을 인간 자신이 어떻게 영위하는가 하는 것은 인간 자신에게 맡겨진 임무인 것이다. 다시 말하면 인간은 자기의 육체와 정신을 양(養)하기 위하여서는 음식물을 섭취하지 않으면 안 된다. 그러나 음식물이란 것은 그 자체가 순수한 음양성이 아닌 坎離(水火)精神의 부류인 것이다. 그런즉 이와 같은 후천적인 영양섭취는 또한 인간적인 정신의 특징을 전제로 하고 정신을 기를 수밖에 도리가 없는 것이다. 그러므로 여기에서 인간은 기혈(氣血)을 생성하게 되는 것인데 그 기혈이라는 것은 바로 음양의 비순수성(非純粹性)을 노골적으로 대표하는 것이다. 그런즉 다음에 기혈의 생성과정을 고찰함으로써 인간정신의 특징을 살펴보기로 하겠다.

 우선 상술한 바를 다시 한번 고찰해 보면 건곤이란 것은 天地의 기능을 대표하는 부호(符號)이다. 그런데 우주의 운동은 乾坤을 핵심으로 하고 태극운동(太極運動)을 함으로써 음양이 갈라졌고, 음양이 갈라짐으로써 일월이 생겼고, 일월이 건곤을 대행하게 됨으로써 그의 中(本中末 運動의 기본)인 바의 지구가 생기게 된 것이다. 그러므로 여기에서 인간과 만물이 생겨나게 되었다.

 인간은 이와 같이 하여서 우주정신을 받게 되었으나 그것은 바로 혼탁(混濁)한 후천정신을 이루는 계기를 만들게 되었던 것이다. 그렇기 때문에 인간의 기혈운동(氣血運動)은 피할 수 없는 후천적 천부(天賦)로서 精神 생성의 수단이 되었던 것이다.

 이것을 좀더 자세히 말하면 인간은 亥子丑寅卯辰에서 氣를 生하는 바 이 氣는 정중지신(精中之神)을 生하게 하는 요인이 되고 巳午未申酉戌에서 혈(血)을 生하는 바, 이 혈은 신중지정(神中之精)을 生하게 하는 작용을 한다. 그러나 인간의 기혈(氣血)이 음식물의 정기(精氣)에 의하여 생기는 것은 음식물로써는 직접 정신을 창조할 수 없기 때문에 우선 기혈을 생성하고 그것으로써 다시 정신을 생성하게 하는 것이다. 그러므로 인간이 그의 생리작용에서 만일 기혈(氣血)의 동정운동(動靜運動)이 先行하지 못한다고 하면 인간정신이란 생성할 수 없는 것이다.

 우주는 丑 중심의 발생권에서 神이 활동하고 未 중심의 수렴권(收斂圈)에서 精이 활동하므로 소우주(人間)도 이와 같은 운동을 하는 것이다. 그런데 다만 다른 점은 인간정신은 감리지정신(坎離之精神)에 의해서 탄생한 것이므로 기혈로써 정신 생성의 수단이 되고 우주는 건곤지정신(乾坤之精神)에 의해서 생성한 것이므로 일월(日月)로써 정신 생성의 계기가 되는 것이다.

그런데 정신의 생성과 운동은 그 방향이 서로 다르다. 亥子丑·寅卯辰에서 生한 精은 巳午未·申酉戌에서 활동하고 巳午未·申酉戌에서 生한 神은 亥子丑·寅卯辰에서 활동하게 되는 것이니 이것이 바로 五行의 교호작용이며 음양의 대대운동(對待運動)이다. 그러므로 우주운동은 삼음은 양방(陽方)에서 생장(生長)하고 삼양은 음방(陰方)에서 수장(收藏)하는 것인즉 우주가 만물을 생성하는 묘는 실로 여기에 있는 것이다(제3장 1절 '육기의 개념' 참조).

이와 같은 우주나 소우주(人間)의 운동상태를 「내경(內經)」에서는 정기신운동(精氣神運動)이라고 표시했고 易은 기정형운동(氣精形運動)이라고 하였다. 좀더 자세히 말하면 精이 丑土之氣(인체에서는 脾土之氣)를 상승함으로써 神으로 化하는 것을 精氣神운동이라고 하고 신(神)이 未土之氣에 싸여서(인체에서는 肺氣) 하강함으로써 精(물질)을 만드는 것을 氣精形운동이라고 하는 것이다. 그런즉 「내경(內經)」은 精이 化하여서 神이 되는 과정을 설명한 것이요, 易은 氣가 변하여서 다시 물질을 만드는 경로를 말한 것이다. 그러므로 정기신운동이란 것과 기정형운동이란 것은 각각 조화과정(造化過程)의 일면씩을 설명한 것이다.

상술한 바와 같이 인체라는 소우주는 氣血의 생성으로 인하여 정신을 창조하는 것이므로 그 때문에 인간정신은 우주정신에 비해서 정밀하지 못한 것은 물론이다. 그렇지만 인체에 만일 기혈의 동정작용이 없다면 정신의 생성기반을 잃게 될 것은 물론이다. 그러므로 인간에 있어서 기혈의 동정이란 것은 절대불가무(絶對不可無)의 존재지만 인간은 또한 그것 때문에 죽어야 하는 것이다(여기에서 한마디 부언하여 둘 것은, 기혈의 운동으로 살고 있는 동물은 왜 인간보다 정신이 저열한가 하는 것은 '태아의 천품과 정신의 우열'을 참조하면서 연구하면 된다는 점이다). 왜 그런가 하면 亥子丑·寅卯辰이라는 정생과정(精生過程)에서 피[血]가 生하는 바 神은 바로 여기서 활동하는 것인즉 장차 神을 生하려는 巳午未·申酉戌의 전주곡과 같은 것이다. 神은 이와 같은 조건을 경유한 후에 生하여지는 것, 즉 핏속에서 활동하다가 巳午未·申酉戌에서 生하여야만 하는 운명의 소생이므로 그 神을 가리켜서 기혈소생(氣血所生)이라고 하는 것이다.

다시 말하면 인간은 정생과정(精生過程)에서 血이 선행하고 신생과정(神生過程)에서 氣가 선행하는 것이므로 인간의 정신은 기혈소생(氣血所生)일 수밖에 없다. 그런데 이와 같은 기혈이 수곡(水穀)에 의해서 生하는 것인즉 그 정신은 바로 수곡지정기(水穀之精氣)로써 생성한 정신일 수밖에 없으므로 인간정신에는 인간정신적(人間精神的)인 운명이 뒤따르게 되는 것이다. 그러므로 인간을 가리켜서 기혈소생(氣血所生)이라고 하는 것이며 동시에 우주정신과의 우열도 여기에 연유하는 것이다.

3. 인간정신(人間精神)의 유전(遺傳)과 수요(壽夭)

1) 태아(胎兒)의 천품(天稟)과 정신(精神)의 우열(優劣)

위에서 말한 바와 같이 천연(天然)은 용의주도하게도 인간을 물 속에서 길러내었지만, 부모의 선천적인 바탕과 후천적인 생활환경 때문에 태아 때에 벌써 자체의 안위(安危)와 정신의 우열이 결정되게 마련인 것이다. 첫째로, 인간은 본래 선천적으로 천품(天稟)에 후박(厚薄)이 있다. 인간은 최초에 부정(父精)과 모혈(母血)로써 출생하는 것이므로 부모의 선천적 제조건은 태아의 건강과 정신에 중대한 영향을 미치게 되는 것이다.

좀더 자세히 말하면 정자(精子)는 바로 아버지의 청사진인 것이다. 아버지는 본래 자기의 생리적 활동으로 인하여 인간적인(五行의 어느 일방에 치우친) 특수한 조건 아래에서 자기정신(自己精神)을 배양하였던 것이다. 다시 말하면 아버지의 정자란 것도 그러한 선천적 조건에서 길러진 것인즉 아버지의 정자는 바로 아버지 자체의 청사진인 것이다. 그러므로 그와 같은 정자를 씨(核)로 하고 태어난 태아는 아버지의 복사에 불과한 것이다. 그럼에도 불구하고 태아가 반드시 아버지만 닮고 태어난 것이 아닌 것은 사실이다. 그런즉 이것은 무슨 까닭일까 하는 것이 문제된다.

그것은 아버지의 정자가 어머니의 난자에 의하여 포위당하게 되는 그 순간부터 부정모혈(父精母血)의 교호작용으로 인하여 이질적인 변화현상이 나타나게 된다. 다시 말하면 잉태하게 되면 태중에서는 인신상화(寅申相火) 작용이 일어나게 되는 바 그 때에 태아는 부모라는 二性의 변화작용으로 인하여 형성되는 것이다. 이러한 변화과정에 있어서 어머니의 체질이 음양의 균형을 얻은 토화작용을 철저히 하여 준다면 모덕(母德)이 곤순(坤順)하여서 정자를 잘 보호육성할 것이지만 만일 모혈(母血)이 木火金水의 어느 일방에 편벽되었을 경우에는 정자와 모혈 사이에서는 모순이 야기된다.

예를 들면 모체의 음혈(陰血)에 너무 음기(陰氣)가 많으면 정자를 무리하게 압축하게 되고 너무 양기(陽氣)가 많으면 정자의 통일성이 해이하게 되는 것이다. 이와 같이 하여서 中道를 얻지 못한 정자는 아버지의 면모를 점점 잃어가게 되는 동시에 어머니 쪽으로 기울어지게 되는 것이다. 이와 같은 모체의 생리작용 여하는 태아로 하여금 부모의 어느 쪽을 닮느냐 하는 관건이 되는 것이다. 그러므로 이것을 가리켜서 선천적인 유전(遺傳)이라고 한다.

그런즉 위에서 말한 바는 부모의 선천적 조건 때문에 태아가 받는 제1의 천품(天稟)이 변하게 되는 것이다. 그 다음에는 부모의 후천적인 섭생(攝生) 때문에 태아의 정신과 체질이 변화하는 제2의 천품(天稟)이 있다. 가령 임신중(姙娠中)에 방사(房事)가 너무 심하면(房事란 모체로 볼 때에 陽氣의 배설이므로) 양기(陽氣)를 종합함으로써 이루어지는 임신작용(姙娠作用)이 부정(父精)을 응취(凝聚)할 수 없게 됨으로써 태아의 성질은 점점 양화(陽化)하는 방향으로 변하여 가게 된다.

또 다른 면으로 보면 임신중에 어머니가 만일 칠정(七情)이 잘 동한다고 하면 이것도 태아의 성질을 변화시키는 데 있어서 결정적인 역할을 하게 된다.

가령 임신중에 희노(喜怒)가 망동(妄動)하게 되면 태아는 양화(陽化)하게 되고 비우(悲憂)가 심하면 음혈(陰血)이 방종적(放縱的) 작용을 하게 됨으로써 태아의 성질은 음화(陰化)하여 가게 마련이다. 왜 그런가 하면 희노(喜怒)라는 것은 목화지기(木火之氣)요, 비우(悲憂)라는 것은 금수지기(金水之氣)이기 때문에 이와 같이 음양질서(陰陽秩序)를 문란하게 하는 것이다.

위에서 말한 바의 두 가지 예는 부모의 후천적인 자초지화(自招之禍) 때문에 태아의 본질과 정신을 변혁시키는 요인을 이루는 제2의 천품(天稟)을 말하는 것이다. 그런즉 이와 같이 부모의 선후천적인 제조건은 태아로 하여금 자기 천품을 창조하게 되는 것이며, 또한 정신의 우열이 생기게 되는 것이다. 그렇다면 정신의 우열은 어떻게 생기는가 하는 것을 연구하여 보기로 하자.

인간정신은 우주의 정신을 복사한 것이므로 우주가 일월의 정신으로써 만물의 정신을 이루었다면 인간은 물론 그 범주에 속하는 것이다. 그러나 일월정신(日月精神)으로써 만물의 精神을 이루게 한 것은 土의 작용에 의한 것이다. 즉, 十土와 五土의 소생(所生)인 것이다. 다시 말하면 戌土에서 生하기 시작한 精은 '辰'에 이르러서 완결되고 辰土에서

生한 神은 '戌'에 이르러서 완성되는 것이다. 이렇게 하여서 精은 神을 生하고 神은 精을 生하는 바 이와 같이 精과 神이 융합하여서 새로운 개념을 이룰 때에 이것을 정신(精神)이라고 하는 것이다. 그런즉 이것을 좀더 부연하면 己土에서부터 시작되는 여(呂: 陰)작용의 과정은 표면으로 보면 精을 창조하지만 이것을 내용으로 보면 神을 봉양하는 것이요, 甲土에서 시작하는 율(律: 陽)의 과정은 표면으로 보면 神이 활동하고 있지만 이것을 내용으로 보면 精을 창조하고 있는 것이다. 이것은 우주운동에 있어서 삼음삼양이 표리부동한 운동을 하기 때문에 정신도 그 법칙대로 변화하는 것이다(제3장 '육기론'을 참조).

이와 같은 정신의 생성은 위에서 말한 바와 같은 토화작용에 의하여 이루어지는바 토화작용은 태중에서부터 木火金水의 상승작용을 견제조절함으로써 평화적인 변화가 행하게 되는 것이다. 그런즉 태아가 발육과정에 있어서 토화작용의 중용적(中庸的)인 권위하에서 길러진다면 건전한 정신으로 탄생하게 되지만 만일에 태중에서 토화작용이 木火金水의 승부를 견제해 내지 못함으로써 편파적인 조건하에서 발육된다면 그 정신은 열등하게 되는 것이다.

그런데 土化作用의 정상적 조절은 위에서 말한 바와 같은 우수한 정신을 배양하지만 이것이 과항할 때나 불급할 때는 도리어 백치(白癡)가 탄생하는 수도 있는 것이다. 왜 그런가 하면 정신을 창조하는 土가 음양을 적당하게 신축할 만큼 조절할 때에 한하여 최우수한 것이 生成되는 것이므로 土(다른 木火金水도 그렇다)의 태과불급은 모두 정신을 열등하게 하는 것이다. 따라서 인체의 건부(健否)도 그러하고 만물의 변화도 그러한 것인즉 모든 조화과정(造化過程)에서 土처럼 중요한 것은 없는 것이다.

상술한 바와 같이 인간정신은 이미 태중에서 유전(遺傳)되는 것인 바 태중에서 좋은 천품(天稟)을 받으면 그 정신은 우수할 것이고 만일 태중에서 나쁜 천품을 받고 탄생하면 그 정신은 열등할 것이다. 그런즉 좋은 천품이란 것은 적절한 토화작용이 행해지는 천품을 말하는 것이다. 여기서 또 한 가지 첨부하여 둘 것은 상술한 바의 우수한 정신이란 것은 기억력이나 사고력의 우열만을 말하는 것이 아니고 초인간적인 정신적 자세까지를 겸비한 것을 말하는 것이다. 다시 말하면 단순한 총명은 木火金水의 투쟁적인 과정에서도 일어날 수 있지만 절대 이성적인 총명은 土를 주체로 하지 않고서는 이루어질 수가 없는 것이다.

2) 인간정신의 특징과 수요(壽夭)

위에서는 사람은 태중(胎中)에서 선후천적인 부모의 천품을 바탕으로 하고 탄생하는 것이므로 정신이 유전된다는 것을 논했다. 그런데 부모의 천품을 유전하는 것은 정신에 있어서 뿐만 아니라 정신의 그릇(器)인 육체에 있어서도 마찬가지다. 그런즉 그의 유전요인과 경로는 정신의 경우와 똑같으므로 약하거니와 그러나 인간을 알려면 정신과 육체의 종합적인 변화를 알아야 한다. 왜 그런가 하면 인간이란 것은 정신과 육체의 공동작업체이기 때문이다. 따라서 인간의 특징도 정신과 육체가 공동작업을 시작할 만한 조건이 구비되었을 때, 즉 인간으로 형성됨으로써 비로소 나타나는 것이다. 그런즉 여기에서는 이러한 인간(정신과 육체의 합일체로서의 인간)에 대한 특징부터 논해 나가기로 하겠다.

인간은 본래 토화작용을 바탕으로 이루어진 나충류(倮蟲類)의 일종이다. 그런데 사람은 태중에서 부모의 선후천적인 천품(天稟)에 의해서 탄생했기 때문에 날 때부터 土性이 결여된 木火金水의 편파적인 우열권의 투쟁적 경향을 따라서 발전하지 않을 수 없게 되었던 것이다. 다시 말하면 인간은(土性을 바탕으로 타고나기는 하였지만) 사장(四臟), 즉 木(肺)·火(脾)·金(肝)·水(腎)가 발하는 투쟁의식의 과항(過亢) 때문에 土

(心)가 이것을 완전히 조절하지 못하므로 인간은 정신의 정화(淨化)를 이루어내지 못하는 것이다.

그러므로 여기서 말하는 인간이란 것은 이러한 현실사회적인 인간, 즉 특징적인 인간을 말하는 것이고 결코 토화작용에서 시작하던 그 때의 인간, 즉 선남선녀를 말하는 것은 아니다(제6장 '인간의 생활과 변화'를 참조하는 것이 연구에 편의(便宜)할 것임).

그러므로 날 때부터 四性(木火金水)의 어느 일방에 치우친 유전적인 인간은 탄생하여서 자라기 시작하면서부터 그 본질(善)은 차차 변화하면서 악(惡)한 성(性)쪽으로 기울어지게 되는 것이다. 이와 같은 형태를 「내경(內經)」에서는 25인론(人論)으로 세분(細分)하였지만 동무(東武)는 사상론(四象論)으로 간소화(簡素化)시켰던 것이다.

사상(四象)이라고 하는 것은 특징적인 인간, 즉 사형(四型)으로 편경(偏傾)된 작용을 함으로써 항상 토화작용의 조절을 위배하려고 하는 인간성을 말하는 것이다. 그러므로 동무(東武)는 인간의 오행 주체가 폐기(肺氣)쪽에 기울어진 사람을 태양인(太陽人)이라고 하고 간기(肝氣) 쪽에 기울어진 사람을 태음인(太陰人), 비기(脾氣) 쪽에 기울어진 것을 소양인(少陽人), 신기(腎氣) 쪽에 기울어진 것을 소음인(少陰人)이라고 하였던 것이다. 인간은 이와 같이 四行(四臟) 기운이 어느 일방에 치우치고 있기 때문에 土性인 心이 이것을 조절할 수 없게 됨으로써 心(精神)이 할 수 없이 사장(四臟)의 부정성(不正性)에 끌려 버리고 마는 것이므로 동무(東武)는 이와 같이 인간의 체질을 구별하였던 것이다.

그러므로 인간이 만일 탄생할 때에 부모의 좋은 천품, 즉 土性이 완전한 천품을 타고났다고 하면 그것은 순수중덕(純粹中德: 純粹土性)으로서의 사람일 것이므로 여기에서는 죄악의식도 발할 수 없으며 병마(病魔)의 변고도 없을 것이다. 그런즉 이것은 음양(木火金水의 작용)이 균형된

작용을 하는 사람일 것인즉 바로 우주와 같을 것이다. 그러므로 동무(東武)는 사상(四象)으로써 체질을 구별한 것이다. 다시 말하면 心(土)은 중덕(中德)이므로 변화(勝負)에 가담하지 않는 존재인즉 체질적(인간의 본체가 승부를 하는 것이 체질이다) 구분에 관여하지 않을 것이므로 제외한 것이다. 그런즉 이것은, 즉 사상형태(四象形態)란 것은 우주의 현실조건(제5장 '우주의 변화와 그의 요인'을 참조)이 만들어 놓은 인간의 숙명인 것이다.

다시 말하면 인간의 장부(臟腑)에서 일어나는 오운육기운동(五運六氣運動)이 우주와 동일하므로 소우주라고 하거니와 인간은 협착한 形과 기혈운동(氣血運動)과 후천적인 칠정육욕을 天稟으로 하였기 때문에 이와 같은 특징을 이루게 된 것이다(제2장 1절 3. '오행 개념의 질량 변화(동무의 오행관)' 참조).

그 다음은 인간의 수요문제(壽夭問題)에 대해서 연구해 보기로 하겠다. 인간의 수(壽)는 선천적으로 정해지는 것일까 혹은 후천적으로 좌우되는 것일까 하는 문제에 대답한다면 그것은 선천적 숙명이라고 대답할 것이다. 왜 그런가 하면 인간은 선천적으로는 부모가 지닌 천품 그대로 길러지고 거기다가 인위적인 태중지화(胎中之禍)가 첨부되어서 탄생되는 것이므로 수요(壽夭)는 바로 그 때에 결정되는 것이다.

그러므로 수(壽)한 유전을 받은 인간이 만일 불의의 질병 때문에 요절(夭折)한다고 하면 이것은 선천적인 수명과 관계가 없는 요사(夭死)일 것이다. 왜 그런가 하면 아무리 壽한 유전을 받고 났다고 할지라도 후천적인 불섭생(不攝生) 때문에 죽은 것은 壽와는 별도일 것이다.

반면에 선천적으로 불량한 천품을 타고 탄생한 사람이라고 할지라도 후천적으로 잘 섭생하였기 때문에 壽가 연장됐다고 하면 이것도 역시 숙명적인 수요(壽夭)와는 별도일 것이다. 다시 말하면 저속한 천부(天賦)를 타고난 사람은 율려수(律呂數)를 부족하게 타고났을 것인즉 이것은 음양의 항쟁이 심할 것이다. 그러므로 육체는 항상 고통속에서 시달려야 하므로 그와 같은 形은 일찍이 붕괴되고 말 것이지만 만일에 양호한 섭양(攝養)을 가한다면 육체의 붕괴를 연장시킬 수 있는 것은 물론이다. 반면에 좋은 천부를 받은 인간이라고 할지라도 섭생의 불량 때문에 미치는 화(禍)는 수요(壽夭)와 관계없을 것은 물론이다.

그런즉 이와 같은 것은 수요관계는 인간이 지닌 바의 土化作用, 즉 정신의 본체가 인간의 형체라는 협소한 악조건을 받았고, 게다가 인간적인 정욕 때문에 화중주유격(火中注油格)인 화(禍)를 가하고 있으므로 천운(天運)에 의해서 율려수를 제한당하고 있는 것이다. 그러므로 인간의 壽는 불과 70여 년의 일생으로 마치게 되는 것이다.

좀더 자세히 말하면 우주의 운동은 36/1440의 율려(律呂)를 창조하고 있지만 인간은 최고 30/1440의 율려밖에 창조하지 못하고 있는 것이다. 그런즉 우주의 360도 운동(지구의 자전운동)은 一歲間에 12,960分의 율려를 창조하고 있는데 인간은 一歲 동안에 10,800分의 율려밖에 창조하지 못하는 것이다(그런데 인간이 一歲 동안에 생산하는 율려수를 평균으로 보면 28×360=10,080 밖에 안됨). 그러므로 우주의 數와 인간의 數는 비교가 될 수 없는 것이다. 그런즉 이것은 인간의 자초지화(自招之禍)와 선천적인 숙명, 즉 형구(形軀)의 제한 때문에 생긴 것이다. 그렇다면 인간이 타고난 숙명, 즉 유전적인 수요(壽夭)를 어떻게 개량(改良)할 것인가 하는 것을 잠깐 생각해 보기로 하자.

첫째로, 자기자신을 잘 알 필요가 있다. 즉, 자기가 받은 天賦가 어떤 것인지를 잘 알고 적당하게 음양조절을 하는 일이다. 가령 陽性을 너무 많이 타고난 사람이라고 한다면 정신적인 외향성을 경계하고 육체적인 안정에 유의하며, 음성적인 영양물을 취하는 일에 주의함으로써 陰氣의 부족을 충당하는 일이다. 둘째로는, 자기자신의 명령(命令)에 잘 부응하는 일이다. 다시 말하면 인간은 만물의 영장이면서도 자기자신을 모르는 면에는 하등동물만도 못한 것이다. 예를 들면 3일에 한번씩 범방(犯房)한 결과 피로가 심했다고 하면 5일이나 7일로 연장하여야 할 것이고 또는 저육(猪肉)을 먹으면 소화가 불량하거나 설사가 난다고 한다면 그것은 위장의 명령(命令)인 것이다. 그런즉 이와 같은 것은 자기자신의 명령이거나 요구인 것인즉 여기에 잘 복종하는 것이 또한 후천적인 연수(延壽)방법인 것이다.

셋째로는 정욕을 남발하지 않는 수양(修養)을 쌓는 일이다. 희노(喜怒)의 情이나 육체의 사욕(私慾)은 자기의 묘혈(墓穴)을 파는 것과 같다. 그러나 이것은 위에서 말한 3대 요건 중에서 가장 어려운 것이다. 그러므로 그만큼 수요(壽夭)와도 관계가 깊은 것인즉 더욱 주의를 요하는 것이다. 위에서 논한 바와 같이 인간의 정신은 생명과 함께 숙명적인 유전에 의한 것인 바 이것은 우주의 정신과 수명의 축소인즉 逆天道하면 열요(劣夭)할 것이고 順天道하면 우수(優壽)할 것이다. 그런즉 그 요체는 天運이 土化作用에 만전을 기하듯이 인간도 여기에 전역량을 경주(傾注)함으로써만이 壽하고 총명할 것이다.

제3절 인간정신(人間精神)의 통일(統一)

1. 인간과 총명(聰明)

정신의 통일이 요구되는 것은 정신을 완성시키기 위함이요, 따라서 인간정신의 완성을 욕구하는 것은 인간으로서 우주적인 明을 요구하는

데 있는 것이다. 왜 그런가 하면 인간이 만일 우주와 같은 明을 가진다면 인간의 인식과 판단이 정확하게 될 것이고 그것이 정확하게 되면 우주의 비밀을 개발할 수 있기 때문이다. 그러므로 인식을 정확하게 할 수 있나 없나 하는 문제는 철학자의 자격을 규정하는 데 있어서도 중요한 문제이거니와 또한 인간의 존귀성(尊貴性)을 유지하기 위해서도 가장 중대한 문제인 것이다.

그러므로 오늘날 인류문화가 요구하는 문제는 인식의 주체가 무엇인가 하는 것과 같은 형식적인 문제가 아니고 어떻게 하면 정확한 인식을 할 수 있는가 하는 문제에 있는 것이다. 다시 말하면 인식의 기본능력이 이성에 있는가, 그렇지 않으면 경험에 있는가 하는 것을 가지고 논쟁할 것이 아니라 정확한 인식을 할 수 있는 방법을 연구하고 그것에 의해서 정확한 인식을 할 수 있는 공부를 하는 데 있는 것이다.

만일 여기에서 우리들이 상수학적 지식으로써 이야기한다면 인식의 성립은 精작용과 神작용이 교호감응(交互感應)함으로써 이루어지는 것이라고 말할 것이다. 다시 말하면 神작용이 발현할 때에는 인식의 객관적 대상인 사물(經驗對象)이 발전하고 精작용이 수장(收藏)할 때에는 인식의 주관적 대상인 我(精神의 主體)가 明化(純粹理性化)하게 되는 것이다. 그런즉 이와 같이 明化된 '我'는 인식의 주체인 것이다. 그러나 이와 같은 인식의 주체인 것뿐만 아니라 또한 발전과 통일의 주체이기도 하므로 여기에서 생겨난 神의 발현작용인 사물의 형태는 참되고 정확할 것이다. 그러므로 인식은 인식의 주체인 我의 明과 객체인 사물의 감성적 형태와의 감응에 의해서 이루어지는 것이다.

그런즉 이것은 로크가 말한 바 외물적 감각(外物的 感覺)과 심적 반성(反省)의 결합으로 이루어진다고 한 것이나, 칸트가 말한 바 형식적 요소와 질료(質料)적 요소의 두 계기에 의해서 이루어진다고 한 것과 흡사한 것이다. 그러나 吾人이 논하려는 바는 이와 같은 형식적 문제에 있는 것이 아니라는 것은 위에서 말한 것과 같다. 그러므로 여기에서 논하려는 바는 인간이 어떻게 하면 총명(聰明)할 수 있는가 하는 문제를 논하려는 것이다. 그러나 현실적인 인간의 총명은 과연 어느 정도일까 하는 문제를 본다면 자기 총명에 대해서 자신 있는 대답을 하기는 곤란할 것이다. 왜 그런가 하면 개미[의(蟻)]나 돼지[돈(豚)]도 징후를 미연에 알 수 있는데 인간은 알지 못하지 않는가 하는 질문에 답할 수 없기 때문이다. 그렇지만 인간은 영리한 존재인 것은 사실이다. 그러므로 인간은 이것을 가지고 총명한 것으로 자부할는지도 모른다.

그러나 총명한 것과 영리한 것은 개념적으로 구별되어야 할 문제다. 총명(聰明)이라는 개념은 본래 귀[耳]와 눈[眼]이 밝다는 데서 이루어진 것이다. 그럼에도 불구하고 인간의 이목(耳目)이 지니는 바의 시청(視聽)은 지척지간(咫尺之間)을 경계로 하고 있다. 그런즉 이것은 영리(영리란 것은 비판단적인 우연성의 재능)한 것과 비교할 때에 호리지차(毫釐之差)에 불과한 것이다. 그렇다면 진실로 총명한 것이란 어떠한 것일까?

아마도 천지일월의 정신(우주정신)과 같은 총명을 말하는 것일 것이다. 왜 그런가 하면 인간은 본래 천지를 본받은 소우주이기 때문에 우주와 같이 총명하여야 할 것이지만 그렇지 못한 것은 육체의 협착과 그의 정욕 때문에 우주정신을 따를 수가 없는 것이다. 귀는 감수지규(坎水之竅)요, 눈은 이화지창(離火之窓)이란 것은 고성(古聖)들의 가르침이다. 다시 말하면 坎水가 잘 上昇하면 귀가 밝고(聰) 離火가 적당하게 發하면 눈이 밝(明)게 되는 것인 바 인간인 경우는 상술한 바와 같은 후천적조건과 육체적 결점 때문에 甲土의 聰生작용과 己土의 明生작용에서 우주와 같은 律呂數를 발하지 못하므로 우주 본연의 총명을 그대로 받아들일 수가 없는 것이다.

그렇다면 인간의 총명을 해치는 육체적 조건은 천품소생(天稟所生)이므로 할 수 없다고 할지라도 후천적으로 제어할 수 있는 정욕 같은 것은 막아야 할 것이다. 다시 말하면 인간정신이 이성적인 생활을 하게 되면 모든 정욕은 없어질 것이며 따라서 육체내에서는 土化作用을 잘하게 될 것인즉 腎水는 순조(順調)롭게 상승할 것이고 心氣(火)는 불평 없이 통일될 것이므로 相火의 거울[鏡]은 聰을 明으로 전환시키기에 충분할 것이다.

반대로 인간이 만일 정욕에 사로잡히게 되면 총명작용은 소모일로(消耗一路)로 향하게 되는 것이다. 가령 화가 나면 눈이 캄캄하고 기분만 나빠도 머리가 아픈 것은 바로 정신상태에 이상을 초래한 것을 의미하는 것인즉 이것은 바로 이성의 안정을 방해했기 때문이다. 그런즉 이성적 생활은 총명의 모체가 되는 것이 분명하다.

그러므로 인간은 언제나 머릿속에 달[月]이 떠 있을 만큼 이성 능력을 기르게 되면 감성적인 경험과 이성적인 통각(統覺)에 의하여 사물을 정확하게 판단할 수 있는 것이다.

그런즉 정신의 몽매(蒙昧)는 과연 누구의 허물일까 하면 이것은 '나' 자신의 허물인 것이다. 이와 같이 한 걸음만 잘못 걸으면 총명은 이성의 통곡성과 함께 멸망의 구렁텅이에 빠지고 말 것이다. 인식론의 시비도 사실상 이와 같은 총명 때문에 일어나게 됐던 것이다. 그러므로 역대의 인류지도자들은 明의 본질과 소재(所在)를 찾는 일에 전심전력하였던 것이다. 왜 그렇게 하는가 하면 신명(神明)의 소존(所存)과 소재(所在)만 명확하게 하면 인식은 문제되지 않기 때문이다. 따라서 정신의 통일도 그 목적이 바로 여기에 있는 것이다.

2. 종교정신(宗敎精神)과 도(道)

道라는 것은 우주운행의 법칙적인 길[道]을 말하는 것이다. 그런즉 그 법칙이란 것은 천지일월의 운행법칙이며 木火金水와 律呂의 법칙인 것은 말할 것도 없다. 그런데 이와 같은 법칙이 운행하는 길에서 일어나는 오묘불측(奧妙不測)한 변화는 만물의 생장성수의 과정과 인사(人事)의 길흉화복의 과정에서 출몰하는 것이다. 그러므로 그 길에서 일어나는 모든 변화를 연구대상으로 하는 학문을 도학(道學)이라고 하며, 그 변화 자체를 道라고 하는 것이다. 그렇다면 이와 같은 道는 지고지명(至高至明)한 정신이 아니면 감히 접근할 수 없는 경지이므로 이것을 가리켜서 종교, 즉 최고정점의 교육이라고 하는 것이다.

그러므로 도와 종교는 동일원리의 체용(體用)적 표현인 것뿐인즉 모든 종교정신(宗敎精神)은 천변만화하는 道의 정신이며, 도의 정신은 율려작용의 항존성(恒存性)의 완성이며 항존성의 완성은 '明', 즉 日月이 합명(合明)하는 변화의 귀결점이며 출발점인 바의 戌五點이며 空點이며 乾點인 것이다(제8장 본체론 참조).

그런즉 道의 목적, 즉 종교의 목적은 우주와 인간의 변화를 연구함으로써 대자연의 신비의 문을 개방하여 보려는 데 있는 것이다. 그렇지만 그 범위를 좀더 축소시킨다면, 즉 인간정신 문제까지로 압축하면 그것은 바로 생사와 선악문제로 귀결될 것이고 이것을 다시 궁극일점(窮極一點)까지 통일시킨다면 신명(神明)의 귀결점, 즉 일월합명(日月合明)의 明點까지 이르는 것이니, 이것이 바로 정신의 통일점인 것이다. 그러므로 본론은 종교정신을 일별함으로써 대자연의 통일목적을 찾아보려는 것이다.

첫째로, 불교의 목적을 한 마디로 말한다면 空의 항존처(恒存處)를 찾고 空에서 항존할 수 있는 지고지명(至高至明)한 인간을 창조하려는 데 있는 것이다.

그렇다면 '空'의 모습은 어떠한 것일까? 그것은 지신지무(至神至無)한 존재이므로 있는 듯 없는 듯한 적멸(寂滅)의 진경(眞境)인 것이다. 그런즉 이 경지는 유일한 神이 명화(明化)하고 있는 충화(充和)의 경지이므로 세속적 색채가 감히 병존할 수 없는 것이다. 그러므로 비록 세속에 사로잡혔던 사람이라고 할지라도 정욕으로 인한 형신(形神)의 노(勞)를 안정시키기만 한다면 法身으로 化하게 되므로 진리의 본원인 '空'으로 돌아갈 수 있는 것이다. '空'은 이러한 진경(眞境)이므로 거기에서 발하는 '사리(舍利)'의 광채는 우주와 같이 흐르고 있으므로 만물은 이 길[道]에서 도망할 수 없는 것이다.

註 사리(舍利)란 것은 불(佛)의 정신을 상징하기 위하여 佛의 신체(神體)의 일부를 탑중(塔中)에 보존하는 것인즉 그것은, 즉 佛의 정신인 것이다.

그러므로 이 경지에 달하는 것을 성불(成佛)이라고 하는 것이다. 佛이라는 개념은 이문(貳門)과 동장(動場)의 세속적 문화나 방종적 혼란을 막는다는 뜻이다. 좀더 자세히 말하면 貳門이라는 말은 金火가 交易을 시작하는 문, 즉 二火의 문을 말하는 것이요, 動場이란 것은 金火交易을 위하여 약동하는 장소를 지칭하는 것이니 이것이 바로 세속적 문화와 방종적 혼란의 거점인 것을 의미하는 것이다. 그 다음 '佛'이라고 하는 것은 佛字의 막는다는 뜻을 取한 것이다.

이와 같이 함으로써 '舍利'의 광채가 만고금(萬古今)을 통하여 사(邪)를 추방하고 자비지심으로써 중생을 제도(濟渡)하여 정토진경(淨土眞境)인 空에서 공존공영하려는 것이 불교의 목적인 것이다. 그런즉 여기에서 다시 불교의 목적을 종합하여 보면 세속적인 육체생활을 초월하고 대각(大覺)에 이름으로써 空으로 돌아가서 明을 찾으려는 것이다. 불교는 이와 같은 목적을 달성하기 위하여 속세를 도피하고 空에 한거(閑居)하면서 숭덕(崇德)하려는 것이다.

둘째, 仙敎는 無를 목적으로 하는 것인 바 '無'라는 것은 영원불멸(永遠不滅)하는 진기(眞氣)를 말하는 것이다. 이와 같은 眞氣는 변화작용을 계속하는 본원이므로 만물의 생명정신의 발현 능부(能否)는 여기에 달려있는 것이다. 그런즉 진기를 보호할 필요가 절실하므로 '포신묵좌(抱神默坐)'함으로써 도망할 수 없도록 하려는 것이다. 그렇게 하면 진기는 神으로 하여금 방종할 행동을 못하게 할 수 있는 것이다.

다시 말하면 진기는 木火金水와 같은 편기(偏氣)가 아니므로 神을 보호했다가 다시 새로운 性을 生할 수 있는 것이다. 이와 같이 하여서 神이 성화(性化)하게 되면 성은 만물로 발전하였다가 또다시 무화(無化)하게 됨으로써 유무합도(有無合道: 戊己合道) 작용을 하게 되는 것이니 이것은 바로 생명과 정신의 기본이 되는 것이다. 그러나 그 象은 易의 천산둔괘(天山遯卦 ䷠)의 象과 같으므로 이것을 仙道라고 했던 것이다. 다시 말하면 인물(人物)의 생장(生長)이란 바로 인물의 老死란 말과 상통되는 것인 바 그것은, 즉 形의 死는 神의 生을 의미하는 것이므로 인물의 死는 새로운 神을 창조하려는 우주의 표현인 것이다. 그러므로 이것이 바로 창생으로 하여금 삼청별계(三淸別界)로 들어가게 하는 과정인 것이다. 선교는 이것을 가리켜서 '無'라고도 하며, 또는 '中'이라고도 한다.

그러므로 선교는 '中'을 지킴으로써 '一'을 포위하는 것을 목적으로 하므로 이것을 '수중포일(守中抱一)'이라고 한 것이다. 이와 같이 고찰해 보면 이것은 불교가 말하는 바의 空에 도달하려는 '中'점, 즉 '無'의 작용을 중시하는 것이다. 왜 그런가 하면 만일 이와 같은 無의 中點이 없다고 하면 空도 이루어질 수가 없기 때문이다.

그런즉 불교와 선교의 차이점은 다만 하나는 창조의 완결점을 중시하고 하나는 창조의 시발점을 중시한 것뿐인즉 도통(道統)의 연원은 모두 '一'의 理에 있는 것이다.

셋째로, 儒敎의 목적은 仁을 행하려는 것이다. 그러므로 유교는 精을 위주로 하는 것이니 精이란 것은 神을 一의 位에 통일시키려는 것인 바 그것은 유위(維位)에 얽어매어 줌으로써만이 가능한 것이다. 그러므로 이것을 '유정유일(惟精惟一)'이라고 하는데 仁은 이러한 조건에서 이루어지므로 유교는 그 목적을 仁에 두었던 것이다. 그런데 우주의 仁은 이렇게 이루어졌으므로 인도(人道)에 있어서는 또한 자기의 이해(利害)를 돌보지 않고 사람을 위하는 것을 '仁'이라고 하는 것이다. 그런즉 이것은 바로 우주가 사물을 生하기 위하여, 즉 仁하기 위하여 자기 이해를 초월한 공도(公道)만을 행하는 법칙을 그냥 본받은 것이다.

그러므로 유교를 정의하기를,

| 精義入神 | 利用安身 | 故 | 惟精惟一 | 允執厥中 |
| 정의입신 | 이용안신 | 고 | 유정유일 | 윤집궐중 |

이라고 하였던 것이다. 이것을 풀어서 말하면 土金水之氣로 神을 坎 속에 축장(縮藏)하게 함으로써 안신(安身)의 바탕이 이루어지게 되므로, 거기에서 精과 一이 합일되었다가 다시 축장(縮藏)한 것을 뚫고 中에서 움트게 된다는 말이다. 그러므로 이것을 유교라고 한 것이니(儒자는 수(需)자와 통한다) 바로 수천수괘(水天需卦 ䷄)의 象을 취한 것이다. 다시 말하면 윤집궐중(允執厥中)하는 장소, 즉 만물이 생의(生意)를 나타내는 방위의 象이 需의 象과 같은 것을 취상의 대상으로 한 것이다.

이제 여기에서 유교를 한마디로 요약해 보면 그 목적이 '윤집궐중(允

執厥中)'에 있는 것이다. 그러나 궐중(厥中)하게 되면 거기에서 仁(生意)이 발하므로 유교의 목적은 仁에 있다고 하는 것이다(河心夫의 「正易註解」 참조).

이상에서 삼교정신을 略한 바 그것을 재고하여 보면 불교는 정신의 완전 통일점인 空에 기본을 두었고, 선교는 통일의 출발점인 無에 기본을 두었고, 유교는 통일에서 다시 생의(生意)를 발하는 곳에 기본을 두었다고 하는 점만이 다를 뿐이다. 그런즉 이것은 동일한 원리와 동일한 법칙이 운행하는 본중말운동의 한 점씩을 각각 대표한 것 뿐이요, 결코 변화원리 자체가 상수(相殊)한 것을 의미하는 것은 아니다. 그러므로 이것을 종합하여 동양철학의 원리라고 하는 것이니 그 원리는 모두 '집중관일(執中貫一)' 하는 데 있기 때문이다.

그럼에도 불구하고 족적(足跡)이 상이(相異)하고 문호(門戶)가 각수(各殊)하였던 것은 동양에 있어서도 전국(戰國) 이후에 도통지전(道統之傳)이 암흑기에서 헤맸기 때문에 마치 서로 이단(異端)인 것처럼 생각하면서 오늘에 이르렀던 것이다. 그러나 道라는 것은 변화의 길이고 변화의 길(法則)은 하나뿐인즉 그 길에 서로 상이(相異)한 원리가 있을 수 없는 것이다. 그런즉 종교가 불원한 장래에 통일될 것은 물론이거니와 인지(人智)가 이 정도까지 보편화될 때면 인간이 철학의 최고 목표인 '明'을 가지는 것도 용이할 것이며 또한 신비의 문호도 개방될 것이다.

3. 정신(精神)의 생사(生死)

우주간에서 살고 있는 만물은 반드시 生死가 있다. 만물은 形을 가지고 있으므로 이것은 피할 수 없는 運命이다. 즉, 木氣가 주동할 때에는

生이 시작되고 金氣가 주동할 때는 死가 시작되는 것이다. 다만 생사에 있어서 다른 점이 있다고 한다면 인간과 같은 신기작용(神機作用)을 하는 것과 초목과 같은 기립작용(氣立作用)을 하는 것과의 차이가 있는 것뿐이다.

다시 말하면 인간과 같은 神機는 자기의 운동요인인 율려를 자기자신이 창조하지만 식물과 같이 대기의 지배하에서만 사는 氣立之物은 다만 우주에서 生하는 율려에 의해서 사는 것이다. 그런즉 인간과 같은 신기는 자기 우주의 율려작용에 의해서 生하므로 자기 우주의 율려수가 다함으로써 죽게 되는 것이지만 식물과 같은 것은 우주인 자연이 배급하는 율려수에 의해서만이 살고 있는 것이다. 그러므로 소우주인 신기(神機)에서는 精과 神이 합일함으로써 정신운동이 일어날 수 있지만 식물과 같은 기립지물에서는 정신운동이 있을 수가 없는 것이다.

그러므로 여기에서 논하려는 바는 생사(生死)의 대상은 오직 신기(神機)인 인간에 있다.

그런데 만물의 생사에 대한 것은 제6장에서 논한 바이므로 여기서는 略하기로 하고, 本稿에서 좀더 부연 논술하려는 바는 인간의 생사에 대한 구체적인 문제인 것이다. 다시 말하면 인간의 생사란 것은 육체를 대상으로 하는 것인가, 그렇지 않으면 정신을 대상으로 하는 것인가 하는 문제이다. 이 문제를 고찰해 보면 만물(인간이나 식물)은 그 형체가 율려작용, 즉 생명력을 얻으면 生하게 되고 형체가 생명력을 잃으면 死하게 된다. 그런즉 생사란 것은 形을 대상으로 하는 개념인 것이 분명하다.

그러므로 만물은 율려작용을 잃게 되면 그 형체가 썩어버리지만 반대로 율려작용을 얻으면 형체가 生하게 되는 것이다. 여기에서 예를 들면 육체의 한 국소(局所)가 썩어지는 병에 있어서 그 썩는다는 것은 그 국소에서 율려작용을 하지 못한다는 말이다. 그러므로 이것을 치료하는 방법으로서는 그 국소에서 율려작용을 하게 하여 주는 것이다. 그런데 율려가 운동을 정지하게 되는 원인은 율려의 주동체(主動體)인 律, 즉 陽의 기능불급(機能不及)에 있으므로 보양(補陽)을 하면 그것은 바로 律呂의 주동력인 律을 도와주는 것이 되므로 금방 새 살이 나오게 되는 것이다. 그런즉 종창(腫瘡)이 농화(濃化)한 후에 새 살이 나지 못하거나, 혹은 수술 후에 새 살이 나지 못하는 것 같은 것은 모두 동일한 예인 것이다.

이것은 한 국소가 썩는 것, 즉 죽어가는 것에 대한 예이지만 인체나 물체가 전부가 썩는다는 것은 바로 死다.

그런즉 우리는 위에서 말한 적은 예에서 능히 만물의 死라는 것은 形의 死인 것을 알았다. 그렇다면 육체가 소멸할 때에 정신은 어떻게 되는 것일까 하는 것이 문제다. 이 문제는 진실로 수천 년간에 동원되었던 모든 사람들이 그들의 이성(理性)으로써 해결하기 어려웠던 신비인 것이다. 그런즉 본고가 이것을 논하려고 하는 것은 무모한 일인지도 모른다. 그러나 역대의 성철들이 유의이불언(有意而不言)하고 유술이불발(有述而不發)한 골격들이 전해 왔으므로 감히 붓을 드는 것이다.

위에서 말한 바와 같이 생각해 볼 때에 율려의 본원인 정신은 육체가 소멸한 후에도 남아있는 것은 사실이다. 왜 그런가 하면 인간정신이란 것은 바로 우주정신인 바 만물이 몇 억 회씩 자기주기(自己週期)가 끝나는(즉 죽는) 동안 우주의 율려운동(律呂運動)은 의연히 계속하고 있는즉, 이것은 우주정신의 무궁(無窮)을 의미하는 것이다. 그런데 인간의 육체가 죽는다는 말은 곧 우주에서 받은 정신을 우주에 환원시킨다는 말인즉, 인간에게 있었던 정신은 다시 우주정신과 합일되거나 그렇지 않으면 공간에 흩어져 버리고 말 것이다. 만일 인간정신이 우주정신과 합일할 수가 없다고 하면 이것은 육체와 정신이 함께 죽어 버린다는 것을 의미하는 것이다. 그러나 인간정신이 만일 우주정신과 합일된다고 하면 육체만 죽고 정신은 항존한다는 것을 의미하는 것이 된다.

그런즉 본고에서는 잠깐 인간정신이 우주정신과 합일할 수 있는 존재라고 가정해 놓고 생사문제를 논술하기로 하겠다. 다시 말하면 인간의 관능(官能)으로 활동하는 정신과 우주의 본능작용을 바탕으로 하는 정신이 어떻게 합일하는가 하는 것을 논함으로써 그 결론을 귀납하려는 것이다.

즉, 감각이나 지각이나 기억이나 사고력이나 이해력이나 明과 같은 각력(覺力)을 가진 인간의 관능작용을 토대로 하는 정신과, 이와 같은 관능작용을 가지지 아니한 소천지(素天地)의 정신을 비교연구하면서 결론 지으려는 것이다.

사실상 인간의 생리작용은 心(土)을 주체로 하고 肺(木)·脾(火)·肝(金)·腎(水)으로써 보좌하면서 모든 변화를 일으키므로 그 보좌하는 바의 폐비간신(肺脾肝腎)의 기능을 관능이라고 하는 것이다. 그런데 정신의 활동주체인 心(土)은 이와 같은 모든 관능의 도움을 얻음으로써 감각·지각·기억·사고의 순서를 거쳐서 이해, 즉 지(智)를 이루게 되는 것이다. 그런즉 이것은 바로 정신은 그의 활동 주체인 心(土)이 木(肺)·火(脾)·金(肝)·水(腎)와 공동작용을 하면서 활동한다는 것을 의미하는 것이다.

> **註** 위에 논술한 바의 오행배속은 동무(東武)가 밝힌 것인 바, 첫째로 이것은 만물생성의 裏面을 논한 것이요, 둘째 그는 우주나 인간은 통일을 주체로 한다는 것을 논한 것이다. 다시 말하면 내경(內經)에 五行을 木(肝)·火(心)·土(脾)·金(肺)·水(腎)로 논한 것은 만물생성의 표면, 즉 현상을 논한 것인즉 이것은 생장면에 중점을 둔 것이요, 東武가 土(心)·金(肝)·水(腎)·木(肺)·火(脾)로 배정한 것은 만물의 이면, 즉 통일면에 중점을 둔 것이다. 그러므로 전자를 오행의 일반적 원리라고 하고 후자를 그의 이면원리라고 하는 것이다.

그러므로 다음에는 여기에 의해서 오관(五官)의 관능(官能)작용이 어떻게 이루어지는가 하는 것을 연구하기로 하겠다. 木의 작용은 표면에 있는 金의 제압을 받게 됨으로써 이루어지는 것이고 火의 작용은 표면에 있는 土의 작용이 가장 왕성할 때에 이루어지는 것이다. 다시 말하면 木이나 火라고 하는 일반적 개념은 그것을 본질면에서 본 것이다. 그러므로 이것을 실제로 작용하는 면에서 보면 木이 작용할 때는 金이 확장하기 위한 율동으로 나타나고 火가 작용할 때는 土가 수렴하기 위한 왕기(旺氣)를 띨 때가 절정이 된다는 말이다.

그런즉 이 때에는 감각과 지각과 기억력이 발전되는 것이니 청소년기의 인간이 감정과 기억이 풍부한 것은 바로 이 때문인 것이다.

金의 작용은 표면의 木을 속으로 들어가게 하는 작용을 하는 것이다. 그러므로 폐(肺)가 비기(脾氣)에 의해서 상승한 水氣를 사장(四藏)에 파부(播敷)하면서 형체의 모든 조직을 포괄하는 것은 실로 체내의 木氣를 통일하려는 데 있는 것이다.

그런데 水만은 표리작용(表裏作用)이 없다. 그것은 그 자체가 응고성(凝固性)과 유동성(流動性)과 조화성(調和性)을 가진 불변의 '一'者이기 때문이다. 이와 같이 金水의 과정에서는 사고력과 이해력과 明이 생기게 되는 것이다. 그러나 이와 같은 사고력이나 이해력이나 明도 心(土)의 사고작용에 의해서 이루어지는 것이다. 모든 사고는 心(土), 즉 정신활동(精神活動)이 통일과정으로 들어갈 때에 이루어지는 것이다. 왜 그런가 하면 사고작용이란 것은 木火와 같은 적극성과 金水와 같은 소극성의 중간점인 土에서 제일 왕성한 것이므로 인간 30~40세가 바로 사고의 시발점이다. 그러므로 인간은 30~40세 이후부터 이해력과 明이 왕성하게 되는 것은 바로 金水가 자기의 관능을 발한다는 반증이기도 한 것이다.

위에서 고증한 바에 의해서 보면 인간의 관능이 모든 정신작용을 반응(反應)하는 것은 그 원인이 木火金水의 표리작용에서 일어난 것이지만 만일 인간정신이 육체라는 물질, 즉 정신의 반응 대상이 없다고 하더라도 정신작용이 감각이나 지각을 각득(覺得)할 수 있었을까 하는 것을 생각할 때 이것은 불가능하다고 할 수밖에는 없다. 왜 그런가 하면 모든 각능(覺能)은 체내에서 야기(惹起)되는 득려작용(得呂作用)이 육체와 교회(交會)되는 데서 일어나는 반응인즉 육체가 없는 곳에서는 감각이 생기지 못하는 것이다. 그러므로 여기서는 기억력이나 사고력이나 이해력과 같은 것은 생기지 못한다.

왜 그런가 하면 기억력은 형체내에서 일어나는 율려작용이 양생과정(陽生過程)에서 약간의 수렴(收斂)을 받을 때에 왕성하여지는 것인즉 육체변화의 1, 2단계, 즉 木火의 단계(감각과 지각의 단계)에서 그 이상의 단계인 기억작용이 일어날 수가 없는 것은 물론이다. 그 다음에는 사고력이 생기게 되는 바 사고작용은 지각이 기억으로 化할 때에 이것에 자기비판을 가하려는 작용으로서 일어나게 되는 것인즉 그것이 바로 지능이 통일되기 시작하는 시초인 것이다. 그런데 이것은 육체라는 陰이 陽을 통일하는 과정에서 생기는 것이다. 그 다음은 이해작용이 생기게 되는 바 이해란 것은 칸트가 말한 바의 통각(統覺)과 같은 것을 말하는 것이니 사고한 결과(結果), 정확한 해명을 얻을 수 있는 작용을 말하는 것이다. 그런데 이것은 육체라는 陰形이 陽을 통일하는 제2의 단계로서 생기는 것이다. 이와 같은 5단계의 과정을 거친 다음에 '明'이 생기게 되는 것인즉 여기에서 인간정신은 완성되는 것이다.

위에서 말한 바는 인간정신이 생성하는 과정을 논한 것인 바 이것은 육체라는 形 때문에 처음으로 생기기 시작한 감각이나 지각이 차츰 발전함으로써 이루어진 것이다. 그러나 반면으로 우주정신을 고찰해 보면 우주는 인간에 있어서처럼 협소한 形 속에서 운동하는 것이 아니므로 각능(覺能)의 대상이 없는 것이다.

그런즉 우주운동은 기억·사고·이해와 같은 관능작용을 할 수 없는 것은 물론이다.

그렇지만 우주에 정신이 엄존하는 한 육체에서 일어나는 모든 관능작용도 그 신명(神明)을 받아서 이루어진 것이므로 인간정신의 모체는 우주정신인 것이 분명하다.

이와 같이 생각해 보면 육체가 소멸된 뒤에 해방된 인간정신은 우주정신으로 환원함으로써 최고의 목적을 달성하게 되는 것이다. 다시 생각해 보면 우주정신이 육체와 결합될 때 인간의 관능이 생기고 그 관능은 각수기직(各守其職)하면서 자기정신을 발현시키고 있는 것이다. 한 예로써 설명한다면 영아의 관능은 감각과 지각에서부터 시작하여서 그 다음에 기억력이나 사고력·이해력으로 발전하는데 이것은 천부(天賦)로서 받은 우주정신이 육체의 발전과 함께 발전한다는 것을 반증하고 있는 것이다. 이와 같이 하여서 우리가 인식하는 바와 같은 정신을 형성한 것이다. 그러므로 우주정신과 인간정신은 그 본질은 동일한 것이지만 그 象과 작용은 다르다. 즉, 우리의 육체적인 정신과 우주정신은 그 생성조건이 서로 다르기 때문에 동일할 수 없는 것이다. 그러므로 모든 인간적인 관능작용으로써 이루어지는 인간정신은 혼탁(混濁)하지만 우주의 본능작용으로써 이루어지는 우주정신은 순수한 것이다.

그렇지만 우주정신과 인간정신은 그 본질이 동일한 것이므로, 즉 인간정신은 최초에 우주정신에서 받은 것이므로 인간이 죽으면 우주정신과 합일되어야 할 것이며, 또는 합일됨으로써 자기정신과 우주에 대한 봉공(奉公)이 될 수 있는 것이다. 그럼에도 불구하고 인간은 죄악과 정욕에 얽매여서 정신을 통일하지 못하고 이산(離散)만을 하고 있다. 이것은 물론 인간이 존귀한 것으로 보고 있는 관능작용의 소산인 것이지만 사실상 인간적인 관능은 죄악과 정욕의 관능이며, 또한 정신의 통일을 방해하는 본원인 것이다. 그러므로 인간정신은 우주정신과 합일될 자격이 없다. 다시 말하면 우주정신은 일순간도 쉬지 않고 통일작용을 계계승승(繼繼承承)하고 있는데, 즉 明의 창조에 여념이 없는데도 불구하고 인간은 그 정신이 타락과 멸망(분산하면 멸망함)의 길에서 방황하고 있으므로 이것이 육체를 떠나기만 하면 분산되어 버리므로 진정한 의미의 死에 이르고 말 것이다.

그런즉 상술한 바와 같이 死란 것은 육체만의 死라야 옳은 것이다. 그렇지만 현실적인 인간은 육체와 함께 정신마저 멸망되어 버리는 것이다. 그렇게 된다면 자기의 정신은 영원히 죽어버릴 것은 물론이다. 반대로 우주의 도를 따라서 죄악과 정욕을 버리고 자기정신을 통일하는 데만 전력한다면 인간정신은 통일되어서 우주정신과 합일되었다가 또다시 새로운 형을 타고 본연의 자기로서 소생(蘇生)하게 될 것이니 이것이 생명과 정신의 영원인 것이다. 그러므로 종교나 도는 선애와 자비를 이행하는 것으로써 신명(神明)을 통일시키려고 노력하였던 것이다.

그러므로 도(道)나 종교(宗敎)는 사회의 정화(淨化)나 정치의 광정(匡正)에 목적이 있는 것이 아니고 인간으로 하여금 본연의 정신으로 돌아가게 하는 데 목적이 있는 것이다.

위에서 인간정신은 우주정신과 합일한다는 것을 우선 전제한 것은 바로 이와 같이 결론 지으려고 하는 데 목적이 있었던 것이다.

이제 여기에서 인간정신의 종말에 대해서 다시 한번 생각해 보면, 사람은 본래 우주에서 통일된 정신을 받아 가지고 이 세상에 왔다. 그럼에도 불구하고 인간이 그 정신을 다시 우주에 바칠 때는 분산된 정신을 바치는 것이 보통이다.

그렇다면 이것이 우주에 대한 忠일까, 그렇지 않으면 孝일까. 이것은 물론 불충불효(不忠不孝)다.

 충효사상은 바로 이러한 천지지도(天地之道)를 바탕으로 이루어진 것이다. 그러므로 고인(古人)은 '획죄어천(獲罪於天)이면 무소도야(無所禱也)'라고 한 것이니 이것이 바로 득도자(得道者)의 원려(遠慮)임을 느끼게 하는 우리 동양의 철학인 것이다.

제8장 우주의 본체(本體)

　우주(宇宙)의 본체(本體)는 무엇인가 하는 것은 정신의 본체는 무엇인가 하는 것과 같이 신비경 속에서도 가장 유현(幽玄)한 곳이다. 그러므로 인간은 항상 이것을 불가침의 신비세계, 즉 천당이나 극락의 권부(權府)와 같이 생각하였던 것이다.
　그러므로 인간은 감히 이것을 계발(啓發)하려고 생각하지 못하였을 뿐 아니라 설혹 착상(着想)하려는 학자가 나왔다고 할지라도 공상으로 시종(始終)하고 말았던 것이다.
　그러나 태시천원책문(太始天元冊文)에 천체에서 五運이 변화하는 象을 수상(垂象)했고 그 후에 하도와 낙서로써 五行원리와 그의 운동법칙을 계시한 것은 분명히 조물주가 인간에게 우주원리를 개발(開發)하라는 암시거나 또한 명령이라고 생각하여야 할 것이다. 이(於是)에 복희(伏羲)가 팔괘를 그려서 象을 표시하는 기본을 만들었고, 황제(黃帝)가 갑자성두(甲子星斗)의 원리를 밝혔고, 문왕(文王) 주공(周公)이 작사해명(作辭解明)함으로써 '易'이 완성되었으니 이것은 바로 변화의 象과 數가 완성된 것을 의미하는 것이다.
　공부자(孔夫子)의 탄생으로써 易에 십익(十翼)을 가하게 된 것은 易의 상수원리(象數原理)를 보편화하려는 대성(大聖)의 유지(遺志)로서 또는 만세지사(萬歲之師)로서 지구 위에 군림하게 되었던 것이다. 여기에서 공부자(孔夫子)가 우주의 본체가 태극이라는 것을 밝혀 놓았고 그 후 주자(周子)가 무극설(無極說)을 제창(提唱)했고 김일부(金一夫)가 삼극원리(三極原理)를 밝혀 놓음으로써 우주의 본체와 그의 운동하는 象이 일목요연하게 밝혀졌던 것이다.

그러므로 본고는 선성(先聖)의 유지(遺志)에 따라 天古의 신비경을 헤쳐보려는 것인 바 혹시 성지(聖志)의 오의(奧義)를 그르치지 않을까 두려운 생각 금할 바 없는 것이다. 그러나 세계문화의 사조(思潮)는 진리의 개발을 요구한 지 이미 오래 되었는데 우주변화의 기본진리인 오동(吾東)의 성지(聖旨)를 언제까지나 보호잠장(保護潛藏)하는 것만으로써는 후인으로서의 임무를 다했다고 자부할 수 없는 것이다.

그러므로 필자는 감히 당돌함을 무릅쓰고 천고의 신비인 우주의 본체를 더듬음으로써 후일 정비(精秘)의 정체(正體)와 대결할 수 있는 다리를 놓아 보려는 것이다. 그런즉 졸론(拙論)이 비록 가교(假橋)일망정 이것으로 인하여 사도개발(斯道開發)에 대한 호모(毫毛)의 도움이라도 된다면 그것으로써 만족을 느끼려는 것이다.

제1절 우주의 본체(本體)와 상(象)

1. 태극도설(太極圖說)

1) 고태극도 해설(古太極圖 解說)

태극이란 개념은 한 마디로 말하면 극히 클 수 있는 바탕을 지니면서도 극히 작은 象을 나타내는 것을 말한다. 다시 말하면 우주가 음양을 생성하는 象은 陽이 生하려고 할 때에는 그 象은 극히 작은 것이지만 이것이 장차 큰 陽을 나타낼 수 있는 본질을 지니고 있으며 陰이 成하려 할 때에는 그 象은 극히 작으면서도 장차 큰 陰을 형성할 수 있는 象을 지니고 있는 것이다. 그런즉 陽의 극단(極端)과 陰의 극단은 각각 그 태극의 운동현상인 것이다. 그렇다면 이와 같은 작용은 반드시 본체가 있을 것인 바 그 본체를 가리켜서 태극이라고 한다.

이 그림은 본래 도가(道家)에 의해서 전래한 것인 바 그것은 조중전(趙仲全)에 의하여 전해 오는 것이다. 그런데 그 내용이 지극히 정미(精微)하고 또한 팔괘가 생성하는 象이 유루(遺漏) 없이 정확히 나타나고 있은즉 가히 태극의 정체를 상징하는 데 만족하다 할 것이다. 그러나 이 그림은 세전(世傳)한 지 천여재(千餘載)에 각가(各家)의 횡설수설도 많았지만 상고(詳考)하여 보면 이것이야말로 우주의 본체인 태극을 설명하는 데 있어서 다시 없는 지침(指針)인 것이다. 그러므로 다음에 이 그림의 내용을 설명하면서 태극을 논하기로 하겠다.

(古)太極圖를 자세히 살펴보면 동북방의 丑에서 백권(白圈)이 시작하여서 未에 이르게 되면 동남의 표면으로 발전하던 陽은 裏面으로 들어가기 시작하여서 戌의 부위에 이르게 되면 통일이 완성되고 동시에 丑에서 일어날 陽을 養하게 되는 것이다. 반대로 서남방의 未에서 흑권(黑圈)이 시작하여서 丑에 이르게 되면 서북의 표면에서 포위하던 陰은 裏面으로 들어가기 시작하여서 辰의 부위에 이르게 되면 陰은 세력을 잃고 다시 이면에서 장차 未에서 기시(起始)할 바의 陰을 養하게 되는 것이다.

그런데 도(圖)에 표시한 丑未는 각각 丑未土의 말미에 해당하게 되는 것이다. 즉, 축종(丑終)은 축시(丑始)에서 시작되고 미종(未終)은 미시

(未始)에서 시작한다는 말이다. 그런즉 丑의 부위 전면(全面)은 그림에 나타나는 바와 같이 순음(純陰)이고 未의 부위 전면은 순양(純陽)인 것이다. 그런데 복희(伏羲)가 팔괘도를 획함에 있어서 정남에 乾을 놓고 정북에 坤을 놓은 것은 건곤(乾坤)이라는 순양(純陽)과 순음(純陰)은 만물생성의 기시(起始)이며 음양운동의 본원이기 때문에 우주운동의 본원인 남북극을 표준으로 하고 배정한 것이거니와 후에 도가에 의해서 (古)太極圖를 그릴 때에 순음순양(純陰純陽)인 음양을 乾坤之次(자리)에 놓은 것은 진실로 복희가 건곤(乾坤)을 배치한 뜻과도 동일하거니와 우주

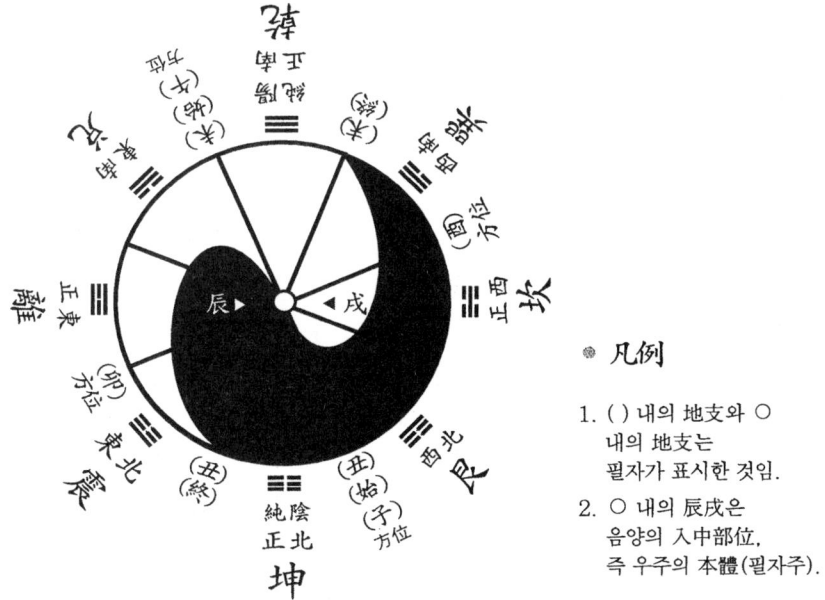

凡例

1. ( ) 내의 地支와 ○ 내의 地支는 필자가 표시한 것임.
2. ○ 내의 辰戌은 음양의 入中部位, 즉 우주의 本體(필자주).

(고) 태극도

운동의 正道(지축이 경사되지 않은 것)와 부합되는 것이다. 다시 말하면 건곤은 우주작용의 본체인즉 그것은 또한 태극의 본체이기도 하다. 그런즉 음양이라는 후천적 작용은, 즉 乾坤의 가음가양작용(假陰假陽作用)에 불과한 것인 바 이것이(後天陰陽) 바로 (古)太極圖가 상징한 바의 순음순양(중앙의)에서 일어나는 것이다. 그러므로 태극도(太極圖)의 건곤은 마땅히 중앙에 位해야 하는 것이다.

  그 다음으로 진괘(震卦)와 손괘(巽卦)의 부위에서 음양의 象을 살펴보면 震의 부위에서 보면 밑에 陽(日)이 1/3 정도만큼 있고 그 위에 陰이 2/3 정도만큼 두텁게 있으니 이것은 바로 震卦(☳)의 象이 이음지하(二陰之下)에 一陽이 깔려 있는 것을 표시한 것이고, 巽의 부위에서 보면 밑에 陰이 1/3 정도만큼 있고 그 위에 陽이 2/3 정도만큼 두텁게 있으니 이것은 바로 巽卦(☴)의 象이 이양지하(二陽之下)에 일음(一陰)이 깔려 있는 것을 표시한 것이다.

  그런즉 이것도 역시 복희괘도의 의미를 태극도로써 여실히 표시하여 놓은 것이다.

  그 다음은 艮의 부위에서 음양의 象을 살펴보면 밑에는 陰이 2/3 만큼 있고 그 위에는 陽이 1/3 정도만큼 덮여 있으니 이것은 바로 艮卦(☶)의 象이 일양지하(一陽之下)에 이음(二陰)이 있다는 것을 표시한 것이고, 兌의 부위에서 보면 밑에는 陽이 2/3 만큼 있고 그 위에 陰이 1/3 만큼 덮여 있으니 이것은 바로 兌卦(☱)의 象이 일음지하(一陰之下)에 이양(二陽)이 있는 象으로 구성되어 있다는 것을 표시한 것이다. 그런즉 이것도 역시 복희도의 의미를 여실히 상징하고 있는 것이다.

  이와 같이 고찰해 보면 이 그림 태극도로서는 이 이상 더 팔괘의 생성 이치를 표시해 낼 수 없는 것이다. 근래(近來)에 이르기까지 많은 태극도가 배회하고 있지만 이 그림처럼 원천태극(原天太極)을 팔괘생성의

象대로 표시한 것은 없으며, 또 표시해 낼 수도 없는 것이다. 만일 이것을 문왕도의 象에 맞추어 그린다면 또 한 개의 태극의 象이 나올 수도 있으나 이것은 병든 태극의 현상이 될 것이므로 원천태극(原天太極), 즉 태극의 자연적인 상태가 될 수는 없다.

그렇다면 이것을 왜 태극이라고 하는가 하는 문제를 논하여야 한다. 태극의 운동이란 것은 丑과 未의 기두에서 호상교체(互相交替)하면서 음양이 기복하는 운동을 말하는 것인 바 이것은 오행원리로서 보면 五六의 소장운동(消長運動)이고 팔괘의 象으로서 보면 건태리진(乾兌離震)과 손감간곤(巽坎艮坤)이 기복하는 象이다.

그러나 이러한 象이 있은즉 반드시 그 象을 나타내게 하는 중심점, 즉 본체가 있을 것이다.

그런즉 그 본체란 것은 바로 위의 그림의 중앙의 점, 즉 팔괘의 핵심점인즉 태극도의 정중앙백점이 바로 그것인 것이다. 그런데 이것을 왜 태극이라고 하였는가 하면 이 한 점은 가장 작으면서도 가장 큰 작용을 하려는 중심점이기 때문이다. 그러므로 그림의 중앙 흑백권 中에다가 ▷표와 ◁표를 한 것이니 이것은 음양이 이 점에 이르러서 다시 기복작용을 하려는 뜻을 머금은 것을 표시한 것이다.

태극도(太極圖)가 이와 같이 정밀무비(精密無比)한 象을 나타낼 수 있도록 그려진 것은 도가(道家)에 의한 공로거니와 이러한 완전한 도(圖)가 있음으로써 필자가 위에서 말한 바 土의 중심점, 즉 십자형의 '十'자의 중심교차점이 바로 우주의 본체라고 하였던 것도 이 때문이거니와 이것만 보아도 우주의 본체는 태극일 수밖에 없는 것이다.

그러면 다음은 이와 같은 태극이 어떻게 운동하는가 하는 것을 논해보기로 하겠다.

[註] 위에서 (古)太極圖는 그의 발전과정에서 팔괘의 생성하는 象을 어김없이 나타냈다는 것을 약술하였으나, 더욱 구체적으로 논하려면 복희도(伏羲圖)와 문왕도(文王圖)가 八卦를 표시한 원리를 논하여야 할 것이다. 그러나 그것은 역학(易學)의 전문분야이므로 여기에서는 약한다.

2) 주렴계(周濂溪)의 태극도설(太極圖說)

태극이 우주의 본체가 된다는 것은 (古)太極圖를 연구했고 또 이것이 복희도(伏羲圖)의 象과 꼭 부합된다는 점을 발견하게 됨으로써 비로소 알게 되었다. 그러나 그것은 다만 복희괘도와 태극도가 이론적으로 상부상합(相符相合)된다는 추상적인 논거인 것뿐이고 구체적인 논증이 될 수는 없는 것이다. 그러므로 주자가 이 점을 밝히기 위하여서 논한 것이 '周子의 태극도설(太極圖說)'이다.

다시 말하면 주자가 (古)太極圖의 진리를 알고 이것이 어떻게 운동하는가 하는 것을 밝혀 놓은 것이 바로 그의 태극도설인 것이다. 그러므로 다음에 그의 태극도설을 그려놓고 태극이 동정(動靜)하는 象, 즉 우주본체의 운동 모습을 고찰하려 한다.

'한상역도(漢上易圖)'는 周子에 의하면 진단(陳搏)이 충방(种放)에게 가르침으로써 시작하여 충방(种放)이 목수(穆修)에게, 목수(穆修)가 周子에게 전한 것이라고 한다. '한상역도'는 이와 같이 전래된 것이거니와 周子는 그것을 기반으로 하고 소위 '周子의 太極圖說'을 그리게 된 것이다. 그런데 이 圖는 周子가 사실상 (古)太極圖의 내용을 설명하기 위한 圖로써 작성한 것이다. 그러므로 다음에 그 내용을 논하겠거니와 잠깐 여기에서 논급할 것은 태극도설이라는 개념에 대한 문제이다. 일반적으로 말하면 태극도설이란 것은 周子의 태극도와 그 설을 합하여 말하는 것이다. 그러나 周子의 태극도는 어느 모로 보나 단순한 태극도만은 아니다. 이것은 周子가 태극의 운동하는 象을 해설하기 위한 그림인 것이다. '說' 자의 뜻에는 '까닭' 이라는 의미가 있은즉 태극도설이란 개념은 태극도의 까닭, 즉 태극도의 운동 내용을 표시한 그림이라는 말이다. 그러므로 필자는 이 그림 자체가 바로 '太極圖說' 이라고 규정하는 것이다. 그러면 다음에 '한상역도' 부터 먼저 논하기로 하겠다.

'한상역도(漢上易圖)' 의 상부에 표시한 흰[白] 空에는 음정(陰靜)이라고 표시하고 있는 바 이것은 바로 우주운동의 본원을 표시한 것이다. 다시 말하면 우주는 음양으로 운동을 하고 있는 것인즉 그의 운동하는 象이 표시되려면 반드시 음양의 상태가 나타나야 할 것인데 이 그림은 단

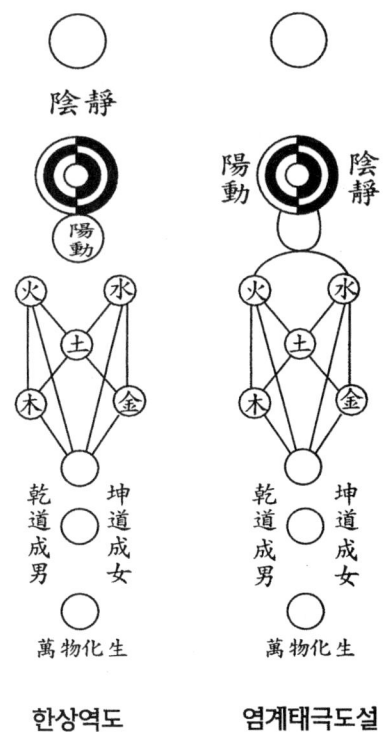

한상역도   염계태극도설

순히 소지(素地: 흰바탕)에 空을 표시한 것은 아무런 운동도 하지 않고 있다는 것을 의미하는 것이다. 그러므로 이것을 靜이라고 하거니와 더욱이 음정(陰靜)이라고 한 것은 土의 상태를 의미하는 것이다. 왜 그런가 하면 土의 象은 陰의 시초이며, 또한 적막무짐(寂寞無朕)한 것이다. 그런즉 팔괘중에서 음정지체(陰靜之體)는 坤(즉, 土狀態)밖에 없는데 이것이 바로 우주창조의 시초이며, 또한 만물의 시원인 것이다. 그러나 이것은 상징적인 시초인 것뿐이고 아직 동하는 존재는 아니므로 이것을 무극이라고 한다. 그런즉 여기에 표시한 것은 만물이 동정하는 근원인 무극을 표시한 것이라고 보지 않을 수 없다.

그 다음에 양동(陽動)이라고 표시한 위에 있는 그림의 중앙에 있는 작은 空은 陰靜작용에 의해서 수축된 무극, 즉 태극의 핵인 것이다. 이 핵의 좌측에는 離卦(☲)의 象이 성립되어 있고 우측에는 坎卦(☵)의 象이 성립되어 있다. 離卦는 火의 象이고 坎卦는 水의 象인데 이 두 개의 象은 중앙에 있는 태극의 핵을 기본으로 하고 水火運動을 하게 되는데 그 動하는 기본이 태극의 핵, 즉 土가 金水와 합세하여서 陽을 수축한 바인 한 점 中에서 일어나는 것이다. 그러므로 여기에 양동(陽動)이라고 표시한 것인데 이것이 바로 태극이다.

그 다음 바로 그 밑에 있는 그림은 오행운동을 표시한 그림인데 이것은 위에서 말한 바의 태극의 운동내용이다. 그리고 五行의 기호 밑에 소백(素白)의 空은 무극의 표시이다. 이제 이 그림의 내용을 설명하면 오행운동은 生할 때에는 甲土에서 시작하고 成한 때에는 己土에서 시작하는 것이다. 먼저 生하는 象을 관찰하여 보면 土(己)金水로써 핵의 본을 이루고 土(甲)木火로써 생장하는 것이다. 그러나 반면으로 그의 내용을 살펴보면 이와 같이 생장한 火는 반드시 무극의 소양(素養)을 받아서 水를 만들어 가지고 火를 포위하면서 생장하는 것이다. 그러므로 그림에 표시된 바와 같이 火에서 土를 거치지 않고 직선으로 무극에까지 이르렀다가 다시 직선으로 水에 이르는 것이니 이것이 바로 土木火로 생장한 火는 반드시 水의 포위를 당하면서 생장하기 위하여 무극을 생명의 바탕으로 하고 있다는 것을 의미하는 것이다.

반면으로 이것을 수장하는 象에서 살펴보면 생장하는 象의 반대작용을 한다. 즉, 土木火・土金水의 작용이 水에까지 이르게 되면 반드시 통일하게 되는 것이다.

그러나 이와 같이 생성된 水는 무극의 소양(素養)을 받아서 火로 발전하였던 것인데 이것이 다시 水中에 들어감으로써 통일이 이루어진다는 것을 표시하기 위하여 水에서 직선이 무극에까지 이르게 되고 거기에서 다시 火로 연락되는 象을 그려놓은 것이다.

그 다음은 空의 좌우에 건도성남(乾道成男)・곤도성녀(坤道成女)라고 표시되어 있는데 이것은 오행운동에 의해서 동정(動靜)하는 태극의 바탕, 즉 무극이 없다면 태극에 영속성이 있을 수 없은즉 사실상 건곤(乾坤)의 남녀생성작용, 즉 음양생성작용은 이루어 질 수가 없는 것이다. 그런즉 건곤(乾坤)이 남녀를 생성한 것은 그 근원을 따져보면 무극이 생성한 것이다. 그 다음 소백(素白)의 空에다가 만물이 화생이라고 표시한 것도 역시 만물은 음양과 오행작용에 의해서 생성하는 것이나 사실상 무극이 없으면 생성의 기본이 없으므로 만물을 생성하여 내지 못한다는 것을 표시한 것이다.

'한상역도(漢上易圖)'는 이와 같이 무극이 태극으로 발전하고 태극이 오행운동을 함으로써 만물이 화생한다는 것을 표상하였지만 이것만으로써는 연결성이 없기 때문에 周子가 태극도설을 발표하기에 이르렀던 것이다. 그러므로 다음에는 周子의 도설(圖說)을 연구하기로 하겠다.

이 그림에 있는 소백(素白)의 空은 물론 무극을 상징하는 것이다. 그런데 그 밑에 있는 태극과 오행운동이 하나로 연결되어 있다는 점이 '한 상역도'와 다른 점이다. 우주운동의 본질인 무극을 설명하는 도(圖)로서는 이렇게 구성됨으로써만이 가장 합리적인 것이다. 그 이유를 설명하면 태극의 좌우에 음정양동(陰靜陽動)이라고 표시하고 있는 바 이것은 좌의 이괘(離卦)의 象과 우의 감괘(坎卦)의 象이 중앙에 있는 무극으로 인하여 태극의 핵을 이루면서 동정을 반복하는 象을 표시한 것이다.

그러나 그 운동 자체만을 살펴볼 때 陽방위를 중심으로 하고 보면 중앙의 土에서부터 시작하여 土木火・土金水 운동을 함으로써 오행은 수장주기를 끝내게 되는 것이며, 음방(陰方)을 중심으로 하고 살펴보면 중앙의 土에서부터 시작하여 가지고 土金水・土木火의 운동을 함으로써 발전의 주기를 끝내게 되는 것이다. 그러나 이것만으로 보면 다만 태극이 오행운동을 반복하는 象에 불과하다. 다시 말하면 변화를 반복하는 만물은 어느 하나 할 것 없이 태극체(太極體)가 아닌 것은 없다. 物의 최저단위인 원자에 있어서마저 태극을 이루고 있는데 만물에 있어서랴! 그러나 여기에서 문제되는 것은 이러한 태극과 우주의 연결문제인 것이다. 다시 말하면 우주정신이나 생명력이 매개(每個)의 태극에 연결되어서 소양(素養)의 역할을 하여 주지 못한다고 하면 소위 태극운동의 에너지는 공급이 두절되고 말 것이다. 그런즉 태극의 오행운동은 반드시 어떠한 소양(素養)을 받아야만 하는데 그것이 바로 무극이다. 그러므로 그림의 金木 밑에 素白의 空은 태극을 양(養)하는 우주의 본원으로서의 무극을 의미하는 것이다. 그런즉 우리는 태극의 핵인 무극과 木火土金水의 中으로 표시된 무극은 엄연히 구별하고 고찰하여야 할 것이다.

그러므로 이제 여기에서 태극의 운동이 무극과 어떻게 연결되는가 하는 것을 고찰해 보면 위에서 말한 바의 土木火・土金水는 水에서 주기를 끝내게 되면 다시 무극에서 바탕을 양(養)하여 가지고 또다시 통일의 목적인 火를 양(養)하게 되는 것이다. 태극도설은 이것을 표시하기 위하여 일면으로는 土木火·土金水의 통일운동이 끝나면 水에서부터 곡선을 따라서 離卦(火)를 포위하기 위하여 이괘로 들어가는 것을 표시하여 놓았고, 또 다른 면으로서는 통일작용이 土木火·土金水의 水까지에 이르게 되면 그것이(水) 무극의 소양(素養)을 받아 가지고 火로 발전하였다가는 또다시 감(坎) 속으로 들어가게 된다는 것을 표시한 것이다. 그런데 그림에다가 이와 같이 두 가지의 象을 표시한 것은 그럴 만한 이유가 있다. 土木火·土金水의 운동이 水를 완성하여 가지고 離火를 포위하는 象에는 다만 개개(個個)의 태극완성(太極完成), 즉 만물이 이와 같이 통일운동을 한다는 것을 표시한 데 불과한 것이다.

그러므로 일면으로는 또 통일을 완성한 水가 무극에 이르러서 우주생명(宇宙生命)을 받아가지고 火로 발전하였다가 다시 감(坎) 속에 들어가는 象을 표시한 것인즉 이 두 개의 면은 그 결과는 동일하지만 그 내용이 이와 같이 다른 것이다.

그 다음에 만물이 생장하는 象을 살펴보면 이것은 바로 통일과정의 변화와 정반대다. 즉, 土金水·土木火의 생장과정은 火에 이르는 것인데 이것은 감(坎)중에서 水를 뒤집어쓰고 생장하는 象을 표시하기 위하여 火에서 곡선을 통하여 감(坎)에 접속되는 象을 표시한 것이다. 다시 말하면 土金水·土木火의 과정은 통일과정에서 前에 水로써 離火를 통일하였던 것이 坎중에서 다시 곡선을 통하여서 火土金·水木火의 순서로써 발전하는 것을 표시한 것이니, 이것이 癸(火)·甲(土)·乙(金)·丙(水)·丁(木)·戊(火)의 발전순서이며, 또한 子(火)·丑(土)·寅(寅은 無根之火 故不用)·卯(金)·辰(水와 土)·巳(木)·午(火)의 발전순서이기도 하다. 이와 같은 운동은 다른 면으로 보면 火에서 직선으로 무극에 이르러서 다시 水로 연결됨으로써 離火에 水를 뒤집어 씌우면서 발전하는 것이다.

周子는 이와 같이 '한상역도'를 곡선으로써 연결시켜서 양핵의 통일 원리를 규정한 것이니 이것은 바로 우주의 본체와 본원을 소명하게 하려는 것이다. 그러므로 필자는 우주운동의 본체는 '태극'이요, 그 본원은 '무극'이라고 하는 것이다. 그런데 왜 그와 같이 구별하는가 하면 만물은 모두 태극운동을 하고 있은즉 만물이라는 매개의 우주는 태극의 운동에 의해서 생성하는 것이므로 그 본체는 태극일 수밖에 없는 것이다. 그러나 이와 같은 매개의 우주운동은 일괄된 전체 우주인 대우주의 정신, 즉 에너지에 의하여 이루어지는 것인데 그 본원이 바로 적막무짐(寂寞無朕)한 무극에 있기 때문이다.

周子는 이와 같이 무극과 태극을 구별하기 위하여서 무극설(無極說)을 제창하였던 것이다. 그러므로 그의 설에 '무극이태극(無極而太極)'이라고 하였으니 이것은 무극에서 태극으로 계승한다는 의미인 것이다(而자에는 계승의 뜻이 있다). 그것은 바로 그가 말한 바 '五行은 일음양야(一陰陽也)요 음양(陰陽)은 일태극야(一太極也)니 태극은 본무극야(本無極也)'라고 한 것으로써 반증되는 것이다. 그럼에도 불구하고 '무극이태극(無極而太極)'이라는 것을 단순히 무극이 바로 태극이라고 해석하고 또 '태극은 본무극(本無極)'이라고 한 것을 태극은 무극에다 근본을 둔 것이라고 해석하지 아니하고 반대로 태극은 본래 무극이라고 해석함으로써 주자(周子)가 태극과 무극을 동일하게 논하였다고만 주장하는 학자가 고금을 통해서 없지 않았던 것은 실로 유감이다. 무극설(無極說)을 처음으로 제창한 것이 周子인데 만일에 무극과 태극이 동일한 것이라면 그가 무극설(無極說)을 입론(立論)할 필요가 없었을 것이 아닌가? 그런즉 '태극'이라는 의미의 이면성(二面性)을 반드시 이해해야 한다.

위에서 논한 바에 의하여, 즉 (古)太極圖에서 우주운동의 본체가 태극이라는 것을 고찰하여 보았고 周子의 태극도설에 의해서 그 본원이 무극에 있다는 것을 논하였다. 그런즉 다음에는 삼극설을 인용하여서 우주의 본체를 찾아보기로 하겠다.

2. 삼극설(三極說)

(古)太極圖는 태극의 자세(姿勢)를 밝혔고 周子는 무극이 태극을 動하게 하는 요인이 된다는 것을 밝혔다. 그런즉 남는 문제는 첫째로, 무극과 태극에 대한 정체가 무엇이냐 하는 문제와 둘째로, 무극과 태극의 운동실태(運動實態)가 무엇이냐 하는 것이다. 그런데 이 문제를 해결한 것이 바로 일부(一夫)다. 일부가 삼극설을 제창한 것은 물론 우주본체와 우주운동의 실상을 밝히기 위한 것이었지만 일면으로 상수원리를 발전적 입장에서 보면 무극과 태극에 대한 최종 결정을 지은 것이 바로 일부였다는 결론이 되는 것이다.

일부(一夫)는 삼극설을 제창함에 있어서(일부는 삼극설이라는 개념을 붙인 바 없지만 그 내용이 삼극설이기 때문에 필자가 삼극설이라고 한 것이다) 다음과 같이 논하였다. '오호(嗚呼)라! 금일금일(今日今日)에 63, 72, 81하니 일호(一乎) 일부(一夫)로다' 라 하고 출발하였다. 그런데 여기에서 '今日今日'이란 것은 선천태극의 운동이 끝나고 후천무극의 운동이 시작하는 시공간작용의 시운을 말하는 것이다. 다시 말하면 선천의 말과 후천의 시초는 단순한 공간이다. 그러므로 이 시점에 있어서는 실제로는 선후천을 구별할 수 없으나 그러나 이론적으로는 반드시 구별이 있어야만 하는 것이다. 그렇기 때문에 일부(一夫)는 이것을 가리켜서 '今日今日'이라고 한 것이다. 그런데 이와 같은 '時空의 間'인 선후천의 경계점에 있어서는 만물이 최대분열을 하는 것인즉 그 象의 水는 63, 72, 81의 과정이라는 것이다. 다시 말하면 7×9=63, 8×9=72, 9×9=81이라는 말이니, 그것은 만물이 九自乘으로써 최종분열을 하는 것인 바 그 시초는 '7×9'에서부터 시작하여 가지고 '9×9'에 이르러서 완결되는 것이다. 그러므로 만물이 분열하는 과정의 數인 바 63·72·81은 합 216이 되는데 이것이 소위 건지책(乾之策)이다. 그런즉 건지책의 작용이 끝나고 곤지책(坤之策)의 144수가 작용을 시작하려는 그 '時空의 間'을 지칭하기 위하여서 '今日今日'이라고 하고 또한 63·72·81이라고 한 것이니 그 象을 수리(數理)로써 따지면 총계 건지책(乾之策) 216數의 과정이란 것을 논한 것이다.

일부 선생은 다음에 계속하여서 '거변무극(擧便無極)이니 十이요, 十은 변시태극(便是太極)이니 一이니라.' 이와 같이 논하였다. 이제 이것을 자세히 말하면 다 들[擧]었을 때는 그것이 바로 무극의 象이요, 다 합하였을 때는 그것이 곧 태극의 象과 같다고 말한 것이다. 이것은 무엇을 의미하는 것인가 하면 선생은 항상 손[手]을 신축하면서 그것이 무극과 태극의 象인 것을 보고 즐기었던 것이다. 즉, 十指를 다 펴고 보면 그것은 만물이 극한(極限)분열을 한 象이니 이것이 바로 十無極의 象이요, 十指를 축(縮)하면 十이 통일하여서 한덩어리가 되는 것이니 이것이 바로 一太極의 象인 것이다. 그러므로 '擧便無極 十, 十便是太極 一'이라고 논한 것이다.

이것은 지극히 간단한 문장이지만 무극과 태극의 象을 설명함에 있어서 유루 없는 논법인 것이다. 다시 말하면 무극과 태극의 象은 양수(兩手)를 펴면 인체 中의 陽으로서는 더 펼 것이 없으므로 무극의 象이 되고(兩手는 陽中之陽이다), 양수를 축(縮)하여 가지고 합하고서 관찰하면 한덩어리가 되는 것이니 이것이 바로 일태극의 象이다. 그런즉 무극과 태극의 반복운동이란 것은 이것을 가장 간단하고 요령있게 관찰한다면 장중(掌中)에 있는 것이다. 일부(一夫)는 이와 같이 우주 양극(兩極)의 象을 일장(一掌) 中에서 간파함으로써 周子의 태극도를 반증하여 놓았던 것이다. 그러나 선생은 다음 절을 논함으로써 이것을 아주 구체화시켜 놓았다.

'一이 無十이면 無體요, 十이 無一이면 無用'

일부(一夫)가 이와 같이 논한 것은 일태극과 십무극의 관계를 더욱 소상하게 밝혀놓은 것이다. 자세히 말하면 손이 축합(縮合)하여 한 덩어리가 된 것이 바로 태극의 象이기는 하지만 만일에 十指를 편 象이 없다고 가정한다면 일태극의 체가 생길 수가 없는 것이니, 이것이 바로 우주가 氣를 분산하지 않았더라면 통일은 이루어질 수가 없다는 것을 논한 것이요, 반대로 十指를 펴면 十無極의 象이 되지만 만일에 축합(縮合)한 주먹(拳)의 象인 一太極이 없다고 한다면 十無極의 작용이란 있을 수가 없다는 것을 논한 것이다.

그렇다면 수지신축(手指伸縮)의 象인 一太極과 十無極을 신축(伸縮)하게 하는 요인이 무엇인가 하는 것을 가리켜서 '合하면 土라 居中이 五니 皇極'이라고 한 것이다. 이것을 설명하면 태극도설에 표현된 바와 같이 土木火・土金水의 통일작용에 있어서나 土金水・土木火의 분열작용에 있어서나 다 중앙에 있는 土의 매개작용으로 인하여 무극과 태극이 연결된다는 것을 말한 것이다. 그러므로 만일에 중앙의 五土가 없다고 한다면 태극의 운동은 소양(素養)의 자료인 무극과 연결할 수 있는 자기 바탕을 얻을 수가 없게 되므로 우주운동은 정지되고 말 것이다. 다시 말하면 周子의 태극도설은 태극의 운동이 무극의 소질적(素質的)인 봉양(奉養)을 받는다는 것을 논함으로써 태극이 무극에서 분리되지 않도록 통일시켜 놓았지만 이와 같은 우주의 일환(一環)으로서의 태극은 또한 어떠한 운동본체를 가지고 있는가 하는 점을 설명하지 않았던 것이다. 그러므로 일부(一夫)가 황극을 무극의 본체로 규정함으로써 비로소 우주의 운동원리는 완성된 것이다. 그러나 황극인 태극의 본체도 사실상 무극의 정신, 즉 무극의 소양(素養)을 받음으로써 이루어진 것은 사실이다. 그런즉 이것은 周子의 태극도설에 그 의미가 전부 포함되어 있는 것이기는 하지만 吾人은 이와 같은 오의(奧義)를 개발한 일부선생의 공이 지대한 것을 밝히는 바이다. 왜 그런가 하면 일부(一夫)는 周子가 미발(未發)한 양극(兩極)의 운동원리와 그 오의(奧義)를 밝혀 놓음으로써 우주의 본체인 태극에 있는 영원성(永遠性)과 통일성(統一性)의 소자출(所自出)과 그 운동관계에 대해서 이론적으로 계통을 수립하였기 때문이다. 뿐만 아니라 周子의 태극도설(太極圖說)도 여기에 이르러서 더욱 소명하게 되는 것인즉 삼극설(三極說)은 사도발전(斯道發展)에 있어서 그 공헌이 지대한 것이다.

제2절 우주본체(宇宙本體)의 양면성(兩面性)

1. 창조본체(創造本體)와 운동본체(運動本體)

위에서 논한 바는 우주의 본체는 태극인데 그 본원은 무극이며 그것을 운동할 수 있게 한 요인은 황극에 있다는 것을 논했다. 그런데 여기에서 논하려는 바는 태극인 본체가 양면성(兩面性)을 띠고 있다는 사실이다. 다시 말하면 우주의 창조란 것은 태극의 창조인 것이요, 우주의 운동이란 것은 바로 태극의 운동인 것이다. 그러므로 태극에는 양면성이 없을 수가 없는 바 그 양면성이란 것은 一面土 一面水의 성질을 말하는 것이다. 그런데 지금 여기에서 말하려는 바는 우선 창조하는 면에서 본체를 살펴보려는 것이다.

만물의 創造라는 말은 만물의 통일을 의미하는 것이다. '造'자에는 종합(綜合)의 의미가 있고 '作'자에는 발전의 뜻이 있으므로 여기에서 創作(발전)과 創造의 개념이 다르게 되는 것이다. 그런즉 본체의 창조라는 개념은 만물이 극점까지 분열하였다가 다시 통일하기 시작하는 것을 말하는 것이다. 그러므로 이와 같은 창조적 통일을 하는 바의 기본을 가리켜서 창조적 본체라고 한다.

그렇다면 창조적 본체는 어디에서 어떻게 이루어지는가 하는 것을 연구하여야 한다. 우주간에서 일어나는 모든 통일운동을 태극원리(太極原理)로서 보면 무극이 태극으로 통일을 완성한 곳이 바로 본체이다. 그런즉 무극이 태극으로 통일되는 象을 관찰하여 보면 이것이 바로 태극도설에 나타난 바의 土木火가 土金水로 귀결하여 가지고 이화(離火)를 포위하는 象인 것이요, 또 이것을 五行의 변화로서 보면 巳午未·申酉戌의 象인 것이다. 좀더 자세하게 말하면 巳(木)·午(火)·未(土)·申(相火; 相火는 無根而不用)·酉(金)·戌(水)의 순으로 되는 것이다. 그런즉 이것은 바로 巳午에서 未土와 교합하여 가지고 申酉戌에 와서 태극이 완성된다는 말이다.

그러므로 戌을 태극(창조면에서 본)이라고 하는 것인 바 이와 같이 완성된 태극은 그의 창조과정을 살펴보면 일면으로는 木火의 분열을 조화하고 다른 面으로는 金水로 통일하는 역할의 중심이 되었던 未土가 본중말의 中이 됨으로써 이루어 놓은 것이다. 周子가 '무극이태극(無極而太極)'이라고 한 것은 바로 이와 같은 오행운동을 변화에서 추출한 것이며, 또한 태극도설을 그린 것은 이와 같은 내용을 명시하기 위한 것이다.

그런데 본체인 戌은 본래 水와 土의 이면성(二面性)을 가지고 있는 것인 바 이것을 水로써 보는 경우는 水位의 시초(戌亥子는 水位)이며 土로써 보면 土位의 末이다. 그러나 그것이 또한 申酉戌亥子丑의 중심점이기도 한즉 이것은 土로 보면 土 같기도 하고 水로 보면 水 같기도 한 곳이다. 물론 이와 같은 象은 여기에만 있는 것이 아니고 辰戌丑未 시공간에서는 언제나 나타나는 것이지만 戌은 만물이 최소한으로 공약되는 곳이므로 여기에서 생기는 空의 간(間)은 진공(眞空)으로 나타나게 마련이다. 그러므로 이것을 空이라고 하는 바 그 空이 바로 태극의 창조적 본체인 것이다.

그러므로 '空'자를 취상(取象)할 때에 ㅆ穴ㅆ工한 것은 '工'이라는 기술자가 혈(穴) 속에 숨어 있는 象을 취하기 위한 것이다. 그런즉 이것은 진실로 우주변화의 위대한 技工인데 그것이 아직 혈중(穴中)에서 휴식하고 있는 象이니 그 象이 바로 一面土 一面水의 양면성을 가진 戌의 象이다. 그러나 이것은 水를 창조하는 시초의 象인 것뿐이고 아직까지 이것만으로써 水는 아니다. 우주만물은 물로써 형성될 때에 動하기 시작하는 것이나 여기에는 아직까지 動이란 있을 수가 없는 것이다. 그런즉 이곳이 바로 낡은 動이 끝나고 또 새로운 動이 시작하려는 공간인 것이다. 그러므로 이것은 상징적인 水다. 이것이 바로 태극을 이룬 바의 일점 空인즉 우주의 본체가 아닐 수 없는 것이다. 불교가 空을 종극(終極)의 목표로 하는 것이나 周子가 무극지진(無極之眞)을 제창한 것은 모두 이 경지를 말하는 것이다. 더욱이 周子가 제창하는 바의 眞은 무극이 완전통일을 하게 되면 그 무극의 眞으로써 태극의 眞(核)이 이루어져서 만물이 자기운동을 할 수 있게 되는 것이므로 이것을 무극지진(無極之眞)이라고 한 것인데 그것이 바로 태극의 핵인 戌位이기 때문에 이와 같이 제창한 것이다.

　우주의 본체인 태극은 이와 같이 戌에서 이루어지는 것인즉 戌은 태극의 정신이며, 또한 무극의 眞, 즉 空인 것이다. 그러므로 우주창조의 본체를 태극이라고 하는 것은 진실로 태극의 핵심을 이룬 술오공(戌五空) 때문이다. 물론 태극의 핵인 空은 무극의 十이 공화(空化)한 것이지만 만일 무극이 이와 같이 공화하지 못한다면 그것은 우주의 본체가 될 수 없으므로 필자는 무극을 가리켜서 우주의 본원이라고 한 것도 이 때문인 것이다. 그런즉 다음은 운동하는 면에서 본 우주의 본체란 과연 어떠한 것일까 하는 것을 연구하기로 하자.

　우주의 운동현상을 살펴보면 위에서 말한 바와 같이 水가 이루어짐으로써 시작하게 되는 것이다. 다시 말하면 戌이 亥子水를 완성하게 된다는 말은 곧 木火가 水中에서 動할 수 있는 준비가 되었다는 말과 상통한다. 그러므로 五行의 亥子는 水인데 五運의 亥子는 수중지목화(水中之木火)가 되는 것이니 이것이 바로 저간(這間)의 소식을 대변하는 것이다. 이와 같이 戌이 空의 자격으로서 또는 우주본체의 자격으로서 水를 창조하여 놓게 되면 여기에서 만물이 창조되는 것이다. 그러므로 만물의 창조과정을 요약하여 말하면 이것은 태극이 무극으로 발전하는 과정이다. 좀더 자세히 말하면 태극도설(太極圖說)에 표시된 土金水土木火의 순환과정이 바로 우주의 운동과정이다. 그런데 이것을 또 다시 五運이 변화하는 면에서 보면 丑寅卯辰巳午의 발전과정인 것이다.

　이제 여기에서 이상을 요약하면서 고찰해 보면 한마디로 말해서 우주의 운동본체는 물인 것이다. 그런데 자연은 우주를 창조할 때에는 '물'을 창조할 수 있는 기본을 창조하였던 것이니 이것이 바로 운동의 본체인 '水'를 창조하는 戌인즉 그것은 곧 운동본체를 창조하는 空이었던 것이다. 그러나 사실상 만물을 창조하는 것은 '水'에서 시작하는 것인즉 운동하는 만물의 본체도 또한 水가 아닐 수가 없는 것이다.

이와 같이 보면 본체는 반드시 이면성을 나타내는 바 그렇다면 끝내 본체를 두 개로써 규정할 것인가 하는 문제가 생기게 되는 것이나 본체를 두 개로 규정한다는 것은 실제로서도 그렇지만 이론적으로도 타당하지 못하다. 그런즉 우주의 본체는 우주를 창조한 바의 空이 본체인 것이 분명하다. 왜 그런가 하면 만일 태극의 핵인 空이 이루어지지 못한다면 만물 생성의 근원이 있을 수가 없기 때문이다. 또 그뿐만 아니라 운동의 요인도 바로 거기에서 이루어졌던 것이다. 그런즉 水와 태극은 불가분의 관계에 있을 수밖에 없다. 그러므로 戌은 戌亥子로써 水를 이루는 기본이 되고 丑은 亥子丑으로써 水를 발동시키는 기본을 이루는 것인즉 어느 면으로 보나, 즉 창조면에서 보나 운동면에서 보나 亥子水가 戌과 丑의 중심점이 되는 것이다. 그런즉 본체는 어느 면에서 보나 물로써 이루어진 것이므로 우주의 본체를 '물'이라고 하는 것이며, 또한 태극을 一太極이라고 함으로써 水의 數와 같이 규정하는 것은 태극이 바로 물이며, 물이 또한 태극이라는 결론이 나오게 되는 것이다. 그러므로 역(易)은 달[月]을 감(坎)이라고 하며, 또한 북극도 감(坎)이라고 하는 것이니 이것들은 모두 우주의 본체를 상징하는 존재인 것이다.

2. 본체(本體)와 그의 작용변화

위에서는 우주의 본체는 양면성(兩面性)을 지니고 있지만 그것은 어느 모로 보나 '물'이라는 것을 논한 바 있다. 이와 같이 '水'가 우주의 본체인 한 그것은 영원한 본체로서의 불변성(不變性)과 항존성(恒存性)을 가지고 있다. 그러나 그의 운동상태인 태극의 작용은 가변성(可變性)

을 가지고 있는 것이다.

왜 그런가 하면 우주는 개벽작용(開闢作用)을 하고 있기 때문이다. 그렇다면 우주의 개벽(開闢)이란 것은 어떠한 것일까?

1) 천지(天地)의 개벽(開闢)

천지개벽(天地開闢)이라는 말은 상고(上古)부터 전해 오는 전설이며 신화이다. 뿐만 아니라 이것이 인간으로 하여금 전율(戰慄)과 공포(恐怖)의 대상으로서 엄존(儼存)하고 있는 것도 사실이다. 더욱이 근년에 이르러서 개벽설(開闢說)이 더욱 성행하고 있다.

그러나 이것은 단순한 신화와 전설로서 경홀(輕忽)히 생각할 수만은 없다. 왜 그런가 하면 신화나 전설은 신비세계의 내용이다. 만일 우주의 변화가 계발(啓發)되지 못하면 신비는 영속(永續)될 것이고 신비가 엄존할 때에는 비록 위대한 진리라고 할지라도 무가치한 취급을 받게 되는 것이다. 그런즉 천지개벽설(天地開闢說)이 전설이나 신화의 취급을 받고 있지만 거기에는 미신(迷信)이 아닌 진리가 있는 것이다.

개벽(開闢)이란 개념은 한마디로 말하면 우주운동의 象을 말하는 것이다. 다시 말하면 우주운동이 비록 천변만화하는 象을 나타내고 있지만 이것은 무엇 하나 할 것이 없이 일음일양(一陰一陽)하는 운동, 즉 우주가 일개일벽(一開一闢)하는 운동이다. 그러므로 개벽운동은 일순간의 휴식도 없이 어떠한 곳에서나 어떠한 사물에서나 행해지지 않는 일이 없다. 인간의 호흡도 개벽운동이요, 1일의 주야(晝夜)나 1년의 춘하추동이나 척확(尺蠖)의 굴신(屈伸)이나 용사(龍蛇)의 비칩(飛蟄)도 모두 개벽운동의 일환이다. 그럼에도 불구하고 인간은 이것을 개벽운동인 줄을 모르고 있을 뿐이다.

소강절(邵康節)이 원회운세(元會運世)의 법칙을 밝힌 것은 진실로 저간의 소식을 밝히려는 데에 그의 의도가 있었던 것이다. 그는 一世를 30년, 一運을 360년, 一會를 10,800년, 一元을 129,600년이라 하고 원회운세의 법칙을 세웠는데 이것은 우주변화의 대소절(大小節)을 규정한 것이다.

다시 말하면 30년에 한 번씩 소변화(小變化)가 일어나고, 360년에 한 번씩 중변화(中變化)가 일어나고 10,800년에 한 번씩 대변화(大變化)가 일어나고 129,600년은 우주개벽작용이 완전히 상태를 바꾸게 되는 변화, 즉 천지가 개벽작용을 완료하고 다시 새로운 개벽작용을 시작하게 되는 1주기를 끝낸다는 것이다. 소자(邵子)가 이와 같은 법칙을 세우게 된 이론적 근거는 어디에 있는가?

그는 처음부터 이와 같이 먼 곳에서 본 것이 아니고 지극히 가까운 곳에서 보기 시작하였던 것이다. 다시 말하면 우리의 총명에 나타나는 변화는 시간에서부터 나타난다. 즉, 하루가 12時라는 말은 1일 동안에 12回의 변화가 인간에게 인식될 수 있는 변화인 것이다. 그런데 1時間은 30分으로 요약되는 것이다(즉, 12×30=360이기 때문에). 그런즉 이것은 소변화가 30分에 한 번, 즉 1時間에 한 번씩 일어난다는 것이다. 또 1日은 12時間인즉 360分(30×12=360), 즉 1日에 한 번씩 중변화가 일어나게 되는 것인 바 1日의 변화는 주야가 교역하는 변화인즉 누구나 다 알 수 있는 변화인 것이다. 그 다음 1月은 30日인즉 360分×30日=10,800分, 즉 1개월에는 10,800數의 대변화가 일어나게 되는 것인바 이것은 회삭현망(晦朔弦望)이 일어나는 변화이므로 1日의 변화에 비하여 더욱 큰 변화인 것이다. 그 다음 1年은 12개월인즉 10,800分×12=129,600分, 즉 1年에는 129,600數의 대변화가 일어나게 되는 것인바 이것은 바로 춘하추동이 사시(四時)를 형성하는 변화인즉 변화의 極인 것이다.

다시 말하면 129,600分은 1년을 1元으로 하는 변화인즉 이것이 바로 129,600년을 1元으로 하는 천지개벽의 기본변화인 것이다. 그런데 30分, 즉 1時間에 한 번씩 일어나는 변화에서 우리가 그 변화를 인식하기 어려웠다면 30年에 한 번씩 일어나는 1世의 변화는 극히 미미할 것은 물론이다. 그러나 360分(1日)의 변화를 인식하기 용이하였다면 360年에 한 번씩 일어나는 1運의 변화는 우주에 뚜렷하게 나타날 것이다. 그 다음에 10,800分의 변화에서 회삭현망(晦朔弦望)이 나타날 정도로 그 변화가 뚜렷하였다면 10,800年의 1會의 변화는 대변화가 아닐 수 없는 것이다. 그 다음 1年의 변화가 사시를 이루었다는 말은 바로 오행운동이 일주기를 고(告)했다는 말인즉 129,600年의 변화는 우주본체(宇宙本體)의 오행작용이 완전히 종결하는 數라고 본 것이 소자(邵子)의 천지개벽수(天地開闢數)인 것이다.

그런즉 이상은 1年을 1元으로 하는 원회운세수(元會運世數)를 고찰함으로써 개벽을 완결하는 129,600년의 기본을 논하였지만 만일 우리가 인식할 수 없는 미세한 곳까지 추리한다고 하면 그 기본점인 1元은 1日에도 있을 것이요, 1時에도 있을 것이다. 그러므로 우주의 개벽운동은 언제든지 어디에서든지 행해지고 있는 것인데 인간은 천지개벽이라고 하면 우주의 종극(終極)만을 상상(想像)하게 되는 것이다. 그러나 우주에는 종국(終局)적인 개벽이 있는 것은 사실이다. 다시 말하면 129,600年의 數가 바로 그것이다. 그것은 우주의 본체가 작용위치를 변동하게 됨으로써 그 운동상태가 변화하는 것을 의미하는 것이다. 그런즉 그것은 우주의 수명과는 다르다. 천지개벽이라는 개념은 천지가 일개일벽(一開一闢)하는 것을 말하는 것인데 이것이 종국에 이르게 되면 개벽조건이 변동하게 됨으로써, 즉 개벽의 운동기능에 이상이 생기게 되므로 자연적으로 개벽운동의 방향이 달라지게 되는 것이다.

다시 말하면 우주의 운동은 日月과 성신(星辰)이 발하는 오운운동의 소산인 바 일월성신이 발하는 바의 음양관계는 천축(天軸)이나 지축(地軸)을 어느 일방에 경사되게 할 수도 있고, 또는 정립하게 할 수도 있는 것이므로 우주운동의 개벽기능은 이 때문에 변화하게 되는 것이다. 그런데 이것은 본체에 양면성이 있는 까닭에 우주의 대개벽인 바의 129,600數의 천체이동설이 유래하게 된 것인즉 그것은 바로 일월성신이 발하는 음양의 증감관계를 주기율로써 산정한 것이다. 그러므로 다음에는 천체의 이동관계를 연구할 필요가 생기게 되는 것이다.

2) 천체의 이동(移動)과 지축의 경사

천체의 기본은 북극(北極)이다. 북극은 '물'로써 구성되어 있으므로 이것을 '坎'이라고 한다. 그런데 지금의 북극은 동북으로 경사져 있다. 북극이 동북으로 경사졌다는 말은 바로 인력(引力)의 과강(過强), 즉 태과(太過)를 의미한 것이다. 다시 말하면 북극은 정상적인 감(坎)의 작용을 하여야만 하는 것인데 북극이 경사졌기 때문에 태과(太過), 즉 비정상적인 과강형상(過强形象)을 나타내게 되는 것이다.

그러므로 천체는 북극을 중심으로 하고 28수(宿)가 나열(羅列)되어 있는데 그 중에서 16宿는 북극에 모여 있고 12宿만이 남극에 배열되어 있다. 그런즉 이것은 북극의 인력상태가 태과(太過)한 것을 의미하는 것이지만 감(坎)의 태과(太過)는, 즉 이(離)의 과항(過亢)을 의미하는 것이다(제2장 2절 '오운론' 참조).

그러므로 이와 같은 결과는 모든 우주운동으로 하여금 삼천양지(三天兩地)작용을 하게 하는 것이다(三天兩地란 것은 陽작용이 3/5이고 陰작용이 2/5가 되는 것을 말하는 것이다). 다시 말하면 북극이 경사져 있기 때문에 일월성신(日月星辰)은 그와 같이 경사지고, 지구를 비롯한 모든 우주만물도 다 그렇게 되어 있는 것이다. 따라서 金木水火土의 五星도 오운변화를 함에 있어서 水太過 火過亢의 결과를 나타내게 되는 것이다.

그러므로 천수상(天垂象)할 때에 만물로 하여금 삼천양지운동을 할 수밖에 없게 하는 것이다. 다시 말하면 우주의 본체를 상징적으로는 태극이라고 하지만 이것을 실질적으로 말하면 북극인 것이다. 그런데 오늘의 태극운동이 三天兩地운동을 한다는 말은 바로 北極이 삼천양지운동을 할 요인을 지니고 있기 때문인데 그것은 北極의 경사(동북으로)를 의미하는 것이다. 그런데 북극이 경사졌다는 말은 북극이 우주의 본체이기 때문에 일월성신 이하의 만물이 모두 북극의 영향에 의해서 경사질 수밖에 없으며, 또한 북극 자체가 이와 같은 조건 때문에 삼천양지작용을 하고 있으므로 오성(五星)의 변화작용도 또한 그와 같은 기운을 지구에 수상(垂象)하는 것이므로 지구에 있는 만물들도 다 각각 그와 같은 소우주를 형성할 수밖에 없다는 말이다. 그러므로 천체가 한번 변동하면 만물은 물론 28宿의 배치나 오성의 작용도 변동하게 되는 것이다. 그

선천지축도 · 후천지축도 · 선천말 후천초 지축도 (좌로부터)

런데 이와 같은 천체의 이동을 말하는 것이 천지개벽(天地開闢)이며, 또한 그것을 예견하는 상수법칙이 바로 원회운세(元會運世)의 법칙인 것이다. 그런즉 다음에는 우주가 삼천양지운동(三天兩地運動)과 삼지양천운동(三地兩天運動)을 하는 것을 고찰하기로 하자.

그림에 나타난 바와 같이 선천은 선천의 천체처럼 지축이 丑未방향으로 경사져 있는 것이다. 지축이 만일 正位했다고 한다면 (선천말 후천초 지축도와 같이) 적도는 辰戌方位가 될 것인데 선천은 지축의 경사 때문에 卯酉方位가 되는 것이다. 그러므로 이 때는 陽氣가 丑寅卯·辰巳午未의 7방위에서 작용하게 되고 陰氣는 申酉戌亥子의 5방위에서 작용하게 되는 것이다. 그런즉 이것은 陽氣는 3/5 만큼 받게 되고 陰氣는 2/5 만큼 받는다는 것을 의미하는 것이다. 그러므로 이것을 삼천양지운동(三天兩地運動)이라고 하는 것이다.

그 다음 후천지축도(後天地軸圖)를 살펴보면 지축이 서북으로 경사져 있다. 그러므로 陽氣가 활동하여야 할 방위인 동남방에서는 卯辰巳午未의 5방위밖에 양작용을 못하게 된다. 그리고 陰이 작용하는 방위인 申酉戌亥子丑寅까지는 陰氣를 받게 된다. 그런즉 이것은 陽氣는 2/5 만큼 받게 되고 陰氣는 3/5 만큼 받게 된다. 그러므로 이것을 후천의 삼지양천운동(三地兩天運動)이라고 한다. 그런데 이 때에 陽氣를 받는 방위가 卯辰巳午未뿐이라는 것은 무슨 까닭인가 하면 申酉가 비록 남에 位하고 있지만 申酉는 金이므로 陽을 받더라도 發할 수가 없기 때문이다.

그 다음 또 하나 살펴보면 '선천말 후천초 지축도'와 같이 丑未辰戌이 四正位를 이룬다고 한다면 寅卯辰巳午未의 6방위에서는 陽氣를 받게 되고 申酉戌亥子丑의 6방위에서는 陰氣를 받게 되는 것인즉 이 때에는 陰과 陽을 각각 절반씩 받게 되는 것이다. 그러므로 이 때는 우주가 가장 정상운동을 하는 때가 된다. 그러므로 일부(一夫)는 이것을 가리켜서 '호호무량(好好無量)'이라고 하였거니와 사실상 이 때부터가 후천이 시작되는 때이므로 이것을 가리켜서 현실적인 후천이라고 하며 또 이 그림(선천말 후천초 지축도)을 후천도라고 하는 것이다. 그런데 필자가 후천지축도(後天地軸圖)를 이와 같이 그려놓은 것은 선천과 후천의 지축관계를 명시(明示)하기 위한 것이다. 그러므로 그림과 같은 '후천지축도'가 현실화하게 될 날은 아직 요원(遼遠)하다 할 것이다.

이상 세 가지 예로써 논한 바는 천체의 축이 변경되면 그만큼 모든 우주의 축도 변경하게 되므로 지축도 따라서 변경하게 된다는 것을 논한 것이다. 그러므로 선천은 천체의 축이나 또는 지축이 동북으로 경사졌지만 후천의 종말에는 그와는 반대로 서북으로 경사지게 될 것이다. 그런즉 선천말이 끝나고 후천초가 들어오게 되면 지축이나 천축도 정립하게 될 것이라는 결론이 나오게 되는 것이다.

그러므로 일부(一夫)의 「정역(正易)」에는 '先天은 三天兩地요 後天은 三地兩天'이라고 하였으니 그것은 바로 이것을 말하는 것이며, 또 '子寅午申은 先天之先後天이요, 丑卯未酉는 後天之先後天'이라고 하였으니 이것은 지축이 경사질 때(동북으로)와 정립할 때에 있어서의 천문지호(天門地戶) 관계를 명시한 것이다. 좀더 자세하게 말하면 선천은 선천지축도와 같이 지축이 동북에서 서남으로 놓여 있기 때문에 子寅午申運動, 즉 지축이 丑을 중심으로 하고 그 양방(兩傍)에서 子와 寅이 운동하고 있으며 未를 중심으로 하고는 午와 申이 운동하고 있으므로 전체의 中은 자연히 辰戌로써 이루어져서 천문지호(天門地戶)를 구성하게 되고 후천의 초는 '선천말 후천초 지축도'의 지축과 같이 지축이 정남북에 정립되어 있으므로 丑卯未酉運動, 즉 丑未를 陰陽의 출발점으로 하는 운동을 하게 된다. 그런즉 전체의 中은 자연히 巳亥가 되므로 여기에서 천문(天門)과 지호(地戶)의 작용이 생기게 된다는 말이다.

註 천문(天門)이라는 것은 양발(陽發)의 방위를 말하는 것이요, 지호(地戶)라는 것은 음장(陰藏)의 방위를 말하는 것이다. 그러나 반대로 서북을 천문(天門)이라고 하고 동남을 지호(地戶)로서 규정할 수도 있으니 이것은 다만 체용을 달리하는 것뿐이다. 또 한 가지는 선천의 자인오신운동(子寅午申運動)이 子에서부터 시작하고 후천의 축묘미유운동(丑卯未酉運動)이 丑에서부터 시작하는 것은 陽氣는 반드시 정북에서 일어나기 때문에 위에서 삼천양지운동(三天兩地運動)이나 삼지양천운동(三地兩天運動)을 논할 때에 정북(正北)의 감위(坎位)에서부터 계수(計數)한 것은 정북에서부터 次位까지가 만일위(滿一位)가 되기 때문이다.

이와 같이 우주가 삼천양지운동(三天兩地運動)이나 혹은 삼지양천운동(三地兩天運動)을 하게 되는 것은 우주의 본체인 북극의 이동 때문에 일어나게 되는 바 이것은 북극이 그와 같은 이동요인을 지니고 있기 때문에 천지개벽(天地開闢)과 같은 대변혁이 일어나게 되는 것이다. 그런즉 이것은 본체가 양면성을 지니고 있기 때문이다. 그러므로 눈을 크게 뜨고 일월세계(日月世界)의 운동상태를 살펴보면 1개월 간에 태양은 약 30.5도나 운행하는데 달은 약 29.5도밖에 운행하지 못하는 것이니 이것이 바로 선천의 삼천양지운동(三天兩地運動) 때문에 '양상유여(陽尙有餘) 음상부족(陰尙不足)' 하는 象을 日月이 노출하고 있는 것이다.

그러나 만일 후천초가 들어오게 되면 천체가 발하는 음양은 균형하게 되어서 日月의 운동은 동등하게 될 것이다.

편집자주) 저자는 지축이 동북으로 기울어진 '선천지축도'의 대칭개념으로 서북으로 경사진 지축도를 '후천지축도'라 하였다. 그러나 이는 단지 선천과 후천의 지축관계를 알기 쉽게 설명하기 위해 정한 것이다.
본문을 보면 "일부는 사실상 이 때부터가 후천이 시작되는 때이므로 이것을 가리켜서 현실적인 후천이라고 하며 또 이 그림(선천말 후천초 지축도)을 후천도라고 하는 것이다."라 하였으니 그림의 선천말 후천초 지축도가 사실상의 후천도이다. 그렇게 한 이유는 "필자가 후천지축도를 이와 같이 그려놓은 것은 선천과 후천의 지축관계를 명시하기 위한 것이다"라 한데서 명백히 드러난다.

또 "그림과 같은 '후천지축도'가 현실화되게 될 날은 아직 요원하다 할 것이다" 하였는데 이는 '선천말 후천초 지축도'가 선천과 후천을 이어주는 과도기적인 지축도가 아니라 후천에 오랜 기간 지속되는 지축도이고, 그림의 '후천지축도'의 실현은 우주의 겨울철인 후천의 말에나 가서야 이루어짐을 말해주는 것이다.

따라서 이를 다시 바르게 표현하면 다음 그림과 같이 '선천말 후천초 지축도'는 '후천지축도'이고 '후천지축도'는 '후천말 지축도'이다.

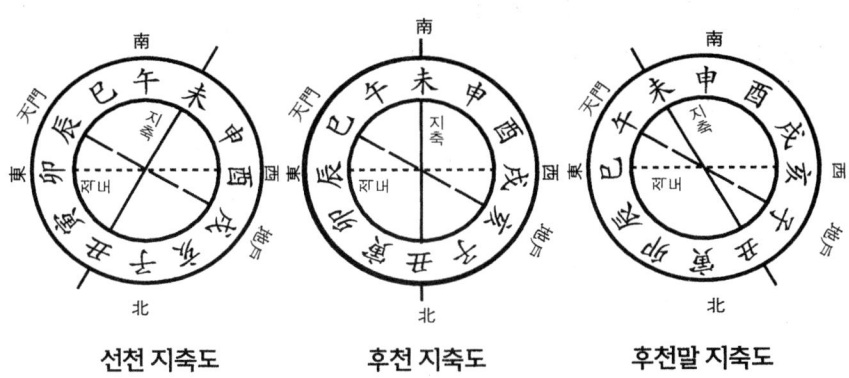

선후천지축변화도

선천 지축도 　　　　후천 지축도 　　　　후천말 지축도

그러므로 일부선생은 '감장다사고인월(敢將多辭古人月)이 기도부상당천심(幾度復上當天心)가' 하고 노래하였으니 이것이 무슨 의미인가 하면, 감히 말썽 많던 옛적 달[月]이 몇 번이나 천심(天心)에서 일어났더냐 하는 말이다. 좀더 자세히 말하면 선천이 삼천양지운동(三天兩地運動)을 하던 때의 달은 항상 陽을 감당(敢當)하기 어려우므로 그 때문에 우주에는 수많은 말썽이 생겼는데 그와 같은 선천 달(古人月)이 坎(天心)

을 기본으로 하고 일어난 것이 몇 번이나 됐느냐 하면서 머지 않아 후천의 병들지 않은 달이 나올 것을 예고한 詩인 것이다. 그것은 다음의 詩에서도 알 수 있는 것이니 '보화일천화옹심(普化一天化翁心)이 정녕분부황중월(丁寧分付皇中月)'이 바로 그 詩이다. 다시 말하면 화옹(化翁)은 반드시 황극월(皇極月), 즉 5土를 기본으로 하는 달이 나오게 할 것이라고 말한 것은 바로 음양의 균형을 유지할 수 있는 달이 나온다는 것을 의미하는 것이다. 그 이유는 선생이 '대명일월건곤택(大明日月乾坤宅)'이라고 한 것으로 보아서 더욱 소명(昭明)한 것이다.

일월세계(日月世界)에 이와 같은 현상의 변화가 일어난다는 말은 곧 천축의 이동에 의한 변혁을 말하는 것이다. 그러나 지축에 이동이 생기지 않는다면 그 영향은 적을 것이지만 천수상(天垂象)하는 象을 받은 지구가 어찌 독존(獨存)할 수 있을 것인가? 그러므로 이것이 바로 우주의 숙명인 것이다.

제9장 신비(神秘)의 행로(行路)

　변화무궁(變化無窮)한 우주는 그윽한 신비에 잠겨 있다. 그러나 우주의 변화자체가 신비는 아니다. 그렇지만 인간은 이것을 신비라고 한다. 곰곰이 생각하여 보면 인간은 신비에게 포로가 된 것 같기도 하다. 그러나 인간이란 신기(神機)가 영원히 포로생활을 감수할 리는 없다. 그래서 종교가 나왔고 철학이 일어났다. 그리하여서 인간은 우주의 비밀을 파헤치기 시작했던 것이다.

　그러므로 필자가 둔필(鈍筆)을 구사하면서 '변화원리'의 8개장을 논하여 보았다. 그런데 이것은 신비라고 불리는 우주의 비밀을 탐색하는 법칙과 방법의 영자(影子)를 제시한 데 불과하다. 그러나 이것이 우주의 변화를 탐색할 수 있는 열쇠임에는 틀림없다. 왜냐하면 역대의 성철(聖哲)들은 모두 이 법칙과 방법에 의하여서 도통(道統)의 연원(淵源)을 터득(攄得)하였기 때문이다. 그러므로 필자가 감히 이 글을 초(抄)하기에 이르렀지만 내용의 미급(未及)과 추리의 부족을 생각할 때 자책할 바가 너무나 크다.

　그러나 이 길의 문호소재(門戶所在)만이라도 세상에 내놓으려는 것이 필자의 숙원이었으므로 감히 오늘의 우도(愚圖)를 범하게 되었던 것이다. 그러므로 독자제현은 이 점에 관서(寬恕) 있기를 바라는 바이다. 그런데 필자가 제9장에 '신비의 행로'를 초한 목적은 위의 8개장에 논한 바의 법칙과 이론을 다시 한 번 되새기면서 동양의 철리(哲理)를 연구하는 방법과 또는 고전을 탐구하는 방법을 제시하려는 데 있는 것이다. 가령 전래의 고전에 우화(寓話) 형식이나 전설 형식으로 소개된 그 형식의 근저(根柢)에서 무엇이 흐르고 있는가 하는 것을 찾아내지 못한다고 하면 동양의 정신은 다시 찾을 길이 없게 된다.

그러므로 필자도 한 개의 우화 형식을 취하면서 제9장을 초했다. 그런즉 제현은 본장을 연구함에 있어서 거기에 나오는 인물과 장소와 같은 모든 개념을 철저히 연구하면서 독파하게 되면 여기에서 형식 이외에 또 한 개의 새로운 내용을 발견하게 될 것이다. 다시 말하면 필자가 왜 이와 같은 우화를 철학논문의 말미에 삽입하였는가 하는 것을 알게 될 것이며, 아울러 공손룡자(公孫龍子)·열자(列子)·장자(莊子)와 같은 선철(先哲)들이 왜 그와 같은 우화를 나열하였는가 하는 것도 아울러 알 수 있게 될 것이며, 또한 그것을 탐구할 수 있는 능력이 생기게 될 것이다.

제1절 방황(彷徨)의 길

1. 꿈(夢)을 타고 20년

지나간 20년 동안은 나의 일생에 있어서 꿈꾸던 시절이었다. 정체를 알아낼 수 없는 우주의 신비는 다만 꿈에서 꿈으로 방황(彷徨)하고 있었을 뿐이었다. 때로는 허공(虛空)에서 취산(聚散)하는 무상한 구름[雲]을 신비의 본원으로 생각하고 한없는 동경을 거기다가 퍼붓기도 했고 또는 무량한 매혹에 사로잡히기도 했다. 그러나 구름은 입[口]을 열지 않았다. 그렇지만 그 변화무상(變化無常)한 놀라운 象의 매력은 혼탁한 나의 정신을 송두리째 앗아가고 말았다.

진실로 저 흰구름을 타고서 한없이 날아보고 싶은 情을 금(禁)할 길이 없었다. 그러나 이것은 비단 나 혼자만의 꿈은 아니다. '청도자미(淸都紫微)에 균천광락(均天廣樂)'을 꿈꾸던 주 목왕(周 穆王)의 꿈도 저 흰구름 속에 있었고 적막무짐(寂寞無朕)한 곳에서 자생자화(自生自化)하는 모습을 찾으려던 송유(宋儒)들의 꿈도 바로 흰구름과 같이 배회하였던 것이다. 그렇지만 송곳 끝보다도 섬세한 나의 가슴으로써 그 꿈을 안아 내기에는 너무나 벅찬 일이었다.

거기서 나는 스승[師]을 찾기로 결심했다. 책(冊)도 스승이요 사람도 스승이다. 그런데 책을 찾는 일은 용이할는지 모르지만 사람을 찾는 일은 결코 용이하지 않았다. 문화의 조류는 서양으로 쏠려 버리고 우리 동양 고유의 진리는 점점 쇠미(衰微)의 길에 접어드는 때에 태어났으니 양사(良師)를 어디에서 구할 수 있을 것인가? 이 꿈을 해결하기 위해서 양서(良書)라고 생각하고 처음으로 손에 잡은 것이 「황제내경(黃帝內經)」의 운기편(運氣篇)이었다. 물론 이것은 선배의 지도를 받은 것도 아니고 다만 나 자신이 한의학(韓醫學)을 공부하던 과정에서 얻은 지식에 의하여 한번 읽어보려는 충동을 느끼게 됐던 것이다.

「내경(內經)」을 처음 손에 잡고 한번 훑어본즉 비록 어렵고 알 수는 없었지만 그래도 운기학(運氣學) 속에 무엇인가 있는 것 같은 느낌이 들기 시작하였다. 운기학이란 氣의 운동상태를 연구하는 학문인즉 저 변화 많은 구름도 반드시 거기서 연구하여야 한다는 신념은 점점 굳어지기 시작하였다. 따라서 나는 이제야 양사(良師)를 얻었다고 한없이 좋아하기도 했다. 그러나 몇 번을 반복하면서 읽어보았지만 알아낼 길은 없었다.

나의 가슴은 환희의 꿈에서 수심(愁心)의 함정으로 몰락하고 말았다. 그렇지만 나의 낙심은 오래 계속되지는 않는다. 그러나 그것은 희망과 낙망의 반복을 되풀이하는 데 지나지 않았다.

13년전 어느 날 우연히 선배 한장경(韓長庚) 선생을 내방(來訪)하는 기회가 있었다. 격조(隔阻)했던 그 동안의 소식을 들은즉 그 동안 주역(周易)을 연구했으며 또 지금도 하고 있다는 것이다. 그런데 그 때의 선생이 주역(周易)을 연구하는 방향은 자구해석(字句解釋)에 있는 것이 아니고 그 속에서 변화무쌍(變化無雙)한 신비를 찾아내는 데에 있다는 것이다.

그 때의 나의 솔직한 마음은 '아아, 하늘이 이제야 나에게 양사(良師)를 보내는가 보다' 하고 느꼈던 것이다. 곧 나는 선생에게 요청해서 2개월 동안 주역(周易)을 배웠다(물론 그 뒤에도 수삼차(數三次) 선생을 초청해서 동지들을 규합하여 가지고 강의를 들었다).

그 다음에 「내경(內經)」을 더듬어 본즉 희미하나마 신비의 실마리를 잡을 듯한 희망이 점점 밝아오기 시작하는 것 같았다. 물론 그 후는 「내경(內經)」을 버리지 않았다. 진실로 나로 하여금 이 길로 안내한 이는 한장경(韓長庚) 선생 한 분이다. 나는 오늘까지 신비의 꿈을 타고 방황한 지 20개 성상(星霜)을 지냈지만 신비의 길은 멀고도 멀다. 그러나 결코 낙망하지 않는다.

나는 이 문을 열기 위하여서 방계(傍系)작업도 했다. 왜냐하면 만일 직경 三尺의 우물(井)을 파려면 그 윤곽은 직경 5, 6척(尺) 이상을 잡아야만 한다고 생각했기 때문이다. 그래서 노자(老子)·묵자(墨子)·열자(列子)·공손룡자(公孫龍子), 성리학(性理學) 같은 것을 더듬어 보았고 또한 동쪽을 바르게 보려면 서쪽에서 보아야 한다는 격언에 따라서 서양사상의 윤곽(輪郭)을 어루만져 보기도 하였다. 나는 그 결과로 그것이 결코 도로(徒勞)가 아니었다는 것을 깨닫게 되었다. 아니 도리어 그것이 절실한 필요조건으로서 느껴졌던 것이다.

왜 그런가 하면 이와 같은 방계작업들은 신비의 문고리를 찾는 데 많은 도움을 주기 때문이다. 따라서 서리우고 서리운 꿈도 여기서 풀어보려고 했던 것이다.

다시 말하면 양사는 얻기 어려워서 단념할지언정 왕고금(往古今)을 통한 선철(先哲)들의 온축(蘊蓄)의 기록에서 그 무엇을 찾음으로써 신비의 문을 두드릴 수 있는 길을 열어 보려는 것이다.

嗚呼라, 松下問童子하니 言師採藥去라
오 호　　　송 하 문 동 자　　　　언 사 채 약 거
只在此山中이련마는 雲深不知處라
지 재 차 산 중　　　　　운 심 부 지 처

내 스승은 진실로 약(藥) 캐러 갔는가?
이 산중(山中)에 있기는 있는데 구름이 깊어서 알 수 없는가?

이것이 내가 20년의 꿈속에서 부르고 불렀던 古人의 노래다.

그러나 나는 이 노래에서 신비의 고리를 잡을 수가 있었고 도통의 연원을 찾을 수가 있었다. 약(藥)이란 것은 즐기려고 먹는 것이다. 락(樂)이란 것은 인생의 완성에서 오는 것이다. 그러므로 옛날에 '藥' 자를 만들 때에 ㅆ艸ㅆ樂의 象을 취함으로써 락(樂)을 만드는 것으로써 약(藥)이라는 개념을 설정한 것인데 동자(童子)는 스승[師]이 이러한 약(藥)을 캐러 갔다고 가르쳐 주었던 것이다. 그 약(藥)이 무슨 약(藥)이었던가? 저 흰구름 타고 금화세계(金火世界)를 창조하는 藥인 것이다. 그러므로 스승이 산 가운데 있기는 하지만 감히 찾아낼 수가 없는 것이다. 이 산은 무슨 산인가? 문왕(文王)이 즐기던 서북간산(西北艮山)이다. 스승이 약(藥) 캐기 시작한 곳은 어디더냐? 정막무짐(靜寞無朕)하던 귀장(歸藏)의 머리[首]인 것이다. 스승은 여기에서 구름 타고 간산(艮山) 속 현현궁(玄玄宮)으로 돌아갔는데 그 산에는 구름이 깊으니 어찌 감히 찾아낼 수가 있겠는가? 오호라, 나의 스승은 이 산 속에 숨고 말았는가? 이것으로서 나의 꿈속의 스승은 영원히 잃게 되었다.

그러나 나의 스승은 죽지 않았다. 아직 나의 가슴에 살아있는 것이다. 나의 꿈은 깨지 않고 아직도 계속되고 있다. 인간의 꿈은 언제나 스승을 창조하고 있는 것이다. 순수정신(純粹精神)의 윤회(輪廻)는 항상 자기의 良師를 창조하고 감정정신의 반복은 언제나 나(自我)의 무덤을 파고 있다. 그러므로 내가 감정(感情)의 무덤에서 뛰쳐나오려고 애쓰고 이성(理性)의 정토(淨土)로 돌아가려고 몸부림칠 때 나는 영원할 것이며, 나는 그 꿈에서 깨어날 것이다. 그러나 나의 꿈은 아직도 계속되고 있다. 그러므로 내가 나의 스승과 合一할 날은 아직도 영원하다.

2. 신비성(神秘性)의 매혹(魅惑)

이 세상에서 인간처럼 편리한 동물은 없다. 자기들은 만물의 영장이라고 자처한다. 그러나 때로는 동물 이하의 탈선을 하는 경우가 얼마든지 있지만 이런 것은 인간의 특권으로 자부하고 마는 것이다. 때로는 동물 이하의 무지(無知)를 노출하기도 하지만 이런 것은 미신으로 몰아붙이면 그만인 것이다. 미신(迷信)이란 개념은 일반적으로 미개사회의 전통과 인습(因襲)을 맹목적으로 믿는 미개지능(未開智能)의 표현을 의미하는 것이다. 그러나 이것을 좀더 자세히 고찰해 보면 믿을 수도 없고 안 믿을 수도 없는 매혹적(魅惑的)인 상태를 미신이라고 한다. 믿으려고 하지만 자기의 머리로써는 믿을 만한 근거를 인정할 수가 없고 안 믿으려고 하여도 이해할 수 없는 사실과 현상이 나타나고 있다. 그러므로 이와 같은 매혹적인 상태가 시간을 경과했을 때에 미신이라고 한다.

다시 말하면 그와 같은 미신상태가 현실적으로 노출되었을 때에는 이것을 부인하려고 하여도 부인할 수가 없지만, 만일 이것이 일정한 시간을 경과하여서 한 개의 역사성을 띠게 되면 그 때에는 소위 '타당성 결여'라는 조건을 붙여서 부인하여 버리기만 하면 미신으로 전락되고 마는 것이다. 그러나 이와 같은 타당성을 결정하는 인간들의 두뇌가 만일 연작(鷰鵲)의 수준에 불과했을 때에는 이것이 비록 홍곡(鴻鵠)의 웅도(雄圖)라 할지라도 미신으로 전락되고 말 것이다. 그러므로 보편적인 인식이 바로 진리가 될 수는 없는 것이다.

그렇기 때문에 이와 같은 미신의 흐름[流]을 전설이라고 하고 그 정체(正體)를 신비라고 한다. 신비와 미신과의 개념의 차는 다만 그것을 인정하지 않는 데에 구별이 있을 뿐이다. 즉, 그 사실을 인정은 하지만 인간의 지능으로 알아낼 수가 없을 때에 이것을 신비라고 대우하고 그 사실을 전혀 인정할 수 없을 때에 그것을 미신이라고 천대한다는 구별의 차가 있는 것뿐이다. 그러나 그것을 인정하고 안하는 인간의 지능이 문제되는 한 미신의 낙인이 찍혔던 미신 가운데서 오히려 더욱 위대한 진리가 튀어나왔던 사실을 역사는 반증하고 있는 것이다. 300년 가설(假說)의 역사를 가졌던 지동설 같은 것이 그의 적절한 예가 아니었던가.

그런즉 신비란 것은 무지인(無知人)의 동경대상(憧憬對象)으로서의 진리요, 미신이란 것은 무지인(無知人)의 망각대상(忘却對象)으로서의 미신인 것이다. 그렇다면 진리와 미신을 어떻게 구별하여야 할까. 물론 고차적인 지능의 소유자, 즉 도통한 지능으로써 이것을 구별하는 것은 문제가 되지 않는다. 그렇다면 이성이 혼탁한 일반인으로서 이것을 구별할 수 있는 방법은 없을까 하는 점을 생각해 보아야 한다.

이 문제에 대해서는 공부자(孔夫子)가 말한 바의 이간(易簡)의 방법을 취하면 된다. 다시 말하면 전설이나 신화의 가치결정만 완전하게 해 놓으면 문제는 해결되는 것이다. 가령 여기에 甲이라는 사람이 있어서 굉장히 큰 거짓말을 해 놓았다고 하자. 그러나 그것은 하루나 한 달도 지나가기 전에 사라져 버리고 마는 것이다. 그러나 반면으로 신화나 전설을 우리가 동일한 무근지설(無根之說)로서 가정한다 할지라도 이것은 왜 몇백 년 몇천 년 동안 연면(連綿)히 전해 내려오는가? 또는 전해 올 수 있는 능력은 무엇인가 하는 문제를 생각하지 않을 수가 없는 것이다. 아담과 이브의 신화도 그렇고 그리스의 신화와 동양의 수많은 전설들도 그렇다. 그런즉 우리는 여기에서 다음과 같은 특징을 발견할 수가 있다.

어떠한 신화나 전설을 막론하고 그것이 '전통성(傳統性)'과 '역사성(歷史性)'을 지니고 있을 때에는 미신이 아니고 진리인 것이다. 왜 그런가 하면 인간이 아무리 미신이라고 멸시하는 것이라고 할지라도 그것이 오랫동안 전해 온다는 말은 바로 그것에 전통성과 역사성이 있다는 것을 증명하는 것이다. 甲이라는 사람의 거짓말이 그 내용이 아무리 괴상하다 할지라도 전해지지 않는 것은 거기에 '전통성'과 '역사성'이 없기 때문이다.

전통(傳統)이란 개념은 정신을 통일하여서 영원히 전하는 것을 말한다. 다시 말하면 '통(統)'자의 개념은 내용이 충족한 것을 의미하는 것이다. 그런즉 내용이란 것은 무엇일까? 만물은 모두 자기의 내부에 정신인 율려(律呂)의 핵을 충족하려 하고 있다. 우주도 물론 정신을 그렇게 포장하고 있다. 그런즉 전설이나 신화의 내용이란 것도 바로 이것이다.

그러므로 전통이란 것은 내용이 충족된 것을 전한다는 말인즉 진리 외에는 그러한 것은 아무 것도 없다. 그런즉 세상이 아무리 미신이라 할지라도 그 속에 이와 같은 전통성이 있기 때문에 전해지는 것이며 그것은 미신이 아니라 한층 더 차원이 높은 진리이다.

역사성이란 것은 지나간 사실을 귀감으로 하여서 미래를 판단할 수 있는 성질을 말하는 것이다. 그러므로 자연은 이와 같은 역사성을 영원히 흘려보내고 있다. 그런즉 미신으로서 멸시를 받고 있는 것이라고 할지라도 연면(連綿)한 역사성을 지니고 있는 것은 그 가운데 반드시 사물 판단의 진가(眞價)가 흐르고 있는 것이다. 그러므로 역사성과 전통성을 지니고 있을 때에는 미신은 없다(물론 역사에 있어서 지난날처럼 사필(史筆)이 타락(墮落)되었을 때의 역사에는 역사성이 없을 것은 말할 것도 없다).

그렇다면 신화나 전설은 그 속에 어떠한 전통성과 역사성을 지녔는가 하는 것을 고찰해 볼 필요가 있다.

신화(神話)나 전설(傳說)로서 가장 간단하면서도 가장 전통적인 것은 이집트의 불사조의 이야기다. 이집트에 Phoenix(不死鳥)라고 하는 영조(靈鳥)가 있었는데 이 새는 500 년의 수명을 가지고 있다. 그런데 재미있는 것은 이 새가 500 년에 한 번씩 자기의 둥지[巢]에 육계(肉桂)와 감송향(甘松香)과 몰약(沒藥)을 모아놓고 이것으로써 분사퇴(焚死堆)를 만든다는 사실이다. 그리고 자기는 그 속에서 분사(焚死)하는 것인데 이상한 것은 이 새는 그 재[灰] 속에서 다시 살아나서(태어나서) 500 년에 한 번씩 이 작업을 윤회(輪廻) 반복하면서 영생불사한다는 것이다. 그런데 우리가 여기에서 특별한 감흥을 느끼는 것은 이 전설 속에 전통성과 역사성이 있기 때문에 전설로서 전해질 수 있다는 사실이다. 육계(肉桂)나 감송향(甘松香)이나 몰약(沒藥)은 모두 약재(藥材)다(藥에 대한 개념은 뒤에서 논한다). 육계(肉桂)는 木氣의 과항(過亢)을 제어하는 약이요, 감송향(甘松香)은 土化作用을 하는 약이요, 몰약(沒藥)은 土化된 것을 水中으로 귀장시키는 약이다. 그런즉 우리는 여기에서 Phoenix가 왜 이와 같은 분사퇴를 만들었는가 하는 것을 이해할 수 있는 것이다. 다시 말하면 육계(肉桂)나 감송향(甘松香)은 동에서 서남으로 이르면서 木이 토화(土化)하는 것을 의미하는 것이요, 몰약(沒藥)으로서 水中에 귀장(歸藏)한다는 것은 금화교역(金火交易)이 완성됨으로써 水中에 침몰(沈沒)하게 되는 象을 말하는 것이다.

그런즉 이와 같이 이집트의 불사조(不死鳥)의 전통은 일면으로는 우주변화의 내용을 잠장(潛藏)하면서 타면으로서는 일종의 우화로 가장한 것이다. 즉, 육계(肉桂)·감송향(甘松香)·몰약(沒藥)과 같은 약재(藥材)로써 분사퇴(焚死堆)를 만들었다는 말은 얼른 보면 우화 같지만 이것이 바로 정신의 생성과정을 암시한 것이다. 그런즉 이것이 바로 영원한 전통을 이룰 수 있는 조건이 되는 것이다. 그런즉 거기에는 또한 과거의 귀감이 될 수 있는 역사성도 부수(附隨)된다.

다음은 그리스의 크로노스(Kronos)의 신화를 고찰해 보기로 하겠다. 크로노스는 때[時]를 의미하는 그리스의 이름이다. 크로노스는 천지의 아들인데 그것은 자연을 생성한 '時'다. 그러므로 사람들은 그것을 생명의 근원으로 상징한다. 그런데 그는 자기가 자식을 낳으면 먹어 버리므로 그의 세계는 암흑이다. 그러다가 오랜 후에 그는 아들을 낳아서 길러내는 데 성공하였다. 우주에서는 이 때부터 정신세계가 창조되었는데 그의 이름은 제우스(Zeus)다. 그리스 사람들은 이것을 정신의 원리이며 또는 통수자(統帥者)로서 상징하였다. 그 다음에 제우스는 아테나(Athena)라고 하는 딸을 낳았는데 이것은 힘[力]과 지혜를 겸비한 여신이다. 그러므로 그리스에서는 이것을 수호의 신으로서 모신다. 그런데 아테나는 지혜의 신이기 때문에 제우스의 머리에서 낳았다고 한다. 이

번에 제우스는 아들을 낳았는데 그 이름은 아폴론(Apollon)이다. 그리스 사람들은 이것을 형벌의 신·도움의 신·예언의 신·음악의 신·가축의 보호신·도시와 제도(制度)의 신·태양의 신으로 부르고 있다. 그 다음에 제우스는 또 딸을 낳았는데 그 이름은 무사이(Musai)다. 그런데 이것은 노래·예술·시가(詩歌)·학문의 신으로 불렸다(제우스는 이처럼 3남매를 낳았지만 부인은 각각 다르다).

이와 같이 제우스는 3남매를 낳았는데 그 후에는 아홉[九]이 되었다고 한다. 그리스의 이와 같은 신화에서 우리는 특별한 흥미를 느낀다. 첫째로, 크로노스라는 '時'의 신이 천지의 아들로서 생겼는데 이것은 자연을 생성한 신이기 때문에 그것을 생명의 본원으로 생각하고 있기는 하지만 그 때는 암흑천지, 즉 만물을 생성하지 못한다는 사실이다. 따라서 여기에는 인간과 같은 정신체가 없다고 한다는 사실이다. 우선 크로노스는 '時'라는 말인즉 이것은 우리가 말하는 바의 土라는 말이다. 우주가 창조될 때에 제일 먼저 태극의 象부터 이루어지게 되는데 그 象의 본체가 바로 음양이다. 그러나 태극은 그가 성립되기 이전, 즉 음양의 교류가 시작되기 이전에 먼저 비수비화(非水非火)이며 비음비양(非陰非陽)인 象에서 나타났던 것이다. 다시 말하면 천지가 제일 먼저 생성한 것이 태극 이전의 무극이다. 그런즉 크로노스를 '時'의 神이라고 하는 것은 바로 土라는 말이므로 여기에는 정신이 없는 것이다. 다시 말하면 정신이 생기는 것은 金水로 통일되면서 생기는 것인즉 土化作用 시대에 정신이 없는 것은 물론이다. 그러므로 土상태의 본원을 태소(太素)라고도 한다. 그런즉 '時'의 神인 크로노스도 무극의 화생인 土이므로 만물을 生하는 원시(原始)일 뿐이다. 그러므로 이것을 가리켜서 크로노스가 자식을 잡아먹는다고 한 것이다.

그러다가 오랜 후에 크로노스는 제우스라는 아들을 낳았는데 이것을 정신의 원리와 통수자(統帥者)로 상징한다는 말은 바로 진(震)으로 모신다는 말인 것이다. 위에서도 말한 바와 같이 정신의 작용은 진목(震木)에 이르러서 처음 발현되는 것인데 시(時)의 신인 크로노스가 낳은 제우스가 정신계(精神界)의 대표자가 된다는 말은 그것이 바로 진목(震木)을 대표하는 신이라는 말과 동일한 것이다. 그러므로 역(易)이 진괘(震卦)로써 장남(長男)이라고 하는 것은 震으로써 만물의 생장과 정신활동의 기본을 삼는다는 말이다.

그 다음에는 제우스가 아테나라는 딸을 낳았는데 이것은 지력(智力)을 겸비한 것이므로 수호의 신으로 모신다는 것이다. 그런즉 제우스라는 목신(木神)이 낳은 딸이 지력(智力)을 겸비했다는 말은 무엇을 의미하는 것일까? 木은 이화(離火)를 생한다. 五行의 상생원리는 어떤 한 개의 형상을 생할 때에 반드시 본중말 원리로써 작용한다. 그러므로 木이라는 통가다리가 분열을 시작할 때에는 一二三의 數가 진(盡)함으로써 완성되는 것이다. 그렇기 때문에 木이 火를 생할 때에도 그 범주를 벗어나지 못한다. 그런즉 이것이 木이 火의 기본을 생하는 것을 의미하는 것이다. 火의 기본은 陰이다. 火는 陰이 먼저 火를 부착할 수 있는 준비를 한 다음에라야 생해지는 것이다. 그러므로 이괘(離卦)는 손괘(巽卦)를 바탕으로 하고 생기는 것이요, 五行은 巳火가 먼저 준비를 갖춘 다음에라야 火가 발하는 법이다. 그런즉 이와 같은 火의 바탕을 이루는 음화(陰火)를 상징한 것이 바로 아테나의 여신이다. 그러므로 이것을 여신으로 상징했으며 또는 智力을 겸비했다고 한 것이다. 지력을 겸비했다고 한 것은 火의 제1단계는 힘이 아직 강하고 지(智)도 생기기 시작하는 때이다. 다시 말하면 아테나의 여신이 주도하는 때는 火의 기본과정이기 때문에 지력을 구유(具有)할 수 있는 것이다. 또한 수호의 신이라고 한 것은 이 때가 바로 음화(陰火)로서 午火를 수호하는 때이므로 그와 같이 말한 것이다. 또한 제우스의 머리에서 나왔다고 한 것은 火의 최초 단계는 반드시 木의 머리에서 갈라져서 나오는 것이므로 그와 같이 말한 것이다. 그런즉 아테나가 상징하는 것은 분명히 화화작용(火化作用)의 기본을 말하는 것이다.

 제우스는 그 다음으로 아들을 낳았는데 그의 이름은 아폴론이다. 그런데 그리스 사람들은 이것을 형벌의 신·도움의 신·예언의 신·음악의 신·가축보호의 신·태양의 신으로 상징하고 있다는 것이다. 그런즉 아폴론이 상징하는 것은 午火의 작용, 즉 이괘(離卦) 자체의 작용을 의미하는 것이다. 즉, 형벌은 午火작용의 극점에서부터 金水의 과정을 거치면서 이루어지는 것이므로 세속에서는 화형(火刑)·금형(金刑)·수형(水刑) 등의 제도를 쓰는 것이다. 그런즉 아폴론을 형벌의 신으로 상징한 것은 그 형벌의 기원으로써 신을 삼는 것이다. 또 이것으로써 도움의 신을 삼은 것은 午火는 사실상 土를 창조하기 위한 화형장(火刑場)인 것이다. 이것이 비록 정신의 분묘(墳墓)로서의 외면(外面)을 가지고 있지만 실은 정신의 창조를 돕고 있으므로 도움의 神을 삼은 것이다. 또 이것으로써 예언의 신을 삼는 것은 예언은 총명에서 이루어지고 총명은 충양(充陽)에서 이루어지므로 그 충양작용의 기본인 午火를 神으로 삼은 것이다. 또 이것으로써 음악의 神을 삼은 바 악(樂)은 火를 기본으로 하고 이루어지며, 음(音)은 水를 기본으로 하고 이루어지는 것이다. 그러므로 태극도설에서도 火는 감(坎)으로 들어가는 象이 나타나 있은즉 이것이 바로 음양의 본원을 이루는 본원, 즉 十土를 이루는 기본이므로 音(陽)·樂(陰) 공동의 신이 되는 것이다. 또 이것을 가축보호의 신이라고 한 것은 가축은 육체를 쓰기 위한 것인데 육체는 土가 이루는 것이다. 그런데 火는 土의 자원이기 때문이다. 이것을 태양의 신으로 삼는 것은 離火 자체가 태양이기 때문이다. 이와 같이 아폴론이 가장 많은 신으로 상징된 것은 이것이 바로 火의 본질을 표상하는 신인 離卦와 午火의 象을 나타내는 까닭이다.

제우스는 그 다음으로 무사이라는 딸을 낳았는데 이 신은 노래·예술·시가·학문의 신으로 상징되고 있다. 그런데 아폴론이 午火의 신이었다면 이것은 未土의 신이라야 火의 본중말이 완성된다. 그런데 노래는 音에 속하는 것인즉 금화교역으로써 이루어지는 것이다. 그런즉 土(未)가 그의 창조기본이 되므로 이것이 노래의 신이다. 우주의 변화란 모두 천지의 술수(術數)다. 그런데 그 술수를 통일하여 점철한 것이 바로 예술이다. 그런즉 그 신은 土의 통일성에 있을 수밖에 없다. 시(詩)라는 것은 노래의 의미표식(意味標識)이다. 표식이란 것은 동작이 아니고 정지상태이다. 그런데 우주의 모든 정지상태는 未土에서 이루어지는 것인즉 시가(詩歌)의 신은 여기에서 창조된다. 학문이란 개념은 學은 향상을 의미하는 것이고 問은 완숙을 의미하는 것이다. 그런즉 學이 완숙되는 곳은 未土統一 이후의 일이다. 그러므로 학문의 신이 있는 것이다.

이와 같이 고찰해 볼 때 크로노스의 신화는 상수학의 木火土의 발전과정을 암시한 것이다. 다시 말하면 이것은 우주만물의 발전과정일 뿐이고 통일과정은 아니다. 정신의 활동과정인 것뿐이고 창조과정은 아니다. 더욱이 火의 本中末을 역설(力說)함으로써 본중말원리의 작용현상을 암시하였던 것이다. 그러므로 여기에는 전통성이 있고 역사성이 있다.

그런데 헤겔은 특별히 이 신화를 좋아하였다고 한다. 여기에 대해서는 필자도 납득이 가는 점이 있다. 왜 그런가 하면 헤겔의 '변증법'이 바로 이 신화의 정신내용과 꼭 같기 때문이다. 이 신화가 木火土의 선천적인 본중말운동의 발전만을 표시한 것처럼 헤겔도 개념·대립개념·종합개념의 본중말작용으로써 발전양상만을 표현하였기 때문이다. 그러나 신화는 철학이 아니므로 그의 전통가치만 있으면 된다. 그렇다고 철학이 신화적 가치만으로써 만족할 수는 없다.

아마도 서양철학이 분석적인 면에만 머물게 된 것은 이와 같은 신화에서 유인(由因)된 바 있으리라고 생각하는 바이다.

더욱이 헤겔이 동양의 자연철학원리는 크로노스의 원리와 같으므로 동양에는 정신원리가 없으나 서양은 제우스와 그의 일족을 상징하는 것이므로 정신원리가 있다고 한 것은, 바로 그가 동양을 모르면서 동양을 평했고 크로노스의 신화를 모르면서 그 신화를 좋아했다는 결론이다.

이상에서 논한 바의 신화나 전설의 예에서 보는 바와 같이 모든 전통성과 역사성이 있는 사물에는 반드시 신비가 있고 신비는 자체의 매혹성 때문에 때로는 불운하게도 미신으로 전락되는 수도 있다. 그러나 미신은 반드시 미신이 아니다. 다만 미신으로서의 낙인이 찍혀질 때는 인간은 더욱 신비의 문을 두드리기 어렵게 될 뿐이다. 그러므로 그 세계는 암운과 악몽의 세계다. 그렇지만 신비란 것은 험준한 難航의 길만은 아니고 질서정연한 법칙의 길이며 행로탄탄한 평화의 길이다.

제2절 우주고발(宇宙告發)의 꿈

현실세계는 아직까지 신비의 세계다. 정도(正道)는 사도(邪道) 앞에 굴복(屈伏)하고 선은 악의 포로가 되고 있는 세계다. 정의는 강자를 대변하는 노예가 되고 불의(不義)는 약자만이 범하는 죄악이다. 그러나 인간은 윤리와 도덕이 무엇 때문에 이와 같이 전도(顚倒)되어가는지를 알지 못하고 있다. 그뿐만 아니다. 우주에서 생존하는 삼라만상은 모순과 대립을 일으키면서 투쟁하며 또 변화하여야 하는데 그 투쟁의 종말은 사(死)로서 낙착된다. 그러나 인간은 무엇이 인간을 이와 같은 죄악의 구렁텅이로 몰아넣게 하였는지 알지 못하고 있다.

이와 같이 문강지약[文(紋)强智弱]한 것이 현실적인 인간이다. 이처럼 외면만 화려하고 내용이 빈[虛] 것이 현실적인 문화다. 인간문화가 허탈상태에 놓였을 때에 인간은 자기들의 무지를 감추기 위하여서 이것을 신비라고 부른다. 20세기의 과학문명이 비록 月세계를 정복한다고 할지라도 이것을 전통성이 없는 허탈(虛脫)의 눈으로 보는 한 신비는 신비대로 남게 될 것이다. 그렇게 볼 때 과학문명은 공각(空殼)인즉 이것으로써 지옥인 현실에서 헤매고 있는 인류를 구제해 낼 수는 없을 것이다. 이것으로써 신비의 문을 열어낼 수는 없다. 그러므로 이것이 바로 우주개발(宇宙開發)의 꿈이다. 이와 같은 신비의 정체를 고찰해 보려는 것이 본론의 목적이다. 그러므로 본론은 꿈에 나타난 우화로써 형식을 취했다. 우화는 형식과 내용이 신화나 전설과 같다. 그러나 거기에는 표리부동한 삽화(揷話)와 진리가 병존하는 것이다. 그러므로 본론을 연구하는 데 있어서는 그 내용을 씹고 또 씹음으로써 그 속에서 신비의 뿌리[根]를 캐어내어야 한다. 한 개의 명사나 한 개의 형용사 속에도 반드시 정명적(正名的)인 의도가 숨어 있고 일구(一句)의 대화나 일절(一節)의 개념 속에도 반드시 우주변화의 원리가 숨어 있다. 그러므로 본론의 연구에 있어서는 내외상부(內外相符)한 철학적 연구자세로써 임하여야 한다.

1. 지성(至誠)의 여로(旅路)

낙조와 함께 흐르는 석양의 하늘 아래에서는 고요하고도 아름다운 공기만 감돌고 있다. 한아담박(閑雅淡泊)한 신비의 경지에서는 五色彩雲

들이 춤추고 있는데 그것이 한번 빛을 발하면 경내(境內)는 한없이 늘어나서 마치 도원(桃源)의 선경과도 같이 변화하는데 그럴 때에는 호화찬란한 궁전들이 나타난다. 그러나 채운들이 한번 빛을 잃게 되면 경내는 손바닥 속에라도 담을 만큼 작아지고 궁전들은 홀연히 사라져 버린다. 사람들은 이것을 신비경(神秘境)이라고 한다. 그러나 역대의 지자(知者)들은 이것을 태극궁(太極宮)이라고 했으며 또는 태락궁(太樂宮)이라고도 했고 현묘궁(玄妙宮)이라고도 불러왔다.

그렇지만 여기에는 변화가 없다. 아니 잠자고 있는 것이다. 그러므로 이것을 만일 변화라고 한다면 그것은 개념의 무활동상태(無活動狀態)이므로 꿈속의 변화거나 혹은 무변화(無變化)의 변화일 것이다.

도학(道學)이 이것을 현현진경(玄玄眞境)이라고 부르는 것은 이 때문이다. 어떠한 날 일모(日暮)에 삿갓[笠]에 죽장을 든 길손이 이 진경의 어구에 이르렀다. 그는 시냇가 반석 위에 걸터앉아 삿갓을 벗고 이마에서 흐르는 땀을 훔쳐냈다. 머리에서는 백발이 석양 바람과 함께 흔들리고 있었으나 훨씬 펴진 홍안(紅顏)은 동안(童顏)을 무색케 한다.

얼마 뒤에 노인은 고요하고도 아름다운 시냇물로 몸을 씻고 신비경을 향하여 무엇인가를 기원하고 있는 것 같았다. 그 후부터 노인은 침식을 잊어버리고 묵좌하고만 있었다. 아마도 노인은 그대로 굶어 죽을 것만 같았다. 때로는 그처럼 아름답던 얼굴에서 수운(愁雲)이 감돌기도 한다. 그러나 노인의 정체가 무엇인지를 아는 사람은 없었다. 물론 그의 목적이 무엇인지를 아는 사람도 없었다.

어떠한 날 노인의 안전(眼前)에는 빛나는 오색 구름을 탄 천사가 하늘 위에서 나타났다. 이것은 틀림없는 신비궁(神秘宮)의 사자(使者)였다. 사자의 목소리가 하늘 아래로 흘러 내려와서 땅 위로 퍼져갈 때 노인의 안색은 점점 암흑색으로 변해가고 있었다. 그 때 사자는 입을 열었다.

"묘팔랑(卯八郞)아 듣거라, 천국의 문은 걸려 있다. 네 아무리 애원하여도 천국으로 들어갈 수는 없으며 또 네 소원이 용납될 수도 없다." 이와 같은 한 마디의 말을 남겨놓고 천사는 구름과 함께 사라졌다. 노인은 하늘을 향해서 애소(哀訴)하였다. "우주여, 진방(震邦)의 수많은 백성을 화탄지옥(火炭地獄)에 그냥 버려두려 하나이까? 우리는 죄 없는 착한 백성들입니다. 우리는 천성의 순박을 그대로 영원히 보존하려는 당신의 자손들입니다. 조물주여, 선량한 양 떼에게 복을 내리소서." 노인은 이와 같이 읍소하면서 또 다시 세월과 함께 늙어가기 시작한다.

그 후부터 이웃 사람들은 비로소 그 노인이 바로 진방(震邦) 사람인 것과 자기 민족의 비참한 운명을 도탄에서 건져내려고 애쓰고 있는 지사(志士)라는 것도 알게 되었다. 노인의 지극한 정성에 감동한 마을 사람들의 구원의 손길은 나날이 펴져갔다. 부인들은 음식과 의복을 근(勤)하였고 남자들은 조그마한 집 한 채를 지어 주었다. 노인은 마을 사람들의 인정 많은 마음씨에 한없는 감사를 느끼기는 했지만 그것이 자기의 행복이라고 생각해 본 일은 한 번도 없었다. 다만 노인은 저 남쪽 나라 지옥의 세계에도 이 마을 사람들처럼 인정과 자애가 많았더라면 자기의 오늘의 여로는 필요 없었을 것이며 수많은 동포들도 잘 살 수 있었을 것이라고 생각하면서 긴 한숨을 쉬곤 했다. 그럴 때마다 노인의 눈동자에는 물방울이 고인다. 물방울이 노인의 눈에서 사라지게 되면 그 얼굴에는 자그마한 주름살이 또 하나 늘어난다. 그러나 노인은 이것이 자기의 육체에 깃들이는 생명의 황혼인 줄도 느끼지 못한다. 그가 기다리는 것은 오직 천국의 문이 열리는 날뿐인 것이다.

어느 눈 내리는 날 황혼의 저무는 놀이 산 위에 뭉켜질 때 은의금관(銀衣金冠)으로 몸을 단장한 선녀가 삼인의 시녀를 거느리고 무지개에 실려서 나타났다. 때마침 서쪽에서는 수많은 백로(白鷺)들이 짝을 지어 고리를 만들면서 선녀들을 둘러싸기 시작했다. 그 때 선녀들은 오색이 찬란한 빛을 뿜으면서 백로의 날개 밑에 숨어 버린다. 이윽고 백로들은 날개로써 궁전 같은 수레를 만들고 그 한복판에 선녀를 모셨다. 하늘에서는 음악소리가 울려왔고 멀리 바라보이는 경내에서는 오색채운이 빛을 내기 시작한다. 선녀가 탄 백로의 떼는 적벽강(赤壁江) 하류를 따라서 현현한 북명(北溟)의 하늘 아래로 사라지기 시작한다.

 이와 같은 광경을 바라보기만 하던 노인은 이제는 애원도 읍소(泣訴)도 단념해 버린 것 같았다. 얼빠진 사람 모양으로 물끄러미 동쪽 하늘만 바라보고 있다. 아마도 그의 머리에는 진방(震邦)의 옛 성지(城址)가 떠오르고 있는지도 모른다. 소박한 원주민들의 평화로운 모습이 되살아나고 있는지도 모른다. 문명이라는 이름으로 가장한 가혹한 형벌을 체념하고 있는지도 모른다.

 그러한 찰나에 선경 안에서는 채운이 빛을 내면서 우주를 점령하리만큼 큰 궁전이 다시 자태를 나타내기 시작한다. 아마도 선녀의 수레가 도착한 모양이다. 그러나 노인의 얼굴에는 기쁨도 슬픔도 없다. 다만 목석이 본연의 자태로서 도사리고 있는 것 같기만 하다. 마을 사람들은 이상히 여기면서 당황하였지만 노인은 여전히 살아 있는 것이다. 이것은 노인의 일관된 지성이 선녀를 감동시킴으로써 그 혼은 지금 천국에 가 있는 것이다.

2. 천국(天國)의 법정(法廷)

 노인의 혼(魂)은 천국의 일우(一隅)에서 현실세계의 허망한 인상을 회고하곤 하였다. 한편으로는 이것을 천국과 비교하면서 어떠한 默想에 사로잡히기도 한다. 진실로 현실세계인 지옥과 천국을 비교해 보면 확실히 천국은 아름다웠다. 혼란한 분열과 추잡한 투쟁도 없고 생사의 희비와 선악의 교류도 없다.

다만 중궁(中宮)의 한복판에서는 영원한 항존성(恒存性)이 고요히 잠들고 내전(內殿)에서는 시신(侍神)들이 변화의 바탕을 얽어매려고 하는 모습만이 아롱거린다. 그러나 외각(外閣)을 바라보면 금방 어떠한 조화라도 일어날 듯이 부산한 기분이 감돌기도 한다. 그러나 노인은 깨닫지 못한다.

그렇지만 여기에서는 사리나 사욕을 볼 수 없다. 다만 고요한 정적만이 깃들이고 있는 것이다. 노인은 이것만으로서도 우주조화의 본궁이 이와 같이 공정무사(公正無私)한 것임을 느꼈다. 그러나 이와 같이 공정한 조물주의 힘을 빌어서 아비규환(阿鼻叫喚)하는 중생을 도탄에서 구제하려는 욕망은 더욱 간절하여졌다. 그렇지만 이것이 옳은 생각인지 그른 생각인지는 판단해 낼 수가 없었다. 그것 때문에 노인은 새로운 고민에 봉착하게 되기도 한다.

어떤 날 미명(未明)에 노인은 황백색 바탕에 흑점으로 수놓은 흙덩어리에 진한 감색으로 '法門'이라고 쓰여진 문찰(門札)이 있는 곳을 발견하였다. 문찰의 왼편에는 청황색으로 이루어진 운각(雲閣)이 한 채 있어서 구름처럼 피어오르고 있었으며 바른편에는 황백색으로 이루어진 운각이 또 한 채 서 있는데 그 웅장한 위용은 열화(裂火)와 같고 종용(從容)한 모습은 북명수(北溟水)처럼 잔잔하다. 노인은 비로소 이것이 천국의 법정(法廷)이란 것을 알게 되었다. 그러나 노인은 두 개의 운각 가운데에서 어느 것을 택해야 할지 알 수 없다. 할 수 없이 노인은 모두 보기로 했다.

먼저 좌측 운각을 살펴본즉 운각의 밑바닥에서는 푸른 물결이 잔잔한

파도를 일구면서 검푸른 몸을 움직이고 있었다.

　고요한 선경의 물이 왜 저렇게 동요할까 하는 호기심에서 자세히 관찰하여 본즉 물 속에서 어떠한 괴물이 몸부림치고 있었다. 그러나 그것이 무엇인지를 알 수는 없었다. 다시 눈을 들어 운각의 지붕 밑을 바라본즉 이름 모를 잘새들이 수많은 물거품과 함께 어디론가 날아가고 있다. 노인은 이 광경을 끊임없이 바라본즉 천정운로(天程雲路) 구름길에서 구름과 함께 사라져 가고 있는 것이다. 때마침 운각 자체도 차츰 흘어져서 구름이 되고 말았다.

　이 때 노인은 무심히 하늘만 바라보았다. 그는 할 수 없이 바른쪽 운각으로 눈을 돌렸다. 한복판에서는 푸른 물과 흰[白]물이 서로 반대쪽으로 맴돌고 있다. 그런데 거기서는 태극이 그려지고 있는데 때로는 큰 글자로 '법수(法水)'라고 쓰여지기도 한다. 그 물은 한없이 고요하고 옥같이 맑다. 여기는 새소리도 물방울도 없고 다만 구름만이 고요하다. 백로가 서산에서 훨훨 날아드는 모습을 간혹 볼 수 있을 뿐이다. 다시 눈을 들어 창공을 바라보니 처마 끝마다 '法'자가 아로새겨져 있었다. 그리고 왼편쪽에 있던 운각처럼 없어지지도 않는 항구한 누각이었다. '아마도 이것이 천국의 법정이로구나' 하고 노인은 그 누각 앞 한 모퉁이에 자리잡고 앉아서 법관이 나오는 것을 기다리기 시작했다.

　한 달을 기다려도 두 달을 기다려도 사람의 흔적은 없다. 또한 10년 20년을 기다렸지만 자기 이외에는 아무런 존재도 없다는 것을 느낄 수가 있다. 다만 한없는 적막과 아울러 누각의 처마 끝에 씌어져 있는 '法'자만이 눈앞에서 아롱거리고 있을 뿐이다. 그는 지금의 자기가 늙었는지 젊었는지도 느끼지 못하고 있다. 그러나 누각 속에서는 태극을 그리고 있는 두 줄기의 물만이 영원히 돌아가고 있는 것이다. 변화무쌍한 세계에 태어났던 인간이 이와 같은 무변화(無變化)의 세계에서 무엇을 바라고 있는지도 알 수 없을 정도였다. 다만 조국과 민족을 구하려는 그 일념만은 영원히 변하지 않는다. 아니 오히려 점점 더 강력히 반발하고 있는 것이다. 때로는 소원이 성취될 것 같은 느낌이 들기도 하지만 이것이야말로 진정한 꿈인 것만 같다.

왜 그런가 하면 수십 년인지 수백 년인지도 모르는 긴 세월 동안에 법궁(法宮)은 커녕 사람의 그림자조차도 보지 못하고 지내온 자신이 이제 누구에게 호소하며 누구에게 애원하여서 목적을 달성할 것인지를 알 수 없기 때문이다. 그러나 노인은 때를 기다리는 것으로써 평생의 신념을 삼았던 것이지만 무정한 세월은 흐르기만 했다.

어느 날 우연히 신비만 감돌던 천국에서는 이상한 변화가 일어나기 시작했다. 법문 속에 잠겨 있던 태극궁(太極宮) 한복판에서는 은은한 아악(雅樂)소리가 흐르기 시작했고 거기에는 수많은 궁전들이 새로이 솟아올랐다. 법문도 한없이 넓어졌다. 내외의 전각에서 흘러나오는 말소리는 무거운 공기를 밀어내었다. 이 때에 북궁 쪽에서는 '법왕(法王)이 법문(法門)에 납신다' 하는 위엄 있는 전갈이 우렁찬 목소리를 타고 궁안으로 퍼져나갔다. 노인의 정신과 눈동자는 주위의 황홀(恍惚)을 살펴볼 겨를도 없이 왕의 행렬에 쏠려 버렸다.

그런데 어느 사이에 왕과 일행은 벌써 법문 안에 들어섰다. 용상(龍床)에 자리잡은 왕은 기라(騎羅) 같은 시종들을 좌우로 갈라 세워 놓았다. 전광석화(電光石花)와도 같은 천국의 신속한 법도는 노인으로 하여금 어쩔 줄을 모르게 했다. 다만 노인의 눈에 비치는 것은 왕을 위시한 수많은 인파가 가슴에는 '法' 자의 문(紋)을 붙이고 몸에 두른 예복은 어느 것 하나 할 것 없이 흑감색(黑紺色)으로 되어 있다는 사실뿐이다.

어느 사이에 법왕의 두 눈은 오색으로 수놓은 태극으로 변하더니 거기에서는 생명이 쏟아져 나오기 시작한다. "법도(法度)는 이 시각(時刻)

에 진방(震邦)의 문을 열기로 한다. 도사(道師)는 황석공(黃石公)으로 정하고 왕은 두목지(杜目之)로 정하며 여섯 명의 재상(宰相)으로써 12종족을 다스리게 한다"고 하는 법왕의 분부가 끝나자마자 왕과 시종들은 아악(雅樂)을 타고 사라져 버렸다. 천국은 또다시 옛적처럼 고요해졌다. 이 때에 법문 앞에 홀로 남아 있던 노인의 가슴속은 허무감으로 가득해졌다.

생각컨대 진국(震國)이 멸망한 후 물환성이(物換星移)에 소원이 서리운 조국을 찾기 위하여 천국의 법문 앞에 이르기까지 恨많은 꿈을 안고 있었으며 또는 입국한 그 후에도 기다리고 기다리었던 오늘이었다. 그러나 그 오늘이 이처럼 허무할 줄은 상상도 하지 못하였던 것이다. 법왕이 자기의 포부와 심정을 알고 있는지 어떤지조차도 알 수 없다. 그런데 그는 결코 자기의 영달을 위하려 함이 아닌 정의의 포부와 또는 인간의 참상(慘狀)을 고발할 수 없었던 데서 오는 불만으로 가득했다. 그렇지만 머릿속에서는 아직도 '이 시각(時刻)에 진국(震國)의 문을 연다'고 선언하던 법왕의 목소리와 눈동자가 아롱거리고 있는 것이다.

노인은 다시 생각하여 본다. 황석공(黃石公)이란 어떠한 도사일까, 두목지(杜目之)란 어떠한 분일까, 육정승 12종족은 어떻게 택하였을까 하는 착잡한 마음은 노인의 가슴을 어지럽게 하였다. 그러나 그것은 자기의 관심사가 아니었다. 그의 머리에 있는 것은 다만 죄악과 사욕이 없는 진방(震邦)을 건설하는 것이다.

투쟁과 대립이 없는 선남선녀가 나물 캐고 과일 따는 낙원을 건설하려는 것이다. 그런데 법왕이 만일 화탄세계(火炭世界)의 진상을 통촉(洞燭)하지 못하고 법문을 열었다면 명일(明日)의 진방의 운명은 석일(昔日)의 진방과 방불(彷佛)할 것이라고 생각하는 것이다. 그러므로 이것만이 노인의 관심이요 고민이다. 그는 이와 같은 착잡한 생각에 사로잡혀서 하늘만 바라보고 있었다.

3. 신비(神秘)의 문호개방(門戶開放)

1) 묘팔랑(卯八郞)의 회상(回想)

노인의 머릿속에는 옛날의 아름다웠던 진방풍물(震邦風物)과 미풍양속이 마치 연면불식(連綿不息)하는 태극수(太極水)처럼 흐르고 있었다. 그것은 분명히 자연의 환상이었으며 또한 한 폭의 그림이었다. 그러므로 거기에는 낙수(樂水)의 꿈과 도원(桃源)의 노래가 아로새겨져 있는 것이다.

생각컨대 진방은 비록 동방일우(東方一隅)에 처해 있는 보잘것없는 나라였지만 본래는 감국(坎國) 직계성(直系聖)인 황이도사(黃伊道師)의 후손이었던 것이다. 물질이 풍부하지 못해서 육체를 양(養)하기에는 부자유하였지만 이 나라 백성들의 몸과 머리에서는 아름다운 정신과 굳센 힘이 분수처럼 솟아올랐던 것이다. 게다가 성품은 소박하여서 마음속에는 한 점의 흐림도 없는 아름다움만이 도사리고 있는 백성들이었다. 진실로 몇 만금으로도 바꿀 수 없는 귀중한 정신과 역사를 지닌 나라였던 것이다.

그 위에 자연은 또한 자연대로 아름다웠다. 불덩어리 같은 태양이 동문에서 솟고 쟁반 같은 달은 서문에서 얼굴을 감춘다. 달이 동문에서 솟는가 하면 해는 또다시 서문에서 잠드는 것이다. 이와 같이 日月이 천하의 문을 독차지하고 그들의 정기(精氣)를 뿜어보내면 만물은 마음껏 이것을 호흡하면서 살아가는 것이다. 백학(白鶴)이 큰 날개를 펴고 동봉(東峯)으로 날아들 때에는 잘새들은 풍류를 타고 분별없이 지저귀고 있었다.

　시내는 구비마다 못을 이루고 푸른 물은 그 속에다가 어룡(魚龍)을 잠재웠다. 그러나 팔현금(八弦琴)의 율동도 아직은 그 물을 흔들어낼 수가 없는지 어룡의 꿈은 그대로 계속되고 있다. 그렇지만 마을 사람들은 그 물 속에서 청룡(靑龍)이 나와서 벽계수의 방울을 타고 하늘로 올라갈 것으로만 믿고 있었던 것이다. 그러므로 이곳을 계룡(鷄龍)이라고 하며 그 못을 용담(龍潭)이라고 했다. 이와 같은 옛날만을 회상하는 노인은 그냥 옛날 앞에 사로잡혀 버린 것 같기도 했다.

　그러므로 그의 머릿속에서는 옛날의 일들이 꼬리를 물고 떠오르기만 하는 것이다.

　진방(震邦) 사람들은 인품이 중후하고 마음씨가 평화로워서 투쟁이나 살벌 같은 것은 전혀 모른다. 정치는 윤리만으로서도 충분했고 법률은 도덕으로서도 넉넉히 대행할 수 있었다. 그러므로 여기에는 당파도 세도도 없고 다만 순후소박(醇厚素朴)한 자연과 같이 인심이 아름답기만 할뿐이었다.

　평화스럽던 이 나라에는 뜻밖에도 어느 따뜻한 늦은 봄날, 몸에는 주단을 감고 머리에는 뿔[角] 난 두건을 쓴 멋있는 한 쌍의 남녀가 나타났다. 몸차림이 진방 사람보다는 화려하였지만 그다지 고급은 아니었다.

　그들의 속삭임은 어느 사이에 소박한 진방의 젊은이들의 가슴을 흔들어 놓았는지 순진한 풍조는 미구(未久)에 사치와 허영에 사로잡혀 버리고 말았다. 물질의 결핍을 느끼던 순진한 사람들이 화려한 이방(異邦)문명에 도취하게 된 것은 당연한 일이었다. 이와 같은 환경에서 우리 민족은 점점 분열하기 시작한 것이다.

　이것이 바로 진방(震邦)의 망국비운이었는데 그 다음에 알고 보니 그것은 손방문명(巽邦文明)의 침입이었다. 한때는 옛날의 조국도 평화도

다 잊어버릴 정도로 타락하였지만 세월이 흐르는 동안에 차츰 신문명의 위세와 물질의 횡포(橫暴)에 염증을 느끼게 되었고 따라서 평화롭고도 순박하던 옛날의 향수가 가슴을 찌르는 때가 한두 번이 아니었다. 그러나 우리는 힘없는 표류민(漂流民)이란 이름의 포로였다.

사회의 측면을 바라보면 법률은 정치인의 방패였고 정치는 권력자의 노예였다. 물론 이와 같은 현실은 부패의 정점을 이루지는 못하였지만 진방의 그 모습과 이것을 비교해 보면 가슴이 터지는 것만 같았다.

그러나 때는 이 나라에도 또다시 이국(異國)문명의 침입을 허락해야만 했다. 그들 의관의 화려함과 생활의 사치는 손방(巽邦)의 예가 아니었다. 옷에서는 문채(紋彩)가 황홀했고 의관은 몇 가닥의 기기묘묘(奇奇妙妙)한 뿔로써 얽히어져 있었다. 그 위에 유행의 물결은 바람을 타고 때때로 변화해 가고 있다.

진실로 이 나라의 호화찬란(豪華燦爛)한 모습은 그 내용에 있어서나 규모에 있어서나 손방의 예가 아니었다.

뿐만 아니라 물질의 풍부함과 인지(人智)의 기교는 언어나 문필로써 표현할 수가 없을 정도였다. 도시의 건물들은 하늘을 향해서 올라갔고 바다와 하늘마저 인간이 점령하기 시작했다. 때로는 이것이 세상 밖에 있는 천국이 아닌가 하는 느낌이 드는 때도 있을 정도였다. 게다가 인구의 밀도는 천문학적 숫자를 다뤄야만 계산할 수 있게 되었다. 그러나 그럴수록 우리는 고국이 그리워졌다. 왜 그런가 하면 우리는 이와 같은 문명 속에서 가공할 만한 사실을 엿볼 수 있었기 때문이었다.

이 나라는 자연도 허세였고 사람도 허세였다. 자연은 뿌리에서부터 병들 기미가 나타났고 지엽(枝葉)들은 서로 수분을 빨아들이려고 경쟁에 여념이 없었다. 이것은 비단 자연계뿐만은 아니었다. 인간들의 정치 사회는 당파를 만드는 데 여념이 없었고 관리들은 오리(汚吏)의 관록(貫

祿)을 유지하는 데 혈안이 되어 있었다.

　정치인이나 관리란 것은 백성이라는 뿌리의 지엽에 불과한 것인데 그 뿌리가 병드는 것을 돌볼 겨를이 없이 단[甘] 물만 빨아먹고 있는 것이다. 아마도 그것은 우주가 그려놓은 각본을 그대로 연출하고 있는 것인지도 모른다.

　화려한 문화사회도 그 표면에는 병균이 스며들기 시작하는 것 같다. 과학의 발달은 문명의 이기를 생산하는 데에는 지대한 공헌을 하였지만 인간이 무엇인지는 찾아낼 능력이 없었다. 그러나 인간은 이와 같은 뿌리 없는 문화로 인하여 점점 자기가 자기를 잃어 가는 줄도 모르고 마치 하루살이 같은 나날을 보내고 있었다. 아마도 이것은 자연의 허세가 인간에게 보여 준 각본을 인간은 알지도 못하고 연출하고 있었던 것 같다.

　정신사회에서는 도덕과 윤리가 쇠퇴할 대로 쇠퇴하여서 부자의 혈연도 장유(長幼)의 질서도 찾아낼 수가 없었고 다만 도적과 폭력만이 횡행함으로써 백성들은 그 앞에서 떨고 있어야만 했다. 능력 없는 창생들은 이러한 사회현상을 가리켜서 화탄지옥(火炭地獄)이라고 불렀던 것이다.

　그러나 우리 민족에게는 비애도 낙망도 없었다. 다만 바람 부는 대로 물결치는 대로 흘러만 가면 되는 유랑민으로 완전히 전락해 버렸기 때문이다. 이것이 바로 허울 좋은 이방문명(離邦文明)이었다. 우리는 그와 같은 문화 속에서 늙어갔던 것이다. 그뿐만 아니라 우리는 이것이 이방문명의 최종의 날이란 것도 몰랐다. 물론 그 나라 백성들도 권력자들도 몰랐다.

　사실상 이방(離邦)에도 새로운 물결이 들어왔지만 그들의 동화(同化) 방법이 너무나 교묘했기 때문에 이것을 느끼지 못했다. 문물의 제도나 사회의 풍습이나 정치의 타락이나 이도(吏道)의 부패에 있어서까지 그 수단방법을 동일하게 하였고 자연의 변화마저 이방(離邦)의 그것과 비숫하였다. 그러나 이방(離邦)과 비교해서 부패와 타락은 더욱 심하였지만 기교의 세밀과 사회의 분화는 절정에 이르렀다. 그렇지만 이것은 그 모습이 이방(離邦)의 연속이었기 때문에 누구도 이것을 식별해 내지 못했던 것이다.

그런데 이 때에 이르면서부터 종교는 저마다 내세를 예고했고 여자들의 사치와 천월(淺越)은 날로 점증하여 갔으며 남자들의 천성은 점점 온후유순(溫厚柔順)하여졌던 것이다. 반면에 이와 같은 현상은 우리 민족에게 가장 큰 타격을 주게 되었으니 그것은 힘과 결심만으로써 생을 이어가던 유랑민이 그 유일한 자력(資力)을 상실하고 마는 결과에 빠졌기 때문이다. 그 때부터 나의 조국광복에 대한 포부는 충천(衝天)하였다. 왜 그런가 하면 이대로 가다가는 민족정신마저 영원히 잃어버릴 징조가 심심(甚深)하게 나타나고 있기 때문이다.

나는 푸른 하늘 별빛 아래서 울면서 호소했고 많은 세월이 바뀌는 속에서 침식을 잊어버렸다. 피골(皮骨)은 살점 없이 맞붙었고 수족은 제대로 움직일 수가 없게 되었다. 그러한 생활만을 계속하던 어느날 하늘에서 흰구름을 타고 많은 시녀들을 거느린 선녀가 나타나서 부드럽고도 다정한 말소리로 나에게 타일러 주고 있었던 것이다.

"나는 이 나라의 여왕(女王)이며 또한 만국의 구세주(救世主)다. 지극한 네 소원은 천국에서도 알고 있으나 너에게는 忠만 있고 誠이 없느니라. 우주의 충성지도(忠誠之道)는 반드시 시련을 극복한 자에게 복(福)을 주는 것인즉 우주의 선악을 올바르게 조종(操縱)하는 자에게 승리(勝利)가 있으리라."

이와 같은 말을 남겨놓은 선녀는 구름 속으로 자취를 감추고 말았다. 나는 이것이 꿈인지 생시인지조차도 구별할 수가 없었다. 슬픈 일인지 즐거운 일인지도 판단해 낼 수가 없었다. 그러나 '우주의 선악을 올바르게 조종하는 자에게 승리가 있으리라' 고 한 말은 곧 지금은 우주가 악을 행하는 때라는 것을 암시해 주는 것만 같았다. 비록 그렇다고 할지라도 자기에게는 이것을 조종할 만한 능력이 없다. 만일에 선악을 독차지할 만한 힘의 소유자가 있다고 한다면, 즉 그 힘을 교정(矯正)할 수 있는 자는 천국 이외에는 다시 있을 것 같지 않았다.

그리하여 그는 드디어 우주를 고발하기로 결심하고 천국의 여로에 올랐던 것이다. 공허한 법정일우(法廷一隅)에서 이와 같은 자기의 지난날을 회고하면서 오늘의 결과를 생각해 보면 허무하기 한량없다. 더욱이 태극왕(太極王)인 조물주(造物主)에게 한마디의 말문도 열지 못했던 것은 자기 포부의 완전실패를 의미하는 것이기 때문이다.

완전히 자기를 잃어버리고 이제는 희망도 포부도 없는 노인 앞에 솟아 있는 법당에서는 태극수(太極水)의 흐르는 소리만 은은히 들릴 뿐이었다.

2) 황석공(黃石公)의 계시(啓示)

다음날 미명(未明)에 진한 황색 도포에 감색두건으로 단장한 한 사람의 도인이 老人앞에 나타났다. 얼굴은 달[月] 아래 구름처럼 평화스러웠고 태양 아래 솜[綿]처럼 부드러웠다. 웃으면 소녀처럼 순진하고 노하면 열화(裂火)처럼 사납다. 그와 같은 성품이 그의 모습에 역력히 나타나 있는 것이다. 두 사람은 아무 말 없이 얼마 동안 서로 바라보고만 서 있었지만 그러나 노인은 틀림없이 이 사람이 도사라는 것을 직감할 수 있었다. 무릎을 꿇고 공손히 인사한 후 "도사님, 저를 옳은 길로 인도하여 주십시오. 장차 어찌하면 좋습니까?" 하고 말문을 열었다. 노인의 생각은 태극왕(太極王)에게 호소하지 못한 한없는 울분을 지금 풀려는 것이었다. 그러나 도사는 어느새 노인의 말을 막아 버리고 자기 말을 끄집어

내기 시작했다.

"나는 황석공(黃石公)이고 귀하는 두목지(杜目之)요. 우리들은 장차 진방(震邦)의 사직(社稷)을 세우라는 태극왕의 분부를 받은 몸이오. 귀하는 본래 황이도사(黃伊道師)의 후손 卯八郞이었지만 태극왕(太極王)은 귀하에게 두목지(杜目之)란 이름을 준 것이오. 나는 귀하의 모든 과거를 다 알고 있습니다. 귀하나 그 민족의 수난은 구군(舊君)의 치하에서는 할 수 없는 운명이었소. 그러므로 태극왕은 두목지(杜目之)라는 이름으로써 귀하를 진방(震邦)의 왕으로 등용한 것이오. 귀하는 오늘부터 진왕(震王)이오. 나는 당신을 돕기 위하여 지금 여기 왔소." 하고는 두 손으로써 두목지(杜目之)의 손을 힘차게 잡아줘었다.

노인은 이것이 꿈인지 생시인지를 분간할 수가 없었다. 그러나 얼굴은 소년처럼 피어올랐다. 옛날의 풍물과 백성들을 만나보려는 마음으로 가슴이 뻐개지는 것만 같았다. 그런데 한편으로는 훌륭한 도사를 만난 것과 또한 자기가 황이도사(黃伊道師)의 후손이란 것을 알게 된 것을 생각한즉 희망도 크고 마음도 후련했다. 나는 이제부터 도사를 따라야 한다. 그리고 왕도(王道)를 배워야 한다. 그래야만 백성들의 단꿈을 깨뜨리지 않을 수 있을 것이다. 노인은 이와 같이 미래를 그려보았던 것이다.

두 사람은 황망(荒茫)한 천국의 법문 앞에 나란히 앉았다. 그러자마자 북궁쪽에서 꽃같이 아름다운 시녀는 술상을 들고 달같이 청초한 동자는 술병을 안고 나왔다. 동자는 술을 따르고 시녀는 안주를 권한다. 이 때에 황석공(黃石公)은 입을 열었다.

"이것이 천국의 천문주(天文酒)요. 태극왕(太極王)은 이 술로써 조화(造化)를 창조합니다. 우리는 다만 그 조화를 돕기 위한 사자일 따름이오. 그런데 세상 사람들은 부귀와 빈천으로 담을 쌓고 선애(善愛)와 이욕(利慾)으로써 대립하고 있는 것이오."

도사는 이와 같은 말을 하고서는 껄껄 웃고 있었다. 노인은 황석공의 말뜻을 알아낼 수가 없었다. 다만 덩달아 같이 웃었다.

노인과 도사는 천문주(天文酒)를 한 잔씩 단숨에 들이삼켰다. 그리고는 안주를 집었다. 술 향기는 두 사람의 가슴을 하늘 끝까지 불어올렸고 안주 맛은 혀[舌]끝을 땅 속까지 끌어들이는 것만 같다. 그 때 도사가 말했다.

"바로 이것이 우주운동의 묘미요. 만일 우리가 우주의 진미를 감상한다고 하면 바로 이 술과 같은 맛이 거기에서 흐르고 있는 것입니다. 자아 이 주효(酒肴)의 맛을 되새겨 보시오. 술이 發하면 향수(香水)는 하늘을 찌르고 안주가 感하면 그 맛은 땅 속까지 감아들이고 있지 않습니까? 이것이 천지 남녀의 변화란 것입니다." 도사와 노인은 또 한 잔씩 서로 권한다. 그러나 노인의 머릿속은 다만 어리둥절할 뿐이다.

그때 마침 푸른 하늘 동쪽에서는 햇빛이 자기정신(自己精神)을 쏴내기 시작한다. 그러나 천국은 그것과는 상관없이 현현(玄玄)할 뿐이다. 도사는 입을 열었다.

"보시오, 저 해가 지금 천문주(天文酒)의 향기를 뿜고 있습니다. 만물은 저 향기 속에서 약동하고 있는 것입니다. 죄악은 저 향기 때문에 몸부림치고 있는 것입니다. 그러나 밤이 되면 달[月]은 맛있는 안주를 담뿍 싣고 오지요. 이태백(李太白)이 즐기던 주효(酒肴)나 우주가 즐기는 주효는 바로 저 日月입니다. 진실로 '천약불애주(天若不愛酒)면 지응무주천(地應無酒泉)'이지요."

도사의 이와 같은 설법(說法) 앞에서 노인은 그냥 견디어낼 수가 도저히 없었다. 무릎을 꿇고 재배(再拜)한 다음에 "도사님, 저를 가르쳐 주시오. 우주의 법도를 앎으로써 이것을 천추만대에 전하게 하여 주시오. 소인이 비록 불민(不敏)하지만 도통지전(道統之傳)을 위하여서는 마음에 글자로 새겨서 천국의 법칙을 이 세상에 전하여야 하겠습니다." 하면서 다시 재배하는 것이었다. 도사는 빙그레 웃으면서 눈짓으로써 승낙을 표시했다. 두 사람은 시간이 흐르는 줄도 모르고 천문주(天文酒)를 만끽(滿喫)했던 것이다.

그 다음부터 황석공(黃石公)과 두목지(杜目之)는 수시로 논담할 수 있었다. 북두칠성이 북극성의 품안에서 칠요휘황(七曜輝煌)하던 어느 날 밤 두 사람은 또다시 논담(論談)할 기회가 마련되었다. 황석공(黃石公)은 조용히 말문을 연다.

"나는 진방(震邦)의 법통을 돕기 위해서 태극왕(太極王)의 명(命)을 받은 것입니다. 그러나 나의 임무는 그것만으로서 끝나는 것은 아닙니다. 후일 규선녀(圭仙女)의 치하(治下)에 이르기까지 5,400년간의 나의 임무는 계속될 것입니다. 그러므로 내가 전하를 섬기는 것은 바로 그 시초가 되는 것입니다."

이 말을 듣고 두목지(杜目之)는 그제야 비로소 황석공(黃石公)은 비단 震邦 일국의 도사가 아니라 만물이 생생(生生)하는 만방의 도사인 것을 깨닫게 되었다. 따라서 이 사람은 천국이 특파(特派)하는 군왕 이상의 군왕이란 것도 알게 되었다. 그 때부터 두목지(杜目之)는 이 사람을 천사(天師)로서 대우하게 된 것이다.

천사는 다시 말을 계속했다.

"천하에는 반드시 法統이 있습니다. 法이란 것은 물 흐르는 대로 따라가는 것을 말하는 것입니다. 물은 위로 흐르면 조화만방(造化萬邦)하는 것이요, 아래로 흐르면 변성만국(變成萬國)하는 것입니다. 그런데 그것이 바로 태극궁(太極宮)의 명령이며 또한 조화(造化)입니다. 옛날 진방의 소박한 인심이나 자연은 물의 법통이 이루어놓은 순박성입니다. 옛날에 계룡이 단꿈만 꾸고 백학이 문 안에서만 감돈 것은 아직도 고비원

주(高飛遠走)할 수 있는 법의 질서가 이루어지지 못했던 까닭입니다. 그러므로 손방풍물(巽邦風物)의 유혹은 유혹이 아니며 진방(震邦) 자체에서 일어나는 피할 수 없는 모순이었던 것입니다. 이것은 또한 천국에서 부여한 명수(命數)가 진(盡)했기 때문에 일어난 피할 수 없는 현상이었던 것입니다. 그런데 전하께서는 이것을 이해하지 못하고 우주를 원망하였던 것입니다."

이와 같은 황석공(黃石公)의 말은 노인의 가슴을 여지없이 찔러놓았다. 이제야 비로소 자기의 어리석었던 가슴속에서 서광이 떠오르는 것을 깨닫게 되었다. 두목지(杜目之)는 그 때야 비로소 입을 열고 "천사님 그 다음을 또 계속해서 설명하여 주시기 바랍니다"하고 간청하였다.

천사(天師)는 다시 입을 열었다.

"진방(震邦)과 이방(離邦)의 2,700년 역사는 바로 천문주(天文酒)가 얼굴에까지 피어오르는 과정의 기록입니다. 그러므로 아무리 좋은 안주라고 할지라도 이 기운을 눌러낼 수는 없는 것입니다. 그런즉 남방제국의 화려한 문명이란 것은 바로 술 취한 문명인 것입니다. 그러한 문명은 뿌리를 가질 수는 없습니다. 호화찬란(豪華燦爛)한 풍물이나 다기다묘(多岐多妙)한 기교도 따지고 보면 물병에 심어놓은 화초와 같은 것입니다. 부패타락(腐敗墮落)한 인심이나 사리사욕의 풍습도 등불 앞의 하루살이와 같은 허무한 하루인 것뿐입니다. 고대광실(高臺廣室)과 부귀공명이 제아무리 화려한 것 같아도 육체가 끝나는 날이 최종의 날인 것입니다. 이와 같은 모든 현상은 또한 초원의 불[火]길과도 같은 것입니다. 불은 그 위세가 아무리 맹렬할지라도 연료가 끝나는 때에 종막을 고하게 되는 것입니다. 그뿐만 아니라 연료가 다할 무렵이면 불길은 한번 더 크게 올라가는 것입니다. 그러므로 지자(知者)들은 이러한 것을 화탄지옥이라고 하지만 백성들은 이것을 한없이 부러워하는 것입니다."

황석공(黃石公)의 말이 여기에까지 이르렀을 때에 노인은 무엇인가 깨닫는 점이 있는 것 같았다. 정성껏 자세를 가다듬은 후 다음과 같이 묻는 것이었다.

"그러면 남쪽 나라 이방(離邦)에서 문화와 풍물이 그 뿌리에 병든 기미를 나타내는 가지가지 현상을 본 바 있사온대 이것이 모두 불붙는 현상과 술 취한 상태입니까?"

"그렇습니다. 술 취한 사람이 윤리와 도덕을 알 바 없고 끓어오르는 불길이 물질의 호오(好惡)를 구별할 리가 없습니다. 그러므로 이 시대와 이 환경의 사람들이 예의나 질서를 지킬 리 없고 선악과 공리의 구별이 있을 리 없습니다. 다만 불길이 만물을 다다몰식(多多沒食)하여 버리는 것처럼, 취흥이 기고만장한 것처럼 방약무인(傍若無人)한 것은 시대적인 추세이며 우주의 명수(命數)인 것입니다."

노인은 또다시 반문하였다. "그렇다면 이와 같은 시운은 얼마나 계속되는 것입니까?"

도사는 엄숙한 태도로써 용의(容儀)를 방정하게 한 다음 마치 중대발표나 하듯이 말문을 열기 시작한다.

"전하께서는 이방(離邦)의 말엽에서 종교가들은 말세를 예고했고, 여자의 위세가 커지기 시작했고, 사물은 세분(細分)의 절정에 달했고, 부패와 타락은 극점에 이르는 광경을 보시었습니다. 그런데 그것이 바로 선천운이 끝나고 후천의 통일운이 시작하는 마디였던 것입니다. 천하의 사물은 이 마디에 와서 최후의 발악을 다하는 것입니다. 그러므로 부귀와 빈천, 선애와 죄악은 여기서 일대혼란을 이루면서 또다시 새로운 정신과 생명의 계기를 만드는 것입니다. 그런데 전하께서는 이것을 모르셨기 때문에 머나먼 여로에 올랐던 것입니다. 진실로 이 동안이 5,400년의 생장의 역사를 창조하는 기간입니다. 그뿐만 아니라 내가 4대군왕

(四代君王)과 3세변화(三世變化)를 방조(幇助)하는 것도 이 동안의 일입니다."

도사는 이와 같은 말을 하고는 대업을 성취한 사람이 안도(安堵)의 빛을 나타내는 것처럼 만면에 희색이 나타났다. 노인은 무엇인가 미진한 것이나 있는 듯이 또다시 묻기 시작했다.

"천사님, 후천의 통일운이 들어오게 되면 천사께서는 선천창조의 공(功)으로써 후천극락의 주인공이 되어야 할 터인데 이제 여기서 은퇴하시는 이유는 무엇이며 또 선천말 후천초의 종교가 말세를 예고하며 여자가 득세하게 되면 인물이 각각 분화의 극점에 이르고 부패와 타락이 여기에서 극심하게 되는 것은 무슨 까닭입니까?" 황석공(黃石公)은 입을 열고 다음과 같이 말했다.

"우선 이 세상의 말세상(末世相)부터 말씀드리겠습니다. 전에도 말한 바와 같이 우주의 말세는 이방(離邦) 말엽에서 이루어지는 것이지만 그 말세상은 후천초에서 나타나는 것입니다. 그러므로 이것을 말세라고 합니다. 세상의 모든 사람들은 말세를 마치 특허나 낸 것처럼 말세, 말세 하고 있지만 기실은 말세가 무엇인지를 모르고 있습니다. 말세라는 말은 태극궁(太極宮)에서 빚어낸 태극수(太極水)가 용기를 잃고 물거품이 되리만큼 세분되면 물은 자기의 본체를 상실하게 되는 것입니다. 그러므로 그러한 사회상을 말세라고 합니다. 옛적에 '末' 자의 象을 그릴 적에 ㅆ木ㅆ一한 것은 '末' 자와 같으면서도 '末' 자는 '木'자 속에 있는 '一' 자를 未의 경우보다 짧게 그린 것도 진실로 木의 기본인 水, 즉 생명력이 극도로 결핍한 象을 취하기 위하여 이와 같은 모습으로 그려놓은 것입니다. 그런데 이와 같은 모든 모습은 물이 아직까지 그의 명맥을 유지하고 있는 이방(離邦)에서 나타나는 것보다도 오히려 그 명맥을 완전히 상실하였을 때에 일어나는 것입니다. 그런데 그와 같은 위기를 구제하기 위한 것이 후천통일의 법도요, 신명양성(神明養成)의 성도(聖道)요, 극락창조(極樂創造)의 지도(至道)요, 무극성진(無極成眞)의 요도(要道)인 것입니다. 그런데 이 길의 시초에서 잠깐 동안 만물상과 사회상은 분별없는 혼돈상태를 노출하게 되므로 종교는 이것을 말세라고 하고 인구의 밀도나 만물의 세분화는 우주의 본원을 창조하기 위해서 자연의 융합을 준비하는 현상이요, 부패와 타락의 심화는 물의 유동(流動), 즉 정신력의 약동이 휴식하는 곳에서 자연히 일어나게 되는 것입니다. 그러므로 후천의 제왕도 이것을 방치하여 두는 것입니다.

그런데 이와 같은 후천의 법도가 행할 때는 통치자나 도사의 자격부터 다릅니다. 선천은 지(知)와 역(力)으로써 통치하지만 후천은 신(神)과 명(明)이 아니면 다스려 내지 못합니다. 선천에는 지력(知力)이 있지만 후천에는 능력이 있습니다. 선천분열은 용이하게 이루어지고 후천통일은 간단하게 이루어지는 것입니다. 권력은 만사를 쉽게 처리할 수 있으나 거기에는 반드시 모순이 반발하고 능력은 만사를 간단하게 처리하므로 거기에서는 평화가 생기는 것이니 이것이 바로 우주가 운행하는 이간(易簡)의 법도입니다. 그런데 나는 지력을 마음대로 행사할 수 있는 권력은 있지만 신명(神明)을 마음대로 통일할 만한 능력이 없습니다. 그것은 무엇 때문인가 하면 태극왕(太極王)은 나에게 5400년 동안의 分化를 지도할 수 있는 권력만을 주었던 것이고 통일을 영도할 수 있는 능력을 주지 않았던 것입니다. 그러므로 권력은 능력에 비하면 그 자격에 있어서 반수(半數)입니다. 나는 다만 그 때까지 나의 임무에 충실하다가 후천의 법도를 따라서 다시 태극궁(太極宮)으로 돌아가는 것입니다. 이것은 비단 나에게만 국한된 것이 아닙니다. 누구든지 종법도(從法道) 행법도(行法道)하는 사람은 다같이 들어갈 수 있는 천국입니다. 천국의 논공행상(論功行賞)은 부귀와 영화에 있지 않습니다.

도사는 또다시 말을 계속한다.

"태극왕(太極王)이 전하(殿下)에게 '두목지(杜目之)'라는 이름을 下賜한 것도 바로 이 길에 충실하라고 하는 명령인 것입니다. 전하가 법도에 따라서 서방제국에 이르렀을 때에 비록 문물이 휘황(輝煌)하다고 할지라도 두 눈을 막고 거기에 구민(拘悶)되지 말고 가라는 뜻입니다. 그러나 前日의 묘팔랑(卯八郞)은 거기에서 고민하였던 것입니다. 또 한 가지 뜻은 전하는 눈[目]이 막히는 곳까지만 충실하게 가면 된다는 것입니다. 그러므로 태극왕(太極王)은 전하를 만물발생의 군주로서 명하였던 것입니다. 뿐만 아니라 나에게 황석공이란 이름을 하사한 것은 황룡이 公道를 행하면 삼라만상을 화생(化生)하지만 나중에는 백옥전(白玉殿)을 통하여서 현주궁(玄珠宮)으로 들어간다는 것을 예시하여 주신 것입니다."

이 때 노인의 눈에서는 눈물이 하염없이 흘러내렸다. 이것은 공평무사(公平無私)한 우주운동을 마치 원수처럼 생각하였던 자기의 무지를 깨닫게 된 것과 또한 지오지묘(至奧至妙)한 신비의 진면목을 알게 된 데 대한 성경(聖境)의 쾌감이 그의 가슴을 난자(亂刺)하여 놓았기 때문인 것이다. 노인은 다시 문답할 용기를 잃은 것 같았다. 그의 눈에서는 다만 희비가 반반인 물방울이 아직도 사라질 줄을 모른다. 감탄에 잠긴 이 모습을 바라보던 황석공은 또다시 조용히 입을 열었다.

"전일 전하가 천국의 문 앞에서 선녀의 행차를 본 바 있는데 이것이 바로 후천신명의 구세주이시며 방국(邦國)군주의 지도자이시며 천하도통의 대도사(大道師)이십니다. 이분의 능력은 바로 나의 권력의 배가 됩니다. 그러므로 내가 임무를 수행하는 과정에 있어서도 언제나 이 분의 도움과 지도를 받아야만 합니다. 그러므로 이분은 인물계의 최고상징이며 또한 태극왕의 모후(母后)이십니다. 그런데 이 분이 여자이므로 백성들의 숭배하는 마음은 그를 선녀로서 애칭합니다. 그러나 그분은 선녀가 아니라 성제(聖帝)이십니다. 법도가 성제의 직접치하에 들어서게 되면 철없는 여인들이 멋도 모르면서 의기양양하여집니다. 그러므로 지도지사(知道之士)는 이와 같은 징조가 나타나면 이것으로써 도통의 계기가 이른 것을 알아냅니다. 도인들은 이 분을 가리켜서 규도사(圭道師)라고도 합니다. 왜 그런가 하면 그의 능력 속에는 권력까지를 내포하고 있기 때문에 그의 권능을 모두 상징하기 위하여서 쌍토합덕(雙土合德)의 象을 취하여서 이와 같이 애칭하는 것입니다."

황석공은 여기까지 말하고서는 무엇인가 생각하는 것이 있는 것처럼 좀 주저하는 빛을 나타내면서 잠깐 주춤하다가 또다시 말을 계속한다.

"그런데 규도사(圭道師)는 본래 무극궁(無極宮)의 대행자입니다. 조물주가 신비의 길을 열 때에 무극으로써 정신과 생명을 창조하게 하고 태극으로써 생명과 정신이 활동하게 하였습니다. 그러므로 태극의 운동이 법도와 합치되면 무극의 정신창조는 순조롭게 되지만 만일에 태극의 운동이 횡포하게 되면 무극의 정신창조는 수난의 입장에 서게 됩니다. 그러므로 태극왕이 5,400년의 생장운동을 지도하는 대행자로서 나를 파견한 것처럼 무극제(無極帝)는 이 분을 대도사로 파견하였던 것입니다. 즉, 후천의 5,400년이 이 분의 지도하에 있는 것은 물론이거니와 선천의 5,400년까지도 또한 이 분의 지시를 어기지 못합니다. 그러므로 이 분을 우주로 보면 무극제(無極帝)의 대행자이지만 인물계로 보면 이 분이 바로 만왕(萬王)의 상제(上帝)이십니다."

도사는 이와 같이 말을 끝냈다. 노인은 다만 머리가 수그러질 뿐이다. 그렇지만 노인의 마음속 한구석에서는 아직도 구름이 가시지 않는다. 그것은 바로 자기의 旅路에서 본 바의 가지가지의 신비가 풀려지지 않기 때문이다.

노인은 다시 간청하기 시작했다. "천사님, 저는 지난날 여로와 법문에서 여러 가지의 기이한 일들을 보았습니다."하고 말하기 시작했다. 그러나 황석공은 노인의 말을 가로채어가지고 또 말하기 시작했다. 이것은 노인의 말하려는 의도와 내용을 다 알고 있다는 태도였다.

"상제(上帝)인 규도사(圭道師)가 정신과 생명을 창조하는 것은 결코 도사 한 사람의 손으로 이루어지는 것은 아닙니다. 이것은 마치 내가 형기(形氣)를 생장하게 할 때에 진손리(震巽離) 등의 나라가 각각 그 직책을 분담하였듯이 규도사가 정신을 창조하고 만물을 성숙시킬 때에도 태건감(兌乾坎)의 三國이 이 일에 가세하는 것입니다. 그러나 乾은 천국이요, 坎은 천국 안에 있는 법문입니다. 그러므로 실제로 생명과 정신을 창조하는 역할을 하는 것은 도사와 태국왕(兌國王)입니다. 전하께서 전일에 선녀의 행차를 만났던 곳이 바로 태국(兌國)과 건국(乾國), 즉 천국과의 경계였던 것입니다. 그 때의 선녀가 바로 圭道師입니다. 그 때에 백로들이 날아와서 선녀의 수레를 만들었는데 그 백로의 떼는 바로 태국왕(兌國王)이 선녀를 위해서 보낸 사자들입니다. 이것은 마치 진방(震邦)에서 백학이 날던 것과 동일한 상징입니다. 또한 전하께서는 법문에 이르렀을 때에 기이한 현상을 보셨습니다. 왼쪽에 있는 법문은 물거품으로 화하여 가지고 잘새들과 함께 순식간에 없어져 버렸습니다. 이 법당이 바로 생장세계의 법당입니다. 그러므로 그것은 생장세계의 말세의 모습을 상징한 것입니다. 그 때에 법당의 물밑에서 움직이던 괴물이 바로 잠룡(潛龍)이었습니다. 이것이 좀더 발육하면 계룡(鷄龍)이 되는 것입니다. 그 다음 전하께서는 법왕의 두 눈이 태극으로 변하는 것을 보시었습니다. 이것은 법왕의 모든 행동이 바로 태극의 운동이라는 것을 표시한 것입니다. 지금 여기서 전하와 내가 이야기하고 있는 것도 태극의 운동이요, 도사가 정신을 창조하는 것도 태극의 운동입니다. 그밖에도 전하께서는 많은 것을 보셨습니다. 세 사람의 시녀가 백로의 날개 밑에 숨어버린 일이라든지, 천국의 의관이 모두 감흑색(紺黑色)이었던 것이나 많은 궁전이 홀출홀몰(忽出忽沒)하던 것 같은 기적들이 있었습니다. 그러나 이것들은 모두 태극왕이 육도변화(六道變化)를 일으키면서 12종족을 생성하는 순간순간의 이적(異蹟)인 것뿐입니다. 그러므로 왕(王)이 전하와 나를 진방개국지주(震邦開國之主)로 파견할 때에 6정승으로써 12종족을 다스리게 했던 것입니다."

 황석공(黃石公)과 노인의 대화는 여기에서 끝났다. 노인이 눈을 높이 들고 앞을 바라보니 스승은 높은 하늘 구름 속으로 사라져 가고 있는 것이다. "천사(天師)님"하고 소리쳐 부르다가 문득 깨고 보니 꿈이었다. 그리고 꿈속에서 일어났던 일들을 회상하여 본즉 허무한 것만은 아니었다. 왜냐하면 그것이 모두 진리이기 때문이었다. 그러나 다만 허무한 것은 기나긴 꿈속의 노인이었던 묘팔랑(卯八郞)이다. 따라서 그는 자기가 우주의 신비를 알아보려고 몸부림치던 빈한(貧寒)한 선비 그대로인 것이다. 그렇지만 신비의 문은 마음속에서 활짝 열려오는 것만 같았다. 두 팔을 벌리고 창문을 열어제끼니 푸르러 오르려고 몸부림치는 잔디밭 위에는 아직도 흰 눈이 내리고 있었다.

저자 한동석 선생에 대하여

〈우주변화의 원리〉의 저자인 한동석 선생은 1911(辛亥)년 음력 6월 5일(양력 7월 3일) 寅時에 함경남도 함주군 하조양면에서 출생하였다. 선생은 청주한씨(淸州韓氏) 예빈윤공파(禮賓尹公派) 22世孫으로 父 한희춘(韓希椿)과 母 辛卯生(1891년) 李氏(李泰欽의 딸)와의 사이에서 3남 4녀의 장남으로 태어났다.

선생은 태어날 때 다리가 먼저 나오는 역산(逆産)으로써 어머니 李氏가 난산(難産) 끝에 가까스로 선생을 낳았다고 전한다. 본명은 항렬의 돌림자인 欽字를 써서 국흠(國欽)이었으나, 1950년 월남후 동석(東錫)으로 개명(改名)하였다. 호는 동암(東岩) 또는 두암(斗岩)이라고 하였다.

선생은 유년기에 상기천면에 있는 오로리 초등학교를 다녔으며, 15·6세가 되던 1920년대 중반에 집에서 정혼한 사람과 첫번째 결혼을 하였으며 이때 영흥 중학교를 다니다가 중퇴하였다.

17·8세가 되던 해 집안의 어른들이 공부를 그만시켜야 되겠다는 말을 듣자 공부를 하기위해 장진으로 도망을 쳤는데, 이때 어느 정도의 한문공부가 되어있었다고 하며, 초혼 부인과의 사이에 딸이 하나 있었으나 이때 이혼을 하였다.

20대 초반기에는 만주를 유력하였고, 27·8세 때에는 함흥으로 가서 장사를 하였으며, 이때 재혼을 하여 딸 둘을 두었다.

32세 되던 1942년에 재취부인이 폐병으로 죽고 난 뒤에 본격적으로 한의학 공부를 시작하였다. 부인이 죽기 전에 동무 이제마 선생의 二傳弟子인 김홍제 선생에게 치료를 받았는데, 그가 부인의 병을 치료하면서 지금은 이렇게 고쳤으나 나중에 재발하면 못 고친다고 하였는데, 후에 병이 재발하여 사망하자, 한의학에 관심을 갖게 되었고, 이것이 인연이 되어 김홍제 선생 밑에서 한의학을 배웠다고 한다. 이후 조선 민주당 함경남도 조직국장(선전부장이었다고도 한다)을 맡았는데 음성이 좋고 언변이 뛰어나 이 직책을 맡았다고 한다.

6·25 발발 이후 함흥에서 민선 경찰국장을 지내다가 중공군의 참전이후 월남을 하였는데, 40세 이전에 세번째로 결혼하여 1남 1녀를 두었다.

월남한 이후 41세가 되던 1951년 부산에서 한약방을 경영하는 사람과 동업하여 진료를 시작하였고, 이때 네번째로 결혼을 하였으나, 그 후 네번째 부인은 출가하여 스님이 되었다 한다.

1952년 부산 영도에서 진료하는 틈을 내서 동양의학 전문학원에 강사로 출강을 하였고, 1953년에는 부산 영도에서 제2회 한의사 국가고시에 응시하여 면허를 취득한 후 정식으로 개원하여 仁溪漢醫院을 운영하였다.

1956년 선생의 나이 46세 때 이웃에서 산부인과를 경영하던 이영자 씨로부터 동생인 이옥자*를 소개받아 결혼을 하여 슬하에 3남 2녀를 두었다.

이때 12월 서울로 와서 인사동 사거리에서 '韓東錫漢醫院'을 개원하였다. 이후 〈역학원론〉의 저자이며 周易에 대해서 깊이 연구한 한장경(韓長庚) 선생으로부터 설태훈등과 함께 주역을 배웠다. 한장경 선생과는 북한에 있을 때부터 정치생활을 함께 하여 서로 아는 사이였다.

또한 서울로 이사한 이후, 선생은 계룡산 국사봉을 출입하면서 주역과 正易 등을 심도있게 공부하였다. 이 당시 李正浩**는 정역을 연구하기 위하여 김일부 선생께서 말년에 은거하던 계룡산 국사봉에 강학의 터전을 마련하고 권영원, 유승국, 백문섭, 이용희, 김근수, 한장경, 김경운, 유남상, 육종철 등과 더불어 밤낮을 가리지 않고 정역을 공부하고 토론하였다. 이때 한동석 선생은 한달에 3~4회, 어떤 때는 1주일에 2회씩 방문하여 이들과 학문을 연구하고 토론하였는데 〈우주변화의 원리〉에 나오는 정역에 대한 깊은 이해는 이때에 이루어진 것으로 추측이 된다.

---

* 1931年生. 충북 옥천 출생. 아버지가 세무서에 근무를 하여 이곳 저곳으로 전근을 다녔는데, 옥천에서 근무할 때 이옥자씨를 낳았다. 현재 생존.

** 전 충남대학교 총장. 정역연구의 대가.
 저서에 『정역과 일부』, 『정역: 원문대조국역주해』, 『주역정의: 그 정역적 의의』등이 있다.

1960년을 전후하여 선생은 〈내경〉 '운기편', 〈주역〉, 〈본초〉 등에 관한 내용을 한의사, 한의과 대학생 등에게 한의원 2층에서 강의를 시작하여 몇 년간 지속하였으며, 경희대학교 한의과 대학의 전신인 동양의약대학에 시간 강사로, 이후 전임강사로 출강하기도 하였다.

1960년대의 전반기에 선생은 많은 원고를 집필하여 한의학 관련 잡지에 기고를 하였고, 일본의 天理教 大學에 6~7개월간 음양오행에 관한 원고를 연재하기도 하였다. 이때 〈우주변화의 원리〉를 집필하기 시작한 것으로 보이며 여름만 되면 계룡산에 내려와 목욕재계를 하며 원고를 수정하고 정리하였다고 한다.

1963년에는 건국대학교 정치외교학과에 편입하여 공부를 하였고, 이후 성균관대학교 대학원 동양철학과에 입학을 하여 수료를 하고, '인간이란 무엇인가?' 라는 논문을 집필하였으나, 석사학위를 받지는 못하였다.

이때 전하는 이야기로는 선생이 대학원 석사 논문으로 교수들에게 '우주변화의 원리'에 대해 쓰겠다고 하자 이를 황당하게 생각해 비웃었다고 한다. 이에 교수들의 무지함에 실망하여 직접 책을 쓰게 되었다고 한다.

53세(1963)가 되던 4월 1일 대한한의사협회 초대 이사에 임명되었고, 56세 때에는 인사동에서 삼선교 돈암동 쪽으로 이사를 하였다.

〈우주변화의 원리〉는 1966년 5월 5일에 초판발행 되었고 2000년 10월 대원출판사에서 저작권을 인수, 새롭게 편집하여 발행하게 되었다. 또 선생은 이제마선생의 자손집에 전해 내려오던 동무 이제마 선생의 〈동의수세보원〉 친필주를 입수하여 〈동의수세보원 주석〉을 집필하여 성리회출판사에서 출판을 하였다.

선생은 58세가 되던 1968년 자신의 태어난 날인 음력 6월 5일에 세상을 떠났는데, 병상에서 자신의 생일날 生時인 寅時를 넘기면 살 수 있다고 하였으나 이를 넘기지 못하고 서세(逝世)하였다. 선생의 묘소는 도봉산 밑의 방학동에 위치해 있다.

책을 발간하며

　본서는 단순한 음양오행 개론서가 아니며, 학리를 따지는 학술서가 결코 아니다. 본서는 그 동안 한의학도들이 인체 생리학을 배우는 음양오행 개론서로 주로 활용되어왔다. 그러나 이는 마치 사과하나를 깎기 위해 1 미터가 넘는 보검을 빼내 휘두르는 것과 같이 본서의 올바른 가치를 제대로 보지 못한 것이다.

　유물(有物)이면 필유칙(必有則)이라 만물이 있으매 반드시 그것이 변화해 가는 법칙이 있으니 이것이 불변의 도인 역(易)이요 풀면 태극 사상 팔괘 384효 음양오행이다. 음양오행은 중화족의 산물이 결코 아니다. 의학과 경농의 시조인 신농씨가 바로 동이족의 후손 소전 씨의 아드님이었듯, 음양오행은 배달국의 5대 환웅 태우의 환웅의 계자(季子) 태호 복희씨에게서 비롯한 정신세계다. 음양오행은 우리 동이족에서 시작되어 수 천년간을 갈고 닦으며 업그레이드된 동양정신의 집적물로 절대불변의 우주법칙이며 누구도 부인 못할 엄정한 생멸의 법칙이다. 동양의 천문과 지리, 사주와 기문둔갑, 한의학 등의 모든 이론이 바로 음양오행에 근거하고 있다.

　소인은 세속의 작은 이끗에 밝고 대인은 큰 이끗에 밝다. 무릇 소리(小利)는 사욕(私慾)이요, 대리(大利)는 공욕(公慾)이라, 본서는 소리(小利)를 챙기려는 소인의 책이 아니라 명실공히 제생의세(濟生醫世)의 큰 진리를 추구하는 대인 된 자가 보는 대경대법의 보서다. 산중에 입산수도해서 10년을 허송세월 하는 것보다 본서를 끝까지 한번 읽고 크게 한번 깨닫는 것이 훨씬 가치 있는 일일 정도로 본서의 가치는 엄청나다. 이는 진리에 뜻한 대인이라면 마땅히 큰 이끗(大利)—공도(公道)를 보여주는 본서의 진가를 이해해 볼 필요가 반드시 있음을 의미한다.

본서는 음양오행의 우주법칙을 동서철학이라는 한 꾸러미에 꿰어 동양철학의 알파와 오메가를 보여주고 있는 책이다. 그러나 저자가 언급하고 있듯이 단어의 개념에나 매달려 본질을 못 보는 우매함은 결코 없다. 그것은 우리가 살고 있는 이 시대가 어떤 시대인지 우주고발의 꿈을 통해 확실히 선언한 것만 보아도 알 수 있다.

차차 읽어가면 알겠지만 저자는 우리가 살고 있는 시대가 선후천의 과도기로써 선천 말 극대 분열기 상을 대변해 주는 10미토(未土) 운의 후천 개벽 시대임을 말하고 있다. 여름철 말기인 선천에서 후천 가을로 넘어가는 황혼기가 지금의 10미토(未土) 운의 시대인 것이다. 그런 면에서 오늘의 세계는 정신문명 창조기와 수면기를 거쳐 다시 창조기로 도약하려 하는 대우주 비약기이다. 음양의 승부작용에서 보면 양인 정신문화가 승하면 음인 물질문명이 쇠락하고, 반대로 물질문명이 승하면 정신문화가 쇠락한다. 현재 우리가 살고있는 물질문명시대는 물질의 질(質)이 실체, 쪼가리, 바탕을 의미하는 것처럼 물질세계를 양자, 전자까지 쪼개어 분석하는 시대이다. 이는 우주의 운동과정 중 만물이 가장 세분화되는 미토운(未土運)의 주기인 후천개벽 주기에 들어와 있음을 말하는 것이다. 토운이란 모든 사(事)와 물(物)이 분열을 거듭해 끝없는 인구증가와 윤리, 도덕의 붕괴 및 암투와 각종 부패 그리고 여성의 남성화와 남성의 여성화, 부익부, 빈익빈 속에 사치와 빈곤이 절정에 이르고 원(冤)을 풀기 위한 자유의 신장이 극에 이르는 개벽시대이자 새로운 정신문화의 창조기이다.

만일 본서의 최종결론인 이러한 메시지를 붙잡지 못하고 단지 한의학을 공부하는 학리적 차원에서 음양오행의 기초구구단 정도만 훑고 덮는다면 나무 한두 그루보고 숲을 보지 못한 차원에서 사실 이보다 더 안타까운 일이 있을 수 없다. 그것은 황이도사의 후손 묘팔랑으로 묘사되고 있는 저자 한동석 선생이 이 시대의 철학이 우주의 본체와 변화를 탐색하는 본질적인 능력을 상실하고 피상적 개념에만 집착해 있다는 한탄과 그 맥을 같이한다.

본서를 천착하려면 저자가 20여 년 이상의 구도의 편력(遍歷) 속에서 마치 선승들의 화두처럼 오매불망 붙잡고 있었다는 "송하문동자(松下問童子)하니—소나무 아래 동자에게 스승이 계신 곳을 물으니, 언사채약거(言師採藥去)라—스승은 약을 캐러 갔다 하더라, 지재차산중(只在此山中)이런마는—다만 이 산 가운데 있기는 있으련마는, 운심부지처(雲深不知處)라—구름이 깊어 어느 곳에 있는지 알 수 없구나"는 고인의 노래를 새겨들어야 한다. 스승은 깊은 구름 속 어디엔가 있으련만 저자가 전하고자 하는 본론과 결론을 끝까지 다 챙겨보지 않고 오운육기 이론의 잎사귀만 훑고 마는 것에 대한 경계의 말이다. 그의 말대로 '감정정신'을 뒤로하고 구도를 향한 '순수정신'으로 무장해 정화수 떠놓고 정성을 보이는 마음으로 본서를 대하면 우주의 본질과 인간의 본질, 그리고 우주와 인간이 어우러져 돌아가는 선천 말의 후천개벽 소식과 새로운 문명창조에 대한 대도 소식이 더 한층 다가올 것이다.

저자는 본서를 우주변화를 탐색할 수 있는 key임에는 확실하지만 우주를 탐색하는 법칙과 방법의 그림자를 제시한데 불과하다고 겸손해 한다. 그러나 전반부에 깔아놓은 동양철학의 바탕만 제대로 이해하면 금화교역(선후천교역)의 운기론적 이해가 가능하고, 6장의 음양승부작용에 의한 토화작용과 인간의 본질과 물질의 변화를 이해하면 본격적으로 7장의 우주정신의 생성과 본체 그리고 인간 정신의 형성과 자유, 기혈의 동정, 유전과 수요(壽夭), 종교정신과 도, 정신의 생사 등을 일목요연하게 이해 할 수 있으며 마지막으로 우주 천체가 왜 삼천양지(3양2음) 운동을 하는지 접근하게 된다.

후반부로 가면 선천 5만년의 총 결론을 압축적으로 그려내고 있다. 비록 꿈의 형태로 제시하고 있지만 황석공과 묘팔랑의 대화에 나오는 규(圭)도사의 이야기라든가, 천문주를 마시고 술취한 이방(離邦) 문명의 이야기 그리고 선천은 지(知), 력(力)으로 용사(用事)할 수 있었으나 후천에는 신(神)과 명(明)으로 다스리되 능력(化權)으로 용사한다는 이야기 그리고 수의 생명력이 다할 선천 말 즈음에 후천 통일의 법도, 신명양성의 성도(聖道), 극락창조의 지도(至道), 무극성진(無極成眞)의 요도(要道)가 인간세에 나온다는 말은 가히 성인의 경지에서나 선언할 수 있는 말이라는 점에서 많은 것을 느끼게 할 것이다.

이쯤에 이르면 독자들은 어느새 저자가 한의학을 배우기 시작한 때로부터 본서가 나오기까지 24년 구도과정의 총 결론이 주역 계사 상에 등장하는 건지책 216, 곤지책 144, 360일 1주년이라는 후천 1년 정역과 김일부 선생의 360일 정역에 도착하고 있음을 알 수 있을 것이다. 만일 저자가 공들여 설명하는「황극경세」의 원회운세론까지 이해하는 안목을 갖추었다면 이제 독자 여러분은 하산해도 된다. 저자가 정역 '금화(金火) 5송(頌)'을 인용하여 멀지 않아 후천의 병들지 않은 달이 나올 것을 말하고 있듯이, 저자는 일월세계의 이러한 변화가 천축의 이동에 의한 변혁, 곧 후천 개벽을 몰고 올 것이라 말하고 있다.

필자가 그려낸 우주고발의 꿈은 그런 면에서 저자가 하산하는 독자에게 마지막으로 던지는 공안(公案)이다. 법도(法道)가 열었다는 진방의 문이 주는 상징적인 의미라든가, 백옥전을 통해 현주궁으로 들어간다는 황석공과 인물계 최고 상징이자 무극궁의 대행자라는 규(圭)도사의 상징적 의미, 그리고 저자의 화신이기도 하면서 화엄경의 선재동자 비슷한 인물인 구도자 두목지와 6정승과 12종족 등 전체적인 분위기는 마치 후천개벽을 앞두고 후천기운을 받은 수많은 영웅호걸 신장들이 천상공정의 명을 받아 현세의 인간 속으로 환생해 들어와 해인조화 용사하는 도깨비 방망이 하나씩 들고 금세라도 출세할 것 같지 아니한가.

저자는 우주고발의 꿈을 통해 두목지, 규도사 등으로 상징되는 진리의 참 스승에 대해 밝히고 있는데 마지막으로 하산하는 제자에게 이들 진인들을 찾아보라는 말을 묵시적으로 그려내고 있다. 본서는 본디 행림출판사에서 활자본으로 나온 것으로 본 대원출판사에서 판권 및 저작권을 인수한 이후 한문이 많아 대중화에 어려웠던 점을 고려해 한글세대를 위해 한글로도 문맥이 통하면 가급적 한글로 고쳤다. 부디 한글세대들도 많이 접해 아무쪼록 우리의 소중한 정신세계를 맛보기 바라며 본서가 전하고자 하는 보다 큰 메시지를 얻기 바란다.

　　　　　　　　　　　　대원출판사 대표　安 炳 燮

索 引

(ㄱ)

가인괘(家人卦)/ 190
가음가양작용/ 374
각진방(角軫方)/ 137
艮/ 186, 260, 261, 374
艮爲山/ 186
간토(艮土)의 덕/ 341
감(監)/ 85
坎/ 44, 184, 221, 260, 261, 341, 360, 390, 394, 439
坎水/ 131, 153, 177, 259, 335, 355
감단경일(鑑團鏡一)/ 246, 248
감리운동(坎離運動)/ 312, 314, 339
감리작용(坎離作用)/ 108, 241
감리정신(坎離精神)/ 213, 338, 342
감송향(甘松香)/ 409
감수지규(坎水之竅)/ 355
감위수(坎爲水)/ 44, 127
坎의 象/ 259
坎작용/ 87
감장다사고인월(敢將多辭古人月)/ 398
감정리신(坎精離神)/ 339
감중지토(坎中之土)/ 221
갑기토운(甲己土運)/ 118
갑기토 운동(甲己土 運動)/ 314
갑토운(甲土運)/ 126, 127, 128, 131
甲土의 총생(聰生)작용/ 355
개갑(介甲)/ 191

개념(槪念)/ 48
개벽(開闢)/ 391, 392, 393
개벽운동/ 391, 393
개충(介蟲)/ 301, 302, 303
객관적 신앙/ 35
객관화된 정신/ 33
거변무극(擧便無極)이니 十이요/ 384
乾/ 171, 183, 260, 261, 284
건곤(乾坤)/ 185, 284, 320, 338
건곤의 대행자/ 185, 338
건곤의 본체/ 316
건위(乾位)/ 319
건점(乾點)/ 357
건지책(乾之策)/ 384
견성(堅成)/ 91
견원지불화(犬猿之不和)/ 68
계(計)/ 193
계승(繼承)/ 36, 65
계지자선(繼之者善) 성지자성(成之者性)/ 286
계화운(癸火運)/ 134
고(固)/ 91
고태극도(古太極圖)/ 372, 376
坤/ 145, 184, 297
곤덕(坤德)/ 319, 339
곤지책(坤之策)/ 384
곤토(坤土)/ 82, 314, 320
空/ 28, 31, 41, 169, 171, 219, 221, 222, 228, 358, 388
공손룡자/ 49, 56, 402, 404

空의 창조과정/ 28
空點/ 357
과로(過勞)와 비감지토(卑監之土)/ 275
卦/ 182
교호작용/ 255, 344, 346
九/ 179
구(丘)/ 90
구궁팔풍(九宮八風)/ 163, 165
구수관계(仇讐關係)/ 101
군색(窘塞)/ 282
군화(君火)/ 153~156
궐(厥)/ 153
궐음목(厥陰木)/ 166
궐음풍목(厥陰風木)/ 152
규괘(睽卦)/ 189
규벽방(奎壁方)/ 137
규선녀(圭仙女)/ 431
극(極)의 조생(肇生)/ 319
근어중자(根於中者)/ 304
근취저신(近取諸身) 원취저물(遠取諸物)/ 87, 297
금일금일(今日今日)/ 383
금천지기(黅天之氣)/ 137
금화교역(金火交易)/ 179, 104, 110, 112, 168, 215, 251, 254, 256, 258, 263, 410, 414
금화교역도/ 257
금화교역의 필연성/ 260
금화상쟁(金火相爭)/ 67, 68
기립(氣立)/ 123

기립지물(氣立之物)/ 38, 123, 300, 308, 323, 362
기미(幾微)/ 192
기백(岐伯)/ 135~139
기억력의 왕성/ 366
기자(箕子)/ 56
기정형(氣精形)운동/ 344
기지즉화절(氣止則化絶)/ 304
기토(己土)/ 46, 127, 130, 132, 293, 314, 328, 333, 348, 355, 378
己土의 明生작용/ 355
기혈소생(氣血所生)/ 345
기혈운동/ 351
기화(氣化)작용/ 141, 203

(ㄴ)

나충(倮蟲)/ 301, 303
나충류(倮蟲類)/ 349
낙서(洛書)/ 110, 112, 176~180, 188, 250
냉열(冷熱)의 교호(交互)운동/ 312
내재적(內在的) 목적관(目的觀)/ 37
노욕(老慾)/ 74
뇌(雷)/ 185
뇌수해(雷水解)괘/ 190
뇌풍궁(雷風宮)/ 320
능모(凌侮)/ 113, 114
능산적(能産的) 자연(自然)/ 25

(ㄷ)

다원론(多元論)/ 26, 142
단다론(單多論)/ 192
단원론(單元論)/ 24
단자론(單子論)/ 27, 229, 230
단천지기(丹天之氣)/ 137
대대(對待)운동/ 259, 344
대명일월건곤택(大明日月乾坤宅)/ 400
대절(大節)/ 205
대화작용(對化作用)/ 96, 98, 132, 133, 162, 165, 204, 217, 224, 226, 293, 294, 306
데모크리토스/ 26
데보린(deborin)/ 32
道의 정신/ 357
도통의 계기/ 438
道學/ 357
돈부(敦阜)/ 91
동장(動場)/ 358
동질이성적(同質異性的) 존재/ 291
두목지(杜目之)/ 423
득려(得呂)작용/ 366

(ㄹ)

라이프니쯔/ 27, 28, 30
로크/ 354
류(流)/ 88, 92

(ㅁ)

마르크스/ 33
만(卍)/ 219
만물의 정신/ 315
만물정신의 기원/ 338
明/ 78
명수(命數)/ 199, 329, 340
명실론(名實論)/ 50
모(毛)/ 191
모충(毛蟲)/ 301
목수(穆修)/ 376
목적율(目的律)/ 37, 280
몰레쇼트(Moleschott)/ 32
묘팔랑(卯八郞)/ 418, 424, 437, 440
無/ 28, 41, 42, 43
무극(無極)/ 42~46, 108, 228, 230, 270, 316, 319, 378, 379, 380, 382, 384, 386, 389
무극의 위/ 319
무극이태극(無極而太極)/ 382, 387
무극작용/ 31
무극지진(無極之眞)/ 388
무근지화(無根之火)/ 236, 239, 244
무량세계(無量世界)/ 162, 252
무목적적(無目的的)인 목적/ 195, 279
무무위(無無位)/ 198
무사이(Musai)/ 411, 414
무형무환(無形無患)/ 333

묵자(墨子)/ 50, 51, 52, 231, 244, 246, 248
문왕/ 370, 406
문왕괘도/ 129, 183, 218, 257, 259, 261, 262
물(物)/ 123, 125
물수(物數)/ 198
物의 역향(逆向)/ 200
물질(物質)/ 30, 31, 290
미신(迷信)/ 405, 406
미토(未土)/ 68, 79, 149, 217~224, 234, 238, 265, 266, 273, 315, 413
미토비화(未土備化)/ 80

(ㅂ)

발생(發生)/ 89
발전(發展)/ 64
발전과 퇴장/ 98, 312, 329
백개자(白芥子)/ 309
버클리(Berkeley)/ 30
베르그송(Bergson)/ 37
변(變)/ 34
변고(變故)/ 268
변증법(辨證法)/ 33, 143, 202, 325, 326, 414
변증법적 유물론/ 31, 33
보중익기탕(補中益氣湯)/ 275
보화일천화옹심(普化一天化翁心)/ 400
복명(伏明)/ 84, 90
복희(伏羲)/ 55, 107, 165, 171, 370, 373
복희괘도/ 183, 207, 259, 319, 375

본중말(本中末)/ 76, 183, 201, 215, 224, 260, 265, 329, 387, 412, 414
본중말운동(本中末運動)/ 163, 168, 225, 226, 329
본체불용수(本體不用數)/ 171
부정모혈(父精母血)/ 346
부화(敷和)/ 77, 83, 89
분사퇴(焚死堆)/ 409
불가무(不可無)의 방법/ 48, 101
불교의 목적/ 357
불사조/409
브루노/ 27, 229~231
비(比)/ 186
비(卑)/ 85
비감(卑監)/ 84, 85, 91, 228
비감지토/ 103, 275, 280
비장(脾臟)의 곤덕(坤德)/ 340
비토(脾土)/ 94, 95, 97, 98, 103, 104, 285
비화(備化)/ 79, 80
빈델반트/ 35

(ㅅ)

사(辭)/ 51, 52
四/ 178, 197
사리(舍利)/ 358
사상(四象)/ 319, 350
巳午未운동/ 155, 168, 207, 208
사유(四維)/ 318

사적(史的) 유물론/ 33
사정위(四正位)/ 159, 227, 238, 270, 318
사천(司天)/ 301~304
三/ 178, 197, 198
삼극설(三極說)/ 383
삼백육십도 생성도/ 202
36分/ 317, 319, 320, 323, 352
三陽/ 156, 242, 260
삼원오원도/ 223
三元五元兮 上元이 元元이로다/ 228
삼원운동(三元運動)/ 222, 224
三陰/ 154, 155, 242, 265, 344, 303
삼음삼양(三陰三陽)/ 312, 348
삼절위편(三絶韋編) 吾夫子는 / 229
삼지양천(三地兩天)운동/ 396, 397, 398
삼천양지(三天兩地)운동/ 394~399
삼천양지의 근거/ 161
삼청별계(三淸別界)/ 359
象/ 41, 42, 44
상모(相母)/ 114, 115
상모(相侮)/ 113, 115
상수학(象數學)/ 61, 72, 95, 140, 161, 192, 229, 259, 263, 414
上元세계/ 228
상위(相位)/ 159, 239, 240
상초여무(上焦如霧) 파부사장(播敷四臟)/ 99
상탕(相盪)/ 183
색욕(色慾)/ 66, 71
생명의 본체/ 263

생명의 부고(府庫)/ 293
생물지심(生物之心)/ 286, 287
생성수(生成數)의 四元質/ 198
생수(生數)/ 176, 195, 198, 199, 202
생장의 제2절/ 217
서북간산(西北艮山)/ 406
선교(仙敎)의 목적/ 359
선천말 후천초 지축도/ 395, 396
선천운동/ 226, 239, 252
선천적인 유전/ 346
선험적(先驗的) 오성(悟性)/ 35
설(說)/ 51
性/ 284
성물지심(成物之心)/ 284, 286
성불(成佛)/ 358
성수(成數)/ 199, 202, 203
성질상 동일한 무차별의 세계/ 27, 32
성화(性化)/ 359
세밀(細密)/ 192
소강절(昭康節)/ 305, 391
소문(素問)/ 38, 135, 156, 305
소문오운행대론(素問五運行大論)/ 138
소산적(所産的) 자연/ 25
소양상화(小陽相火)/ 156
소양인(小陽人)/ 102, 104, 350
소우주/ 120, 124, 271, 277, 285, 298, 317, 320, 323, 332, 339, 343, 351, 355, 362, 395
소음군화(少陰君火)/ 153
소음인(少陰人)/ 102, 350

소절(小節)/ 204
소천지기(素天之氣)/ 137
손(巽)/ 185
松下問童子하니 言師採藥去라/ 405
수명과 善愛작용의 주체/ 271
數의 개념/ 191, 192
수(壽)/ 351
수산건(水山蹇)/ 190
水의 분산과 통일의 계기/ 192
水의 지변(志變)/ 75
수중지화(水中之火)/ 168, 258
수중포일(守中抱一)/ 359
수천수(水天需)괘/ 360
수토동덕(水土同德)/ 130, 217, 220, 223, 226, 290, 320
수토합덕(水土合德)/ 170, 220, 251, 290, 320
수화일체론/ 140
수화일체운동/ 225
순수(順數)/ 200, 204
순수음양(純粹陰陽)/ 317, 320, 339
순수정신/ 317, 405
戌/ 79, 117, 157, 160, 171, 220, 222, 259, 348, 372, 388, 389
술오공(戌五空)/ 389
술오점(戌五點)/ 357
술이부작(述而不作)/ 244
스피노자(Spinoza)/ 24, 25, 26, 29
습기(濕氣) 발생/ 313
승거난야(僧居蘭若)/ 245
승명(升明)/ 78, 84, 103, 129, 168

시간적 계기(繼起)/ 34
시간적 계승(繼承)의 이율적(二律的) 우연성(偶然性)/ 39, 46
시간적 계승의 일반적 필연성/ 36, 39, 44
시공간/ 193
시성(是性)/ 320
신거즉기식(神去則機息)/ 304
신기(神機)/ 305, 39, 120, 125, 300, 304, 308, 315, 323, 362, 401
신기지물(神機之物)/ 123
신명(神明)/ 132, 189, 357, 358, 367, 368, 436
신비/ 407, 415, 416
신수운(辛水運)/ 133
申酉戌운동/ 205, 294, 327, 387
신중지정(神中之精)/ 343
심적(心的) 반성/ 354
심평(審平)/ 80, 81, 85, 91, 133
十/ 69, 78, 97, 151, 167, 180, 193, 201, 203, 218, 221, 265
십간도/ 250
십건천(十乾天)/ 207
십십일일지공(十十一一之空)/ 171
십일귀체(十一歸體) 공덕무량(功德無量)/ 251
십일합덕지토성(十一合德之土性)/ 319
十土/ 167, 169, 171, 180, 198, 289, 324

(ㅇ)

我/ 298, 299, 311, 354
아낙시만드로스/ 24
아낙시메네스/ 24
아테나/ 410~412
아폴론/ 413
앙관천문 부찰지리(仰觀天文 俯察地理)/ 107
藥/ 405
약소(若少)/ 245, 246
양명조금(陽明燥金)/ 156
양생운동(陽生運動)/ 155
양수(羊水)/ 331
양의(兩儀)/ 44, 142
陽土/ 114, 127, 215, 233, 324
양핵(陽核)/ 332
엠페도클레스/ 26
言/ 51, 52
여(呂)/ 348
여시(如是)/ 219, 320
역수(逆數)/ 64, 200, 289
역유태극(易有太極) 태극생양의(太極生兩儀)/ 318
염계(濂溪)/ 42, 376
염천(炎天)/ 313
0(零)/ 221
영원불멸의 眞氣/ 359
영즉측 허즉수(盈則仄 虛則受)/ 184

五/ 106, 180, 198, 199, 201, 204, 207
오(X)/ 181
五運/ 118, 121, 125, 135, 151
오운계시도/ 136
오운도/ 119
오운육기도/ 328
오원운동/ 224
오육교역도/ 253
오육합덕 작용/ 294
午火의 치열작용/ 238
五行/ 57, 58, 60, 108, 120, 130
오행의 墳墓/ 82
외물적(外物的) 감각/ 354
우(羽)/ 191, 301, 304
우(偶)/ 245
우주운동의 요인/ 213
우주의 변화란 것은/ 214
우주의 시공간적 天性/ 105
우주의 臨觀작용/ 322
우주작용의 부모/ 196
우주정신/ 31, 132, 270, 312~316, 321, 323, 334, 338, 342, 343, 363
우주정신의 본체/ 316
우주창조의 본체/ 389
우충(羽蟲)/ 301~304
運/ 118, 120, 122, 124
運氣의 승부(勝負)작용/ 150
운기학/ 78, 137, 254, 403
운기화생도/ 292
원시요종(原始要終)/ 201

원자운동/ 232, 234
원천지화(原天之火)/ 97, 98, 103, 104
원회운세(元會運世)/ 305, 391, 393, 396
월(月)/ 79, 338, 342, 390
위화(委和)/ 82, 83, 89
유교의 목적/ 360
유무합도(有無合道)/ 359
유물론/ 31, 32, 33
유술이요간(有述而要簡)/ 310
유심론/ 29, 30, 31
유연(流衍)/ 92
유위(維位)/ 159, 318, 360
유의이불언(有意而不言)/ 105, 310, 363
유정유일(惟精惟一)/ 360
유출설(流出說)/ 24, 30
六/ 175, 176, 177
六氣/ 122, 144, 146
육기변화도/ 149
육기의 更迭/ 139
윤집궐중(允執厥中)/ 360
율(律)/ 318, 348, 363
율려(律呂)/ 317, 318, 323, 352, 363
율려세계/ 44
율려의 분수(分數)/ 317
율려의 종합/ 293
율려의 주재지위(主宰之位)/ 319
율려작용/ 316, 362
율려작용의 항존성(恒存性)의 완성/ 357
음양공제작용(陰陽共濟作用)/ 295
음양세계/ 44

음양운동의 본체/ 317
음양작용/ 43, 46, 80, 318, 256, 268, 277, 282, 290
陰土/ 127, 215, 325
의이인(薏苡人)/ 309
離/ 184, 262
二/ 179, 196
이곤지(二坤地)/ 98
이념/ 325
이념의 완결처/ 327, 329
이데아/ 30
이동원/ 275
이문(貳門)/ 358
이사문/ 152
이사서의(以辭舒意) 이설출고(以說出故)/ 50, 52
이십팔수(二十八宿)/ 394
이제마/ 94
이태백/ 431
이화지창(離火之窓)/ 355
이회본원(理會本原)/ 320
仁/ 360
인(鱗)/ 191, 301
인간정신/ 132, 363~369
인간정신의 본체/ 315
인과율(因果律)/ 34~39, 279, 336
寅卯辰운동/ 154, 155, 168
인신상화(寅申相火)/ 146, 238, 241, 323, 332, 346
인신상화와 핵융합반응/ 323

인충(鱗蟲)/ 301, 303, 304
일(日)/ 79, 341, 342
一/ 171, 177, 192, 196, 230
일세간(一歲間)/ 352
일월/ 108, 305, 310, 313, 316
일월의 본체/ 316
일월정신/ 312, 348, 339
日月合明/ 357
일음일양지위도(一陰一陽之謂道)/ 40, 44
1,440分/ 317
12,960分/ 352
1840배/ 264, 265, 266
1일의 운동분수/ 319
一者의 太原/ 30, 216

(ㅈ)

자기운(自己運)/ 124
자기원인/ 25
自己土를 자화(自化)/ 315
자아(自我)/ 299, 311
자유/ 36, 334~337
자유의 부고/ 337
子寅午申運動/ 397
자초지화(自招之禍)/ 347, 352
자화작용(自化作用)/ 166, 171
장다리/ 74
재천(在泉)/ 302, 303
적(寂)/ 81, 82
적막무짐(寂寞無朕)/ 41, 42, 82

전진(前進)/ 64
전통/ 407
절대정신/ 325, 326, 328, 329
正/ 246
정(舌)/ 246
정(靜)/ 81, 378
정기신(精氣神) 운동/ 344
정명(正名)/ 48
정순(靜順)/ 81, 82
정신(精神)/ 31, 314, 341, 348
정신 + 물질 = 존재/ 56, 57
정신과 생명을 창조하는 완수점/ 222
정신문명과 물질문명/ 329
정신 생성/ 314
정신생성의 계기/ 343
정신을 生…/ 255
정신운동의 순수본체/ 317
정신의 객관화/ 33
정신의 부고/ 72, 82, 263
정신의 운동본체/ 321
정신의 통일점/ 357
정역괘도/ 259, 260
정욕(情慾)/ 66, 71
정적(靜寂)/ 81
정중지신(精中之神)/ 343
정토진경(淨土眞境)/ 358
제1의 천품/ 346
제1절의 조화작용/ 215
제2의 천품/ 347
제우스/ 410~415

조갑(爪甲)/ 189
조중전(趙仲全)/ 372
존재자(存在者)/ 56, 285
종(種)/ 307, 308, 309
종교의 목적/ 368
종교정신/ 357
종혁(從革)/ 85
주(周) 목왕(穆王)/ 403
주자(周子)/ 376, 379, 383, 386, 388
주자의 태극도설/ 371, 376, 379, 381,
　　385, 386, 389, 413
中/ 68, 80
중수(中數)/ 180, 201, 203
중정지위(中正之位)/ 318
중화지토(中和之土)/ 167
지산겸괘(地山謙卦)/ 222
지재차산중(只在此山中) 운심부지처
(雲深不知處)/ 405
지지(地支)/ 151, 152
지축도/ 395, 396, 399
지축의 경사/ 94, 130, 138, 139, 142,
　　161, 163, 227, 228, 237, 240, 268,
　　272, 313, 394, 396
지축의 정립/ 162, 238, 260, 394, 397, 399
지호(地戶)/ 397
직관/ 61, 94
震/ 185, 186, 261, 263, 374, 412
진단/ 376
진토(辰土)/ 79, 160, 168, 215, 216, 217,
　　220, 233, 234, 273, 326, 347

진화(眞火)/ 150
질(質)/ 284, 288
질료/ 354
질적 변화와 양적 변화/ 33, 96, 97, 98,
　　102, 104, 105
집중관일(執中貫一)/ 361

(ㅊ)

창조(創造)와 창작(創作)/ 387
창천지기(蒼天之氣)/ 137
척확(尺蠖)/ 391
천간(天干)/ 151, 152, 266
천문(天門)/ 263, 397
천산둔(天山遯)괘/ 359
천원책문(天元冊文)/ 136, 305
천지개벽수(天地開闢數)/ 305, 393
天地之神 天地之精/ 309
천품/ 349, 351
천풍구괘(天風姤卦)/ 286
천하지중(天下之中)/ 201
철출(凸出)/ 189, 335
청도자미(淸都紫微)에 균천광락(均天
廣樂)/ 403
체용관/ 227
초월적 목적관/ 37
총명(聰明)/ 103, 334, 349, 355, 392, 413
추연(鄒衍)/ 56
丑卯未酉運動/ 161, 397

축토(丑土)/ 80, 97, 116, 160, 207, 215, 217, 224, 233, 273, 315, 326, 335, 344
충방(种放)/ 376
충화(充和)의 경지/ 358
七/ 180, 207
칠요(七曜)/ 138
칠정/ 285

(ㅋ)

칸트/ 35, 37, 108, 279, 336, 355, 366
쿠자누스/ 27
크로노스/ 409, 411, 414

(ㅌ)

탈레스/ 24, 27, 29, 72, 139, 140, 142
탈양상태(脫陽狀態)/ 228
탐욕(貪慾)/ 71, 278, 280, 283
兌/ 186, 188, 260, 262, 374
태국왕(兌國王)/ 439
태극/ 31, 43, 44, 45, 47, 58, 108, 249, 259, 307, 316, 318~321, 341, 371, 372, 375, 378~390
태극궁(太極宮)/ 417, 422, 430, 435
태극도설(太極圖說)/ 371, 376
태극운동/ 343, 338
태극왕/ 429, 436
태극(太極)은 본무극(本無極)/ 382
태극의 位/ 319

태극의 핵/ 390
태극정신/ 31
태소(太素)/ 58
태시(太始)/ 58
태시천원책문(太始天元冊文)/ 137, 370
태양인(太陽人)/ 102, 104, 350
태양한수(太陽寒水)/ 157
태음습토(太陰濕土)/ 154, 156
태음인(太陰人)/ 102, 350
태중지화(胎中之禍)/ 351
택(澤)/ 186, 187
토화기능(土化機能)/ 337, 340
토화작용(土化作用)/ 29, 36, 91, 97, 121, 141, 166, 198, 214, 216, 228, 229, 271, 273, 275, 277, 278, 281, 314, 334, 337, 348
통가다리/ 64, 66, 246, 261, 412
통각/ 366
통일의 제1절/ 220

(ㅍ)

八/ 178
팔간산(八艮山)/ 98
팔십도 생성도/ 202
팔풍지위(八風之位)/ 318
포신묵좌(抱神默坐)/ 359
포오함육(包五含六) 일진일퇴/ 251
포이에르바하(Feuerbach)/ 32
風/ 186

피타고라스/ 55, 208
피히테(Fichte)/ 30
필연적 관계/ 34

(ㅎ)

하도(河圖)/ 106, 110, 175, 176, 180, 195, 250
하심부(河心夫)/ 50, 319, 361
학류(涸流)/ 87
한상역도(漢上易圖)/ 376
한장경(韓長庚)/ 404
항룡(亢龍)/ 80, 258
항룡유회/ 46, 130
亢龍之弊/ 238
항존성(恒存性)/ 307, 357, 420
亥子丑운동/ 207
行/ 59, 60
허(虛)/ 169
헤겔(Hegel)/ 30, 32, 33, 143, 202, 325~329, 414
혁(革)/ 86
혁희(赫曦)/ 89~91
현룡재전(見龍在田)/ 335
현묘궁(玄妙宮)/ 417
현수삼천인(縣水三千仞)/ 87
현천지기(玄天之氣)/ 137
협착(狹窄)/ 280, 282, 285, 336, 351, 355
형상계(形象界)/ 38, 41, 42, 44
형수(形數)/ 199

형이상학적 유물론/ 31
호(洉)/ 88
호리간발(毫釐間髮)의 차(差)/ 46
호초(胡椒)/ 305
호혜(互惠)적인 방조(幇助)작용/ 291
호호무량(好好無量)/ 396
化/ 34, 38
和/ 77, 80
화개지장(華盖之臟)/ 99
화왕작금(火旺灼金)/ 168
화환(火患)/ 333
환(患)/ 333
황극(皇極)/ 45, 46, 108, 385, 386
황석공(黃石公)/ 423, 429
황이도사(黃伊道師)/ 424, 430
황제내경(黃帝內經)/ 403
황제소문(黃帝素問)/ 304
황제소문오상정대론(五常正大論)/ 300
황파(黃婆)/ 54, 70, 214
회삭현망(晦朔弦望)/ 392
획죄어천(獲罪於天) 무소도야(無所禱也)/ 369
후(厚)/ 90
후천운동/ 132, 227, 252
후천지축도/ 396~399
흄(Hume)/ 35
희노사비공(喜怒思悲恐)/ 285